U0794771

21世纪通用法学系列教材

经济法

（第五版）

LAW TEXTBOOKS FOR NON-LEGAL MAJORS

主　编　邱平荣
副主编　杨仕兵　李玉文
撰稿人　（以撰写章节先后为序）
　　　　邱平荣　李玉文　李勇军　杨仕兵
　　　　张　静　胡　建　杜仲霞　张大成
　　　　晋入勤　唐　雯　陈雪婷

中国人民大学出版社
· 北京 ·

图书在版编目（CIP）数据

经济法 / 邱平荣主编 . --5 版 . --北京 ：中国人民大学出版社，2025. 4. --(21 世纪通用法学系列教材). --ISBN 978-7-300-33641-1

Ⅰ. D922. 29

中国国家版本馆 CIP 数据核字第 2025UY1952 号

21 世纪通用法学系列教材

经济法（第五版）

主　编　邱平荣

副主编　杨仕兵　李玉文

Jingjifa

出版发行	中国人民大学出版社		
社　　址	北京中关村大街 31 号	**邮政编码**	100080
电　　话	010－62511242（总编室）		010－62511770（质管部）
	010－82501766（邮购部）		010－62514148（门市部）
	010－62511173（发行公司）		010－62515275（盗版举报）
网　　址	http://www. crup. com. cn		
经　　销	新华书店		
印　　刷	北京昌联印刷有限公司	**版　　次**	2009 年 8 月第 1 版
开　　本	787 mm×1092 mm　1/16		2025 年 4 月第 5 版
印　　张	22 插页 1	**印　　次**	2025 年 4 月第 1 次印刷
字　　数	545 000	**定　　价**	58. 00 元

第五版修订说明

教材是课堂教学重要的参考资料，也是学生获取知识的重要来源。

在市场经济中，经济活动与经济法制是相辅相成的，经济活动是经济法制的前提和基础，经济法制是经济活动的保障和助力。

“经济法”是经济、管理类专业重要的专业基础课程 ，是一门综合性、针对性、应用性很强的课程。因不是法学专业的经济法，故本教材主要对与市场经济相关的基础性法律制度进行介绍。

伴随着我国社会主义市场经济体制的发展与完善，经济法理论研究不断走向深入，经济立法的步伐也大大加快。党的十八大以来，以习近平同志为核心的党中央统筹推进“五位一体”总体布局、协调推进“四个全面”战略布局，在深化国有企业改革、优化营商环境、加强产权保护、促进资本市场健康发展等方面作出重大决策部署。党的二十大开启了以中国式现代化全面推进中华民族伟大复兴的新征程，二十大报告首次单独把法治建设作为专章论述、专门部署。习近平总书记在党的二十大报告中强调，要在法治轨道上全面建设社会主义现代化国家，全面推进国家各方面工作法治化。以良法促进发展、保障善治。全民守法是习近平法治思想的重要内容，是全面依法治国的主要任务，也是法治社会的基础工程。推进全民守法，必须健全普法宣传教育机制。习近平总书记强调：“坚持把全民普法和守法作为依法治国的长期基础性工作。”推进全民守法，必须使尊法学法守法用法在全社会蔚然成风，学法是推进全民守法的保障，需要学习和掌握基本的法律知识，只有既了解法律法规在某个问题上的具体规定又了解法律的原理、原则，才能更好地领会法律精神。一个对法律知识一无所知的人，不可能具备法治素养。教材是促进学法、守法的重要载体。

自本教材上一版出版以来，大量的法律 、法规进行了修改，特别是具有里程碑意义的《民法典》生效后，一系列的司法解释出台；作为社会主义市场经济制度的基础性法律的《公司法》，进行了第二次修订，新增和修改了大量的公司制度。本次教材修订结合了最新立法，使教师教学和学生学习更加方便。

编　者

2024 年 6 月

前　言

社会主义市场经济是法治经济，这是社会主义市场经济发展的本质和内在要求。正因为如此，经济、管理类专业的学生都必须掌握包括民法、商事法、经济法、社会法以及诉讼法在内的相关法律知识，并学会运用法律手段从事经济管理活动和维护自身的合法权益。因此，现在各高等院校经济、管理类专业基本上都开设了“经济法”或“经济法概论”课程，这门课程已成为经济、管理类专业的主干课之一。

但是，从严格意义上来说，经济法是调整以社会公共性为根本特征的经济管理关系的法律规范的总和，它是确认和规范政府适度干预经济的法律，本书第一章所介绍的经济法即属于此处所说的经济法。由此可见，经济法只是调整关于社会主义市场经济关系的经济法律的重要组成部分，而不是全部，或者说它只是社会主义市场经济法律制度的一部分。因此，我们必须清楚地认识到，经济法和经济法律不能画等号。现在，大多数院校“经济法”课程所使用的教材，名曰《经济法》或《经济法概论》，其实应该称为《经济法律》或《经济法律概论》。因为在这些教材中不仅包含经济法，还包括民法、商事法等其他相关法律制度。我们现在所编写的教材就属于此种类型，它符合经济、管理类专业经济法课程教学的需要。

本教材比较全面地介绍了经济法基础理论知识、企业法律制度、合同法律制度、市场管理法律制度、工业产权法律制度，以及宏观调控法律制度的知识；同时还充分注意与注册会计师、资产评估师、税务师等全国统一考试内容相统一。这样的内容安排，能够使读者较为详细地了解在社会主义市场经济体制下从事经济或管理工作所必需的法律法规，最大限度地满足经济、管理类专业学生对与自己专业有关的法律知识的需求。受教学时数所限，实际教学内容可有所选择。

鉴于经济、管理类专业的学生一般没有学过民法等其他法律知识，而市场经济法律制度与民法等相关法律制度又存在极其密切的联系，所以，我们在本教材中专设一章，对相关法律制度作了介绍，这将有利于学生更好地学习经济法律知识。

此外，为更好地适应教与学的需要，本教材在体例上力求创新。“要点提示”使学生在每章伊始即可了解本章主要内容的概貌；教材设置了“小试牛刀”一栏，作为穿插在教学内容之中的案例，帮助学生加深对所学知识的理解；章后的“核心法规”则便于学生据此查阅；“案例讨论”有利于培养学生运用所学知识分析和解决问题的能力，进一步巩固和提高学习效果。

撰写一本质量上乘的经济法教材一直是编者们的梦想，我们也深知要做到梦想成真绝非易事，特别是在这样一个不断变革且经济法律制度日益完善的时代，有很多经济问题和法律问题需要我们去研究，但我们会用心去做这件事，尽量让读者满意。

另外需要说明的是，本教材在编写过程中，参考借鉴了我国近年来经济法教学与研究的新成果，采用了他人已经使用的一些教学案例，限于篇幅无法一一注明来源，在此一并致谢。由于作者水平有限，书中不妥乃至错误之处在所难免，敬请同行与读者批评指正，以便通过将来的修改，使之不断完善。

参加本教材编写的人员有（以撰写章节先后为序）：邱平荣（第一、二章），李玉文（第三、十四章），李勇军（第四章），杨仕兵（第五、八、十章），张静（第六章），胡建（第七章），杜仲霞（第九章），张大成（第十一章），晋入勤、唐雯（第十二、十三章），陈雪婷（第十五章）。全书最后由杨仕兵统稿。

编　者

2009 年 8 月于龙子湖畔

目　录

第一章 经济法概述

要点提示

- 经济法的概念和调整对象
- 经济法的本质特征与相邻法律部门的关系
- 经济法律关系

第一节 经济法的概念和特征

一、经济法的产生和发展

(一) 经济法是市场经济发展的客观要求

经济法是一个年轻的法律部门，它有一个产生与发展的过程，是生产力和生产关系发展到一定阶段的产物，并随着生产力与生产关系的发展而发展，是市场经济发展的客观要求。

在以自然经济为主的奴隶制社会和封建社会里，由于人们之间的经济关系相对比较简单，所以没有对法律进行细致的划分，实行诸法合体，但其中已含有相当数量的调整经济关系的法律规范，诸如土地、手工业、环境、税捐等方面的法律规定。当然，我们不能将这种法律规范认为是经济法。

当人类社会进入资本主义社会，商品经济逐步发展，人们之间的经济关系变得日益复杂，经济生活在社会生活中占据了重要地位时，相继出现了最能体现自由资本主义的个人本位、意思自治、平等交往、自由竞争等客观要求的民商法，如《法国民法典》和《法国商法典》等。

到了垄断资本主义时期，垄断资本家为所欲为，滥用自己的竞争优势损害竞争机制以及他人和社会的利益，甚至直接操纵国家机构，资产阶级的经济民主遭到破坏，一大批中小企业破产，经济危机频繁发生，同时爆发了侵略战争，资本主义制度面临着生死存亡的危险。此时，民商法律制度及其基本原则无法适应垄断资本主义时期经济关系的要求，资产阶级不得不在恢复和保持无形的市场调节之手的同时，伸出国家调节之手，对经济生活进行直接、具体的干预，对一些新的经济关系以及原来属于民商法调整的部分经济关系进行调整，一大批维护资本主义市场经济秩序和限制垄断的法规相继出现，例如美国在 1890 年颁布的《保护贸易和商业不受非法限制与垄断之害法》、加拿大于 1889 年颁布的《禁止限制性贸易合并法》和 1909 年德国制定的《反不正当竞争法》以及有关国家制定的反倾销法等，现代意义的经济法便由此产生。

由此可见，现代意义的经济法是在生产进一步社会化、商品经济进一步发展成为现代市场经济的条件下，由国家以自己的意志和力量，直接参与和强力干预经济生活的产物。

经济法概念的提出，以及其作为一个独立的法律部门，始于20世纪初的德国。最初的经济法是经济统制法，它与战备、战争等特殊经济政治需要密切相连。早在第一次世界大战前，德国为了迅速发展经济，参与世界竞争，就采用了各种手段包括法律手段促成垄断。战争爆发后，包括德国在内的许多参战国家为了战争的需要，制定了一系列对重要的物资、市场、分配实行强制管理的法律。战后，战败的德国为了振兴经济，继续沿袭战时的一些经济统制，制定了内容广泛的经济法，如《卡特尔规章法》（1919年）、《煤炭经济法》（1919年）等。这些法律明显摆脱了传统民法所确立的私法自治原则，以法律形式确认了国家对社会经济生活的干预，但它们又不同于传统公法中的行政法，具有鲜明的经济性特点。德国法学家将这类法律命名为"经济法"。同样，第二次世界大战后，各国为了恢复与发展经济，也都非常重视经济立法，从而出现了一批经济法律法规，经济法理论也得到很大发展，并日趋科学、成熟与完善。

经济法的产生是历史的必然，战争环境、经济危机等非常态社会因素只是其产生的直接影响条件，只有市场经济才是经济法产生与发展的真正土壤，或者说是前提条件。正因为如此，第二次世界大战后，一些国家一方面废除了一些为应付战争或经济危机的临时立法，另一方面加强了克服市场经济本身副作用的经济立法，形成了较为完整的经济法体系。

（二）我国经济法的产生和发展

我国的经济法是在党的十一届三中全会以后，被作为一个独立的法律部门和法律学科提出并确定下来的。在此之前，我国曾颁布了大量的经济法律、法规，但它们大多具有经济行政法的性质，还不是现代意义上的经济法。因为从新中国成立到经济体制改革之前，我国实行计划经济体制，这种经济体制实质上是一种行政经济体制。在这种经济体制之下，单纯的财产关系不可能从行政关系中分化出来获得独立的意义，从而不可能产生传统的民法。另外，全社会的一切经济关系或经济活动均由政府直接支配，调整包括经济关系在内的全部社会关系的手段和依据，主要是行政手段和部门行政法规，因此，不可能出现现代意义的经济法。但是，从1978年经济体制改革以来，我国的经济发展取得了举世瞩目的成就，其实质性的进程就是遵循市场化取向。市场经济在我国的确立，为我国经济法的形成和发展创造了条件。自1993年以来，我国的市场经济法律体系已初具雏形，我国在原有经济法律法规的基础上，又制定和颁布了一些法律和法规，如《中国人民银行法》《预算法》《商业银行法》《公司法》《票据法》《担保法》《反不正当竞争法》《消费者权益保护法》《产品质量法》《价格法》《广告法》《对外贸易法》等，并对有关经济法律进行了修改。经济法对于建立和完善社会主义市场经济体制起着引导、规范和保障作用。

二、经济法的概念

"经济法"这个概念，是法国空想共产主义者摩莱里（Morelly）在1755年出版的《自然法典》一书中首先提出来的，另一位法国空想共产主义者德萨米（Dézamy）在其1842年出版的《公有法典》一书中也使用了"经济法"一词，其后它被除英美等少数国家以外的绝大多数国家所采用。但是各国学者对经济法的理解并不一致，即使在同一国家，对经济法概念的理解也各不相同。中国法学界意见分歧的焦点在于对经济法调整对象的认识不一致，这也是经济法学界曾经长期争论不休的诸多基础理论问题之一。

在20世纪80年代，有的学者认为经济法调整国家机关、企事业单位和其他社会组织内部及其相互之间以及它们与公民之间在经济活动中所发生的社会关系；有的学者认为，经济法调整经济管理关系以及与经济管理关系有密切联系的经济协作关系。

在20世纪90年代，有的学者认为，经济法调整国家协调本国经济运行过程中所发生的特定经济关系，包括企业组织管理关系、市场管理关系、宏观调控关系和社会保障关系；有的学者认为，经济法调整需要由国家干预的经济关系，包括市场主体调控关系、市场秩序调控关系、宏观经济调控关系和社会分配调控关系；有的学者认为，经济法调整在国家调节社会经济过程中由国家调节引起的，以国家为一方主体的社会关系，包括市场障碍排除关系、国家投资经营管理关系和宏观调控关系；有的学者认为，经济法调整经济管理关系、维护公平竞争关系以及组织管理性的流转和协作关系；有的学者认为，经济法调整发生在政府、政府经济管理机关和经济组织、公民个人之间的以社会公共性为根本特征的经济管理关系，包括市场管理关系、宏观经济管理关系和对外经济管理关系。

本书认为，我们在给经济法下定义时，不仅要考虑其调整对象，还要说明经济法的性质与目的，因为经济法是市场经济发展的必然产物，经济法的调整对象只能说明其是不是一个独立的法律部门，以及其与其他法律部门的某种关系，并没有完全反映经济法的根本属性。当然，经济法的调整对象同经济法的概念是紧密相连的，因为它构成了描述经济法的最基本的要件，没有清晰的经济法调整对象，则不能清楚地描述经济法。

基于上述认识，我们认为经济法的概念应表述为：经济法是国家为了维护市场经济秩序和对经济进行宏观调控而对一定经济关系进行调整的法律规范的总称。这里所说的一定经济关系是指由民商法、行政法等法律调整以外的必须由经济法调整的经济关系。这些经济关系所包含的具体内容也不是固定不变的，它可以随着国家经济情势的变化而适时有所变化，当然变化的前提是不能违背经济法的根本属性。从目前情况来看，经济法所调整的一定经济关系，大体有以下几种。

（一）企业组织管理关系

所谓企业组织管理关系，是指在企业设立、变更、终止和企业内部管理过程中发生的经济关系。经济法对企业组织管理关系进行调整，是国家对作为市场主体体系中最主要主体的企业的组织管理行为进行必要干预的重要体现之一。它有利于建立健全企业的组织机制和运行机制，促进企业增强活力，提高经济效益。

（二）市场调控关系

所谓市场调控关系，是指国家为了建立社会主义市场经济秩序，维护国家、生产经营者和消费者的合法权益而干预市场所发生的经济关系。在市场经济条件下，由经济法对市场调控关系进行调整，有助于完善市场规则，有效地反对垄断，制止不正当竞争，维护市场经济秩序，实现各种生产要素的自由流动，保护消费者的合法权益。

（三）宏观经济调控关系

所谓宏观经济调控关系，是指国家从长远利益和社会公共利益出发，在对关系国计民生的重大经济因素实行全局性的管理过程中与其他社会组织所发生的具有隶属性或指导性的社会经济关系。由经济法对宏观经济调控关系进行调整，有助于克服市场调节的缺陷，保持经济总量平衡，促进经济结构优化，引导国民经济持续、快速、健康地发展，推动社会全面进步。

（四）社会经济保障关系

所谓社会经济保障关系，是指在对劳动者实行社会保障过程中所发生的经济关系。社会经济保障关系由经济法来调整，有助于充分开发和合理利用劳动力资源，保护劳动者的基本生活权利，维护社会稳定，促进经济发展。

三、经济法的本质与特征

（一）经济法的本质

经济法的本质是经济法学中的一个重要问题。认真研究经济法的本质，是准确把握经济法的关键之一。然而，人们在不同层次上讨论经济法的本质，将会使经济法的本质具有不同的意义。从经济法作为法与其他社会规范的相互关系层面上看，其本质属性是它的阶级性与社会性；从在法体系内部经济法与其他法的相互关系层面上看，其本质属性是指经济法所固有的，决定经济法的性质、全貌和发展的根本属性，换言之，是指经济法与其他相邻法律部门相区别的法律属性。这里主要是指经济法的根本属性或者说它不同于其他法律部门的法律属性。

经济法的本质属性必须从其产生的社会经济根源以及从法的历史演变的规律中去认识。经济法是在商品经济进一步发展到现代市场经济时期产生的。从市场经济问世之日起，就同时存在以下一对矛盾：一方面，市场机制在资源配置中发挥着积极作用；另一方面，市场机制又存在着诸多缺陷乃至失灵。在西方资本主义的自由市场经济时期，市场机制的缺陷和失灵还没有充分暴露出来，人们仍然相信所谓“看不见的手”的作用。当西方资本主义市场经济进入垄断阶段时，越来越多的人认识到市场机制的缺陷和失灵，纷纷要求国家对经济生活进行干预与指导。西方国家的经济法，就是这种以国家直接干预经济为规范内容的法律，体现社会责任本位思想，对经济关系进行系统调整的目的是保证资本主义市场经济在新的条件下稳定、协调、有序地发展。

随着我国社会主义市场经济的建立和发展，市场机制的缺陷和失灵在我国也已成为一个客观存在的现实问题。因此，我国的经济法也要把国家对经济的直接干预作为其主要的规范内容，以保障市场经济的正常运行；同时要体现社会责任本位思想，并适应对经济关系进行综合系统调整的需要。在这些方面，我国的经济法和西方国家的经济法是一致的。但是，西方资本主义国家的国家干预和我国的国家干预产生的背景不同。前者产生于从自由资本主义向垄断资本主义过渡之时，后者产生于从高度集中的计划经济体制向社会主义市场经济体制过渡之时。另外，国家（政府）干预也有失灵之处，因此，我国经济法只宜确认适度和必要的国家干预，对国家不适当和不必要的干预必须防止、制止和禁止。此外，由于我国实行社会主义市场经济，经济法还应以社会主义原则为指导，确保公有制在生产资料所有制中的主导地位等。这是我国经济法与西方国家经济法区别之所在。

（二）经济法的特征

所谓经济法的特征，是指经济法本质的外在表现。弄清经济法的特征有助于人们深化对经济法本质的认识。

揭示经济法的特征，实际上就是准确地描述经济法区别于其他部门法的重大差别之处。尽管人们对经济法特征的表述众说纷纭，但本书认为，我国经济法的主要特征具体表现在以下几个方面。

1. 综合性

这是经济法所具有的首要的基本特征。首先，它的调整对象是综合的，既涉及宏观经济领域，又涉及微观经济领域，并且在不同的领域具有不同的目的。其次，它的表现形式是综合的，大多由一系列经济法律和法规所构成，例如，在市场管理方面，由反不正当竞争法律规范、消费者保护法律规范、市场职能管理法律规范和其他市场管理法律规范构成；在宏观经济管理方面，由产业结构法律规范、计划法律规范等构成。它很难像民法、刑法那样制定一部统一的法典。再次，经济法的调整方法是综合的，它把民事的、行政的、刑事的方法有机地结合在一起，既可以综合运用，也可以单独适用。最后，经济法所涉及的法律规范也是综合的，既带有实体性又带有程序性，是两者有机结合的统一体。

2. 经济性

经济法是统治阶级经济利益的直接反映，它运用法律手段，直接明确地把有利于统治阶级的经济关系和经济秩序固定化，以实现和维护其经济利益，体现国家对经济的直接干预。另外，客观经济形势和经济活动实践的需要也是经济法律规范制定与颁布的出发点。

3. 社会性

相当数量的经济法律规范虽然是保护企业与个人的经济利益的，但经济法将社会公共利益放在首位，其更为重要的目的是促进整个国民经济的发展，兼顾国家、社会以及个人的利益，而不像传统行政法那样总是以国家、行政机关的意志为主，在经济领域中往往片面强调国家的意志和利益，忽视企业的地位、意志和利益，也不像民法那样主要是为了保护私人的财产利益。

4. 政策性

经济法和经济政策是不同的范畴，经济法是国家经济政策在法律上的体现。国家为了搞好经济管理，引导市场经济有序发展，必须制定相应的经济政策，如竞争政策、货币政策、财政政策和产业政策等。但为了防止这些政策的任意化，必须通过经济法律的规定，使之固定下来。所以经济法具有政策性，它的一个重要作用就在于保证国家经济政策得到贯彻执行。不过，经济法只是表现为那些稳定的定性的经济政策，而不表现为权宜之计的政策。当然在多变的市场经济条件下，具有政策性特征的经济法也应根据变化了的实践及时进行必要的修改，也就是说，不同时期的经济政策要由不同的经济法予以体现。

第二节　经济法的地位和体系

一、经济法的地位

经济法的地位是指经济法在法律体系中是否具有自己的位置以及具有怎样的位置。前者实质上是指经济法是不是一个独立的法律部门，后者是指经济法的重要性，即它与其他法律部门的关系。

(一) 经济法是独立的法律部门

所谓法律部门是指由调整同类性质的社会关系的所有法律规范所组成的部门法。法律部门是理论上的划分，而非形式意义上的法律文件的划分。法律部门是由具有相同调整对象的法律规范组成的，而一个法律文件可能包含调整不同性质的社会关系的法律规范。

经济法是不是一个独立的法律部门呢？要解决这个问题，关键是要看它有没有自己独立的调整对象。对此，国内外存在着两种截然不同的观点：一种是肯定的，另一种是否定的。我国的大多数学者是持肯定态度的。经济法的调整对象是一定的经济关系，即在民商法、行政法等法律调整以外的必须由经济法调整的经济关系。另外，这些经济关系有自己的具体内容和特征，与其他法律部门的调整对象是有区别的。因此，经济法是一个独立的法律部门。

（二）经济法与相邻法律部门的关系

经济法是一个独立的法律部门，只是说明经济法在法律体系中具有一定的地位，但具有什么样的地位，还必须看经济法与相邻法律部门的关系。下面主要分析它与民法、商法、行政法的关系。

1. 经济法与民法的关系

经济法与民法之间的关系比较密切：经济法是在民法的基础上形成和发展起来的，两者共同调整由市场运行而产生的经济关系，在调整的原则与方法上也有某些相互渗透和贯通之处。此外，两者的一些概念、制度等也是共同的。

但是，两者在具体调整对象和主体范围等方面有明显的区别，其中最根本的区别是：民法以个体权利为本位，主要规定市场主体及其地位、权利与义务等，偏重于对单个市场主体之利益的保护；而经济法以社会责任为本位，在更高层次上，超越单个市场主体的利益而从市场的总体出发，对整个国家的利益、社会利益和个人利益进行调整，从而促进国民经济的发展。

2. 经济法与商法的关系

经济法与商法之间存在一定的共同之处：商法是关于企业的法，经济法对经济生活的适度干预，归根结底也是对企业经济活动的外部干预。所以，经济法和商法都是规范有关企业经济活动的法域。

但是，经济法和商法有重大差别：首先，商法仅调整商事关系即企业经营关系，经济法则只调整因国家干预企业经济活动而发生的经济管理关系，两者作用的领域不同。其次，商法采用营利的自我机制，强调意思自治，当事人地位平等；经济法采用社会整体调节机制，强调国家适度干预。最后，商法侧重于创造商事主体实现其利益的共同性条件，经济法则侧重于创造商事主体公平竞争的一般性条件，进而建立公平竞争的秩序。

3. 经济法与行政法的关系

经济法与行政法都体现了国家对社会生活的干预或管理，因此，两者之间也有密切联系。但是，行政法调整的是国家行政机关与其下属的行政机关、企事业单位、社会团体和公民之间所发生的一般情况下不直接具有经济内容的行政关系，而经济法调整的是国家机关、社会组织、企业内部组织以及一定条件下公民相互之间在市场运行过程中所产生的某种经济关系。行政法采用单独的强制性办法调整行政关系，而经济法则采用强制、指导与监督相结合的办法调整某种经济关系。另外，法律适用的程序也不相同，属行政法调整范围的行政纠纷，通过行政诉讼程序来解决；属经济法调整范围的行政与经济纠纷，分别通过行政诉讼与民事诉讼程序来解决。

二、经济法的体系

法律体系是由各个法律部门组成的有机统一整体。经济法是整个法律体系中的一个重要组成部分，但其本身又自成体系。

经济法体系是指由经济法部门组成的有机联系的统一整体。它是由经济法的调整对象所决定的。经济法调整的对象虽然都是在市场运行过程中产生的经济关系，具有统一性，但也可以依一定的标准被分为若干种类。与此相适应，经济法的体系就应由对这些若干种类经济关系进行调整的法律规范所构成的法律部门所构成。我国目前的经济法体系大体上是由企业组织管理法、市场管理法、宏观调控法以及社会保障法所组成，这些法律的调整对象及作用在前文已做介绍，此处不赘述。

当然，经济法体系不是一成不变的。国家将根据社会经济生活的发展变化，不断地修改已经制定的经济法律或者制定新的经济法律，相应地，经济法体系也在发展中保持相对稳定。

第三节 经济法律关系

一、经济法律关系的概念

经济法律关系是诸多法律关系中的一种。法律关系是由法律规范所确认的当事人之间的具有权利和义务内容的社会关系。由此可见，法律关系是一种特殊的社会关系，它必须同时具备两个条件：一是为法律所调整，二是以权利和义务为内容。

在人类社会中，有各种各样的社会关系。不同的社会关系受不同的法律所调整，就会形成以不同的权利和义务为内容的法律关系，例如行政法律关系、民事法律关系、婚姻家庭法律关系以及经济法律关系等。在法律调整的范围内，客观社会关系与法对其调整所形成的法律关系是不能截然区分的，它们是同一事物，是内容和形式的关系，只能从逻辑上对其加以区分。

所谓经济法律关系，是指由经济法确认的，经济法主体之间在国家维护市场经济秩序和对经济进行宏观调控过程中所形成的具有经济内容的权利义务关系。

经济法律关系的构成要素，是指构成经济法律关系不可缺少的组成部分。经济法律关系分别由经济法律关系主体、经济法律关系内容和经济法律关系客体三要素构成。

二、经济法律关系主体

经济法律关系主体，即经济法主体，是指依法享有经济权利、承担经济义务的组织或个人。享有经济权利的当事人叫权利主体，承担经济义务的当事人叫义务主体。在许多情况下，经济法律关系中的双方当事人既是权利主体，又是义务主体。

经济法律关系主体的资格是由法律规定的。根据我国法律规定，目前我国经济法主体主要有以下几类。

1. 国家机关

它包括国家权力机关、行政机关和司法机关。作为经济法主体的国家机关，主要是国家权力机关和国家行政机关中的经济管理机关。经济管理机关包括综合经济管理机关、部门经济管理机关、职能经济管理机关和经济监督机关。

2. 法人型社会组织

它包括企业、公司、事业单位、社会团体等。这里所说的社会组织必须依法取得法人资格。它可以分为两种类型：一种是经济组织，另一种是非经济组织。经济组织是我国经济法律关系中最主要的主体。非经济组织在法律许可的范围内从事经济活动时也可以成为经济法律关系的主体。

3. 非法人组织

它主要包括法人的分支机构以及其他不具备法人资格的经济实体和经济组织的内部机构。

4. 个体工商户、农村承包经营户和其他公民个人

根据我国现行法律规定，公民在法律允许的范围内，依法核准登记，从事工商经营的，为个体工商户。农村集体经济组织成员，在法律允许的范围内，按承包合同规定从事商品经营的，为农村承包经营户。他们的合法权益受法律保护，是经济法的主体之一。

公民，又称自然人，包括中国公民和外国公民。在经济法有特别规定的情况下，公民参加经济法律关系，也可以成为经济法的主体。

5. 国家

它在特殊情况下也可以主体资格参加经济法律关系，如发行国库券、公债，以政府名义与外国签订经济贸易协定等。

三、经济法律关系内容

经济法律关系内容，是指经济法主体享有的经济权利和承担的经济义务。它是经济法律关系的实质性要素。经济法律关系的主体和客体是由它联结起来的。

（一）经济权利

它是指经济法主体依法具有的自己为或不为一定行为或者要求他人为或不为一定行为的资格。例如，在“自己为”方面，国家经济管理机关有权运用利率、税率、汇率等经济杠杆和价格政策，调控和引导企业行为。在“自己不为”方面，企业有权拒绝任何形式的摊派。在“要求他人为”方面，会计机构、会计人员对记载不准确、不完整的原始凭证，可退回，要求更正、补充。在“要求他人不为”方面，企业有权要求任何部门不得硬性规定企业必须建立上下对口的机构等。

经济权利在不同的经济法主体中有不同的表现，归纳起来，主要有以下四个方面。

1. 经济职权

它是指国家机关在组织管理经济活动时依法享有的一种特殊的经济权利。它的产生基于法律的直接规定，国家机关行使经济职权既是权利也是义务，不可随意转让、放弃和抛弃经济职权。另外，国家机关依法行使其经济职权时，其下属国家机关、有关的各种经济组织和其他经济法主体都必须服从。这就是说，经济职权是有原生性、固定性和隶属性的。这是经济职权作为一种经济权利的特殊之处。经济职权大致包括决策权、组织管理权、资源配置权、指挥权、调节权、监督权等。

2. 财产所有权

它是指财产所有者依法享有的对其财产的占有、使用、收益、处分的权利。

3. 经营管理权

它是指企业进行生产经营活动时依法享有的权利，包括经济管理权和财产经营权，如经营方式选择权、生产经营决策权、物资采购权、产品销售权、人事劳动管理权、资金支配使用权、物资管理权、组织机构设置权以及其他经营管理权。

4. 请求权

它是指经济法主体在其合法权益受到侵犯时依法享有的要求侵犯人停止侵权行为和要求有关国家机关保护其合法权益的权利。它包括要求赔偿权、请求处理权、申请仲裁权、经济诉讼权、其他请求权。

(二) 经济义务

它是指经济法律关系主体依法承担为一定行为和不为一定行为的责任。经济义务可以分为法定义务和约定义务。

我国经济法主体所承担的经济义务是与其所享有的经济权利相对应的，大体可分为以下三个方面。

(1) 经济职责。经济职责与经济职权相对应，是经济法主体在享有经济职权时必须相应承担的经济义务。

(2) 正确行使所有权。这是与财产所有权相对应的经济义务，它要求所有人要正确行使自己的所有权，不可由此而损害国家的、社会公共的以及他人的合法经济权益。

(3) 经营责任。经营责任与经营管理权相对应，是经营组织对国家、对社会以及对内部组织和职工应承担的义务、责任。

四、经济法律关系客体

经济法律关系的客体，是指经济法主体享有的经济权利和承担的经济义务所指向的对象。

经济法律关系客体的种类主要有以下几种。

(一) 有形物

它是指经济法主体能在事实上和法律上予以控制而且具有一定实物形态和一定价值及使用价值的财物。它包括生产资料、消费资料、货币、有价证券等。

小试牛刀

某国一商家声称自己已经与太空开发机构达成协议，可以出卖月球土地作为墓地，也可以负责将死者的棺材或骨灰送到太空的指定位置，使死者可以像星球一样永远闪耀在太空中。

请问：该商家能否出售月球的土地？

该商家不能与他人签订出卖月球土地或擅自使用太空空间的协议。因为月球土地与太空空间不是一般人利用一般手段所能控制的，再者它们也不能为某个商家所独占，而是人类的共同财富。因此，月球土地及太空空间不能成为经济法律关系的客体。

(二) 经济行为

它是指经济法主体为达到一定的经济效益和经济目的所进行的一定经济活动。它包括经济管理行为、完成一定工作的行为、提供一定劳务的行为。

1. 经济管理行为

经济管理行为是国家经济管理机关、社会组织根据法律行使特定权利的行为，如审定物价行为，审计行为，编制、审批、下达计划的行为，企业调控行为，等等。

2. 完成一定工作的行为

完成一定工作的行为是指经济法主体一方根据另一方的要求，利用自己的资金、技术、设备等为对方实现或完成一定任务、指标或物化劳动成果的行为。

3. 提供一定劳务的行为

提供一定劳务的行为是指经济法主体利用自己的劳动和设施为对方提供一定劳动服务的行为。其结果并非表现为物化劳动，而只是表现为货物的位移、货物存放等与行为人的劳动不能分开的结果。

有形物和经济行为作为经济法律关系客体，必须具备一定的条件，这就是：

其一，必须是经济法主体能够控制、支配的事物；

其二，必须是国家经济法律法规允许进入经济法律关系并成为其客体的物或行为；

其三，经济法律关系的客体是能直接体现一定的经济效益或者可借以获得一定经济效益的物或行为。

（三）无形物

它亦称智力成果，是指人类脑力劳动的成果，属于一种非物质财富。无形物一般不具有直接的物化形态，但它可以创造物质财富，实现经济效益。商标、专利、专有技术、技术改进方案、合理化建议、经营信息、生产经营标记等都属于无形物。

无形物作为经济法的客体，必须具备下列条件。

(1) 要由经济法律法规加以认可和规定。未经经济法认可的智力成果不受法律保护，不能成为经济法客体。

(2) 要有一定的载体。智力成果只有通过载体表现出来，才能为人们直接掌握和利用。

(3) 要有一定的现实的或可以实现的经济价值。

本章小结

本章对经济法的基本理论和有关知识作了简要介绍。通过学习，应该清楚地认识到：经济法的产生是历史的必然，但战争、经济危机等非常态社会因素只是其产生的直接影响条件，只有市场经济才是经济法产生与发展的前提条件。经济法是以国家直接干预经济为规范内容的法律，它的调整对象是一定的经济关系。经济法的概念既要反映其调整对象，还应反映经济法的根本属性。从经济法与相邻法律部门的关系可以看出经济法的性质、经济法律关系的概念及其构成要素。

案例讨论

某建筑公司承建某建筑科学研究所实验大楼，该公司法定代表人张某与某涂料公司法定代表人李某达成书面协议。协议规定：某建筑公司购买某涂料公司的涂料和 107 胶，涂料和 107 胶的质量按同行业的标准，货到付款。张某按照协议交了定金。某建筑公司在施工中因涂料质量不合格造成多次返工，经交涉，某涂料公司答应赔偿损失。但当某建筑公司要求某涂料公司赔偿返工损失时，某涂料公司以某建筑公司没按要求施工造成返工为由拒绝赔偿损失。双方发生争执。

请思考：本案应如何处理?

简要分析：

在本案中，某建筑公司和某涂料公司均属于经济法律关系主体中的企业法人主体。张某与李某虽不属于本案的经济法律关系主体，但他们分别是某建筑公司和某涂料公司的法定代表人，他们代表各自单位签订购销合同，其行为后果应由各自单位承担。本案中，某涂料公司应按书面协议规定承担损失赔偿责任。

复习思考

1. 试述经济法的产生是市场经济发展的客观要求。
2. 请从经济法的概念看经济法的调整对象及根本属性。
3. 简述经济法与相邻法律部门的关系。
4. 简述经济法律关系的构成要素。

第二章 相关法律制度

要点提示

- 全面掌握法人制度、财产所有权及债权的基本内容
- 了解经济法律行为、代理、时效、经济诉讼与经济仲裁的基本知识

第一节 法人制度

民法是最早产生的调整财产关系的重要法律部门。在构建社会主义市场经济体制的过程中，民法的某些法律制度，如法人制度、所有权制度等，已为经济法所吸收和运用。

一、法人的概念和成立条件

法人是法律概念，是相对于自然人而言的。根据我国《民法典》第 57 条规定：法人是具有民事权利能力和民事行为能力，依法独立享有民事权利和承担民事义务的组织。法人作为一种社会组织，是社会组织在法律上的人格化，但是，并非任何社会组织都能成为法人。

法人的成立必须具备法定的条件。

1. 依法成立

一定的社会组织要成为法人，必须符合法律规定，否则不能成立。依法成立是指依照法律规定的成立条件、法律规定的成立程序和法律规定的类型成立。法人的成立之所以要依法，一是为了获得法律上的保护，二是便于国家对其活动进行监督和管理。

2. 有必要的财产或经费

这是保证法人能够独立从事经济活动和进行社会交往的物质基础，是法人成立的核心条件。

3. 有自己的名称、组织机构和住所

法人有自己的名称，便于从事经济活动，也便于法律对其监督管理。法人的名称应包括其所在地、商号、经营范围、责任形式等内容。法人对其名称享有专用权。法人有健全的组织机构，便于其行使职权和从事日常经营管理活动。法人以其主要办事机构所在地为住所。依法需要办理法人登记的，应当将主要办事机构所在地登记为住所。

4. 以其全部财产独立承担民事责任

法人以其全部财产独立承担民事责任。法人能够独立承担民事责任，一方面表明法人有独

立的财产，有能力承担民事责任；另一方面表明法人成员和创立人的有限责任。

小试牛刀

王华与吴秀约定，共同出资设立注册资本为 14 万元的钢材销售有限责任公司，同时在公司章程中规定，首次出资额为公司注册资本的 20%，其余出资在公司成立后一年内缴清。随后，两人按公司章程规定交付出资，并在一幢写字楼里租房 4 间作为办公场所，同时由王华去市场监督管理部门办理了企业设立登记手续，成立了××市明达实业有限责任公司。不久，因为公司经营不善，该公司与金川建筑工程公司签订的合同无法如期履行，欠金川建筑工程公司的 5 万元无法归还。于是，金川建筑工程公司在查明明达实业公司设立的实际情况后，要求王华与吴秀对所欠债务承担无限连带责任。

请问：本案应该如何处理？

在本案中，××市明达实业有限责任公司是依法登记成立的法人企业，公司以其全部资产对外承担有限责任。王华与吴秀尚未缴纳的出资应当属于公司财产，故应在未缴出资范围内对公司债务承担连带清偿责任。因此，金川建筑工程公司主张王华与吴秀对所欠债务承担无限连带责任是不正确的。

二、法人的分类

根据我国《民法典》的规定，法人可以分为以下几类。

1. 营利法人

它是指以取得利润并分配给股东等出资人为目的成立的法人。营利法人包括有限责任公司、股份有限公司和其他企业法人等。

2. 非营利法人

为公益目的或者其他非营利目的成立，不向出资人、设立人或者会员分配所取得利润的法人，为非营利法人。非营利法人包括事业单位、社会团体、基金会、社会服务机构等。

3. 特别法人

《民法典》规定的特别法人是指机关法人、农村集体经济组织法人、城镇农村的合作经济组织法人、基层群众性自治组织法人。

三、法人的权利能力和行为能力

法人和自然人一样，作为经济法律关系的主体，都必须具有权利能力和行为能力。所谓权利能力，是指法律关系的参加者依法享受权利和承担义务的资格或能力。它是法律上认定法律关系主体的前提。法人的权利能力是指法人所具有的参加民事法律关系、享受民事权利和承担民事义务的资格。法人的权利能力始于法人的成立，终于法人的终止。法人权利能力的内容因其设立宗旨或经营范围的不同而各有区别。另外，法人没有某些以人身为前提的权利能力，如抚养、赡养等。所谓行为能力，是指法律关系的参加者能够以自己的行为依法行使权利和承担义务，从而使法律关系产生、变更或消灭的资格或能力。法人的行为能力，是指法人能够依法以自己的行为，按照自己的意愿，直接行使权利和履行义务的能力或资格。法人的行为能力与权利能力同时产生、同时消灭，两者的范围往往是一致的。法人的行为能力一般由法人的机关或工作人员来实现，最终是由自然人实现的。法人对法人机关或代表在权限内的行为负责。

四、法人的设立、变更和终止

法人的设立，是指社会组织依法取得法人资格。由于社会组织的宗旨、业务活动范围、性质和任务不同，其法人设立的具体条件和程度也不完全相同。在我国，企业法人和社会团体法人依法通过核准登记设立，机关法人和事业单位法人根据国家法律和行政命令而设立。

法人的变更，是指法人在存续期间，法人的组织和其他重要事项发生变化。法人组织的变更，指法人的合并、分立以及责任形式的变更。法人其他重要事项的变更，指法人活动宗旨和业务范围等事项的变化，包括名称、住所、资本额的变动等。法人的变更应按设立法人的程序办理变更手续。

法人的终止，又称法人的消灭，指法人丧失民事主体资格，导致其权利能力和行为能力的终止。法人终止时，必须进行业务清理和财产清算，其债务要按有关法律规定进行清偿或免除，并办理法人注销登记手续。

第二节　经济法律行为

一、经济法律行为的概念和特征

经济法律行为，是指经济法律关系主体旨在确定、变更和终止某种经济法律关系而实施的行为。

经济法律行为与其他社会行为相比较，具有以下主要特征。

（1）经济法律行为必须是以主体明确的意思表示为前提。意思表示是指行为人把要求进行经济法律行为的内在意图，以一定的方式表现于外部的行为。它包含两个互相联系的方面：一是主体要有追求某种经济后果的内在意思；二是主体必须通过一定的方式，将内在的意思表示出来，达到让人知道、理解的程度，否则也不能产生经济法律后果。没有意思表示就没有经济法律行为，但在大多数情况下，仅有一方的意思表示，也不能产生预期的经济法律效果。

（2）经济法律行为必须符合法律规定。经济法律行为从本质上说应当是一种合法行为，否则，不但不能产生预期法律效果，还要受到法律制裁。

（3）经济法律行为是主体为了实现一定经济目的而实施的行为。

二、经济法律行为的形式和种类

（一）经济法律行为的形式

经济法律行为的形式，是指经济法律关系主体为把内在意思表达出来所采取的方式。用法律直接规定的形式，叫作法定形式。由当事人协商确定的形式，叫作意定形式。

我国经济法律行为的形式主要有以下几种。

（1）口头形式。这是指用口头谈话方式进行意思表示的形式，如当面商议、电话洽谈等。除现货买卖或价款数额不是很大的交易之外，经济法律行为一般不采用口头形式。

（2）书面形式。这是指当事人采用书面文件方式进行意思表示的形式，最常见的是各类书面合同。为保证书面文件内容的真实性和有效性，当事人须在书面文件上签名盖章。

(3) 推定形式。这是指当事人用除语言和文字以外的有目的、有意识的积极行为来进行意思表示的形式。例如，某供需合同期满后，供方仍继续供货，需方照收不误，根据双方的行为，就可以推定双方已取得了关于延长原合同期限的协议。

(4) 默示形式。这是指当事人没有进行任何积极行为，也没有用口头或书面方式进行意思表示，而是以沉默的方式来表示自己的意思。沉默只有在有法律规定、当事人约定或者符合当事人之间的交易习惯时，才可以视为意思表示。

(二) 经济法律行为的种类

在我国的社会经济生活中，按照不同的标准，从不同的角度，可以把经济法律行为分为以下若干种类。

1. 双方经济法律行为和多方经济法律行为

这是按照作出意思表示的当事人的数量来划分的。双方经济法律行为，是指当事人双方的意思表示一致而进行的法律行为。这种法律行为必须由双方协同进行，但双方各自的具体目的一般是不一致的。比如在买卖合同中，一方是为了取得价金，另一方是为了取得商品。多方经济法律行为，是指两个以上当事人并行的意思表示达成一致而进行的法律行为。比如两个以上的人订立共同出资协议创办某一企业的行为，即为多方经济法律行为。

2. 有偿经济法律行为和无偿经济法律行为

这是根据当事人一方的行为是否需要对方承担对等义务来划分的。有偿经济法律行为，是指双方当事人在为对方履行某项义务时，有权要求对方为自己承担对等义务的法律行为。比如，买卖、租赁等都是有偿的经济法律行为。无偿经济法律行为，是指当事人一方为了对方的利益履行某项义务时，不要求对方承担对等义务的法律行为，比如捐助行为、无息贷款行为等。

3. 诺成性经济法律行为和实践性经济法律行为

这是根据经济法律行为是否与意思表示一致时同时产生权利义务关系来划分的。诺成性经济法律行为，是指一方的意思表示一经对方承认和接受，双方约定的权利义务即告成立的法律行为。例如，买卖合同和建设工程合同一经签订，即产生法律效力。实践性经济法律行为，是指除了双方意思表示一致外，还须交付实物才算成立的法律行为。例如，自然人之间的借款合同必须支付一定的货币才能成立。

4. 要式经济法律行为和不要式经济法律行为

这是根据法律行为是否需要履行某种方式才能成立、生效来划分的。要式经济法律行为，是指依照法律规定，必须履行一定手续或完成一定程序才能成立、生效的法律行为。例如，专利权转让、不动产所有权的转移，必须经过一定的程序。不要式经济法律行为，是指可由当事人自行选择履行方式即可成立、生效的法律行为，如一般即时结清的买卖合同。

除了以上所述之外，还可以按其他标准或从不同角度，把经济法律行为划分为主行为和从行为、独立行为和辅助行为、物权行为和债权行为等。

三、经济法律行为的有效条件

当经济法律关系主体通过一定的方式将自己内心所追求的经济法律效果完整地表示出来并使他人能够客观地加以识别时，经济法律行为成立。对于某些经济法律行为来说，还必须在交付实物、履行一定方式后方可成立。经济法律行为的成立是确定经济法律行为有效的前提，但并不是任何经济法律行为一经成立都是有效的。经济法律行为有效，必须具备以下几个条件。

1. 行为人主体必须适格

经济法律行为的当事人必须具备参与该项经济法律关系的主体资格，具有经济法律规范所规定的权利能力和行为能力。

2. 意思表示必须真实

经济法律行为当事人的意思表示和其内在意志必须一致，并且是自愿作出的，否则，难以产生预期的经济法律后果。

3. 内容必须合法

经济法律行为的当事人在进行经济法律行为时，必须遵守国家法律和维护社会公共利益。违法行为是无效行为，从开始就不具有法律效力。

4. 形式必须合法

经济法律行为的当事人实施法律行为，必须采取一定的形式，法律规定必须用特定形式的，应当依照法律规定，否则，一旦发生争议，可能会被裁决为无效行为。

小试牛刀

张某年满17周岁，为沿海某城市甲公司的职员，月收入2 000元。张某未征得家长同意，把自己的“大阳”摩托车有偿转让给李某，并按规定办理了相关转让手续。之后，张某因患精神分裂症，被宣告为无民事行为能力人，其父据此诉请法院确认“大阳”摩托车转让行为无效。

请问：张某有偿转让“大阳”摩托车的行为是否有效？

张某有偿转让“大阳”摩托车的行为的效力，应视该行为是否符合经济法律行为的有效条件而定。张某转让摩托车时，属于16周岁以上不满18周岁，以自己的劳动收入为主要生活来源的公民，具有民事权利能力，同时应视为有完全民事行为能力的人。行为人的主体适格，意思表示真实，行为的内容和形式也合法。因此，该有偿转让行为有效。

四、无效经济法律行为及其处理

无效经济法律行为，是指不符合经济法律行为的有效条件，因而不能产生行为人预期的经济法律效果的行为。无效经济法律行为主要有以下几种表现形式。

（1）无民事行为能力人所为的行为。

（2）行为人与相对人以虚假的意思表示实施的行为。

（3）恶意串通损害他人合法利益的行为。

（4）违反法律、行政法规的强制性规定的行为。但是，该强制性规定不导致该行为无效的除外。

（5）违背公序良俗的行为。

对于无效经济法律行为，可视不同情况，作出不同处理。

（1）撤销。如果无效经济法律行为刚刚开始，尚未产生任何后果，可宣布无效，予以撤销。

（2）经济制裁。如果无效经济法律行为已经产生部分或全部后果，应作如下处理：1）返还财物。当事人双方都无过错，应互相返还原物。不能返还或者没有必要返还的，应当折价补偿。2）赔偿损失。一方有过错，过错方应将非法或不该得到的财物退还受损害的一方，并应赔偿对方所受的损失；双方都有过错，应当各自承担相应的责任。3）法律另有规定的，依照其规定，如没收财产、罚款等。

除了按上述方式进行处理之外，还可以依法追究有关行为人的行政责任；构成犯罪的，要依法追究刑事责任。

第三节 代 理

一、代理的概念和特征

代理，是指代理人在代理权范围内，以被代理人的名义独立与第三人进行法律行为，由此产生的法律效果直接归属于被代理人的法律制度。代理有如下特征。

（1）代理行为必须是实施某种具有法律意义的行为。此即代理行为能够在被代理人和另一方当事人之间设立、变更或者终止某种法律关系。如果只是应他人请求代办某些具体事务，如校阅文稿、代收书信等，不属于代理。

（2）代理行为是代理人以被代理人的名义，在代理权限范围内进行的活动。这一特征，使它有别于行纪活动。行纪人以自己的名义同顾客建立买卖关系，而代理人和顾客之间不产生任何权利义务关系。

（3）代理人在代理权范围内依自己的意志而不是被代理人的意志进行代理活动，发挥他作为代理人应有的作用。这个特征把它与居间人、传话人区别开来。

（4）代理行为所产生的法律后果直接由被代理人承担。

二、代理的适用范围

代理作为一种法律制度，在我国已被广泛采用，它的适用范围很广，可以归纳为以下几个方面。

（1）代理进行法律行为。从严格意义上说，代理只能适用于法律行为，如代理签订买卖合同等。

（2）代理进行诉讼活动。如在民事诉讼、行政诉讼和刑事附带民事诉讼中，作为原告、被告或第三人的诉讼代理人参加诉讼。

（3）代理履行某些法定义务，如代办专利申请或商标注册，向税务机关申报纳税等。

但是，依照法律规定、当事人约定或者民事法律行为的性质，应当由本人亲自实施的民事法律行为，不得代理。如婚姻登记行为不能代理；具有人身性质的债务，如受约演出，也是不能代理的。

小试牛刀

丙的下列行为哪些属于代理行为：

A. 乙欠甲5万元，丙作为执业律师受甲的委托去法院起诉乙，要求乙还款5万元。

B. 甲急需请一名保姆，请某家政服务所的工作人员丙为其寻找合适的保姆。

C. 乙认为某区公安分局所作出的行政拘留决定错误，后来向法院提起行政诉讼，要求某区公安分局撤销行政拘留决定。丙受委托代表公安分局参加诉讼活动。

D. 甲与某演出公司签订了演出合同，后因故无法如期参加演出，便请丙代表其参加演出。

E. 丙受乙的委托去软件著作权登记机关办理著作权登记手续。

F. 甲与乙自愿结婚，与婚姻登记机关的王某约定于6月6日去办理婚姻登记手续。后来甲因有急事去北京出差，即请丙去婚姻登记机关代为办理婚姻登记手续。

通过学习，我们可以清楚地看到上述案例中丙的 A、C、E 的行为属于代理行为，B、D、F 的行为不属于代理行为。

三、代理的种类

（一）委托代理

委托代理是指代理人根据被代理人的授权委托而进行的代理。这种代理关系，通常采用订立委托合同的形式，明确双方的权利义务。委托合同反映代理的内部关系，为了向第三人证明代理人拥有代理权，被代理人应该为代理人制作证明代理人的代理权及其权限范围的代理证书。在实际生活中，介绍信也被作为代理证书使用，司法实践承认其法律效力。

代理人需要转委托第三人代理的，应当取得被代理人的同意或者追认。转委托代理经被代理人同意或者追认的，被代理人可以就代理事务直接指示转委托的第三人，代理人仅就第三人的选任以及对第三人的指示承担责任。转委托代理未经被代理人同意或者追认的，代理人应当对转委托的第三人的行为承担责任；但是，在紧急情况下代理人为了维护被代理人的利益需要转委托第三人代理的除外。

（二）法定代理

法定代理是由法律根据一定社会关系的存在而直接规定的代理。法定代理人依照法律的规定行使代理权。例如，工会组织可以代理其成员签订集体劳动用工合同和参加有关劳动争议的诉讼等。

四、代理权的滥用和无权代理

代理权的滥用，是指代理人利用享有代理权的方便条件，去损害被代理人的利益。滥用代理权主要有以下三种情况。

（1）代理人以被代理人的名义同自己进行法律行为。这叫自己代理，是法律不允许的，但是被代理人同意或者追认的除外。

（2）代理人同时以双方被代理人的名义进行同一项法律行为。这叫双方代理，也是法律禁止的，但是被代理的双方同意或者追认的除外。

（3）代理人和第三人恶意串通去损害被代理人的利益而进行的法律行为。这种代理无法律效力。

无权代理，是指代理人不具有代理权所实施的、未经被代理人追认的代理行为。无权代理有以下三种情况。

（1）未经授权，在没有代理权的情况下实施代理行为。

（2）已经授权，但超越代理权限实施代理行为。

（3）曾经授权，但在代理权终止后实施代理行为。

无权代理的三种情况，相对人可以催告被代理人自收到通知之日起 30 日内予以追认。被代理人未作表示的，视为拒绝追认。行为人实施的行为被追认前，善意相对人有撤销的权利。撤销应当以通知的方式作出。超过期限未经被代理人追认或被代理人明确拒绝追认的，对被代理人不发生效力。

行为人没有代理权、超越代理权或者代理权终止后，仍然实施代理行为，相对人有理由相信行为人有代理权的，代理行为有效。

五、代理关系的终止

代理关系因一定情况的出现或变化，使代理人的代理权终止。由于代理权产生的依据不同，引起代理关系终止的原因也有所不同。

委托代理关系终止的原因有：

（1）代理期限届满或者代理事务完成；

（2）被代理人取消委托或者代理人辞去委托；

（3）代理人丧失民事行为能力；

（4）代理人或者被代理人死亡；

（5）作为代理人或者被代理人的法人、非法人组织终止。

被代理人死亡后，委托代理人实施的代理行为有效的情形如下：

（1）代理人不知道且不应当知道被代理人死亡；

（2）被代理人的继承人予以承认；

（3）授权中明确代理权在代理事务完成时终止；

（4）被代理人死亡前已经实施，为了被代理人的继承人的利益继续代理。

作为被代理人的法人、非法人组织终止的，委托代理人实施的代理行为有效的情形如下：

（1）代理人不知道且不应当知道被代理人死亡的法人、非法人组织终止的；

（2）承继被代理人的组织予以承认；

（3）授权中明确代理权在代理事务完成时终止；

（4）被代理人终止前已经实施，为了承继被代理人的组织的利益继续代理。

法定代理关系终止的原因有：

（1）被代理人取得或者恢复完全民事行为能力；

（2）代理人丧失民事行为能力；

（3）代理人或者被代理人死亡；

（4）法律规定的其他情形。

六、代理责任

为了正确地执行代理制度，我国《民法典》对代理关系各方的代理责任作了明确规定。

（1）被代理人对代理人在代理权限内的代理行为，承担民事责任。代理人不履行或者不完全履行职责，造成被代理人损害的，应当承担民事责任。

（2）无权代理的行为，只有经过被代理人的同意或追认，被代理人才承担民事责任。否则，由行为人承担民事责任。

(3) 代理人知道或者应当知道代理事项违法仍然实施代理行为，或者被代理人知道或者应当知道代理人的代理行为违法未作反对表示的，被代理人和代理人应当承担连带责任。

(4) 代理人和相对人恶意串通，损害被代理人合法权益的，代理人和相对人应当承担连带责任。

(5) 相对人知道或者应当知道行为人无权代理的，相对人和行为人按照各自的过错承担责任。

(6) 转委托代理经被代理人同意或者追认的，被代理人可以就代理事务直接指示转委托的第三人，代理人仅就第三人的选任以及对第三人的指示承担责任。转委托代理未经被代理人同意或者追认的，代理人应当对转委托的第三人的行为承担责任；但是，在紧急情况下代理人为了维护被代理人的利益需要转委托第三人代理的除外。

小试牛刀

王甲和刘乙系邻居，两家关系很好。因业务需要，王甲被单位派往设在海口的办事处工作，临走前拜托刘乙照看自己的房屋及物品。夏天来临，王甲从海口给刘乙打电话，称其在海口买了一台分体式空调，家里原来的窗式空调不要了，请刘乙帮忙以合适的价格卖掉。刘乙的同事李丙听说此事后，表示想买下这台窗式空调，但他不愿多出钱，李丙就对刘乙说："你给王甲打个电话，就说空调的制冷机坏了，要想快点出手就得降低价格。"刘乙觉得自己和李丙是同事，不答应他会影响今后的关系，况且他有许多事要求李丙，于是就按李丙的意思给王甲打了电话，王甲说既然制冷机坏了，降价就降价吧。于是，刘乙就以 500 元的价格把空调卖给了李丙。过了一阵，王甲从海口回来，听说了窗式空调制冷机没坏的事实，非常生气，找到李丙，要求李丙返还空调。

请问：刘乙、李丙买卖空调的行为是否有效？他们应承担何种法律责任？

通过学习，可以清楚地看到，刘乙与李丙明显是恶意串通，损害王甲的利益。根据规定，代理人和相对人恶意串通，损害被代理人合法权益的，代理人和相对人应当承担连带责任。王甲要求李丙返还空调，李丙应予返还，同时王甲应返还李丙的 500 元钱，如果王甲还有其他损失，刘乙和李丙应负连带赔偿责任。

第四节　财产所有权

一、财产所有权的概念和特征

财产所有权是指所有人依法对自己的财产享有的占有、使用、收益和处分的权利。

所有权与所有制既有联系又有区别。前者与后者的关系，是上层建筑与经济基础之间的关系。所有制是一定社会经济关系的基本制度，它的形式决定着所有权的性质和内容；所有权是一定历史时期的所有制形式在法律上的表现，它反过来确认和保护作为经济基础的所有制形式。

财产所有权具有以下特征：

(1) 所有权是具有绝对性的权利。绝对性是指财产的所有者具有按照自己的意志，独立、直接地支配自己财产的权利，不需要依赖或借助他人的积极行为即可实现，其他人则负有不予干预的义务。

（2）所有权是具有排他性的权利。排他性是指同一财产在同一时间只能设定一个所有权，并排除他人的干涉。

（3）所有权是具有全面性的权利。全面性是指所有权的内容包括占有、使用、收益直至处分的各方面的权利，也就是说所有人对财产享有完全支配的权利。同其他财产权相比，它是各种财产权中权利最为全面同时也是最充分、最完整的权利，而其他财产权利则往往是基于财产所有者的所有权和意志产生的。比如对国有土地的使用权，对国家财产的经营权，或由提供财产作为债务担保而产生的抵押权，都是由所有权派生出来的权利，都要受到法律规定或当事人约定的限制，而不是全面性的权利。

二、财产所有权法律关系

（一）财产所有权法律关系的主体

财产所有权法律关系的权利主体是特定的，一般称为财产所有权人，它的义务主体是不特定的，是除所有人以外的其他任何组织和个人。

根据我国目前的所有制结构，财产所有权可以划分为国家财产所有权、集体财产所有权和个人财产所有权。国家、集体或公民个人分别为上述财产所有权的主体。此外，外国公司、企业和其他经济组织或个人，在我国境内与中国合营者共同举办合营企业、合作企业或者独资创办企业，其投资和应得利润的所有权也依法受到保护。

财产所有权的权利主体是特定的、具体化的，可能是一个主体，也可能是一个以上的主体。当某项财产属于两个或两个以上的主体所有时，称为“共有”。共有关系可分为按份共有和共同共有。按份共有是指共有的财产按照份额属于几个人所有。按份共有人分别按照自己的份额对共有的财产享有权利和承担义务。共同共有是指同一项财产有几个所有权主体，他们共同对全部共有财产享有平等所有权，对外就共同的财产负连带责任。

（二）财产所有权法律关系的内容

财产所有权法律关系的内容是指财产所有权中所包含的具体权利。所有人对自己的财产享有四项权能。

（1）占有，是指对财物的实际控制。在一般情况下，财产归所有人占有，但也可能和所有人脱离而归非所有人占有。占有又包括两种情形：一是合法占有，即有法律上的依据或经所有人同意的占有，如合法的租赁关系；二是非法占有，即没有法律根据或未经所有人的同意而占有他人的财产。非法占有又分为善意占有和恶意占有。所谓善意占有，是不知悉或无从知悉是在非法占有他人的财产；与此相反，则属于恶意占有。这种区分的意义在于判定是否应该承担返还原物和赔偿损失的法律后果。

小试牛刀

某年 4 月 10 日晚，周某发现自己喂养的一头约 40 千克重的猪不见了，至同月 25 日，周某在邻村的谢某家发现了这头猪（周某的猪曾做过特殊暗记）。周某乃向当地派出所报告，说谢某偷了他的猪。经查询，谢某答辩说：“这头猪是我 5 天前花了 500 元从杨某那里买来的，周某无权向我要回。”杨某则承认是在公路边捡的，并说：“我捡的猪，又不是偷的，当然应归我所有，出卖是合法的。”各方相持不下，周某于6月4日向人民法院起诉，要求追回自己的猪。

请问：本案应如何处理？

本案中，拾得该猪的杨某的占有行为是非法占有。因为他的占有行为是既没有法律依据，又无合同根据的占有。在其出卖该猪前的占有行为是非法的善意占有行为，在其出卖该猪后占有卖猪款的行为属非法的恶意占有行为。杨某与谢某的买卖行为是无效的法律行为。因为该买卖关系的客体——猪，并不归杨某所有，他无权处分该猪。且该猪非无主物，而是有主物，是遗失物。《民法典》第312条规定，“所有权人或者其他权利人有权追回遗失物。该遗失物通过转让被他人占有的，权利人有权向无处分权人请求损害赔偿，或者自知道或者应当知道受让人之日起二年内向受让人请求返还原物”。该法第314条规定：“拾得遗失物，应当返还权利人。拾得人应当及时通知权利人领取，或者送交公安等有关部门。”该法第317条还规定：“权利人领取遗失物时，应当向拾得人或者有关部门支付保管遗失物等支出的必要费用。”根据上述规定，谢某应将猪返还给周某，杨某返还谢某的购猪款500元。周某适当补偿谢某约两个月的饲养费用。对杨某应予以批评教育。

（2）使用，是指依据财物的性能和用途加以运用和利用，以满足一定的经济需要。使用同占有一样，在一般情况下，使用权属于所有人本人，但也可以由非所有人使用。非所有人的使用又可分为合法使用与非法使用。

（3）收益，是指基于使用财产而取得的经济利益。收益一般是使用的结果，在通常情况下，收益应归于所有人，但根据法律或协议，部分收益也可以归非所有人的使用人。

（4）处分，是指所有人在法律许可的范围内根据自己的意志，处置财产的权利。处分是所有人最基本的权利，也是财产所有权的核心。处分可分为事实处分和法律处分。事实处分是指对财产的消费，有时就是使用。法律处分是指依照所有人的意志，通过法律行为对财产进行处置，如出卖、赠与，实际上是转移所有权。无论是事实处分还是法律处分，都会引起所有权的消灭或转移。处分权一般只归所有人行使，但在某种情况下，也可以由非所有人行使。比如，法院依民事执行程序拍卖债务人的财产。

（三）财产所有权法律关系的客体

财产所有权法律关系的客体是物。因此，许多国家的法律把财产所有权称作物权。作为所有权客体的物，是指权利主体可以控制有经济、文化、科学价值的物质资料，包括自然资源和一切劳动产品。法律意义上的物，按不同标准可作如下分类。

（1）生产资料与生活资料。

（2）流通物与限制流通物。流通物，是指国家允许在主体之间依一定程序流通的物。限制流通物，是指在流通中受到法律不同程度限制的物。

（3）种类物和特定物。种类物，是指性质、种类相同，即具有共同的物理属性和经济意义的物，它是可以用品种、牌号、件数、长短、容积、重量等来确定的物。这种物是可以用同种类的物代替的。特定物是指具有特有的质地、特征，不能互相代替的物。如果是以特定物为标的的债，当该物于债务人履行债务之前灭失时，债务人可免除交付标的物。如果是以种类物为标的的，则债务人不能免除交付标的物的责任。

（4）主物和从物。主物，是指与其他物合并使用时起主要作用的物。从物，是指与其他物合并使用时起从属作用的物。如果法律和合同没有相反的规定，在主物转让时，应认为从物随同主物一起转移。

（5）原物和孳息。原物，是指基于自然或法律的原因可以产生一定收益的物。孳息，是指由原物产生的收益。它分为自然孳息和法定孳息。孳息既可以由原物的所有人收取，也可以根据法律的规定由原物的合法占有人或对原物有使用收益权的人所有，法律亦许可当事人之间约定法定孳息的归属，比如将法定孳息给予指定的第三人（保险关系中的受益人）等。

（6）动产与不动产。动产，是指可以移动的物。不动产，是指不能移动或移动就会损失经济价值的物。对不动产设定权利或转移所有权时，必须到有关管理机关进行登记。

财产所有权法律关系的客体除上述各种物之外，还有货币、有价证券等。

三、财产所有权的产生和消灭

（一）财产所有权的产生

财产所有权产生的方法，可以分为两大类。

1. 原始取得

凡所有人取得物的所有权是最初的，不是从原所有人那里转移来的，即不是以原所有人的所有权为根据的，就称原始取得。其中包括：

（1）没收，即剥夺所有权。例如，中国新民主主义革命胜利后，颁布法令没收地主土地、官僚资本。

（2）生产，指通过自己的劳动对自然资源的占有、利用和改造，创造出新的物质财富。

（3）收益，指由生息物产生出来的孳息。

（4）无主财产，指所有人不明或没有所有人的财产。这些财产在我国收归国家所有。

2. 继受取得

这是指新的所有人对财产取得所有权，是根据法律规定或合同约定从原所有人那里取得财产的一种方法，又叫传来取得。

在继受取得中，所有权的转移是通过交付的方式表现出来的。所谓交付，就是出让人将物交与受让人，即转移对物的占有。

（二）财产所有权的消灭

财产所有权的消灭，就是通过一定的法律事实，使所有人的所有权不再继续存在。财产所有权消灭的方法主要有以下几种。

（1）所有物消灭。物在自然状态下不存在，毁灭或耗尽，所有权也就不复存在了。物的消灭有的是根据所有人的意愿，有的不是根据所有人的意愿。所有物本身的消灭也叫绝对消灭。

（2）所有权的转让或放弃。所有人根据自己的意志把所有物转让给他人，自己即丧失对该物的所有权，如出卖、赠与等。所有人将所有物抛弃，原所有权即消灭，该物成为无主财产。另外，依法享有所有权的人不愿取得，而予以放弃，随即丧失所有权。

（3）因国家的行政命令或法院的判决。这就是国家用强制的手段消灭所有人对物的所有权，如依法没收、征收等。

（4）所有权主体的消灭。这是指公民的死亡和法人的终止。公民死亡后，他的财产所有权转让给继承人；法人终止后，经过清理，它对原来财产的所有权也归于消灭。

四、财产所有权的保护

国家把保护财产所有权当作各个法律部门的共同任务。当财产所有权受到侵犯时，对侵犯财产所有权的人，不论是否追究其行政责任或刑事责任，一律可以追究其民事责任。我国通过民事方法对财产所有权进行保护的主要做法如下。

（1）确认产权。当财产所有权的归属发生争议时，争议双方可向人民法院提出确认产权之诉，由法院判决或调解财产所有权的归属，保护合法的所有权不被侵犯。

（2）恢复原状。当财产被人非法损坏时，如果能够修复，所有人可以要求加害人进行修复，恢复其本来面貌。

（3）返还原物。当财产被他人不法占有时，所有人有权向法院提出请求返还原物之诉。如果原物已经灭失，可以要求赔偿；如果原物已经转移给第三人，则视第三人为善意或恶意取得，据以确定其责任。

（4）排除妨碍。所有人因他人的不法妨碍对财产不能行使所有权时，有权向法院提出请求排除妨碍之诉。所有人也可以在妨碍确有可能发生时，预先向有关当事人提出，请求防止妨碍的发生。

（5）赔偿损失。由加害人的过错而致他人财产遭受损失时，受害一方可以要求加害一方赔偿损失。

（6）返还不当得利。所谓不当得利，是指没有法律上或合同上的根据，使财产所有人受损而自己取得利益。所有人有权要求利益取得人返还这种不当取得的利益。

上述民事法律规范对财产所有权进行保护的方法是互有联系的，在财产所有权受到不法侵犯时，这些方法既可以单独运用，也可以几种方法同时使用。

小试牛刀

甲将自己的一部分财产委托乙保管，乙死后，他的继承人将这部分财产当作遗产继承。后来甲向乙的继承人请求返还原来委托乙保管的财产，乙的继承人认为该项财产是属于乙的，乙死后他已因继承而取得所有权，甲的请求是无理由的。

请问：甲怎样才能从乙的继承人处取回被保管物，从而成为物的所有人呢？

本案中，甲应首先提起确权之诉，由法院判决或调解明确乙的继承人所继承的由甲委托乙保管的那部分财产归甲所有，然后，再要求乙的继承人向甲返还这部分财产。

第五节　债　权

一、债的概念和本质

债是按照合同的约定或者依照法律的规定，在当事人之间产生的特定的权利和义务关系。享有权利的人是债权人，负有义务的人是债务人。当债和所有权或所有权关系相提并论时，也称债权或债权关系。

债权是一种基本的财产权，和所有权一样，是由一定的社会经济基础所决定，并为一定的社会经济基础服务的。所有权调整的是物质财富的占有、生产、消费方面的财产关系，而债权所调整的是民事活动中的流通、分配和交换方面的财产关系。

二、债权法律关系的组成要素

（一）主体

债的主体，即债权人和债务人。公民和法人都可以成为债的主体。债权人和债务人通常各为一个人，也可以是数人。债权人或者债务人一方为二人以上的，依照法律的规定或者当事人的约定，享有连带权利的每个债权人，都有权要求债务人履行义务；负有连带义务的每个债务人，都负有清偿全部债务的义务；履行了义务的人，有权要求其他负有连带义务的人偿付他应当承担的份额。

在债权关系中，权利主体和义务主体必须是特定的；而在所有权关系中，义务主体是除了所有人以外的任何人，是不特定的。

（二）内容

债的内容，即债权人享有的权利和债务人承担的义务。债的内容主要表现为请求实现一定行为的权利和履行此项行为的义务。当然，有时也可能是债权人要求债务人不为一定行为和债务人有不为相应行为的义务，如作者在一定期限内不得将同一作品交给另一出版社出版。

在债权关系中，债权人的权利一般只有通过债务人的行为才能得到实现；而所有权的实现则无须以其他人的积极行为为条件，义务主体只负有消极的不妨碍或不侵害所有人的所有权的义务。

（三）客体

债的客体，即债的标的，是债权人的权利和债务人的义务的共同对象。债的标的可以是物，也可以是行为；而所有权关系的标的只能是物。

三、债的发生

债的发生，是指民事主体之间按照民事法律规范产生债权债务关系。债的发生，必须有一定的法律事实。发生债的法律事实是很多的，其中主要有以下内容。

（一）合同

合同是引起债权关系发生的最普遍的根据。合同是当事人之间发生、变更、消灭债的关系的协议。凡是根据合同发生的债，称为合同之债。它是债的最广泛、最典型的形式。

（二）侵权行为

侵权行为是侵害他人权利的行为。当事人一方的违法行为使另一方遭受损害，因而在造成损害的人与遭受损害的人之间发生了债的关系。受害人有权要求损害人赔偿损失，而损害人负有义务赔偿因自己的违法行为所造成的损害。

（三）不当得利

不当得利是没有法律上或合同上的根据，使财产所有人受损而自己取得利益。不当得利的法律事实发生后，在不当得利人和利益所有人之间就发生了债的关系。得利人没有法律根据取得不当利益的，受损失的人可以请求得利人返还取得的利益，不当得利人负有返还不应得的利益给利益所有人的义务。得利人不知道且不应当知道取得的利益没有法律根据，取得的利益已经不存在的，不承担返还该利益的义务。

不当得利之债不是由得利人的违法行为造成的，而是由利益所有人自己的误解或过错造成的，也可能是由第三人的误解或过错造成的。如果是不当得利人的违法行为造成利益所有人的损失，而使不当得利人自己获得某种利益的，就属于侵权行为。不当得利之债和侵权行为之债在性质上是有重要区别的。

（四）无因管理

无因管理，是指管理人没有法定或者约定的义务，为避免他人利益受损失而管理他人事务的行为。在无因管理的情况下，无因管理人和受益人之间发生了债的关系。无因管理人有权要求受益人偿付其在没有法定或约定的义务的情况下，为受益人管理某项事务或财物而支付的必要费用。管理人因管理事务受到损失的，可以请求受益人给予适当补偿。

债发生的根据除了上述四种主要原因之外，还有遗赠、扶养等单方的法律行为。这些单方法律行为产生债的关系，通常只是给对方当事人以某种权利，而不使其承担义务。

小试牛刀

王某和李某于2015年11月25日共同出资8万元购买“长江”牌汽车1辆。两人合伙经营3个月后，因不便管理，双方于2016年4月29日协商，终止合伙关系，由王某一人经营，并自愿签订了汽车还款协议。合同约定：“汽车归王某所有，王某于3个月内退还李某购车款4万元。”2016年6月1日，王某退还李某购车款1万元。李某急需用钱，于2016年7月5日去王某处要钱未果，后又听说王某筹资困难，不能如期偿还剩余的购车款，便于2016年7月15日擅自将王某的汽车扣留。王某以李某未到清偿期扣车为由，拒绝付款并起诉到法院，要求李某退还车辆并偿付因停止运输造成的损失。

请问：本案应如何处理？

上述案例中存在两个债的关系：一是根据合同而发生的合同之债，二是根据侵权行为而发生的侵权之债。李某无权擅自扣留王某的汽车。因为王某根据双方签订的让车还款协议，已获得“长江”牌汽车的全部财产权。王某如果不如期偿还车款，只承担违约责任。

四、债的分类

按照特定的区分标准可以将债划分为若干种类，但比较常见的分类有以下几种。

（一）合同之债和非合同之债

凡是根据两个以上当事人订立的合同发生的债，叫合同之债。反之，一切不是根据民事主体的协议发生的债叫作非合同之债，如侵权之债、不当得利之债、无因管理之债等。这种划分的实际意义在于，两者适用的法律规范不同。合同之债适用的是民法典合同编，侵权之债适用的是民法典侵权责任编，其他非合同之债只能适用相关的法律。

（二）单一主体之债和多数主体之债

按照债的主体人数多少不同，可以将债分为单一主体之债和多数主体之债。单一主体之债，即债权人和债务人双方各为一人的债。单一主体之债由债权人行使权利，债务人履行义务，债权和债务相互对应，债的关系单纯而明确。多数主体之债，是指债的主体表现为多数人的一种债。其中，有债权人为多数人，而债务人为一人的，或者债权人为一人，而债务人为多数人的；还有债权人和债务人双方均为多数人的。

将债划分为单一主体之债和多数主体之债有非常重要的实际意义。在多数主体之债中，一方单一主体与对方多数主体之间，双方多数主体之间，以及一方内部多数主体之间，会产生各种不同的权利义务关系，有的是按份之债，有的是连带之债。按照按份之债的规定，债权人为两个以上的，按确定的份额分享权利；债务人为两个以上的，按确定的份额分担义务。按照连带之债的规定，债权人或者债务人一方人数为两人以上的，依照法律的规定或者当事人的约定，享有连带权利的债权人都有权要求债务人履行义务，负有连带义务的每个债务人都负有清偿全部债务的义务。履行了义务的人，有权要求其他负有连带义务的人偿付他应当承担的份额。由此可见，连带之债只是几个债权人或几个债务人对外的权利义务关系，对内仍然是按份享有权利或者承担义务。另外，在连带之债中，连带债务人的责任重大，因此，必须事先有协议或法律有规定，这种债才能成立、有效。

(三) 特定物之债和种类物之债

按照债务人应交付的标的物是特定物还是种类物，可将债分为特定物之债和种类物之债。这种债的划分的法律意义在于，特定物之债的履行，除非债务履行前标的物已灭失，否则债务人不得以其他标的物代为履行。另外，在法律规定或当事人约定的情况下，特定物之债的标的物所有权可自债成立之时发生转移，标的物的意外风险也随之转移。种类物之债的标的物所有权只能自交付之时起转移，其意外风险也自交付之日起转移。

(四) 简单之债和选择之债

按照债权人、债务人可为行为的选择性，可以将债分为简单之债和选择之债。凡是债的内容规定债务人只能为或不为一种行为，没有选择的余地的，叫作简单之债，这种债也称作不可选择之债。凡是债的内容规定债的主体可以在两种以上的行为中选择一种行为的，叫作选择之债。其中，选择权属于债权人的，称选择债权；选择权属于债务人的，称选择债务。债的标的、履行地点、履行时间和履行方法等，都可以选择。选择之债，一经选择确定，就变成了简单之债。

债除了有上述几种主要分类之外，还可按其他标准划分为单务之债和双务之债、主债和从债、劳务之债和金钱之债等。

五、债的消灭

债权债务关系是有时间性的。一定法律事实的出现，会使既存的债权债务关系客观上不复存在，在法学上这称为债的消灭，又叫债的终止。引起债的消灭的法律事实主要有以下几种。

(一) 债的履行

债的履行是债的消灭的最普遍的法律事实。债务人按照法律规定或合同约定的标的、时间、价款、地点和方法履行自己的义务，使债权人的权利得到实现，设立债的目的已经达到，债的关系也就自然消灭。

(二) 抵销

同类已经到履行期限的两个以上的对应债务，因当事人相互抵充其债务而同时消灭。抵销，也是债的履行的一种方式。因抵销而消灭债的关系，大多为金钱之债。

（三）混同

某一具体之债的债权人和债务人合为一人，叫作混同。由于原债务人和债权人合为一体，不存在谁向谁履行债务的问题。此时，原来所设立的债的关系当然自行消灭。

（四）提存

由于债权人原因，债务人无法履行债务，债务人可依法将履行的标的物提交有关提存机关以消灭其债务。从债务人交付提存之日起，债的关系即行消灭。

（五）免除

债权人放弃债权，从而解除债务人所承担的义务，叫作免除。债务人的债务一经债权人解除，债的关系即行消灭。经放弃后的债权，不得再收回。

（六）自然人死亡或宣告死亡

具有人身性质的债，因债务人或债权人死亡或宣告死亡而消灭。

（七）法人撤销

如果债的一方主体是法人，而法律并未规定责成其他法人履行被撤销的法人的债时，由于法人被撤销，债即消灭。

除此之外，债权债务关系还可能因双方协商解除合同、行政命令、仲裁机关或法院的裁定以及意外事故使履行成为不可能等原因而消灭。债经过一定程序消灭后，就失去法律上的效力，除了原债权债务关系终止之外，其债权担保以及其他从属权利，也随之消灭。

第六节　诉讼时效

一、时效的概念和种类

时效，是指法律规定特定事实状态在法定期间内持续存在，从而产生与该事实状态相适应的法律效力。

时效是导致民事法律关系发生、变更和消灭的法律事实。由于期间是法定的，不取决于当事人的意志，所以时效是法律事实中的事件。时效制度的设立，有利于稳定社会经济秩序，及时利用社会财富；可促使权利人行使自己的权利，更好地保护当事人的财产权益；也有利于法院审结案件。

时效可分为两种：一种是取得时效，又称占有时效，是指法律规定的非所有人的占有人，善意地占有他人财产，超过一定期间，即可取得该项财产所有权。另一种是诉讼时效，又称消灭时效，是指权利人在法定期间内不提起诉讼，请求保护其民事权利，法律规定消灭其胜诉权的法律制度。我国《民法典》只规定了诉讼时效。

二、诉讼时效的种类及具体内容

（一）一般诉讼时效

一般诉讼时效，是指由民事基本法统一规定的普遍适用于法律没有作特殊诉讼时效规定的各种民事法律关系的时效。一般诉讼时效的期间为 3 年。

（二）特殊诉讼时效

特殊诉讼时效，是指由民事基本法或特别法就某些民事法律关系规定的短于或长于一般诉讼时效期间的时效。《民法典》第188条规定：“向人民法院请求保护民事权利的诉讼时效期间为三年。法律另有规定的，依照其规定。”其中，该条的前半部分为一般诉讼时效的规定，而后半部分则为特殊诉讼时效的规定。

诉讼时效期间自权利人知道或者应当知道权利受到损害以及义务人之日起计算。法律另有规定的，依照其规定。但是，自权利受到损害之日起超过20年的，人民法院不予保护。这是指权利人不知道自己的权利受侵害，后来虽然知道了，但已超过20年的，其权利也失去法律的强制性保护。有特殊情况的，人民法院可以根据权利人的申请决定延长。

小试牛刀

2018年6月初，王某所在单位决定派遣他出国进修。王某担心自己出国以后，家中的家具无人照管会很快遭损坏（如虫蛀）。6月15日，王某找到李某，表达了想尽快将家具出售的想法。李某表示如价格合适，他愿意买下。随后双方经过协商，以2.8万元的价格成交。当日，李某就此出具一份字据，载明：因购买王某家具，欠款2.8万元，保证在1个月之后付清。此后一直到2018年11月18日王某出国，王某一直没有再找李某索要货款。

王某出国后，于2021年3月18日回国，此间王某虽然与李某有过通信，但从未提出要债一事。2021年10月10日，王某因事要用款，找到李某，向他提出因购买本人的家具所欠的钱款。这时，李某认为这种债务已超过3年，根本不用再还了！王某当即表示不同意。10月29日，王某起诉到法院。

请问：本案应如何处理？

本案涉及一般诉讼时效问题。李某对王某的债务已经历了3年多，王某已丧失法律上的胜诉权，即丧失依诉讼程序保护其权利的可能性，但李某仍有向王某还款的义务。

三、诉讼时效的中止、中断和延长

（一）诉讼时效的中止

这是指在诉讼时效期间的最后6个月内，因发生一定的法定事由使权利人不能行使请求权，暂时停止计算诉讼时效期间，待阻碍诉讼时效进行的法定事由消除后，继续进行诉讼时效期间的计算。

引起诉讼时效中止的法定事由，包括：

（1）不可抗力。不可抗力是指不能预见、不能避免和不能克服的客观情况，如自然灾害（如地震、洪水）及人的活动（如战争、罢工）等。

（2）无民事行为能力人或者限制民事行为能力人没有法定代理人，或者法定代理人死亡、丧失民事行为能力、丧失代理权。

（3）继承开始后未确定继承人或者遗产管理人。

（4）权利人被义务人或者其他人控制。

（5）其他导致权利人不能行使请求权的障碍。

自中止时效的原因消除之日起满6个月，诉讼时效期间届满。

（二）诉讼时效的中断

这是指在诉讼时效进行期间，因发生一定的法定事由，使已经过的时效期间统归无效，待时效中断的事由消除后，诉讼时效期间重新计算。

引起诉讼时效中断的法定事由有：

(1) 权利人向义务人提出履行请求；

(2) 义务人同意履行义务；

(3) 权利人提起诉讼或者申请仲裁；

(4) 与提起诉讼或者申请仲裁具有同等效力的其他情形。

当上述事由消除后，诉讼时效期间从中断、有关程序终结时起，诉讼时效期间重新计算。诉讼时效因权利人主张权利或义务人同意履行义务而中断，权利人在新的诉讼时效期间内，再次主张权利或者义务人再次同意履行义务的，可认定为诉讼时效再次中断。

小试牛刀

甲公司与乙银行订立一份借款合同，甲公司到期未还本付息。乙银行于还本付息期届满后1年6个月时间向有管辖权的人民法院起诉，要求甲公司偿还本金、支付利息并承担违约责任。

请问：该行为在诉讼时效上将产生怎样的法律效果？

通过学习，可以清楚地看到，乙银行向人民法院提起诉讼的行为引起诉讼时效中断。

（三）诉讼时效的延长

在正常情况下，权利人于时效期满后向法院要求保护其权利的，法院不予支持。但有的权利人在诉讼时效期间内未能行使权利，如确有不包括上述法定事由的正当原因，严格适用诉讼时效将造成不公。因此，法律特别设立诉讼时效延长制度予以平衡。至于是否构成必须使诉讼时效期间延长的特殊情况，由法官自由裁量决定。

四、期限

期限，指权利义务产生、变更和终止的时间，分为期日和期间。它是一种法律事实。因此，对期限的确定和计算要有统一标准。

期日，指一定的时间点，如某年、某月、某日、某时等。期日是不可分的特定时间点，不发生计算问题。

期间，指一定的时间段，即自某一时间点始至某一时间点止的时间段。期间为一定的时间段，其计算方法如下。

1. 以小时为单位的期间计算法

自法律规定或者当事人约定的时间开始计算，以规定的期间所达到的“时”为届满点。

2. 以日、月、年为单位的期间计算法

开始的当日不计入，以次日开始计算。按照年、月计算期间的，到期月的对应日为期间的最后一日；没有对应日的，月末日为期间的最后一日。期间的最后一天是法定休假日的，以法定休假日结束的次日为期间的最后一天。期间的最后一天截止时间为24时，有业务时间的，到停止业务活动的时间截止。在期限的计算中，有“以上、以下、以内、届满”用语的，均包括本数；有“不满、超过、以外”用语的，均不包括本数。当事人对期间的起算时间有约定的，从其约定。

第七节 经济仲裁与经济诉讼

一、经济仲裁

(一) 概述

1. 仲裁

仲裁，亦称公断，是解决民事纠纷的一种方式。此即双方当事人为解决纠纷，在纠纷发生前或发生后达成协议，自愿将所发生的纠纷交由第三者根据事实和法律作出对双方都具有法律约束力的裁决的制度。在我国，经济纠纷被视为民事纠纷的一种，故通过仲裁解决经济纠纷的制度被称为经济仲裁。

仲裁的内容是对平等主体的公民、法人和其他组织之间发生的合同纠纷和其他财产权益纠纷进行仲裁。根据我国《仲裁法》的规定，对于婚姻、收养、监护、扶养、继承纠纷，以及依法应当由行政机关处理的行政争议，不能通过仲裁方式解决。

仲裁作为解决民事经济纠纷的一种方式有其自身的特点。较之于诉讼，仲裁具有很大的灵活性，是一种解决纠纷的准司法方法。仲裁具有独立性和选择性，不实行级别管辖和地域管辖。提请仲裁需以双方当事人自愿达成的书面仲裁协议为前提。仲裁实行一裁终局制度，其裁决具有法律效力。人民法院对仲裁活动予以协助和监督。

2. 仲裁法

仲裁法就是专门调整仲裁关系的法律规范的总称。1994 年 8 月 31 日第八届全国人民代表大会常务委员会第九次会议通过了《仲裁法》，2009 年 8 月 27 日第十一届全国人民代表大会常务委员会第十次会议第一次修正，2017 年 9 月 1 日第十二届全国人大常委会第二十九次会议第二次修正，这是我国仲裁法律体系的核心。广义的仲裁法还包括《民事诉讼法》以及我国同其他国家缔结的双边条约中涉及的有关仲裁问题的一些规定。

(二) 仲裁委员会和仲裁协会

仲裁委员会是依法行使仲裁权、解决经济纠纷的仲裁机构。它由直辖市和省、自治区人民政府所在地的市及其他设区的市的人民政府组织有关部门和商会统一组建，并经省、自治区、直辖市的司法行政部门登记设立。仲裁委员会的组成人员中，法律、经济贸易专家不得少于 2/3，并应从符合我国仲裁法规定的仲裁员条件的人员中聘任仲裁员。仲裁委员会独立于行政机关，与行政机关没有隶属关系。仲裁委员会之间也没有隶属关系。

仲裁委员会是中国仲裁协会会员。中国仲裁协会是社会团体法人，是仲裁委员会的自律性组织，根据章程对仲裁委员会及其组成人员、仲裁员的违纪行为进行监督。中国仲裁协会的章程由全国会员大会制定。中国仲裁协会依照我国的《仲裁法》和《民事诉讼法》的有关规定制定仲裁规则。

(三) 仲裁协议

1. 仲裁协议的概念

仲裁协议，是指各方当事人自愿将他们之间已经发生的或可能发生的争议，提交仲裁机构解决的书面约定。书面约定包括合同中订立的仲裁条款和以其他书面方式在纠纷发生前或纠纷发生后达成的请求仲裁的协议。仲裁协议应当载明请求仲裁的意思表示、仲裁事项、选定的仲裁委员会。

2. 仲裁协议的效力

仲裁协议是当事人将所发生的纠纷请求仲裁机构裁决的依据，也是仲裁机构受理当事人仲裁请求的依据。仲裁协议排除了人民法院对当事人所发生纠纷的管辖权。仲裁协议独立存在，合同的变更、解除、终止或者无效，不影响仲裁协议的效力。当事人对仲裁协议的效力有异议的，可以请求仲裁委员会作出决定或者请求人民法院作出裁定。一方请求仲裁委员会作出决定，另一方请求人民法院作出裁定的由人民法院裁定。当事人对仲裁协议的效力有异议，应当在仲裁庭首次开庭前提出。

小试牛刀

东方贸易公司（以下简称甲方）与华盛实业公司（以下简称乙方）签订一份服装购销合同，双方在合同中并未订立仲裁条款，后因服装质量而发生纠纷。双方经协商后达成了请求仲裁的书面协议。甲方因不熟悉仲裁程序而向××区人民法院起诉，要求依法处理该合同纠纷。法院受理了该起案件，并将甲方的起诉状副本发送至乙方。乙方则对法院受理该起案件提出异议，并提交了甲、乙双方的仲裁协议。法院认为，甲、乙双方的仲裁协议是在发生纠纷后达成的，并未在合同中约定仲裁条款，且乙方也未向仲裁机构申请仲裁，故仍应由法院受理该起案件。

通过学习，我们可以清楚地知道，纠纷发生前与纠纷发生后合同双方自愿达成的请求仲裁协议都是有效的。当一方当事人就合同纠纷向法院提起诉讼时，只要另一方当事人在案件正式审理之前就案件受理提出异议，并同时提交双方达成的仲裁协议，法院就不应该受理该起案件。

（四）仲裁程序

1. 申请和受理

当事人申请仲裁应递交仲裁申请书，并有仲裁协议，有具体的仲裁请求和事实、理由，属于仲裁委员会的受理范围。仲裁委员会自收到仲裁申请书之日起5日内应当决定是否受理。当事人一方因另一方的行为或其他原因，可能使裁决不能执行或难以执行的，可以申请财产保全。

2. 仲裁庭的组成

仲裁庭可以由3名仲裁员或1名仲裁员组成。由3名仲裁员组成的，设首席仲裁员。当事人约定由3名仲裁员组成仲裁庭的，应各自选定或者各自委托仲裁委员会主任选定1名仲裁员。第三名仲裁员是首席仲裁员。当事人约定由一名仲裁员成立仲裁庭的，由当事人共同选定或共同委托仲裁委员会主任指定仲裁员。仲裁员实行回避原则。

3. 开庭和裁决

仲裁应当开庭进行，但当事人协议不开庭的，仲裁庭可以根据有关材料作出裁决。仲裁不公开进行，当事人协议公开的，除涉及国家秘密的以外，可以公开进行。在仲裁过程中，当事人应当对自己的主张提供证据，有权进行辩论。当事人可以自行和解，仲裁庭也可先行调解。

仲裁庭应当将开庭情况记入笔录。仲裁裁决应按多数仲裁员的意见作出。不能形成多数意见时，应按首席仲裁员的意见作出。仲裁庭可以对已经清楚的一部分事实先行裁决。裁决书自作出之日起发生法律效力。

(五) 申请撤销裁决

我国《仲裁法》规定，当事人提出证据证明裁决有下列情形之一的，可以向仲裁委员会所在地的中级人民法院申请撤销裁决：

(1) 没有仲裁协议的；

(2) 裁决的事项不属于仲裁协议的范围或者仲裁委员会无权仲裁的；

(3) 仲裁庭的组成或者仲裁的程序违反法定程序的；

(4) 裁决所根据的证据是伪造的；

(5) 对方当事人隐瞒了足以影响公正裁决的证据的；

(6) 仲裁员在仲裁该案时有索贿受贿、徇私舞弊、枉法裁判行为的。

人民法院经组成合议庭审查核实裁决有以上情形之一的，应裁定撤销。此外，人民法院认定裁决违背社会公共利益的，也应当裁定撤销。当事人申请撤销裁决的，应当自收到裁决书之日起 6 个月内提出。

(六) 执行仲裁

裁决一经生效，当事人应自觉履行。若一方当事人不履行裁决，另一方当事人可依照《民事诉讼法》的有关规定向人民法院申请执行。受申请的人民法院经审查认定符合执行条件的，应当执行。

(七) 涉外经济仲裁

涉外经济仲裁，是指中国的公民、法人或其他经济组织与外国的公民、法人或其他经济组织在经济交往中发生合同纠纷和其他财产权益纠纷时，双方当事人依据合同中的仲裁条款或者达成的仲裁协议，自愿提交中国仲裁机构或者其他仲裁机构，从而解决双方争议的一种法律形式。

根据我国《仲裁法》的规定，我国涉外仲裁机构是由中国国际商会组织设立的涉外仲裁委员会，它可以从具有法律、经济贸易、科学技术等专门知识的外籍人士中聘任仲裁员。我国涉外仲裁委员会管辖案件的范围主要是涉外经济贸易、运输和海事中发生的纠纷。

涉外仲裁的当事人申请证据保全的，涉外仲裁委员会应当将当事人的申请提交证据所在地的中级人民法院。

涉外仲裁委员会作出的发生法律效力的仲裁裁决，当事人请求执行的，如果被执行人或者其财产不在中华人民共和国领域内，应当由当事人直接向有管辖权的外国法院申请承认和执行。

二、经济诉讼

(一) 概述

经济诉讼，是指人民法院在双方当事人及其他诉讼参与人的参加下，审理和解决经济纠纷案件的活动。

根据我国有关法律规定，经济案件被视为民事案件的组成部分，由各级人民法院民事审判庭依据《民事诉讼法》进行审理。

（二）经济纠纷案件的管辖

经济纠纷案件的管辖是指不同级别的人民法院和同级人民法院之间受理第一审经济纠纷案件的分工和权限。经济纠纷案件的管辖分为级别管辖和地域管辖。

1. 级别管辖

级别管辖是指不同级别的人民法院受理第一审经济纠纷案件的分工和权限。根据《民事诉讼法》的规定，基层人民法院管辖除法律有特别规定以外的第一审经济纠纷案件，中级人民法院管辖重大涉外案件、在本辖区有重大影响的案件和最高人民法院确定由中级人民法院管辖的经济纠纷案件，高级人民法院管辖在本辖区有重大影响的第一审经济纠纷案件，最高人民法院管辖在全国有重大影响的和认为应由本院审理的第一审经济纠纷案件。

2. 地域管辖

地域管辖是指同级人民法院按照行政区域受理第一审经济纠纷案件的分工和权限。地域管辖又分为：一般管辖，即经济纠纷案件一般由被告所在地的人民法院管辖。共同管辖，即两个以上的人民法院对同一经济纠纷案件都有管辖权的，原告可以向其中一个人民法院起诉；原告向两个以上有管辖权的人民法院起诉的，由最先立案的人民法院管辖。专属管辖，即由法律特别规定某种经济纠纷案件由特定的人民法院管辖，其他人民法院均无管辖权。协议管辖，即合同的双方当事人在合同中协议选择由某人民法院管辖，但不得违反《民事诉讼法》对级别管辖和专属管辖的规定。

小试牛刀

梁平是个体茶商，家住B市F区。2021年8月，梁平为扩大经营规模，向家住B市F区的朋友董声华借款15万元，并签订了还款合同。合同约定：梁平向董声华借款15万元，2022年7月底之前还清。梁平因经营严重亏损，至2022年8月仍未偿还董声华的钱。现在董声华就该借款纠纷向法院起诉。

请问：哪个人民法院依法对本案享有管辖权？

根据《民事诉讼法》第24条规定，“因合同纠纷提起的诉讼，由被告住所地或者合同履行地人民法院管辖”，本案可由被告住所地B市F区人民法院管辖。

（三）经济诉讼当事人

经济诉讼当事人，是指因经济权利和义务关系发生纠纷，以自己的名义进行诉讼，案件审理结果与其有法律上的利害关系，并受人民法院裁判拘束的人，包括原告、被告、共同诉讼人、诉讼代表人、诉讼第三人。

1. 原告和被告

原告是指认为自己的经济权益或者受其管理支配的经济权益受到侵害，或者与他人发生争议，为维护其合法权益而向人民法院提起诉讼，引起诉讼程序发生的人。被告是指被诉侵犯原告经济权益或与原告发生经济权益争议，被人民法院传唤应诉的人。在经济诉讼中，公民、法人和其他组织都可以作为经济诉讼的当事人，即都可以作为原告起诉或作为被告应诉。

2. 共同诉讼人

共同诉讼人，是指当事人一方或双方为两人以上，诉讼标的是共同的，或者诉讼标的是同一类，人民法院认为可以合并审理并经当事人同意，一同在人民法院进行诉讼的人。原告一方为两人以上的，称共同原告。被告一方为两人以上的，称共同被告。

3. 诉讼代表人

诉讼代表人，是指当事人一方人数众多，由当事人推选代表，由其为维护本方当事人利益而进行经济诉讼活动的人。根据最高人民法院《关于适用〈中华人民共和国民事诉讼法〉的解释》的规定，当事人一方人数众多一般指 10 人以上，诉讼代表人为 2 人至 5 人。

4. 诉讼第三人

诉讼第三人，是指对他人争议的诉讼标的有独立的请求权，或者虽无独立的请求权，但案件的处理结果与其有法律上的利害关系，而参加到原告、被告已经开始的诉讼中进行诉讼的人。以对他人之间的诉讼标的是否具有独立的请求权为标准，第三人分为有独立请求权第三人和无独立请求权第三人。

（四）审判程序

1. 第一审普通程序

（1）起诉和受理。起诉是经济纠纷案件的当事人请求人民法院依法律规定的程序解决经济争议的活动。起诉必须符合法律规定的条件，并应向人民法院递交起诉状。受理是人民法院经审查认定起诉的经济纠纷案件符合法定条件，决定予以立案并进行审理的活动。人民法院应在自接到起诉状之日起 7 日内决定是否受理。

（2）开庭审理。人民法院审理经济纠纷案件，除涉及国家秘密或法律另有规定外，应当公开进行。开庭审理环节主要有：审理前的准备、开庭、法庭调查、法庭辩论和判决。判决前能够调解的，人民法院根据自愿和合法的原则可以进行调解，调解不成的，应及时判决。

2. 第一审简易程序

基层人民法院和它派出的法庭审理事实清楚、权利义务关系明确、争议不大的简单经济纠纷案件，适用简易程序。简易程序采用独任审判制，在起诉方式、受理程序、传唤方式和审理程序等方面都比第一审普通程序简便。

3. 第二审程序

当事人不服地方人民法院第一审判决的，有权在判决书送达之日起 15 日内向上一级人民法院提起上诉；当事人不服地方人民法院第一审裁定的，有权在裁定书送达之日起 10 日内向上一级人民法院提起上诉。接到上诉的人民法院依法进行的审理程序，是第二审程序。

上诉应递交上诉状，并通过原审人民法院提出。除《民事诉讼法》第 41 条第 2 款规定外，第二审人民法院对上诉案件应组成合议庭开庭审理，对事实核对清楚的案件，合议庭认为不需要开庭审理的，也可以径行判决、裁定。

第二审人民法院对上诉案件经过审理，可按不同情形分别处理：（1）原判决、裁定认定事实清楚，适用法律正确的，以判决、裁定方式驳回上诉，维持原判决、裁定；（2）原判决、裁定认定事实错误或者适用法律错误的，以判决、裁定方式依法改判、撤销或者变更；（3）原判决认定基本事实不清的，裁定撤销原判决，发回原审人民法院重审，或者查清事实后改判；（4）原判决遗漏当事人或者违法缺席判决等严重违反法定程序的，裁定撤销原判决，发回原审人民法院重审。

当事人对重审案件的判决、裁定，可以上诉。第二审人民法院的判决、裁定，是终审的判决、裁定。

4. 审判监督程序

审判监督程序也称再审程序，是指人民法院对已经发生法律效力的判决、裁定，发现确有错误，依法对案件进行再审的程序。这是一种特殊的补救性的程序。我国《民事诉讼法》规定，再审程序的启动，可以由原审法院院长、上级法院以及最高人民法院依职权提起，可以由当事人依法申请，也可以由人民检察院依法提起抗诉。

（五）督促程序和公示催告程序

1. 督促程序

督促程序，是指人民法院就债权人向债务人提出的关于给付金钱、有价证券的请求进行审理，并基于债权人的请求，以支付令的形式，催促债务人限期履行义务的特殊程序。债权人通过督促程序实现债权的方式，是请求人民法院向债务人发出支付令。督促程序依债权人的申请开始，只要债权人的请求符合法律规定的形式要件，人民法院即可发出支付令。债务人在法定期间内未对支付令提出异议，又不履行支付令确定的内容，债权人可通过强制执行程序实现债权。债务人在法定期间内对支付令提出异议，并经审查异议成立的，人民法院应以裁定方式终结督促程序，支付令亦自行失效。

2. 公示催告程序

公示催告程序，是指人民法院根据申请人的申请，以公示的方式，催告利害关系人在法定期间内主张权利，如无人主张权利，经申请人的申请，作出除权判决的程序。

根据我国《民事诉讼法》的规定，公示催告程序的适用范围只限于可以背书转让的票据被盗、遗失或灭失引起的公示催告的申请。该程序的申请人必须是在利害关系人不明的情形下依法享有票据权利的最后持票人，受理法院是票据支付地的基层人民法院或其他有管辖权的人民法院。人民法院经审查符合受理条件的应予以受理，并同时通知支付人停止支付，公告票据利害关系人申报权利。人民法院收到利害关系人申报后，应当裁定终结公示催告程序，并通知申请人和支付人。人民法院在公示催告期届满无人申报权利，或者申报被驳回，依申请人的请求作出宣告票据无效判决，即除权判决。

（六）执行程序

发生法律效力的判决、裁定，当事人必须履行。一方拒绝履行的，对方当事人可以向人民法院申请执行。执行员接到申请执行书，应当通知并责令被执行人在指定的期间履行，逾期不履行的，强制执行。

本章小结

掌握民法以及其他相关法律制度的基本知识，有利于学生对经济法律知识的学习。本章重点介绍了法人的概念和条件、法人的权利能力和行为能力；财产所有权的概念、特征、法律关系、产生与保护；债权的概念及本质、债权法律关系的组成要素、债的发生分类及消灭；代理的概念、特征、适用范围；时效的概念、种类，诉讼时效的种类及具体内容；经济仲裁与经济诉讼制度的主要内容。

核心法规

1.《中华人民共和国民法典》（2020 年 5 月 28 日通过，自 2021 年 1 月 1 日起施行）

2.《中华人民共和国民事诉讼法》（1991 年 4 月 9 日通过，2007 年 10 月 28 日第一次修正，2012 年 8 月 31 日第二次修正，2017 年 6 月 27 日第三次修正，2021 年 12 月 24 日第四次修正，2023 年 9 月 1 日第五次修正）

3.《中华人民共和国仲裁法》（1994 年 8 月 31 日通过，2009 年 8 月 27 日、2017 年 9 月 1 日修正）

案例讨论

（一）

张甲所种的杏获得了大丰收，每天都要摘一车杏拉到市里去卖。这天夜里，张甲的儿子突然生病，第二天早上，张甲找到本村的运输专业户王乙，两人商量，由王乙拉上张甲的 50 箱杏到市里随行就市卖掉，卖完后抽取 5%的卖杏所得给王乙做报酬。于是王乙把张甲的 50 箱杏装上车，拉到市里去卖。不想，车行中途，天降大雨，道路泥泞不堪，王乙的车陷入一大坑中，无法继续往前行驶。适逢同村的赵丙开车经过此地，王乙怕车在坑中短时出不来，今天的杏卖不出去，于是赶紧拦住赵丙，请他帮忙把杏拉到市里卖掉。赵丙把杏拉到市里已是下午，批发高峰已过，赵丙看到杏是熟透的，担心捂的时间一长会烂掉，于是降价 1/3 出售。事后，王乙把赵丙交给的卖杏款扣除了 5%后给了张甲，张甲一算自己损失了几百元，便提出王乙擅自让赵丙卖杏，造成自己损失这么多，王乙不该再拿 5%的报酬，而且应赔偿自己的损失。王乙则称杏是赵丙降价处理的，只能怪赵丙，讲好的 5%的报酬不能少。为此，张甲诉至法院。

请思考：王乙委托赵丙卖杏的行为是否有效？张甲的损失由谁承担？

简要分析：

王乙委托赵丙卖杏的行为有效，张甲的损失应由张甲自己负责。我国《民法典》第 169 条第 3 款规定："转委托代理未经被代理人同意或者追认的，代理人应当对转委托的第三人的行为承担责任；但是，在紧急情况下代理人为了维护被代理人的利益需要转委托第三人代理的除外。"本案中，王乙作为张甲的委托代理人，本应亲自完成代理事务，但由于发生意外情况，其无法及时履行代理职责，在这种情况下，王乙转托赵丙代卖杏，完全是为了张甲的利益，否则，熟透的杏很快就会被捂烂，会给张甲造成更大的损失，而且，在当时的情况下，王乙根本无法及时和张甲取得联系，所以，即使张甲事前不知道，事后予以反对，但王乙转托赵丙这一转委托代理行为仍然有效，张甲的损失也应由张甲自己承担。但是，王乙没有亲自完成代理事项，就不应再按约定领取 5%的报酬，法院应调解报酬数额或判决给付金额。

（二）

原告：理想家电商店

被告：瑞明家用电器有限公司

原告与被告签有一份冰箱购销合同，之后双方因故发生纠纷而诉至法院。法院经审查后受理了该起案件，并在立案之日起5日内将起诉状副本发送被告，要求被告在收到起诉状副本之日起15日内提出答辩状。但是，被告在规定的期限内未能向法院提交答辩状。于是，法院认为被告对原告在起诉状中所述事实和理由无异议，遂按起诉状要求作出有利于原告的一审判决。被告收到法院判决书后表示不服，但未在规定期限内提起上诉，也不履行法院的一审判决。

请思考：

1. 一审法院以被告未能提交答辩状为由，认为被告对原告所述事实和理由无异议而作出的判决是否正确？为什么？

2. 被告拒绝履行一审判决是否妥当？为什么？

3. 你认为被告还有什么补救措施？

简要分析：

1. 一审法院以被告未能提交答辩状为由，认为被告对原告所述事实和理由无异议而作出有利于原告的判决是错误的。因为根据我国《民事诉讼法》的规定，被告应在规定期限内向人民法院提交答辩状，但被告不提交答辩状的，不影响人民法院的审理。可见，是否向人民法院提交答辩状，是被告的权利；被告未能提交答辩状，并不意味着被告对原告起诉状中所述的事实和理由无异议，被告完全可以在法庭辩论阶段对原告所述事实和理由予以申辩。所以，一审法院仅以被告未能提交答辩状为由，认为被告对原告所述事实和理由无异议而作出有利于原告的判决是错误的。

2. 被告拒绝履行一审判决是错误的。被告未在规定期限内提起上诉，一审判决即发生法律效力，所以，被告不得拒绝履行一审判决。

3. 如被告认为已经生效的一审法院的判决有错误，可以向原审人民法院或者上一级人民法院申请再审，但不能停止对一审判决的执行。再审法院如认定一审判决在认定事实方面有新证据足以推翻原审判决、裁定，或者适用法律确有错误，或者违反法定程序的，可以进行再审。但是，被告申请再审，应当在一审判决发生法律效力后6个月内提出。

复习思考

1. 法人的概念和成立条件。
2. 财产所有权的概念、特征和内容。
3. 债的概念和本质。
4. 债的发生根据。
5. 代理的概念和特征。
6. 诉讼时效的种类及具体内容。
7. 仲裁的概念与《仲裁法》的适用范围。
8. 经济仲裁与经济诉讼的主要区别。

第三章
企业法律制度概述

要点提示

- 企业法律制度的内容体系
- 企业的概念和特征、企业法的概念和立法原则
- 企业设立的基本条件和程序
- 企业的权利和义务
- 企业破产法的主要内容

第一节 企业与企业法概述

一、企业的概念和特征

企业是依法成立并具有一定组织形式，独立从事生产经营或服务活动的营利性经济组织。企业具有下列特征。

（一）企业是经济组织

这一特征有两层含义：第一层含义强调企业是一种组织，由此与我国城乡大量存在的个体工商户区别开来。组织是按一定的宗旨和系统建立起来的集体，包括一定人和物的集合，我国2018年3月19日废止的《私营企业暂行条例》第2条所确立的私营企业与个体工商户的区别正是“雇工八人以上”这一量的标准，由此在企业法领域确立了组织与非组织的标准。第二层含义强调企业是一种经济组织。社会生活中组织众多，如党政机关、社会团体、事业单位、企业单位等，但这些组织并不都是经济组织。经济组织与非经济组织区别的标准主要是其建立的宗旨和活动的内容，设立企业的目的是通过从事生产经营或服务活动获取经济利益，企业是典型的经济组织。

（二）企业是营利性经济组织

营利性是指企业从事生产经营或服务活动的目的在于追求企业利润或资产增值最大化，并实现企业出资人投资收益的最大化。经济组织并不都具有营利性，一些经济组织如希望工程基金会、中华见义勇为基金会等尽管从事筹集基金的经济活动，但不以营利为目的。营利性是企业区别于不以营利为目的的经济组织的最重要的特征。

（三）企业是独立核算的经济组织

企业实行独立核算是指企业以其本身的经营收入来抵消其各项开支，并获得利益。它是企

业区别于非企业经济组织的又一个重要特征。在经济生活中，有众多的经济组织（如车间、班组、工厂的分厂、分公司等）从事营利性经营活动，但由于多不实行独立核算，因而不能归入企业的范畴。

（四）企业是依法成立的经济组织

企业必须符合法律规定的设立条件，经过法定程序，依法取得从事生产经营活动的主体资格方能成立。

二、企业的种类

企业在整个经济生活中处于十分重要的地位。企业既是整个社会生产经营活动或服务性活动最主要的经济组织，又是经济法律关系中的基本主体。我国法律法规和政策对不同种类的企业具有不同的规定，不同种类的企业依照相应的规定设立、变更和终止，从事组织管理和生产经营活动。因此，对企业进行科学分类是十分必要的。目前，我国企业按照不同的划分标准，可以分为不同的种类。

（1）以企业的所有制性质为标准，企业可划分为全民所有制企业、集体所有制企业、私有企业、混合所有制企业。这是我国在从计划经济体制向社会主义市场经济体制转变过程中最具立法意义的企业分类标准。

（2）以企业主要的经营业务为标准，企业可划分为工业、交通运输、邮电通信、地质勘探、建筑安装、外贸、物资、农林、水利、金融等各类企业。

（3）以企业的规模，特别是以销售额为标准，企业可划分为大型企业、中型企业、小型企业。

（4）以企业的组织形式为标准，企业可划分为独资企业、合伙企业、公司企业。这是国际上通行的企业分类标准，也是我国现行企业法律体系的基本立法架构。

除上述分类之外，企业还可以行政隶属关系、是否具有涉外因素、是否具有法人资格为标准划分为中央企业、地方企业、乡镇企业，涉外企业、非涉外企业，具有法人资格的企业、不具有法人资格的企业，等等。

三、企业法与企业立法

（一）企业法的概念和调整对象

企业法是调整国家在组织管理企业，以及企业在设立、变更、终止、组织机构创建和从事生产经营或服务活动中所发生的各种经济关系的法律规范的总称。

企业法的调整对象，是国家在组织管理企业和企业在设立、变更、终止、组织机构创建及企业在生产经营或服务活动过程中所发生的各种对内对外关系，包括政府与企业之间的经济行政关系、企业与其他经济组织之间的经济竞争和协作关系、企业与投资者之间的财产关系以及企业内部的经营管理关系等。

（二）企业的立法原则及我国企业立法概况

由于各国经济制度和社会制度不同，企业立法所奉行的原则也不同。在资本主义国家，在私有制市场经济基础上确保企业财产所有者的利益是企业立法的出发点。为达到这一根本目的，企业立法贯彻保护资本自由流通和安全流通、确保企业自由经营和安全经营，以及保护善意第三人的合法权益的原则。我国公有制基础上的社会主义市场经济制度决定了保护以公有制为主体的多种经济成分的合法权益是我国企业立法的根本出发点。因此，我国企业立法首先贯彻保护国家、集体、个人及其他投资主体合法权益的原则；其次，坚持“政企分开”“两权分离”的原则；最后，贯彻保护善意第三人合法权益的原则。

我国社会主义市场经济条件下的企业立法起始于改革开放。1979 年以来，随着经济体制改革的不断深入，我国先后颁布和实施了大量与企业相关的法律和法规，企业立法迅速发展，目前已经形成了一个以宪法为基础，以企业法律为主体，以企业组织形式为基本框架，以单行企业法律法规为表现形式，包括《全民所有制工业企业法》、《城镇集体所有制企业条例》、《公司法》、《合伙企业法》、《个人独资企业法》、《企业破产法》、《外商投资法》以及其他相关法规、条例、细则在内的企业法体系。

第二节　企业基本法律制度

一、企业的设立

（一）企业设立的概念及法律特征

企业设立是指企业的创办人为使企业具备生产经营或服务活动的能力，取得合法的主体资格，依照法律规定的条件和程序所实施的一系列法律行为的总称。企业设立具有以下法律特征。

（1）企业的设立是一种法律行为，具有规范性。企业的设立以企业创办人有设立企业的意思表示为前提，通过创办人的一系列设立行为来实施。设立人的意思表示和相关行为的实施应当合法，必须按照法律、法规规定的条件和程序来进行。

（2）企业的设立是一系列的法律行为，具有连续性。企业的设立不是一种单项法律行为，而是包括可行性研究、必要的行政审批、制定企业章程、出资、申请登记注册、签发营业执照并公告在内的一系列法律行为，且各个行为的实施具有连续性，企业设立的各项工作、各个环节相互衔接、环环相扣。

（3）设立行为对所有企业具有普遍的强制性和权威性。由于法律传统和市场经济发达程度的不同，世界各国对企业的设立遵循不同的原则，如特许设立原则、准则设立原则、核准设立原则、严格准则设立原则、自由设立原则等。无论遵循何种设立原则，企业要取得生产经营资格，都要毫无例外地通过设立行为，进行企业注册登记，经有关主管机关认可。如果未经注册登记就擅自从事生产经营活动，一经发现就要被取缔，并受处罚。所以，企业的设立行为具有普遍的强制性。同时，对企业设立的申请审查与批准是由法律规定的专门机关来进行的，我国企业登记主管机关是国家市场监督管理总局和地方各级市场监督管理部门，各级登记主管机关在上级登记主管机关的领导下，依法履行职责，不受非法干预，经它核准登记注册的企业即为法律所认可。

（二）企业设立的基本条件

企业设立的条件是指企业为取得法律上的主体资格和取得从事生产经营或服务活动的资格应具备的法定标准与规格。不同类型的企业，其设立条件有所差异。一般而言，企业设立应当具备以下基本条件。

1. 有符合法律规定的名称

企业名称是企业用于经营并相互区别的标志，它是企业开展生产经营或服务活动、签订合同、起诉应诉必须具备的条件。企业名称应当符合法律规定。企业名称由字号（商号）、行业或者经营特点、组织形式依次组成，同时应冠以所在地省（自治区、直辖市）或市（州）或者县（市辖区）行政区划名称。企业名称不得含有法律、法规禁用的内容和文字。除有特殊原因经市场监督管理部门核准者外，企业只准使用一个经核准登记的名称，在登记主管机关辖区内不得有另外一个与同行业企业的商号相同或者相近似的企业名称获准登记。企业名称经登记主管机关核准登记注册后，在规定的范围内享有专用权。

2. 有自己的章程

企业章程是企业根据法律制定的，表明企业设立人的愿望和目的，明确企业的宗旨和组织原则，规范企业行为的自律性纲领。我国有关法律、法规对企业章程的内容都有明确规定。

3. 有符合规定的注册资本

注册资本亦称注册资金，是指企业的投资者实际认缴并在登记机关登记的，向企业投入的财产的总额。注册资本是企业从事生产经营活动的物质基础，也是企业对外承担民事责任的资本保证。《市场主体登记管理条例实施细则》对企业资本数额无具体规定，仅规定为：申请人申请登记的市场主体注册资本（出资额）应当符合章程或协议约定。

4. 有与生产经营规模相适应的组织机构

企业的组织机构是企业进行生产经营活动的指挥管理系统。不同种类企业的组织机构并不相同，但它们要根据法律的要求和生产经营的需要组建自己的决策机构、经营管理机构、监督机构、民主参与机构、与企业生产经营相适应的财务核算机构、劳动组织机构，以及法律和企业章程规定应该建立的其他机构。

5. 有与生产经营规模和业务相适应的从业人员

企业是人的要素和物的要素的集合体，没有与企业生产经营规模和业务相适应的从业人员，企业的正常生产经营活动是不可能进行的。另外，企业在设立时就应确定自己的法定代表人。企业法定代表人是依照法律和企业章程，具备法定代表人的条件，经有关主管机关核准注册登记，代表企业行使职权的负责人。法定代表人执行职务的行为，直接对企业产生法律效力。

6. 有自己的住所和经营场所

企业的住所是企业主要办事机构所在地。企业的住所是企业生产经营活动的中心，要在章程中载明，并进行核准登记。确定企业住所的法律意义主要是：明确市场监督管理部门对企业管理、监督的归属，明确企业纳税申报及缴纳税款的归属，明确企业的司法管辖及法律文书送达的处所。企业的经营场所，是企业直接从事生产经营活动的厂房所在地、经营服务的场所、分支机构所在地及办事机构的处所等，它是进行正常生产经营活动或从事服务性业务所必须具备的条件。

7. 有符合国家法律、法规和政策规定的经营范围

企业生产经营范围，是指企业生产经营的商品范围或者提供服务的范围。它与企业的注册资本、设备条件、技术力量及生产经营场所有直接关系，反映企业的权利能力和行为能力。所以，在登记企业时，必须明确，经登记核准后，才能得到法律上的确认。一经确认之后，不得

随意变动，企业必须在核准登记的范围内从事生产经营活动或提供服务。

8. 法律、法规规定的其他条件

企业的设立涉及社会经济生活的各个方面，因此，除了要具备上述各项条件之外，还要满足有关法律、法规所规定的其他条件，例如，设立开发资源的企业要符合环境保护法规定的条件，企业设立时土地使用权的取得要具备土地管理法规定的条件。

我国目前存在各种不同所有制形式和不同组织形式的企业，另外还有一些行业性质特殊的企业，相关法律、法规对这些不同类型企业的设立又作了专门的规定。这些企业的设立除了要具备企业设立的基本条件之外，还应该具备相关法律、法规所规定的具体条件。

（三）企业设立的程序

根据企业设立核准主义与准则主义相结合的原则，我国企业的设立可划分为必要的行政审批和办理登记注册两个阶段。

1. 必要的行政审批

根据法律法规规定，我国一些企业的设立须经过政府部门的审查批准，如乡村集体企业的设立要报请政府乡镇企业主管部门审批，股份有限公司的设立必须经国务院授权的部或省级人民政府批准，全民所有制工业企业以及城镇集体企业的设立也要报请政府有关主管部门审批。政府部门审批的内容主要是企业设立的基本条件。如果企业要进行基本建设，在设立时还要经过筹建许可的审批。在审批权限上，根据企业的经营范围和规模划归不同的主管部门。

2. 办理登记注册

登记注册是指企业登记主管机关即国家市场监督管理总局和地方各级市场监督管理部门对申请人设立企业的基本项目加以核查，登记注册，并发给申请人营业执照的法律行为。企业的工商登记注册要经过登记申请的提出、登记主管机关对申请的形式审查和实质审查、企业设立登记的核准与颁发证照以及设立登记的公告等几个程序。企业经登记注册，企业法人领取企业法人营业执照，不具备法人资格的企业领取营业执照，营业执照签发标志着企业的成立，取得了合法的民事主体资格。企业凭营业执照刻制公章，开立银行账户，在核准的经营范围内从事生产经营或服务活动。

二、企业的变更

（一）企业变更的概念和类型

企业的变更，是指已经设立登记注册的企业在存续期间，由于主客观情况的变化，根据生产经营活动的需要，在企业组织形式和其他登记注册事项方面的改变。企业的变更包括企业组织形式和其他登记注册事项的变更。这些变更应依照法律、法规的规定进行。

1. 企业组织形式的变更

企业组织形式的变更有两种，即企业的合并和企业的分立。

企业的合并，是指两个或两个以上的企业为了生产经营活动的需要，通过协商达成合并协议，依法定程序合并为一个企业的法律行为。合并有两种情形：一是吸收合并，二是新设合并。所谓吸收合并，是指两个或两个以上的企业合并时，其中一个企业继续存在，另一个或几个企业归于消灭，即一个企业吸收另一个或几个企业的法律行为，被吸收的企业解散。所谓新设合并，是指两个或两个以上的企业合并时，各个企业同时归于消灭，同时另外创设一个新的企业的法律行为。吸收合并实为企业兼并，新设合并实为企业联合。

企业的分立，是指已经设立的企业按照法定的条件和程序，以一定的方式分为两个或两个以上企业的法律行为。分立包括两种情形：一是分解分立，即把一个原有的已经设立的企业分解为两个或两个以上的新企业，原有企业消灭。这种分立亦称创设分立或新设分立。二是分支分立，即把一个已经设立的企业分出一部分或若干部分，原有的企业依然存在，分出的部分依法成立新的企业。这种分立亦称存续分立或派生分立。

企业合并与分立因涉及企业的设立与终止，实际上已经超出了企业变更的法律范围，是一种更为宽泛和重大的企业变更形式。

2. 企业注册登记事项的变更

企业注册登记事项的变更，主要包括企业名称、住所、经营场所、法定代表人、经济性质、经营范围和方式、注册资本以及经营期限、隶属关系、增设或撤销分支机构的变更。

（二）企业变更的基本法律规定

企业的变更须依照法定的程序进行，主要包括以下程序。

（1）决议程序。法律、法规对企业变更的事项要求由企业的权力机构或其他机构作出决议的，必须经过决议程序，变更事项才能成立，例如，股份有限公司的合并和分立，应当由公司的股东大会作出决议。

（2）必要的批准程序。由于企业变更将导致企业主体资格等发生重大变化，因而法律、法规规定，经政府主管部门批准设立的企业的变更须经政府主管机关的批准，如国有企业的合并或分立就必须经过政府或者政府主管部门的批准。需要注意的是，这一程序并非所有企业变更的必经程序，一些非经政府或者政府主管部门批准设立的企业的变更无须批准。

（3）变更登记程序。申请变更登记，应在企业权力机构作出变更决定或者政府主管部门批准后的规定期间内，向登记主管机关申请办理变更登记。申请时要提交申请书、依法作出的变更决定或决议，以及主管部门审查同意的文件和登记主管机关要求提供的其他文件。登记主管机关对上述文件进行审查，对于符合变更条件的，给予核准登记。

企业变更将会导致企业主体资格的变更、企业产权的变更、企业所有权或经营权的转移、产权数额的增加或减少乃至产权性质的改变。另外，企业的变更还会导致企业原有债权、债务关系的变化。一般来讲，企业发生变更并不能免除债务的履行或随意变更债权。因企业名称、住所、隶属关系、经济性质、经营范围和资产变化引起企业变更的，原来的债权、债务关系不变，仍由变更后的企业承继。对于实行合并的企业，原企业的债权、债务应由合并后的企业取得和承担，原企业的财产一并归入合并后的企业财产中。对于实行分立的企业，原企业的债权、债务及财产，应本着公平合理的原则，由分立后的企业分别取得和承担，但不得因债务分担而影响债权人利益的实现。

三、企业的终止

（一）企业终止的概念和原因

企业终止是指企业组织的解散以及其生产经营活动的停止。它是由法律规定的终止原因引起的，了结企业债权、债务关系，解散企业组织机构并消灭企业民事法律主体资格的一系列法律行为和法定程序的总称。

引起企业终止的原因主要有以下几个方面。

(1) 企业章程或协议规定的终止事由已经出现。这些事由通常包括：经营期限届满、发生了不可抗力、企业权力机构作出企业解散的决议等。

(2) 企业歇业。企业歇业一般认为是企业停止营业的行为。《市场主体登记管理条例》第30条规定："因自然灾害、事故灾难、公共卫生事件、社会安全事件等原因造成经营困难的，市场主体可以自主决定在一定时期内歇业。法律、行政法规另有规定的除外。"

(3) 违反法律、法规被依法撤销。企业如果在登记管理方面违反《市场主体登记管理条例》及其实施细则的有关规定，会受到吊销营业执照的处罚而被撤销。企业如果在生产经营活动方面违反了我国的税法、金融法、环境保护法、产品质量法、反不正当竞争法、价格法等有关法律、法规，执法部门将视其违法的性质、内容、程度等给予处罚，其中包括依法撤销的处罚。

(4) 政府有关主管部门依照法律、法规的规定将企业解散。当企业出现下列情况之一时，可由政府主管部门决定予以关闭和撤销。1) 经济效益差，没有发展前途的企业；2) 产品质量和原材料、能源消耗不符合国家规定标准，限期整顿无效的企业；3) 严重污染环境，无法治理或限期治理不见成效的企业。

(5) 企业因破产而导致企业终止。已经设立的企业，因不能清偿到期债务，经依法宣告破产而终止。

(6) 其他原因，主要是指由于自然灾害或者其他不可抗力事件的发生，致使企业的生产经营活动无法继续进行时，企业可以终止。

(二) 企业终止的程序及法律后果

1. 经政府部门批准或者审核

凡设立时须报政府有关部门审批的企业，其终止时均应通过原审批机关的审批或核准。

2. 进行清算

企业除了因合并或分立需要解散的外，因其他任何原因而解散的，都必须进行清算。

(1) 清算工作由清算委员会或清算人主持。企业自行决定解散时，由企业自行负责成立清算组织并指定负责人；由主管部门决定而解散的，由作出解散决定的政府主管部门负责成立清算组织；因宣告破产而解散，由人民法院指定清算人组织清算。清算组织依法享有一定的职权。

(2) 企业清算组织的任务一般包括：对企业的固定资产进行全面的清理和登记，并对其进行评估和作价。对折旧完毕的固定资产，要合理地结算其残值。对流动资金要按货币形态和实物形态分别清理、登记，对实物形态的流动资产，如已购买的原材料、备用配件、成品或半成品要合理变价。对企业的债权和投资要依法收回，无法收回的，可依法转让。对企业债务要依法定的清偿顺序进行清偿。清偿完毕有剩余财产的，按出资人投资的比例依法分配。清算终结后，要编制资产明细表、债权债务清册及其他会计表册。

3. 办理注销登记

企业清算终结后，由清算组织提出企业注销登记申请。申请注销登记时，应提交由原企业法定代表人或企业负责人签署的申请注销登记的报告、原有关主管部门批准企业终止的文件、债权债务清结的证明文件及其他有关文件。企业登记主管机关经过审查，对手续齐备的注销登记的申请予以核准登记。

企业注销登记核准后，登记主管机关要及时收缴企业营业执照的正、副本和公章、财务专用章、合同专用章等，并通知企业的开户银行，注销企业的银行账号。企业登记主管机关还要发布企业注销登记公告。至此，企业即告消灭，即丧失了法律主体资格，不能再从事生产经营活动，不再具备享有权利和承担义务的能力，企业宣告终止。

四、企业的权利与义务

企业的权利是指法律赋予企业能够为或不为一定行为，以及要求他人相应为或不为一定行为的资格。企业的义务是指企业必须为或不得为一定行为的责任。

企业的法律地位不同，其权利和义务的具体内容也各有差异。法人企业享有生产经营管理权（包括产、供、销、人、财、物等方面的权利），对行使生产经营管理权的后果独立承担财产责任，同时对国家、社会和企业职工承担义务。非法人企业享有不完全的生产经营权，对外不能独立承担经营责任。

第三节　企业破产基本法律制度

一、破产与企业破产法

（一）破产的概念

破产是商品经济发展到一定阶段必然出现的法律现象。现在，我们通常在两种情况下使用破产这个词。一是指一种事件，即指债务人的全部资产不足以抵偿其债务或债务人不能清偿到期债务的一种事实上和法律上的状态。这种状态表明债务人经济活动的失败，在法律上属于一种法律事实，可以引起一种特定法律关系的发生。二是指破产制度，即在债务人不能清偿到期债务，并且资产不足以清偿全部债务或者明显缺乏清偿能力的情况下，由法院依法定程序，将债务人全部财产强制向全体债权人公平清偿并使债务人丧失其民事主体资格的法律制度。

（二）企业破产法的概念

企业破产法是规定在债务人不能清偿到期债务，并且资产不足以清偿全部债务或者明显缺乏清偿能力的情况下，由法院主持强制执行其全部财产，公平清偿债权人，或通过和解、重整延缓清偿债务，避免企业破产的法律规范的总称。

破产法主要由下列三种规范构成：一是破产程序规范，主要包括破产申请、破产管辖、和解与重整、破产宣告、破产清算等。二是破产实体规范，主要包括破产界限、破产财产、破产债权、破产费用以及取回权、别除权、抵销权、撤销权等。三是罚则，主要规定违反破产法的行为及其处罚。

我国现行的企业破产法律制度主要是《中华人民共和国企业破产法》（以下简称《企业破产法》），该法于 2006 年 8 月 27 日由第十届全国人民代表大会常务委员会第二十三次会议通过，自 2007 年 6 月 1 日起施行。

二、破产申请的提出与受理

（一）破产界限

破产界限是指法院据以宣告债务人破产的法律标准，也称破产原因。

《企业破产法》第 2 条规定："企业法人不能清偿到期债务，并且资产不足以清偿全部债务或者明显缺乏清偿能力的，依照本法规定清理债务。"根据此条规定，企业破产界限的实质标准为不能清偿到期债务。就破产具体标准而言，有两种可供选择适用的情形：一是企业法人不能清偿到期债务，并且资产不足以清偿全部债务；二是企业法人不能清偿到期债务，并且明显缺乏清偿能力。

不能清偿到期债务主要表现为：（1）债务人丧失清偿能力，不能以财产、信用或能力等任何方法清偿债务。（2）债务人不能清偿的是已经到期的、债权人提出偿还要求的、无争议或有确定名义的债务。（3）债务人对全部或主要债务长期连续不能偿还。

应当注意，宣告债务人企业破产必须达到法律规定的破产界限，但并非所有达到破产界限的企业均应被宣告破产。《企业破产法》规定，达到破产界限的企业，可以依照《企业破产法》规定的程序进行重整。

（二）破产申请的提出

根据《企业破产法》的规定，债务人不能清偿到期债务，债权人和债务人均有权提出破产申请。破产申请应以书面形式向对案件有管辖权的人民法院提出。企业破产案件由债务人住所地人民法院管辖。债务人住所地是指企业主要办事机构所在地。县级市场监督管理部门核准登记企业的破产案件一般由基层人民法院管辖，地市以上市场监督管理部门核准登记企业的破产案件一般由中级人民法院管辖。个别案件可以依照《民事诉讼法》关于转移管辖的规定确定管辖级别，由上级人民法院审理下级人民法院管辖的案件，或由下级人民法院审理上级人民法院交办的案件。

债权人提出破产申请时，应当向人民法院提交破产申请书和有关证据。

破产申请书应当载明下列事项：（1）申请人、被申请人的基本情况；（2）申请目的；（3）申请的事实和理由；（4）人民法院认为应当载明的其他事项。

债务人提出破产申请时，还应当向人民法院提交财产状况说明、债务清册、债权清册、有关财务会计报告、职工安置预案，以及职工工资的支付和社会保险费用的缴纳情况等。

人民法院受理破产申请前，申请人可以请求撤回申请。

（三）破产申请的受理

1. 破产申请的程序

债权人提出破产申请的，人民法院应当自收到申请之日起 5 日内通知债务人。债务人对申请有异议的，应当自收到人民法院的通知之日起 7 日内向人民法院提出。人民法院应当自异议期满之日起 10 日内裁定是否受理。有其他情形的，人民法院应当自收到破产申请之日起 15 日内裁定是否受理。

人民法院裁定不受理破产申请的，应当自裁定作出之日起 5 日内送达申请人并说明理由。申请人对裁定不服的，可以自裁定送达之日起 10 日内向上一级人民法院提出上诉。

人民法院裁定受理破产申请的，应当同时指定管理人。

人民法院裁定受理破产案件的，应当自裁定受理破产申请之日起25日内通知已知债权人，并予以公告。通知和公告内容应包括：（1）申请人、被申请人的名称或者姓名；（2）人民法院受理破产申请的时间；（3）申报债权的期限、地点和注意事项；（4）管理人的名称或者姓名及其处理事务的地址；（5）债务人的债务人或者财产持有人应当向管理人清偿债务或者交付财产的要求；（6）第一次债权人会议召开的时间和地点；（7）人民法院认为应当通知和公告的其他事项。

2. 破产申请受理的效力

破产申请受理的效力是破产程序开始所带来的法律后果。破产申请受理的效力主要表现在以下几个方面：

（1）债务人企业的法定代表人及其他有关人员承担下列义务：妥善保管其占有和管理的财产、印章和账簿、文书等资料；根据人民法院、管理人的要求进行工作，并如实回答询问；列席债权人会议并如实回答债权人的询问；未经人民法院许可，不得离开住所地；不得新任其他企业的董事、监事、高级管理人员。

（2）人民法院受理破产申请后，债务人对个别债权人的债务清偿无效。

（3）人民法院受理破产申请后，债务人的债务人或者财产持有人应当向管理人清偿债务或者交付财产。

（4）人民法院受理破产申请后，管理人对破产申请受理前成立而债务人和对方当事人均未履行完毕的合同有权决定解除或者继续履行，并通知对方当事人。管理人自破产申请受理之日起2个月内未通知对方当事人，或者自收到对方当事人催告之日起30日内未答复的，视为解除合同。

管理人决定继续履行合同的，对方当事人应当履行；但是，对方当事人有权要求管理人提供担保。管理人不提供担保的，视为解除合同。

（5）人民法院受理破产申请后，有关债务人财产的保全措施应当解除，执行程序应当中止。

（6）人民法院受理破产申请后，已经开始而尚未终结的有关债务人的民事诉讼或者仲裁应当中止；在管理人接管债务人的财产后，该诉讼或者仲裁继续进行。

（7）人民法院受理破产申请后，有关债务人的民事诉讼，只能向受理破产申请的人民法院提起。

3. 债权申报

（1）债权申报期限。人民法院受理破产申请后，应当确定债权人申报债权的期限。债权申报期限自人民法院发布受理破产申请公告之日起计算，最短不得少于30日，最长不得超过3个月。

在人民法院确定的债权申报期限内，债权人未申报债权的，可以在破产财产最后分配前补充申报；但是，此前已进行的分配，不再对其补充分配。为审查和确认补充申报债权而支出的费用，由补充申报人承担。

（2）债权申报程序。债权人应当在人民法院确定的债权申报期限内向管理人申报债权。

债权人申报债权时，应当书面说明债权的数额和有无财产担保，并提交有关证据。申报的债权是连带债权的，应当说明。连带债权人可以由其中一人代表全体连带债权人申报债权，也可以共同申报债权。

债务人的保证人或者其他连带债务人已经代替债务人清偿债务的，以其对债务人的求偿权申报债权。债务人的保证人或者其他连带债务人尚未代替债务人清偿债务的，以其对债务人的将来求偿权申报债权。但是，债权人已经向管理人申报全部债权的除外。

债务人是委托合同的委托人，被裁定适用《企业破产法》规定的程序，受托人不知该事实，继续处理委托事务的，受托人以由此产生的请求权申报债权。

债务人是票据的出票人，被裁定适用《企业破产法》规定的程序，该票据的付款人继续付款或者承兑的，付款人以由此产生的请求权申报债权。

未到期的债权，在破产申请受理时视为到期。附条件、附期限的债权和诉讼、仲裁未决的债权，债权人可以申报。

（3）不必申报的债权。债务人所欠职工的工资和医疗、伤残补助、抚恤费用，所欠的应当划入职工个人账户的基本养老保险、基本医疗保险费用，以及法律、行政法规规定应当支付给职工的补偿金，不必申报，由管理人调查后列出清单并予以公示。职工对清单记载有异议的，可以要求管理人更正；管理人不予更正的，职工可以向人民法院提起诉讼。

4. 债权申报的受理和确认

管理人收到债权申报材料后，应当登记造册，对申报的债权进行审查，并编制债权表。债权表和债权申报材料由管理人保存，供利害关系人查阅。债权表应当提交第一次债权人会议核查。

债务人、债权人对债权表记载的债权无异议的，由人民法院裁定确认。

债务人、债权人对债权表记载的债权有异议的，可以向受理破产申请的人民法院提起诉讼。

（四）破产管理人

1. 破产管理人的概念

破产管理人亦称管理人，是人民法院在受理破产申请的同时指定的，全面接管破产企业并负责破产财产的保管、清理、估价、处理和分配，总管破产事务的人。

2. 管理人的任职条件

管理人可以由有关部门、机构的人员组成的清算组或者依法设立的律师事务所、会计师事务所、破产清算事务所等社会中介机构担任。人民法院根据债务人的实际情况，可以在征询有关社会中介机构的意见后，指定该机构具备相关专业知识并取得执行资格的人员担任管理人。

有下列情形之一的，不得担任管理人：（1）因故意犯罪受过刑事处罚；（2）曾被吊销相关专业执业证书；（3）与本案有利害关系；（4）人民法院认为不宜担任管理人的其他情形。个人担任管理人的，应当参加执业责任保险。

3. 管理人的职责

管理人依法执行职务，向人民法院报告工作，并接受债权人会议和债权人委员会的监督。管理人主要履行以下职责：（1）接管债务人的财产、印章和账簿、文书等资料；（2）调查债务人财产状况，制作财产状况报告；（3）决定债务人的内部管理事务；（4）决定债务人的日常开支和其他必要开支；（5）在第一次债权人会议召开之前，决定继续或者停止债务人的营业；（6）管理和处分债务人的财产；（7）代表债务人参加诉讼、仲裁或者其他法律程序；（8）提议召开债权人会议；(9) 人民法院认为管理人应当履行的其他职责。

三、债权人会议

(一) 债权人会议的组成与召集

债权人会议是由全体债权人组成的，以维护债权人共同利益为目的，在法院监督下讨论决定有关破产事宜，表达债权人意志的机构。债权人会议是债权人行使破产参与权的机构，本身不是执行机关，其所作出的各项决议要由破产管理人等相应机构执行。债权人会议不是民事权利主体，不能以其名义对外进行民事活动。

依法申报债权的债权人均为债权人会议的成员。债权人会议成员有表决权。当债权人兼有财产担保债权人和无财产担保债权人双重身份时，其在债权人会议上享有表决权，但表决时所代表的债权额限于无财产担保的部分。有财产担保的债权人在担保物价款不足以清偿其担保债权时，就未受清偿的债权额在债权人会议上享有表决权。债务人的保证人在代替债务人清偿债务后，可以作为债权人享有表决权。债权人可以委托代理人出席会议并行使表决权，代理人出席债权人会议，应当向人民法院或者债权人会议主席提交债权人的授权委托书。

债权人会议应当有债务人的职工和工会的代表参加，对有关事项发表意见。

债权人会议设主席 1 人，由人民法院从有表决权的债权人中指定。

债务人的法定代表人及相关人员必须列席债权人会议，并有义务回答债权人的询问。债务人的法定代表人及相关人员经人民法院依法传唤，无正当理由拒绝列席的，人民法院可以拘传，并处以罚款。债务人的法定代表人及其他相关人员违反规定，拒不陈述、回答，或者作虚假陈述、回答的，人民法院可以依法处以罚款。

债权人会议以召集方式举行。第一次债权人会议由人民法院召集，应在债权申报期限届满之日起 15 日内召开。以后的债权人会议，在人民法院认为必要时，或者管理人、债权人委员会、占债权总额 1/4 以上的债权人向债权人会议主席提议时召开。召开债权人会议，管理人应当提前 15 日通知已知的债权人。

(二) 债权人会议的职权与决议

根据《企业破产法》的规定，债权人会议的职权主要有：(1) 核查债权；(2) 申请人民法院更换管理人，审查管理人的费用和报酬；(3) 监督管理人；(4) 选任和更换债权人委员会成员；(5) 决定继续或者停止债务人的营业；(6) 通过重整计划；(7) 通过和解计划；(8) 通过债务人财产的管理方案；(9) 通过破产财产的变价方案；(10) 通过破产财产的分配方案；(11) 人民法院认为应当由债权人会议行使的其他权利。

债权人会议应当对所议事项的决议作成会议记录。

债权人会议的职权是以表决通过决议的方式行使的。债权人会议的决议，由出席会议的有表决权的债权人过半数通过，并且其所代表的债权额占无财产担保债权总额的 1/2 以上，但法律另有规定的除外。债权人会议的决议，对全体债权人均有法律约束力。

债权人认为债权人会议的决议违反法律规定，损害其利益的，可以自债权人会议作出决议之日起 15 日内，请求人民法院裁定撤销该决议，责令债权人会议依法重新作出决议。债务人财产的管理方案和破产财产的变价方案，经债权人会议表决未通过的，由人民法院裁定；破产财产的分配方案，经债权人会议二次表决仍未通过的，由人民法院裁定。

债权人对人民法院关于债务人财产管理方案或破产财产的变价方案的裁定不服的，或者债权额占无财产担保债权总额 1/2 以上的债权人对人民法院关于破产财产分配方案的裁定不服的，可以自裁定宣布之日或者收到通知之日起 15 日内向该人民法院申请复议。复议期间不停止裁定的执行。

(三) 债权人委员会

由于债权人会议是债权人的非常设机构，在闭会期间无法行使其权利，因而债权人会议可以根据实际情况设立债权人委员会，专门行使日常监督权。

1. 债权人委员会的组成

债权人委员会由债权人会议选任的债权人代表和 1 名债务人的职工代表或者工会代表组成。债权人委员会不得超过 9 人。债权人委员会成员应当经人民法院书面决定认可。

2. 债权人委员会的职权

《企业破产法》规定，债权人委员会行使下列职权：(1) 监督债务人财产的管理和处分；(2) 监督破产财产分配；(3) 提议召开债权人会议；(4) 债权人会议委托的其他职权。

债权人委员会执行职务时，有权要求管理人、债务人的有关人员对其职权范围内的事务作出说明或者提供有关文件。管理人、债务人的有关人员拒绝接受监督的，债权人委员会有权就监督事项请求人民法院作出决定，人民法院应当在 5 日内作出决定。

3. 债权人委员会对管理人的监督

《企业破产法》规定，管理人实施下列行为，应当及时报告债权人委员会：(1) 涉及土地、房屋等不动产权益的转让；(2) 探矿权、采矿权、知识产权等财产权的转让；(3) 全部库存或者营业的转让；(4) 借款；(5) 设定财产担保；(6) 债权和有价证券的转让；(7) 履行债务人和对方当事人均未履行完毕的合同；(8) 放弃权利；(9) 担保物的取回；(10) 对债务人利益有重大影响的其他财产处分行为。

未设立债权人委员会的，管理人实施上述行为应当及时报告人民法院。

四、重整与和解

为减少企业破产造成的社会损失，挽救尚有可能自行清偿债务的企业，《企业破产法》专门设置了重整与和解制度。重整与和解制度具有以下特点：(1) 债务人已达破产界限，但不以是否进入破产程序为前提；(2) 债务人和债权人均有权提出重整，对于符合法律条件的重整申请，人民法院应当裁定重整；(3) 和解不是法院作出破产宣告的必经程序，是否和解完全依债务人和债权人双方当事人意思而定。

(一) 重整

重整是指当企业法人不能清偿到期债务时，不立即进行破产清算，而是在法院主持下，由债务人与债权人达成协议，制订债务人重整计划，债务人继续营业，并在一定期限内全部或部分清偿债务的制度。

1. 重整申请、重整期间与重整的终止

(1) 重整申请。

根据《企业破产法》的规定，债务人尚未进入破产程序时，债务人或者债权人可以直接申请对债务人进行重整。债权人申请对债务人进行破产清算的，在人民法院受理破产申请后、宣

告债务人破产前，债务人或者出资额占债务人注册资本 1/10 以上的出资人，可以向人民法院申请重整。

人民法院经审查认为重整申请符合法律规定的，应当裁定债务人重整，并予以公告。

（2）重整期间。

重整期间是指自人民法院裁定债务人重整之日起至重整程序终止时的期间。

（3）重整期间债务人企业的事务执行。

在重整期间，债务人企业事务的执行有两种方式：1）管理人负责管理财产和营业事务的，可以聘任债务人的经营管理人员负责经营事务；2）经债务人申请，人民法院批准，债务人可以在管理人的监督下自行管理财产和营业事务，已接管债务人财产和营业事务的管理人应当向债务人移交财产和营业事务，管理人的职权由债务人行使。

在重整期间，对债务人的特定财产享有的担保权暂停行使。但是，担保物有损坏或者价值明显减少的可能，足以危害担保权人权利的，担保权人可以向人民法院请求恢复行使担保权。债务人或者管理人为继续营业而借款的，可以为该借款设定担保。

债务人的出资人不得请求投资收益分配。债务人的董事、监事和高级管理人员不得向第三人转让其持有的债务人的股权，但是，经人民法院同意的除外。

债务人合法占有的他人财产，该财产的权利人在重整期间要求取回的，应当符合事先约定的条件。

（4）重整的终止。

《企业破产法》规定，在重整期间，有下列情形之一的，经管理人或者利害关系人请求，人民法院应当裁定终止重整程序，并宣告债务人破产：1）债务人的经营状况和财产状况继续恶化，缺乏挽救的可能性；2）债务人有欺诈、恶意减少债务人财产或者其他显著不利于债权人的行为；3）由于债务人的行为导致管理人无法执行职务。

2. 重整计划的制订和批准

（1）重整计划草案制订的主体和期限。

债务人自行管理财产和营业事务的，由债务人制作重整计划草案；管理人负责管理财产和营业事务的，由管理人制作重整计划草案。

债务人或者管理人应当自人民法院裁定债务人重整之日起 6 个月内，同时向人民法院和债权人会议提交重整计划草案。经债务人或者管理人请求，有正当理由的，人民法院可以裁定延期 3 个月。债务人或者管理人未按期提出重整计划草案的，人民法院应当裁定终止重整程序，并宣告债务人破产。

（2）重整计划草案的内容。

重整计划草案应当包括下列内容：1）债务人的经营方案；2）债权分类；3）债权调整方案；4）债权受偿方案；5）重整计划的执行期限；6）重整计划执行的监督期限；7）有利于债务人重整的其他方案。

（3）重整计划草案的表决通过。

人民法院应当自收到重整计划草案之日起 30 日内召开债权人会议，对重整计划草案进行表决。

债权人会议根据债权的种类按照以下分组对重整计划草案进行表决：1）对债务人的特定

财产享有担保权的债权；2）债务人所欠职工的工资和医疗、伤残补助、抚恤费用，所欠的应当划入职工个人账户的基本养老保险、基本医疗保险费用，以及法律、行政法规规定应当支付给职工的补偿金；3）债务人所欠税款；4）普通债权。

人民法院在必要时可以决定在普通债权组中设小额债权组对重整计划草案进行表决。

债务人的出资人代表可以列席讨论重整计划草案的债权人会议。

重整计划草案涉及出资人权益调整事项的，应当设出资人组，对该事项进行表决。

各表决组均通过重整计划草案时，重整计划即为通过。

部分表决组未通过重整计划草案的，债务人或者管理人可以同未通过重整计划草案的表决组协商。该表决组可以在协商后再表决一次。双方协商的结果不得损害其他表决组的利益。

未通过重整计划草案的表决组拒绝再次表决或者再次表决仍未通过重整计划草案，但重整计划草案符合下列条件的，债务人或者管理人可以申请人民法院批准重整计划草案：1）按照重整计划草案，享有担保权的债权就该特定财产将获得全额清偿，其因延期清偿所受的损失将得到公平补偿，并且其担保权未受到实质性损害，或者该表决组已经通过重整计划草案。2）按照重整计划草案，债务人所欠职工的工资和医疗、伤残补助、抚恤费用，所欠的应当划入职工个人账户的基本养老保险、基本医疗保险费用，以及法律、行政法规规定应当支付给职工的补偿金和税款将获得全额清偿，或者相应表决组已经通过重整计划草案。3）按照重整计划草案，普通债权所获得的清偿比例，不低于其在重整计划草案被提请批准时依照破产清算程序所能获得的清偿比例，或者该表决组已经通过重整计划草案。4）重整计划草案对出资人权益的调整公平、公正，或者出资人组已经通过重整计划草案。5）重整计划草案公平对待同一表决组的成员，并且所规定的债权清偿顺序不违反法律的规定。6）债务人的经营方案具有可行性。

（4）重整计划的批准。

自重整计划通过之日起10日内，债务人或者管理人应当向人民法院提出批准重整计划的申请。人民法院经审查认为符合法律规定的，应当自收到申请之日起30日内裁定批准，终止重整程序，并予以公告。

重整计划草案未获通过且未依照法律规定获得批准，或者已通过的重整计划未获批准的，人民法院应当裁定终止重整程序，并宣告债务人破产。

3. 重整计划的执行

（1）执行人和监督人。

重整计划批准后由债务人负责执行，已接管财产和营业事务的管理人应当向债务人移交财产和营业事务。

在重整计划规定的监督期内，由管理人监督重整计划的执行，债务人应当向管理人报告重整计划执行情况和债务人财务状况。监督期届满时，管理人应当向人民法院提交监督报告。自监督报告提交之日起，管理人的监督职责终止。

管理人向人民法院提交的监督报告，重整计划的利害关系人有权查阅。

经管理人申请，人民法院可以裁定延长重整计划执行的监督期限。

（2）重整计划的效力。

经人民法院裁定批准的重整计划，对债务人和全体债权人均有约束力。未申报债权的债权人在重整计划执行期间不得行使权利，在重整计划执行完毕后，可按照重整计划规定的同类债权的清偿条件行使权利。

按照重整计划减免的债务，自重整计划执行完毕时起，债务人不再承担清偿责任。

债务人不能执行或者不执行重整计划的，人民法院经管理人或者利害关系人请求，应当裁定终止重整计划的执行，并宣告债务人破产，债权人在重组计划中作出的债权调整的承诺失去效力。

（二）和解

和解是指具备破产原因的债务人，为了避免破产清算，与债权人达成协商解决债务协议的制度。

1. 和解申请的提出

债务人可以依法直接向人民法院申请和解，也可以在人民法院受理破产申请后、宣告债务人破产前，向人民法院申请和解。

2. 和解协议的制定和通过

债务人申请和解，应当提出和解协议草案。

和解协议草案由债权人会议表决，通过方式为出席债权人会议有表决权的债权人过半数同意，并且其所代表的债权额占无财产担保债权总额的 2/3 以上。

债权人会议通过和解协议的，由人民法院裁定认可，终止和解程序，并予以公告。管理人应当向债务人移交财产和营业事务，并向人民法院提交执行职务的报告。

和解协议草案经债权人会议表决未获得通过的，或者已经债权人会议通过的和解协议未获人民法院认可的，人民法院应当裁定终止和解程序，并宣告债务人破产。

因债务人的欺诈或者其他违法行为而成立的和解协议，人民法院应当裁定无效，并宣告债务人破产。

3. 和解协议的效力

经人民法院裁定认可的和解协议，对债务人和全体和解债权人均有约束力。和解债权人是指人民法院受理破产申请时对债务人享有无财产担保债权的人。

按照和解协议减免的债务，自和解协议执行完毕时起，债务人不再承担清偿责任。

未申报债权的和解债权人，在和解协议执行期间不得行使权利；在和解协议执行完毕后，可以按照和解协议规定的清偿条件行使权利。

债务人应当按照和解协议规定的条件清偿债务。债务人不能执行或者不执行和解协议的，人民法院经和解债权人请求，应当裁定终止和解协议的执行，并宣告债务人破产。

五、破产清算

（一）破产宣告

破产宣告是人民法院依据当事人的申请或法定职权裁定宣告债务人破产以清偿债务的活动。债务人被宣告破产后，债务人称为破产人，债务人的财产称为破产财产，人民法院受理破产申请时对债务人享有的可以通过破产程序从破产财产中获得清偿的债权称为破产债权。

根据《企业破产法》的规定，破产宣告前，有下列情形之一的，人民法院应当以书面形式裁定债务人破产：（1）企业不能清偿到期债务，又不具备法律规定的不予宣告破产条件的；

(2) 企业被人民法院依法裁定终止重整程序的；(3) 人民法院依法裁定终止和解协议执行的。

人民法院依法宣告债务人破产的，应当自裁定作出之日起 5 日内送达债务人和管理人，自裁定作出之日起 10 日内通知已知债权人，并予以公告。

(二) 破产宣告的效力

破产宣告是法院进行事实认定及宣告企业破产的法律行为，它将对债务人、债权人产生一系列的法律效力。

1. 破产案件进入清算程序

在破产案件受理后，破产宣告之前，债务人可以通过和解、重整等程序解决破产案件，以避免进入清算程序。但破产宣告后，破产案件必然地进入清算程序，而不能再回到破产宣告前的状态。如当事人申请和解的，不得准许。

2. 破产人取代债务人

在我国，被申请破产的企业，在破产宣告前称为债务人，在破产宣告后称为破产企业。破产企业，实质上就相当于破产人的地位，其民事权利受到破产程序的拘束。

3. 债权人获得一定的权利

破产宣告后，债权人为获得清偿，得到以下权利：(1) 未到期的债权视为已到期债权。(2) 无财产担保的债权和放弃优先受偿权的有财产担保的债权为破产债权。(3) 有财产担保的债权，享有优先受偿的权利。(4) 对破产企业负有债务的，可在破产清算前抵销。

4. 对第三人的约束

破产宣告后，与破产人有其他民事关系的第三人，应按照其民事关系的性质行使权利、履行义务。(1) 破产人占有的属于他人的财产，其权利人有权取回。(2) 破产人的债务人，应当向管理人清偿债务。(3) 持有破产人财产的人，应当向管理人交付财产。为保护破产企业的破产财产，保障破产清算顺利进行，破产宣告后，人民法院应当指定破产企业必要的留守人员。破产企业法定代表人、财会、财产保管人员必须留守，其他需要留守的人员及留守人数由管理人决定。

(三) 破产财产

破产财产，是指破产申请受理时属于债务人的全部财产，以及破产申请受理后至破产程序终结前债务人取得的财产。最高人民法院《关于审理企业破产案件若干问题的规定》规定，破产财产由下列财产构成：(1) 债务人在破产宣告时所有的或经营管理的全部财产。(2) 债务人在破产宣告后至破产程序终结前所取得的财产。(3) 应当由债务人行使的其他财产权利。已作为担保物的财产不属于破产财产；担保物的价款超过其所担保的债务数额的，超过部分属于破产财产。

根据《企业破产法》及最高人民法院《关于审理企业破产案件若干问题的规定》，下列财产不属于破产财产：(1) 债务人基于仓储、保管、加工承揽、委托交易、代销、借用、寄存、租赁等法律关系占有、使用的他人财产。(2) 抵押物、留置物、出质物，但权利人放弃优先受偿权的或者优先偿付被担保债权剩余的部分除外。(3) 担保物灭失后产生的保险金、补偿金、赔偿金等代位物。(4) 依照法律规定存在优先权的财产，但权利人放弃优先受偿权或者优先偿付特定债权剩余的部分除外。(5) 特定物买卖中，尚未转移占有但相对人已完全支付对价的特定物。(6) 尚未办理产权证或者产权过户手续但已向买方交付的财产。(7) 债务人在所有权保留买卖中尚未取得所有权的财产。(8) 所有权专属于国家且不得转让的财产。此外，依法禁止扣押执行的企业财产也不属于破产财产，如企业保卫部门的警械，涉及国家机密的文件、档案等，这些财产应移交国家有关部门。(9) 破产企业工会（含党、团等其他社团组织）所有的财产。但上述组织无偿占用破产企业的财产如办公、活动场所等除外。

（四）别除权、抵销权、撤销权与取回权

1. 别除权

破产宣告前成立的有财产担保债权，债权人享有就该担保物优先受偿的权利，其债权不属于破产债权。债权人的优先受偿权在破产法理论上称为别除权。

如果有财产担保的债权人放弃优先受偿权利，其债权便属于破产债权，担保物也应计入破产财产统一分配。但是，破产企业以其财产为他人债务担保，债权人虽就破产企业的担保物享有优先受偿权，但如果债权人放弃权利的，其债权作为普通债权。因其债权是对第三人而并非对破产人设立的，放弃优先受偿权只是将破产人的担保责任免除，而其债权仍须向主债务人索偿。如果是第三人为破产企业的债务提供财产担保，因担保物不属于破产企业所有，债权人也就不享有破产法上的优先受偿权利，企业破产后，担保企业应当按照担保合同承担担保责任。破产企业在同一财产上设定两个以上抵押权的，抵押权人应按照抵押顺序行使优先受偿权。

2. 抵销权

《企业破产法》第 40 条规定："债权人在破产申请受理前对债务人负有债务的，可以向管理人主张抵销。"根据这一规定，破产债权人在破产申请受理前对破产企业负有债务的，无论是否已到清偿期限，无论债务标的、给付种类是否相同，均可在破产清算前相互抵销，这就是破产抵销权。抵销权对破产债权人具有重要利益，因为破产债权通常只能得到部分偿还，而欠破产企业的债务却需完全偿还，抵销权可使破产债权人在抵销的破产债权额内得到全额偿还。为防止发生利用抵销权非法牟利损害其他破产债权人利益的现象，《企业破产法》同时规定，有下列情形之一的，不得抵销：(1) 债务人的债务人在破产申请受理后取得他人对债务人的债权的。(2) 债权人已知债务人有不能清偿到期债务或者破产申请的事实，对债务人负担债务的；但是，债权人因为法律规定或者有破产申请 1 年前所发生的原因而负担债务的除外。(3) 债务人的债务人已知债务人有不能清偿到期债务或者破产申请的事实，对债务人取得债权的；但是，债务人的债务人因为法律规定或者有破产申请 1 年前所发生的原因而取得债权的除外。

3. 撤销权

《企业破产法》规定，人民法院受理破产申请前 1 年内，涉及债务人财产的下列行为，管理人有权请求人民法院予以撤销：(1) 无偿转让财产的；(2) 以明显不合理的价格进行交易的；(3) 对没有财产担保的债务提供财产担保的；(4) 对未到期的债务提前清偿的；(5) 放弃债权的。

人民法院受理破产申请前 6 个月内，债务人达到破产界限仍对个别债务进行清偿的，管理人有权请求人民法院予以撤销。但是，个别清偿使债务人财产受益的除外。

《企业破产法》规定，涉及债务人财产的下列两类行为为破产无效行为：(1) 为逃避债务而隐匿、转移财产的。(2) 虚构债务或者承认不真实的债务的。同时，破产企业的董事、监事和高级管理人员利用职权从企业获取非正常收入和侵占企业财产的行为，管理人应当追回。

4. 取回权

取回权是指财产权利人从管理人接管的财产中取回不属于破产人的财产的请求权。《企业破产法》第 38 条规定："人民法院受理破产申请后，债务人占有的不属于债务人的财产，该财产的权利人可以通过管理人取回。但是，本法另有规定的除外。"在实践中，作为取回权的标的物的"属于他人的财产"，主要包括：共有财产，委托管理的财产，租赁财产，借用财产，加工承揽财产，寄存财产，寄售财产，基于其他法律关系交破产人占有但未转移所有权的他人财产等。

《企业破产法》第 39 条还增设了出卖人取回权："人民法院受理破产申请时，出卖人已将买卖标的物向作为买受人的债务人发运，债务人尚未收到且未付清全部价款的，出卖人可以取回在运途中的标的物。但是，管理人可以支付全部价款，请求出卖人交付标的物。"

破产宣告后、破产程序终结前，取回权人可以随时向管理人请求取回财产。管理人收到取回权人的请求后，一经证明属实，即应予以返还。

小试牛刀

因经营管理不善，甲公司资金链断裂，不能清偿到期债务，2018 年 10 月 20 日被其债权人乙公司申请破产，人民法院于同年 10 月 28 日裁定受理该破产申请。在破产程序进行中，乙公司向管理人提供证明甲公司 2017 年 8 月放弃拥有的对其控股公司丙的 20 万元债权的证据。

请问：管理人能否请求人民法院撤销甲公司放弃 20 万元债权的行为？

管理人不能请求人民法院撤销甲公司放弃 20 万元债权的行为，因为根据《企业破产法》的规定，可撤销的行为必须发生在人民法院受理破产申请前 1 年内。

(五) 破产债权

1. 破产债权的概念

破产债权，是指人民法院受理破产申请时对债务人享有的，可以通过破产程序从破产财产中获得清偿的债权。

根据我国《企业破产法》的有关规定，破产债权应具备以下条件：(1) 必须是于破产宣告前成立的债权。破产宣告后产生的新债权，除了应列入破产费用的外，不得由破产财产清偿。(2) 必须是不享有优先受偿权的债权。凡设定了物的担保的债权，应就担保物先于一般债权受偿，不参加破产分配，也不应属于破产债权。但有财产担保的债权，如果债权人放弃了优先受偿权，其债权即转化为破产债权。(3) 必须是依法申报并得到确认的债权。《企业破产法》规定，债权人应当在债权申报期限内申报债权，管理人收到债权申报材料后，应当登记造册，对申报的债权进行审查，并编制债权表。管理人编制的债权表，应当提交第一次债权人会议核查，债务人、债权人对债权表记载的债权无异议的，由人民法院裁定确认。

2. 破产债权的范围

破产债权主要包括以下债权：(1) 无财产担保的债权。(2) 放弃优先受偿权的有财产担保的债权。(3) 有财产担保的债权，经由担保物清偿后的未足清偿部分。(4) 破产人的保证人或其他连带债务人，因代替破产人清偿债务而取得的追偿权。(5) 债务人的保证人预先行使追偿权而申报的债权。(6) 票据发票人或背书人被宣告破产，其付款人或承兑人不知其事实而付款或承兑，由此产生的债权。(7) 清算组决定解除合同，另一方当事人因合同解除而受到损害的，适用经法院确定的赔偿额。(8) 债务人的受托人在债务人破产后，为债务人的利益处理委托事务所发生的债权。(9) 债务人发行债券形成的债权。(10) 债务人在破产宣告前因侵权、违约给他人造成财产损失而产生的赔偿责任。(11) 人民法院认可的其他债权。

破产宣告时对破产企业未到期的债权，视为已到期债权，在破产程序中予以清偿，但是应当减去未到期的利息。凡计息的破产债权，其利息均只计算到破产宣告之日止，无利息的破产债权，则以债务本金作为破产债权数额。

根据《企业破产法》及最高人民法院《关于审理企业破产案件若干问题的规定》，下列债权不属于破产债权：(1) 行政、司法机关对破产企业的罚款、罚金以及其他有关费用。(2) 人民法院受理破产案件后债务人未支付应付款项的滞纳金，包括债务人未执行生效法律文书应当加倍支付的迟延利息和劳动保险金的滞纳金。(3) 破产宣告后的债务利息。(4) 债权人参加破产程序所支出的费用。(5) 破产企业的股权，股票持有人在股权、股票上的权利。(6) 破产财产分配开始后向清算组申报的债权。(7) 超过诉讼时效的债权。(8) 债务人开办单位对债务人未收取的管理费、承包费。

(六) 破产费用和共益债务

1. 破产费用

破产费用是指受理破产申请后，为破产程序顺利进行及对债务人财产的管理、变价、分配过程中，必须支付并以债务人财产优先支付的费用。根据《企业破产法》的规定，下列费用为破产费用：(1) 破产案件的诉讼费用；(2) 管理、变价和分配债务人财产的费用；(3) 管理人执行职务的费用、报酬和聘用工作人员的费用。

2. 共益债务

共益债务是指人民法院受理破产申请后，管理人为全体债权人的共同利益，管理债务人财产时所负担的债务，以及因债务人财产而产生的，以债务人财产优先支付的费用。依据《企业破产法》的规定，下列债务属于共益债务：(1) 因管理人或者债务人请求对方当事人履行双方均未履行完毕的合同所产生的债务；(2) 债务人财产受无因管理所产生的债务；(3) 因债务人不当得利所产生的债务；(4) 为债务人继续营业而应支付的劳动报酬和社会保险费用以及由此产生的其他债务；(5) 管理人或者相关人员执行职务致人损害所产生的债务；(6) 债务人财产致人损害所产生的债务。

破产费用和共益债务由债务人财产随时清偿。债务人财产不足以清偿所有破产费用和共益债务的，先行清偿破产费用。债务人财产不足以清偿所有破产费用和共益债务的，按照比例清偿。债务人财产不足以清偿破产费用的，管理人应当提请人民法院终结破产程序。人民法院应当自收到请求之日起 15 日内裁定终结破产程序，并予以公告。

(七) 破产财产的变价和分配

1. 破产财产的变价

破产财产的变价方案由管理人制定，提交债权人会议讨论通过。

管理人应当根据债权人会议通过的变价方案适时变价出售破产财产。变价出售破产财产应当通过拍卖进行，但是债权人会议另有决议的除外。破产企业可以全部或者部分变价出售。企业变价出售时，可以将其中的无形资产和其他财产单独变价出售。

2. 破产财产的分配

管理人应当及时拟定破产财产分配方案，提交债权人会议讨论通过。破产财产的分配方案应当载明下列事项：(1) 参加破产财产分配的债权人名称或者姓名、住所；(2) 参加破产财产分配的债权额；(3) 可供分配的破产财产数额；(4) 破产财产分配的顺序、比例及数额；(5) 实施破产财产分配的方案。

债权人会议通过破产财产分配方案后，由管理人将该方案提请人民法院裁定认可。

破产财产在优先清偿破产费用和共益债务后，依照下列顺序清偿：(1) 破产人所欠职工的工资和医疗、伤残补助、抚恤费用，所欠的应当划入职工个人账户的基本养老保险、基本医疗保险费用，以及法律、行政法规规定应当支付给职工的补偿金。破产财产不足以满足该部分清偿要求的，依法优先于对特定财产享有担保权的权利人受偿。(2) 破产人欠缴的除前项规定以外的社会保险费用和破产人所欠税款。(3) 普通破产债权。

破产财产不足以清偿同一顺序的清偿要求的，按照比例分配。破产企业的董事、监事和高级管理人员的工资按照该企业职工的平均工资计算。

(八) 破产程序的终结

破产人无财产可供分配的，管理人应当请求人民法院裁定终结破产程序。

管理人在最后分配完结后，应当及时向人民法院提交破产财产分配报告，并提请人民法院裁定终结破产程序。人民法院应当自收到管理人终结破产程序的请求之日起 15 日内作出是否终结破产程序的裁定，裁定终结的，应当予以公告。

管理人应当自破产程序终结之日起 10 日内，持人民法院终结破产程序的裁定，向破产人的原登记机关办理注销登记。管理人于办理注销登记完毕的次日终止执行职务。

破产人的保证人和其他连带债务人，在破产程序终结后，对债权人依照破产清算程序未受清偿的债权，依法继续承担清偿责任。

六、法律责任

(一) 破产企业的董事、监事和高级管理人员的破产责任

企业董事、监事或者高级管理人员违反忠实义务、勤勉义务，致使所在企业破产的，依法承担民事责任。自破产程序终结之日起 3 年内不得担任任何企业的董事、监事、高级管理人员。

(二) 债务人的法律责任

债务人违反《企业破产法》的规定，拒不向人民法院提交或者提交不真实的财产状况说明、债务清册、债权清册、有关财务会计报告以及职工工资的支付情况和社会保险费用的缴纳情况的，人民法院可以对直接责任人员依法处以罚款。

债务人违反《企业破产法》的规定，拒不向管理人移交财产、印章和账簿、文书等资料的，或者伪造、销毁有关财产证据材料而使财产状况不明的，人民法院可以对直接责任人员依法处以罚款。

债务人在破产程序中有隐匿、转移财产，虚构债务等损害债权人利益行为的，债务人的法定代表人和其他直接责任人员依法承担赔偿责任。

(三) 管理人的法律责任

管理人未依照《企业破产法》的规定勤勉尽责、忠实执行职务的，人民法院可以依法处以罚款；给债权人、债务人或者第三人造成损失的，依法承担赔偿责任。

本章小结

企业是我国最主要的市场经济主体，企业法作为调整国家在组织管理企业，以及企业在设立、变更、终止、组织机构创建和从事各项生产经营活动中所发生的各种经济关系的法律规范的总称，体系比较庞大，在经济法律体系中具有重要地位，有“小经济法”之称。本章概要介绍了企业法的概念、调整对象，企业的概念和特征，企业的设立、变更和终止，企业的权利和义务，企业破产与清算等企业基本法律制度，力图使学生大致了解企业法的基本内容，并使其理解和掌握诸如企业的概念和特征、企业的设立和终止、企业破产等重要问题。

核心法规

1.《中华人民共和国企业破产法》（2006 年 8 月 27 日公布，自 2007 年 6 月 1 日起施行）

2.《中华人民共和国市场主体登记管理条例》（2021 年 7 月 27 日公布，自 2022 年 3 月 1 日起施行）

案例讨论

（一）

某市天河机械制造有限责任公司（以下简称天河公司）因经营管理不善，无力偿还到期债务。该公司于某年 11 月 20 日向当地法院提交书面破产申请，法院于 11 月 26 日裁定受理，并于 11 月 29 日将裁定书书面通知该公司，12 月 12 日通知已知债权人并发布公告。与此同时，该公司的登记机关某市市场监督管理局指定由有关部门、机构的人员组成的清算组作为管理人接管该公司。在次年 2 月 19 日召开的第一次债权人会议上，管理人将该公司的财产与债务等情况汇报如下。

（1）该公司欠当地工商银行贷款 1 200 万元，贷款时曾提供该企业的一套进出口成套设备作抵押，该套设备现值 800 万元。

（2）向建设银行借款 20 万元，以 5 辆汽车（每辆价值 7 万元）作为抵押担保，汽车仍由天河公司使用。但不久前，在一次交通事故中 3 辆汽车严重受损，交汽车修配厂大修。天河公司将此情况通知银行，银行要求天河公司提供新的担保。天河公司找到某企业作为保证人，银行予以确认，三方约定：如天河公司不能按期偿还全部本息，由该企业负责偿还。

（3）欠甲公司到期货款 160 万元。甲公司经多次催交无效后，起诉到人民法院。人民法院经过二审审理，判决天河公司支付甲公司欠款及违约金共计 200 万元，随后将天河公司办公楼予以查封，拟用于抵偿甲公司的债权。人民法院受理天河公司破产申请后，该判决正在执行之中。

（4）天河公司在法院受理破产案件前 6 个月，将价值 100 万元的机器设备卖给其关联企业丙，售价为 15 万元。

请思考：

1. 该公司的破产申请人、受理时间、破产申请的条件、管理人的产生是否符合法律规定？

2. 工商银行的 1 200 万元贷款应如何处理？

3. 未受损的 2 辆汽车是否仍可作为抵押财产由建设银行优先受偿？

4. 天河公司欠甲公司的货款是否属于破产债权？为什么？

5. 对天河公司转让机器设备的行为，管理人应当采取什么措施？

简要分析：

1. 该公司的破产申请人、受理时间、破产申请的条件符合《企业破产法》的规定，但管理人应由人民法院指定，而不是由市场监督管理局指定。

2. 1 200 万元中的 800 万元从抵押财产中优先受偿；剩余的 400 万元可作为普通债权，申报破产债权。

3. 不可以。因这一抵押担保关系已消灭。在天河公司提供了新的担保后，原担保关系消灭。

4. 天河公司欠甲公司的货款属于破产债权。因为根据《企业破产法》的规定，人民法院受理破产申请后，对债务人财产的其他民事执行程序必须中止。执行程序中止后，债权人凭生效的法律文书向受理破产案件的人民法院申请债权。

5. 根据我国《企业破产法》的规定，人民法院受理破产案件前 1 年内债务人以明显不合理价格进行交易的，管理人可请求人民法院予以撤销。

(二)

三元公司是一家国有企业，因不能清偿到期债务，于某年 10 月 8 日被其债权人国光公司向人民法院提出破产申请。法院经审查，于 10 月 22 日通知三元公司，三元公司在法定时间内向法院提出异议。法院认为该理由不成立。随后，法院在法定时间内，通知债权人并发布公告，要求债权人申报债权。法定申报期届满后，仍有数名债权人未能及时申报债权。法院为慎重起见，决定再延长一个月的申报时间。一个月后，三元公司出面召集了第一次债权人会议，法院也正式召集有关人员组成了清算组，决定由清算组负责破产的清算，由债权人会议负责拟订财产分配方案。

1. 清算组对三元公司的资产进行了清理，有关情况如下：

(1) 价值 3 500 万元的厂房，其中厂房 A 价值 2 000 万元，厂房 B 价值 1 500 万元；

(2) 价值 2 000 万元的机器设备；

(3) 三元公司工会中会员交纳的会费和组织经费 100 万元；

(4) 三元公司拥有的对时达公司的 45%的股权，市值为 1 300 万元；

(5) 时达公司所欠三元公司未到期应收账款 100 万元。

2. 三元公司负债的具体情况为：

(1) 应付职工工资及应划入职工个人账户的基本养老保险、医疗保险费用 800 万元，应交税金 500 万元。

(2) 短期借款 4 000 万元。某年 12 月 5 日，以三元公司厂房 A 作抵押，向中国建设银行深圳支行共贷款 4 000 万元。

(3) 应付账款 7 000 万元。其中包括欠燕山公司已到期的货款 1 000 万元。

3. 清算组在进行清算过程中，支付了 100 万元的破产费用，并发现在法院受理该破产案件当年的 5 月 8 日，三元公司曾主动放弃对某商场的 100 万元债权。

请思考：

1. 上述破产程序中是否存在违法之处？并说明理由。

2. 中国建设银行深圳支行的破产债权额是多少？属于何种性质的破产债权？

3. 在三元公司的各项资产中，可以列入破产财产的是哪些，总价值为多少？依照破产法的规定应按何种顺序分配？

4. 燕山公司应分配的财产具体数额为多少？

简要分析：

1. 破产程序中不符合法律规定的有：

(1) 法院受理案件后通知三元公司的时间超过了法定期限。《企业破产法》规定，债权人提出破产申请的，人民法院应自收到申请之日起 5 日内通知债务人。

(2) 法院不应延长债权人申报债权的时间。《企业破产法》规定，债权人未在法定期限内申报债权的，可以在破产财产最后分配前补充申报。

(3) 第一次债权人会议由三元公司召集错误。《企业破产法》规定，第一次债权人会议由人民法院主持召集。

(4) 清算组的成立及时间不合法。《企业破产法》规定，人民法院裁定受理破产申请的，应当同时指定管理人，而不是清算组；也不应在债权申报期限届满时指定管理人。

(5) 债权人会议是债权人在破产程序中的意思表示机关。破产财产分配方案应由管理人拟订，经债权人会议通过和人民法院裁定认可后执行。

2. 中国建设银行深圳支行的破产债权额为 2 000 万元。在中国建设银行深圳支行的 4 000 万元债权上，用三元公司厂房 A 设定了抵押。根据《企业破产法》的规定，有财产担保的债权，经由担保物清偿后的未足额清偿部分，作为破产债权，依照破产程序受偿。三元公司厂房 A 经评估价值 2 000 万元，因此，在中国建设银行深圳支行不放弃优先受偿权利的情况下，它拥有的破产债权额为 4 000 万元－2 000 万元＝2 000 万元。

3. 三元公司的破产财产包括：

(1) 价值 1 500 万元的三元公司厂房 B。

(2) 价值 2 000 万元的三元公司机器设备。

(3) 三元公司拥有的对时达公司的 45%的股权，市值为 1 300 万元。

(4) 时达公司所欠三元公司未到期应收账款 100 万元。

(5) 曾放弃的对某商场的 100 万元债权。三元公司工会中会员交纳的会费和组织经费共计 100 万元不属于破产财产；已作为债务担保物的财产厂房 A 也不属于破产财产。因此，三元公司的破产财产总价值为 1 500＋2 000＋1 300＋100＋100＝5 000（万元）。

破产财产应当按下列顺序分配：

(1) 支付破产费用 100 万元。

(2) 支付破产企业所欠职工工资及各种保险费用共 800 万元，应交税金 500 万元。

(3) 支付破产债权。

4. 燕山公司应当分配到的财产数额为：

[5 000（破产财产）－100－800－500] ÷ [12 300（负债总额）－2 000（有担保债权）－800（职工工资及各种保险费）－500（税金）] ×1 000＝400（万元）。

复习思考

1. 简述企业的概念和特征。
2. 简述企业法的概念和企业立法原则。
3. 简述企业设立的基本条件。
4. 简述企业破产与企业破产法的概念。
5. 简述企业破产的界限。
6. 简述破产财产、破产债权、破产费用和破产财产的分配顺序。

第四章
公司法律制度

要点提示

- 公司制度的基本原理和《公司法》的基本内容
- 公司的概念和特征
- 公司设立的条件
- 公司资本制度
- 公司股东与公司组织机构
- 股份资本与股份
- 股权（份）的转让与限制

第一节　公司与公司法概述

一、公司的概念和特征

公司是指依《公司法》设立的，以营利为目的的企业法人。这一概念反映公司具有以下特征。

1. 公司设立的规范性

公司作为一种商事主体，其资格的取得必须经过法律的确认，强调依法设立。公司设立的规范性主要体现在两个方面：首先，从“有法可依”的角度来分析，必须先有公司法及相关规定。这就要求国家应该制定相关法律来规范公司的设立、变更、终止以及股东的权利与义务等，从而使公司的设立有法可依、有章可循。其次，从“有法必依”的角度来分析，投资者应按照公司法所规定的条件和程序以及公司类型来设立公司，否则将导致相关法律后果。如投资者不能设立公司法所没有规定的公司类型，不能随意约定公司的财产关系和组织关系等。公司及其管理者应该依据公司法的要求来规范自己的经营活动和管理行为。

2. 公司的营利性

营利性是商事企业的本质属性。股东出资成立公司的目的是借助公司实现投资利益的最大化。因此，所谓公司的营利性，就其完整的法律意义而言，包括两层含义：一是公司在从事经营活动时以获取利润为目的，二是公司获取利润的最终目的是将利润分配给股东。

公司的营利性决定了其区别于以行政管理为目的的国家机关，也使其区别于那些不以营利为目的的公益性组织或慈善组织。现实生活中，不少公益性团体也从事一些经营活动，并获取经营利润，但是这些团体获取利润的最终目的不是分配给其成员，而是更好地实现其公益目的，所以这些团体不具有营利性，不属于法律意义上的公司。可见，公司作为营利性法人，其与非营利性法人的区别不在于它们本身是否从事经营活动，而在于它们是否将其经营利润分配给成员。

3. 公司的法人性

法人是具有民事权利能力和民事行为能力，依法独立享有民事权利和承担民事义务的组织。按照《民法典》的规定，法人应当依法成立，有自己的名称、组织机构和住所，依照法律规定的成立条件和程序，以其全部财产独立承担民事责任。公司作为典型的企业法人，具有独立的法人人格。公司的法人性使其独立于公司的股东、职工等，这种独立性主要体现在以下几个方面：(1) 名称独立。公司设立时应有自己的名称，其名称应独立于股东的名称。(2) 财产独立。“无财产即无人格”，股东出资是公司成立的基础。股东一旦按照约定向公司缴纳出资，公司即取得该财产的所有权，股东因丧失该财产的所有权而取得股东权。公司财产与股东财产相分离，形成公司独立的法人财产权。如果发生股东将公司财产混同于自己的财产，在公司财产不足以偿债时，公司独立人格可能被否定，而混同者可能需要对公司债务承担连带责任，就这一点，《公司法》第 23 条的规定就是典型。(3) 意思独立。公司作为法人，有自己的意思机关——股东会。股东在股东会上投票时，通常按照资本多数决原则来形成公司的意志。尽管公司意志的形成离不开股东的投票支持，但公司的意志是股东集体决策的结果，其独立于股东个人的意志，公司的经营管理机关——董事会应按照公司的意志行事。如果发生股东将个人意志凌驾于公司意志之上，将可能导致否定公司人格的独立而追究滥权股东的连带责任。(4) 责任独立。公司具有法人人格，享有由股东投资形成的公司财产的全部法人财产权，依法独立享有民事权利，独立承担民事责任。除非发生公司人格被否认的情形，股东只要按照约定足额缴纳了出资，则无须承担公司因资不抵债而不能清偿的公司债务，债权人也无权要求股东承担清偿义务。

二、公司的分类

依照不同的标准，公司可以被划分为不同的种类。

1. 根据公司股东承担责任的类型不同，可将公司划分为无限责任公司、两合公司、股份两合公司、有限责任公司和股份有限公司

这是大陆法系国家对公司最基本的分类。

无限责任公司，简称无限公司，指由两个以上股东共同投资设立，股东对公司债务承担无限连带责任的公司。无限责任意味着股东不仅要以其出资，而且要以其出资以外的其他个人财产来清偿公司债务，而连带责任则意味着公司的全体股东都必须对公司的全部债务承担清偿责任。公司债权人可以向全体股东，也可以向部分或个别股东要求清偿全部债务；当然，若部分股东清偿了全部债务，其有权就超出其所应承担的债务部分向其他股东追偿。无限公司是各类公司中最早出现的，存在于大陆法系国家。我国国内立法虽然没有规定无限公司，却有与之类似的企业形态，即《合伙企业法》中的普通合伙企业。

两合公司是指由一个以上的无限责任股东与一个以上的有限责任股东共同投资设立，无限责任股东对公司债务负无限或无限连带责任，有限责任股东仅以其认缴的出资额为限对公司债

务承担责任的公司。我国立法中同样没有规定两合公司，但也存在与之类似的企业形态，即《合伙企业法》中的有限合伙企业。

股份两合公司是指由一个以上的无限责任股东和一个以上的有限责任股东共同投资设立，公司资本分为等额股份，无限责任股东对公司债务负无限连带责任，有限责任股东以其所持股份为限承担责任的公司。尽管法国立法者当初在《商法典》中创设这种公司的目的在于将股份有限公司的较强筹资能力和两合公司设立简便、无限责任股东的个人信用及经营热情等优势相结合，但实际运作中出现了无限责任股东责任过重，而有限责任股东无权参与公司事务管理这一结果，因此，投资者选择这种公司类型的兴趣不大，以致该种公司类型逐渐被淘汰。目前很多国家已废止了这一公司类型，有些国家公司法虽仍保留了这种公司，但因极少投资者选用而基本上名存实亡。

有限责任公司，简称有限公司，指由一定人数的股东共同投资，股东以其认缴的出资额为限对公司承担责任，公司以其全部资产对其债务承担责任的公司。有限责任公司肇始于1892年4月20日制定的《德国有限责任公司法》。相对于其他各种公司类型，有限责任公司出现最晚。

股份有限公司，简称股份公司，指由一定数量的股东共同投资设立，公司全部资本分为等额股份，股东以其所认购的股份为限对公司债务承担责任，公司以其全部资产对其债务承担责任的公司。通常认为，英国于1600年设立的东印度公司是世界上最早的股份有限公司。

2. 根据公司的信用基础，可将公司划分为人合公司、资合公司与人合兼资合公司

这是一种公司学理上的分类。人合公司是指以股东的个人信用如股东个人的能力、财力、地位、声望及信誉等而非公司的资本作为其信用基础的公司。无限责任公司是典型的人合公司。资合公司是指以公司的资本而非股东个人的信用作为信用基础的公司。股份有限公司是典型的资合公司。人合兼资合公司，又称人资两合公司，指公司兼以股东个人的信用和资本信用为信用基础的公司。两合公司、股份两合公司及有限责任公司均属于人合兼资合公司。需要注意的是，在具体的公司中，其人合性与资合性的侧重点不同：有的侧重人合性，有的更侧重资合性。

小试牛刀

（单选题）下列关于公司分类的哪一项表述是错误的？

A. 一人公司是典型的人合公司

B. 上市公司是典型的资合公司

C. 以发起方式设立的股份公司是资合性公司

D. 有限责任公司是以人合为主兼具资合性质的公司

答案：A。根据公司设立的信用基础，可以将公司分为人合公司、资合公司和人合兼资合公司。人合公司以股东的个人信用为基础，资合公司是以股东出资而形成的资本为基础，而人合兼资合公司是既有以股东的个人信用为基础，也有以资本的结合为基础。无限公司是典型的人合公司，上市公司是典型的资合公司，而无论是以发起方式设立还是以募集方式设立的股份公司都是资合性公司，有限责任公司是兼具人合与资合特点的公司。需要注意的是，一人公司因其只有一个股东，谈不上人合或资合，故本题应选A。

3. 根据公司股份是否允许公开发行和自由转让，可将公司划分为封闭性公司与开放性公司

这是英美国家对公司的一种分类。封闭性公司，又称（股票）不上市公司，指由一定数量的股东出资设立、不公开招股，公司股份可以有条件地转让但不能在证券交易所公开交易的公司。开放性公司，又称（股票）上市公司，指公司可以向社会公众发行股票，其股票可以在证券交易所自由地转让的公司。

此外，英国等国家还有一种特殊的公司，即有限保证公司。它是指股东依法设立的，在公司终止时，如发生公司的资产不足以清偿公司债务的情况，股东除了以其出资额承担责任外，还应以其在设立公司时保证或承诺的额度承担补充责任。

4. 根据公司间因持股所形成的控制与被控制关系，可将公司划分为母公司与子公司

母公司是指因拥有其他公司一定比例股份或者根据协议可以直接或间接控制或支配其他公司的公司。由于母公司通常是因持股达到一定比例而在股东会表决时形成控制其他公司的优势，因而又被称为控股公司。子公司是相对于母公司而言的，指全部股份或达到控股程度的股份被其他公司所持有，或者依照协议而被其他公司所实际控制的公司。当公司全部股份被另一公司所持有，则该公司又称全资子公司。此时，因子公司的股东只有一人，该子公司便是法人型一人公司。此外，子公司还存在绝对控股子公司和相对控股子公司之分，即母公司持有过半数子公司股份达到绝对控股程度的绝对控股子公司和母公司持有子公司股份虽未过半数但达到控股程度的相对控股子公司。需要注意的是，一公司持有另一公司股份未过半数也未达到控股程度，该公司就不能说是其子公司。尽管母子公司之间存在控制与被控制的关系，但子公司具有独立的法人人格，其可以独立地以自己的名义从事生产经营活动，在名称、意思、财产和责任上独立于母公司。母子公司的划分实际上揭示的是公司相互间的投资与被投资关系。其划分在税收征缴、公司信息公开、否定子公司独立人格从而追究作为股东的母公司的责任等方面具有重要意义。

5. 根据公司内部组织与管理的关系，可将公司划分为总公司与分公司

总公司，又称本公司，是指具有法人资格，对其组织系统内全部分支机构行使管辖权的总机构。总公司具有独立的法人资格，能够以自己的名义直接从事经营活动，其对公司系统内的业务经营、资金调度、人事安排等具有统一的决定权。分公司是总公司的对称，指由总公司依法设立的，不具有独立的法人资格，受总公司管辖的分支机构。分公司作为总公司的附属机构，没有独立的法人人格，没有独立的财产和法人机关，一般只设经理职务。分公司在经营中以其隶属的总公司的名义开展活动，不能独立承担法律责任。分公司不能清偿的债务由总公司负责承担。

小试牛刀

（单选题）下列关于分公司与子公司的说法中，正确的是哪一项？

A. 子公司可以以自己的名义进行法律行为

B. 子公司只能在母公司的经营范围内进行活动

C. 分公司有独立的财产

D. 子公司的行为后果由母公司承担

答案：A。根据《公司法》第13条的规定，公司可以设立分公司。分公司不具有法人资格，也不享有独立的财产权利，其民事责任由总公司承担。需要注意的是，分公司虽然属于法人的分支机构，但具有相应的法律行为能力，其可以在总公司授权范围内从事法律行为。公司可以设立子公司，子公司具有法人资格，是完全独立的法律主体，依法独立承担民事责任。所以，母公司不承担子公司的民事责任，子公司也不承担母公司的民事责任，它们之间是相互独立的主体，各自承担因其行为所负的民事责任。故本题应选A。

6. 根据公司的国籍，可将公司划分为本国公司、外国公司与跨国公司

本国公司是指依据本国公司法在本国境内设立的公司。外国公司是指依据外国法律在外国设立的公司。跨国公司，又称多国公司，是指以一国为中心，通过对外直接投资，在其他国家或地区设立分支机构、子公司或合资企业，从事国际性或世界性的生产经营活动的公司。

三、我国公司的法律分类

我国现行公司法只规定了有限责任公司和股份有限公司两种公司类型。

（一）有限责任公司

1. 有限责任公司的概念与特征

有限责任公司是指由50人以下股东共同投资设立，股东以其所认缴的出资额为限对公司承担责任，公司以其全部资产对其债务承担责任的企业法人。

与其他企业形态相比，根据《公司法》的规定，我国的有限责任公司具有以下特征。

第一，股东人数的限制性。对于有限责任公司的股东人数，很多国家的公司立法均有上限和下限的规定。《公司法》第42条规定：“有限责任公司由一个以上五十个以下股东出资设立。”立法之所以对有限责任公司的股东人数设置限制，是由有限责任公司具有较强人合属性决定的，体现人合性的股东之间的相互熟悉与信任是有限责任公司的基础，如果股东人数太多而不对人数进行限制，不仅股东之间难以熟悉与信任，也不利于股东之间的相互制衡。这也使得有限责任公司区别于股份有限公司，一旦有限责任公司的股东人数突破上限，就应考虑公司形态之变更。至于是否规定股东人数的下限，取决于各国对“一人公司”的态度。通常来说，凡规定股东须为2人或2人以上的国家，一般不承认“一人公司”；凡无下限要求的，一般均承认“一人公司”。我国2005年修改《公司法》时，改变了原来“2个以上50个以下”的规定，取消了股东人数下限要求但保留了股东人数上限的规定，标志着一人公司在我国立法上的确立。这是2005年《公司法》修改的一大亮点。

第二，股东出资的非股份性。这是有限责任公司与股份有限公司的区别之一。股份有限公司的资本要划分为等额的股份（公司资本总额平均分为若干股，每股金额相等），股东通过认购股份（其书面表现形式是股票）出资，股东的出资额是以“股”为单位来计算的。尽管股份有限公司的股东持有公司的股份数量不同，但每一股所代表的权利和义务通常是一样的。同样，股东的权利和义务也是以股份数额来计算的。而有限责任公司的资本无须分为等额股份，股东出资并不以股份为单位计算，证明股东出资的凭证为“出资证明书”，亦称股单。因每一份出资的大小不一，其所代表的权利和义务也不同，具体要视其出资额所占公司资本比例的大小而定。如《公司法》第65条明确规定：“股东会会议由股东按照出资比例行使表决权；但是，公司章程另有规定的除外。”

第三，公司资本的封闭性。此项特征也是有限责任公司与股份有限公司的重要区别之一。有限责任公司的资本只能由全体股东认缴，而不能向社会公开募集，不能发行股票。股东的出资证明书只是一种权利证书，不能在公开的证券市场上流通转让。同时，由于有限责任公司不向社会募集资本，其会计账簿亦无须公开。有限责任公司的资本封闭性特点，还表现为对股东转让股权的限制。《公司法》第 84 条规定："有限责任公司的股东之间可以相互转让其全部或者部分股权。股东向股东以外的人转让股权的，应当将股权转让的数量、价格、支付方式和期限等事项书面通知其他股东，其他股东在同等条件下有优先购买权。股东自接到书面通知之日起三十日内未答复的，视为放弃优先购买权。两个以上股东行使优先购买权的，协商确定各自的购买比例；协商不成的，按照转让时各自的出资比例行使优先购买权。公司章程对股权转让另有规定的，从其规定。"而股份有限公司因其具有开放性特点，股份转让是自由的，一般不受限制。

第四，股东责任的有限性。这是公司与不具有法人资格的企业类型的根本区别。除非是公司法人格否认适用的情形，否则有限责任公司的股东对公司债务仅以其认缴的出资额为限承担责任，对公司债权人不负直接责任。从这个意义上来说，有限责任公司所称之"有限责任"是对公司的股东而言的，而不是对公司而言的。因为当公司财产不足以清偿其全部债务时，股东无须以自己出资以外的个人财产清偿公司债务，公司债权人一般也无权要求公司股东对公司未清偿的债务承担责任；公司对于其债务则以公司全部财产承担责任。

第五，人资两合性。有限责任公司属于人合兼资合的公司，其不仅对股东的人数有限制，强调公司股东人数不能太多，以便使股东之间熟悉与信任，体现出人合性，而且强调股东在设立公司时有符合公司章程规定的全体股东认缴的出资额，体现资合性。《公司法》第 47 条规定："有限责任公司的注册资本为在公司登记机关登记的全体股东认缴的出资额。全体股东认缴的出资额由股东按照公司章程的规定自公司成立之日起五年内缴足。法律、行政法规以及国务院决定对有限责任公司注册资本实缴、注册资本最低限额、股东出资期限另有规定的，从其规定。"2005 年《公司法》第一次修订规定有限责任公司注册资本的最低限额不低于人民币 3 万元的要求，大大降低了投资者设立公司的门槛，2013 年《公司法》取消公司注册资本的最低限额成为该次修改的亮点。当然，《公司法》虽不再对有限责任公司注册资本的最低限额作具体要求，但并不意味着没有要求：法律在将公司注册资本的多寡交由股东来决定的同时，将监管的重点放在了偿债能力防控和事后诚信度等方面。正如最高人民法院在 2015 年 12 月《关于当前商事审判工作中的若干具体问题》中所指出的，在公司资本纠纷中，尤其不能因为新《公司法》将出资事宜交由股东灵活决定，就无视注册资本法律规则，放纵投资者背信行为……如果公司选择过于微小的数额作为注册资本，比如将注册资本设定为一元钱，那么在公司未来不能清偿债务而破产时，要考虑股东能否凭其对公司享有的债权而与其他普通债权人一起参与公司财产分配的问题。对此，我们倾向于认为，股东以过于微小的资本从事经营，很有可能会将股权投资转化为债权投资，相应地也将有限责任的风险完全外部化……国外司法实践中通常将股东债权的受偿顺序安排在其他普通债权人受偿之后，以保障优先清偿其他债权人债权。这一做法值得借鉴。这种"降低准入门槛、加强事后监管"的方式，不仅大大降低了市场主体的设立成本，激发了市场主体的创业创新能力，促进了市场经济的充分发展，而且有利于引导市场主体诚信出资、守法经营。

（二）股份有限公司

1. 股份有限公司的概念与特征

股份有限公司是指将公司全部资本分成等额股份，股东以其认购的股份为限对公司承担责任，公司以其全部资产对公司债务承担责任的企业法人。与其他公司类型相比较，股份有限公司具有如下特征。

第一，公司组织的资合性。与无限公司、合伙企业等重视投资者的身份、信用和地位，强调投资者之间相互熟悉与信任的人合性不同，股份有限公司强调股东的出资，而不论股东之间是否熟悉与信任。实践中，很多股份有限公司的股东人数成千上万，股东人数达十万、百万的公司也不鲜见。股东人数众多，股东之间事实上也就不大可能熟悉与信任。股份有限公司的资合性特征主要体现在两个方面。首先表现在公司对外信用的基础是公司资本，即公司所发行的股份总额。它既是公司成立的要件，也是公司能够正常发展、扩张规模和稳健运行的基础，更是对公司债权人的总担保。由于股份有限公司股东之间信任的基础是出资，加之法律对股份有限公司在治理结构上的强制性规定，股份有限公司要设定相对较高的注册资本。当然，随着当下国家鼓励"大众创业、万众创新"，2013 年 12 月修正的《公司法》取消了对股份有限公司注册资本最低限额 500 万元的要求，但这并不意味着股东可以随意设置微型股份有限公司。一方面，《公司法》第 96 条第 1 款规定，"股份有限公司的注册资本为在公司登记机关登记的已发行股份的股本总额。在发起人认购的股份缴足前，不得向他人募集股份"，同时，第 97 条第 2 款规定，"以募集设立方式设立股份有限公司的，发起人认购的股份不得少于公司章程规定的公司设立时应发行股份总数的百分之三十五；但是，法律、行政法规另有规定的，从其规定"，以满足以募集设立方式设立的股份有限公司在缴纳出资方面的要求；另一方面，《公司法》第 96 条第 2 款规定，"法律、行政法规以及国务院决定对股份有限公司注册资本最低限额另有规定的，从其规定"，以符合其他立法对特殊性股份有限公司资本制度的设置要求。其次表现在公司股份可以自由转让。这也是股份有限公司区别于有限责任公司和无限公司的一个极其重要的特征。在有限责任公司和无限公司中，股东转让其股权均受不同程度的限制，无法自由转让，公司股东通常处于较为稳定的状态，股东之间的人身依赖和信赖性较强；而股份有限公司则鼓励股份的自由转让，其着眼点在于公司资本的聚集，而非股东之间的人身信用因素。正因为股份有限公司的资合性，对该类公司不仅没有设定股东人数上限，而且倾向于吸引更多的股东加入或加大投资，以满足资金需要并实现规模扩张和稳健发展。事实上，这也使得其股东人数通常要远多于其他公司的股东人数，而且，一旦有限责任公司股东人数突破上限，除非减至上限范围以内，否则有必要依法将有限责任公司变更为股份有限公司。

第二，资本募集的公开性。与有限责任公司资本仅来源于公司发起人不同，设立股份有限公司不仅可以采取发起设立方式，还可采取募集设立方式。按照《公司法》第 97 条的规定，股份有限公司采取募集方式设立的，除发起人认购的股份不得少于公司章程规定的公司设立时应发行股份总数的 35%外，其余部分可以向社会公开募集或向特定对象募集，社会公众均可根据规定来购买股票而成为公司的股东。正因为股份有限公司具有"面向社会、广泛集资"的特点，马克思曾经感叹："假如必须等待积累去使某些单个资本增长到能够修建铁路的程度，那末恐怕直到今天世界上还没有铁路。但是，集中通过股份公司转瞬之间就把这件事完成了。”① 当然，资本募集的公开性和广泛性决定了股份有限公司尤其是上市公司的重要信息必须依法公开，以使股东、作为潜在投资者的社会公众对公司的经营状况有所了解，从而有效保护投资人的合法权益。

第三，公司资本的股份性。股份有限公司需要将公司全部资本分为等额股份，“股”为股份有限公司资本的最小计算单位。每个股东所持股份数量可以不同，但股份性质相同的每股金额是相同的，所代表的权利和义务也是一样的。而有限责任公司中，每个股东都有一份出资，每份出资的数额可能不一，其权利义务自然也不一样。这是股份有限公司区别于有限责任公司的主要特征之一。需要注意的是，我国目前绝大部分公司的股票面值为人民币1元，只有极少数公司采取其他金额，如在上海证券交易所上市的紫金矿业集团股份有限公司，其每股的面值为0.1元。股份有限公司资本的股份性，有利于股票的发行和资本的筹集，也便于股东权的行使及股份转让，确保“同股同权，同股同利”，从而充分发挥资合性公司的优势。

第四，股东责任的有限性。股份有限公司具有法人资格，能独立承担民事责任，公司股东仅以其所认购的股份为限对公司承担责任。股东只要按照约定足额缴纳了出资，则不再对公司及公司的债权人负任何财产上的责任。除非因存在滥用公司法人独立地位和股东有限责任而被追究连带责任，否则股东没有义务对超出其认缴出资的部分承担责任，公司的债权人也不能就未清偿的债权要求股东以其个人财产清偿。这是股份有限公司区别于无限公司的重要特征。

第五，公司经营的独立性。股份有限公司通常为大型企业所采用。作为典型的资合公司，股份有限公司不强调股东之间的熟悉与信任，仅重视股东对公司的出资，由于股份公司对资本额度的要求相对较高，这使得股份有限公司股东人数众多，这在采取募集设立方式设立股份有限公司的场合表现得更为明显。股份有限公司股东人数众多，同时由于其股份可以自由转让，公司股东处于不断的变动中，大部分股东不愿意参与公司经营管理而宁愿选择“搭便车”，从而有效地实现了公司所有权与经营权的分离，且在两权分离的程度方面远高于有限责任公司。事实上，股份有限公司中有相当一部分股东并不关心企业的经营和长远发展，而只关注其所投资的股票是否增值，如遇股票上涨，便将其抛出，以获取差价利益。加之多数股东囿于自身的专业知识、经营管理能力和水平，也无法胜任对大型的、现代高科技企业的管理。于是，不具有股东身份的专业管理人员便入主公司，专门从事公司的经营，从而使在终极意义上拥有公司的股东并未直接参与公司的管理，公司的运作越来越独立于股东。这一结果，一方面有利于引入职业经理人来管理公司，有利于提高公司的经营管理水平和效率，从而实现股东投资利益的最大化；另一方面也容易导致公司的经营管理者滥用职权谋取私利，损害公司利益，这也成为《公司法》要对董事、监事和高级管理人员设定忠实义务和勤勉义务的法理基础。有限责任公司则因其股东人数有最高限制，人数较少，同时由于股东出资的转让受到限制，所以有限责任公司的股东较为稳定，股东与公司关系较为密切，公司经营很难完全独立于股东。

2. 上市公司的概念与特征

上市公司指其股票在证券交易所上市交易的股份有限公司。上市公司作为特殊的股份有限公司，具有以下几个方面的特征。

第一，上市公司为股份有限公司的一种。根据公司股票是否获准上市交易，可将股份有限

① 《马克思恩格斯全集》，第23卷，688页，北京，人民出版社，1972。

公司分为上市公司和非上市公司。但上市公司并不因为其股票可以上市流通而改变其股份有限公司的性质。正因为上市公司为股份有限公司的一种，其应符合股份有限公司的基本特征。

第二，上市公司的股票在证券交易所上市交易。股份有限公司的股票一般可以自由转让，但受公司影响力和实力的限制，一般的股份有限公司转让的平台有限，社会公众一般难以买到公司的股票。只有股票在证券交易所进行交易的股份有限公司才是上市公司，而股票不能在证券交易所进行交易的股份有限公司则不是上市公司。上市公司借助证券交易所提供的交易平台，能更好地体现公司的价值，提升公司的影响力。目前，我国的上市公司主要是指在上海证券交易所、深圳证券交易所和北京证券交易所上市交易的股份有限公司。

第三，上市公司的股票上市须符合法律规定的条件并经证监会批准。不是所有的股份有限公司的股票都可以上市，只有满足相应条件的股份有限公司才能申请上市。《上海证券交易所股票上市规则》（2024 年 4 月修订）第三章 3.1.1 规定："境内发行人申请首次公开发行股票并在本所上市，应当符合下列条件：（一）符合《证券法》、中国证监会规定的发行条件；（二）发行后的股本总额不低于 5000 万元；（三）公开发行的股份达到公司股份总数的 25%以上；公司股本总额超过 4 亿元的，公开发行股份的比例为 10%以上；（四）市值及财务指标符合本规则规定的标准；（五）本所要求的其他条件。本所可以根据市场情况，经中国证监会批准，对上市条件和具体标准进行调整。"由于上市公司的股票向全社会发行，公众可以自由买卖和转让，为保护投资者的合法权益，维护社会经济秩序和社会公共利益，法律对上市公司的资本数额、信息公开等方面要求较高，规定得也较为详细。

四、公司法的概念、特征及调整对象

（一）公司法的概念与特征

公司法是国家为了实现对公司的管理而制定的调整各种公司设立、变更、终止、组织机构及股东权利义务关系的法律规范的总称。公司法具有以下几个方面的特征。

第一，公司法具有较强的国际趋同性。公司的兴起与发展对各国经济的繁荣发挥了任何市场主体所不能取代的作用，它是市场经济国家最主要的企业组织形式，受到各国立法的普遍重视。各国公司法呈现较强的国际趋同性主要源于两个方面的原因：一方面是因为公司法规范的技术性，决定了其不像刑法、民法等伦理性规范那样具有较强的政治色彩、民族特性，容易统一；另一方面是因为各国为了发展本国的经济，必然要选择公司这种形式来发展本国的经济，在本国没有立法先例的情况下也就必然借鉴一些发达国家的先进立法，在借鉴的过程中必然使得各国的公司法在公司的类型选择、组织形式、财产形式等方面基本相同或相类似。同时，各国在完善公司立法的过程中，极易实现立法的互相借鉴、互相渗透，使得公司法呈现出鲜明的国际性。此外，一些国家和地区在公司立法方面的统一与合作更加促成了公司法的国际趋同性。如欧盟议会在颁布诸多公司法指令的同时，要求欧盟成员国按照指令要求修改本国的公司法，这使得欧盟成员国的公司立法逐渐趋于一致。同时欧盟成员国在经济方面的成就，必然使得一些后进国家在修改本国的立法中不断借鉴这些国家先进的立法经验，国际趋同性就更加明显了。

第二，公司法是组织法与行为法的结合。公司法作为组织法，确认了公司的组织形式，公司名称、住所和能力，公司的法律地位、章程，股东的资格、出资方式和公司的组织机构等组织性问题。公司法作为行为法，规定了与公司组织有关的公司活动制度。

第三，公司法规范有较强的国家干预色彩。随着公司的发展壮大及其对经济生活的影响，国家逐渐改变了对经济生活不干预的态度，在立法中不断加强对社会生活的干预和渗透，在公司立法中具体体现为在公司的设立、变更、终止、组织机构设置和生产经营活动等方面规定了很多强制性规范，而这些规范较其他经济组织更为严格，违反公司法的行为将受到严惩。这使得公司法规范中有很多强制性规范，有较强的国家干预色彩。只不过在不同的国家、不同的时期，这种强制性程度有所不同。例如，相对而言，我国1993年制定的《公司法》强制性较强，2005年修订《公司法》时则尽可能减少国家干预，更多地尊重投资者的意愿和公司的意志，而2013年修正《公司法》时则在公司资本制度方面进一步减少国家干预，尊重投资者的选择，以适应经济发展和国家鼓励创新创业的需要。当然，考虑到个人是个人利益最大化的维护者之“经济人”假设，公司本质上属于私法调整的范畴，强调公司自治、股东意思自由等乃大势所趋。

（二）公司法的调整对象

公司法调整的社会关系主要有以下几个方面。

1. 公司在设立时及在设立后所发生的财产关系

公司作为股份制企业法人，在设立过程中要募股集资，要筹集到公司开办所需要的资本数额，在公司成立后还要涉及公司内部一系列的财产关系，这些财产关系在公司法中均有规定。

2. 公司在设立、组织及其活动中所发生的关系

主要指公司与有关主管部门的关系及公司内部的关系。前者主要是指公司与行业主管部门、市场监督主管部门、国有资产管理部门、财政和审计部门及其他有关部门在公司设立、变更及其活动中所发生的经济管理关系。后者主要是指公司的权力机关、经营决策和管理机构、监督机构、清算机构之间，以及它们与股东、各类负责人及雇员之间所发生的关系。

3. 公司外部的财产关系

这类关系主要指公司在设立和存续期间与证券交易所、金融机构等单位因股票的发行、公司借贷等融资活动所发生的财产关系，还包括公司及其股东与公司以外的第三人因投资、股份转让、公司债的发行等所发生的财产关系。

五、我国公司法的发展与现行公司法的基本内容

（一）我国公司法的发展

1. 中华人民共和国成立以前公司法的发展

我国的公司立法始于清朝末年。1903年清政府制定了《钦定大清商律》，由《商人通例》和《公司律》组成，其中，《公司律》共11节131条，规定了合资公司、合资有限公司、股份公司和股份有限公司。这是中国历史上第一部公司法。1914年北洋政府颁布《公司条例》，共6章251条，规定了无限公司、两合公司、股份有限公司和股份两合公司四种形式。1929年12月26日，南京国民政府颁布《公司法》，并于1931年7月1日生效。该法共6章233条，规定了无限公司、两合公司、股份有限公司、股份两合公司等四种公司类型。该公司法是中华民国成立后第一部按立法程序制定完成的公司法，也是中国第一部现代意义的公司法。1946年，国民政府修改《公司法》，共10章361条，规定了无限公司、两合公司、有限公司、股份有限

公司、股份两合公司及外国公司六种公司类型，是近代中国篇幅最大、内容最全的公司法，也是近代最后一部公司法。该公司法仿效英美法制定，较为全面地接受了现代西方国家在公司立法中改革和发展的经验。该法此后经过多次修订一直在我国台湾地区适用。

2. 中华人民共和国成立以后公司法的发展

中华人民共和国成立后，虽然也组建了一批国有公司，颁布了一些规章制度来规范公司的组织和行为，但并没有真正意义上的公司法。直到改革开放后颁布的《中华人民共和国中外合资经营企业法》才开始对公司法律制度加以规范。

为适应国有企业改革和发展的需要，1993 年 12 月 29 日第八届全国人民代表大会常务委员会第五次会议通过《公司法》。该法先后在 1999 年 12 月 25 日、2004 年 8 月 28 日、2005 年 10 月 27 日、2013 年 12 月 28 日和 2018 年 10 月 26 日、2023 年 12 月 29 日修正或修订。

公司是最重要的市场主体，公司法是社会主义市场经济制度的基础性法律。习近平总书记强调，坚持党对国有企业的领导是重大政治原则，必须一以贯之；建立现代企业制度是国有企业改革的方向，也必须一以贯之。党的十九届四中全会决定提出，要深化国有企业改革，完善中国特色现代企业制度；党的二十大报告提出推进科学立法、民主立法、依法立法，统筹立改废释纂，增强立法系统性、整体性、协同性、时效性。修改公司法，贯彻落实党中央关于深化国有企业改革决策部署，是巩固深化国有企业治理改革成果、完善中国特色现代企业制度、促进国有经济高质量发展的必然要求。2023 年 12 月 29 日，全国人民代表大会常务委员会审议通过了修订后的新《公司法》，删除了 2018 年《公司法》中 16 个条文，新增和修改了 228 个条文，其中实质性修改 112 个条文。主要修改内容包括：坚持党对国有企业的领导，完善国家出资公司特别规定，完善公司设立、退出制度，优化公司组织机构设置，完善公司资本制度，强化控股股东和经营管理人员的责任，加强公司社会责任。

（二）现行公司法的基本内容

1. 确认了我国公司的法定种类

《公司法》仅规定了有限责任公司和股份有限公司两种类型。有限责任公司中具体又分为普通的有限责任公司和两种特殊的有限责任公司，即国有独资公司和一人有限责任公司。而股份有限公司中具体又分为普通的股份有限公司和特殊的股份有限公司即上市公司。

2. 规定了两类公司设立的条件和程序

《公司法》分别在第三章和第五章对有限责任公司和股份有限公司的发起人人数、公司资本制度、公司章程的制定、公司住所、公司设立的登记等条件和程序作了专门规定。

3. 规定了公司的组织机构

为建立权责分明、管理科学、激励与约束相结合的公司内部管理体制，《公司法》明确规定了公司股东会、董事会、监事会和经理四个机构的地位、职权、产生办法、议事规则及董事、监事和高级管理人员的任职资格和义务。

4. 规定了公司和股东的权利与义务

根据《公司法》规定，公司是企业法人，有独立的法人财产，享有法人财产权，依法享有民事权利，承担民事责任。公司股东作为出资者，依法享有资产受益、参与重大决策和选择管理者等权利。2005 年修订的《公司法》在原《公司法》的基础上大大扩展了股东的权利，具体涉及异议股东收购请求权、股东代表诉讼权、股东累积投票权等，并对一些股东权利的范围进行了扩充，如股东查阅权、股东的质询权、提案权等。

5. 规定了有限责任公司股权和股份有限公司股份的发行及转让

《公司法》第四章规定了有限责任公司股权转让的规则，其中涉及内部转让、外部转让的规则及优先购买权等问题。第六章规定了股份有限公司股份的发行和转让规则，其中涉及记名股票的转让，发起人、董事、监事、高级管理人员股票转让的规则。

此外，《公司法》还对公司债券、公司财务会计制度、公司的合并与分立、公司的解散和清算以及上市公司等问题作了详细的规定。同时，也规定了违反《公司法》应该承担的法律责任。

第二节 公司的设立

一、公司设立的概念

公司的设立是指自发起人相互协商拟创办公司之日起，直至办理注册登记，领取企业法人营业执照为止的全部活动过程。公司设立应当按照公司法规定的条件和程序进行。

公司不是从天而降的，需要经过设立行为而获得国家法律对其主体地位的确认，从而取得公司法人资格。但要正确理解公司设立的内涵，必须梳理公司设立与公司成立之间的关系。公司的成立是指公司经过设立程序，具备了法律规定的条件，经主管机关核准登记，发给营业执照、取得法人资格的一种法律事实或法律状态。通常来说，公司的设立是公司成立的法定必经程序，公司的成立是公司设立的法律后果或直接目的。成立是设立行为被法律认可后的一种法律后果，因此设立是公司成立的前提和基础，没有公司设立行为也就没有公司的成立；而成立则是设立的继续和结果。当然，公司设立并不必然导致公司的成立，公司设立如果不符合法定条件和程序，就不可能为法律所承认，也就不能成立。

尽管公司设立与公司成立二者只有一字之差，其内涵却迥然有别。公司设立与公司成立的主要区别在于：第一，形态不同。公司设立是一系列法律行为，主要体现为过程；公司成立是公司设立行为所导致的一种法律结果、一种状态，即公司被登记机关核准登记，颁发营业执照。第二，行为性质不同。公司设立主要发生在发起人或者发起人与认股人之间，是一种私法行为，体现的是民商法所倡导和遵循的平等、自愿、诚实信用和等价有偿原则，贯彻意识自治精神；而公司成立发生在发起人与公司登记机关之间，是一种行政行为，即具有公法性质的行为。第三，所处的阶段不同。设立和成立是公司取得法人资格过程中一系列连续行为的两个不同阶段，设立行为发生于公司成立之前，成立则发生于公司被依法核准登记之时，成立是设立行为被法律认可后依法存在的一种法律后果。第四，法律地位不同。公司在设立阶段，被称为设立中的公司，还不具备独立的法律主体资格，发起人不能以公司名义对外从事经营活动。在设立阶段公司还没有获得企业法人资格，其对内对外关系一般视同为合伙。若设立失败，设立行为所发生的费用和债务由发起人适用合伙承担无限连带责任。公司一旦成立则获得法人资格，发起人可以公司名义对外从事经营活动，所发生的债权债务一般由公司承担，法律后果归属于公司。

二、公司设立的方式

公司设立的方式，可分为以下两种。

（一）发起设立

发起设立，亦称共同设立、单纯设立，是指由发起人认购公司应发行的全部股份，不向发起人之外的任何人募集而设立公司的方式。我国公司法上的有限责任公司和绝大部分股份有限公司采取这种方式设立。对于发起设立，《公司法》第 91 条第 2 款规定："发起设立，是指由发起人认购设立公司时应发行的全部股份而设立公司。"

（二）募集设立

募集设立，亦称渐次设立、招募设立，是指发起人认购公司应发行股份的一部分，其余部分向社会公众或者向特定对象募集而设立公司的方式。在各类公司中，只有股份有限公司才可以采取这种方式进行公司的设立。需要指出的是，募集设立行为仅发生在公司设立阶段，公司成立后虽仍可对外发行股份，但已不属设立行为。

因公司可向社会公众或者向特定对象募集资本，依此募集设立的公司可分为社会募集公司和定向募集公司两种。采取社会募集方式设立，公司发行的股份除由发起人认购外，其余股份经批准可向社会公众公开发行。采取定向募集方式设立，公司发行的股份除由发起人认购外，其余股份不向社会公开发行，但可以向其他特定法人发行部分股份，经批准也可以向本公司内部职工发行部分股份。

不同于有限责任公司发起设立方式中注册资本认缴登记制，法律允许发起人自主约定其所认购股份的缴纳期限和每期缴纳的数额。按照《公司法》第 96 条第 1 款规定："股份有限公司的注册资本为在公司登记机关登记的已发行股份的股本总额。在发起人认购的股份缴足前，不得向他人募集股份。"第 98 条第 1 款规定，"发起人应当在公司成立前按照其认购的股份全额缴纳股款"，也即有限责任公司实行注册资本认缴登记制，而股份有限公司实行注册资本实缴登记制。在设立公司时，发起人出资必须全部缴纳到位而不能分期缴纳。同时，各国公司法对采取募集设立方式设立公司时发起人认购的股份应占发行股份总数的比例，大都有限制性规定，我国亦然。依据《公司法》第 97 条第 2 款的规定，以募集设立方式设立股份有限公司的，发起人认购的股份不得少于公司章程规定的公司设立时应发行股份总数的 35%；但是，法律、行政法规另有规定的，从其规定。

三、公司设立的条件

设立公司必须具备一定的条件，《公司法》分别就有限责任公司和股份有限公司的设立条件进行了规定，具体就股东、资本、章程、组织机构和住所等方面提出了要求。

（一）有限责任公司的设立条件

有限责任公司的设立是有限责任公司成立的前提、基础和必经程序。基于公司股东对公司债务承担的有限性等，为防止公司经营运作对债权人利益和社会公共利益造成损害，各国公司法均对有限责任公司的设立条件作了规定。我国也不例外。按照《公司法》的规定，设立有限责任公司，应当具备下列条件。

1. 股东符合法定人数

这是对股东人数条件的规定。按照《公司法》第 42 条的规定，有限责任公司由 1 个以上 50 个以下股东出资设立。股东可以是自然人，也可以是法人，还可以是其他经济组织。股东人数超过 50 人时，将因违反该规定而不能设立有限责任公司。需要注意的是，对股东人数的要求不是仅仅针对在公司设立时应该满足该数量限制，在公司存续过程中因各种原因，如股东转让其股权、股权继承或赠与等，也不能违反该数量限制，否则要么变更公司类型，要么减少到法定人数以下。这种对股东人数的限制主要是为了体现有限责任公司的“人合”性质，确保公司股东之间彼此熟悉与信任。

当然，在公司设立阶段，由于公司尚未成立，严格来说此时还不能称其为股东，而应称其为发起人。发起人，亦称创办人，是指订立创办公司的协议，依法筹办创办公司事务，并对公司设立承担责任的人。由于发起人在公司设立阶段的特殊地位，法律对发起人作出了一定的限制，如发起人应当具有完全民事行为能力，无民事行为能力人、限制民事行为能力人不得成为公司的发起人；发起人不得是法律、行政法规禁止的人员，如公务员等；我国大陆的公民不得成为中外合资经营企业和中外合作经营企业有限责任公司的发起人；等等。

2. 有全体股东认缴的出资额

这是关于资本条件的规定。股东出资构成公司的初始财产，它是公司运营的物质基础，也在一定程度上起着担保公司债务的作用。股东按照约定足额缴纳出资是股东最基本的义务，也是股东依法享有股东权利、行使股东权的前提和基础。对于公司的资本问题，《公司法》主要在以下几个方面进行了规定。

首先，规定了股东的出资方式。按照《公司法》第 48 条的规定，对股东出资的方式采取的是“列举式＋概括式＋除外式”的方式来明确公司股东的出资问题：一方面以列举的方式明确“货币、实物、知识产权、土地使用权、股权、债权”六种方式可以用于出资；另一方面基于现实生活中财产形式的多元化而法律难以穷尽，采用概括的方式明确“可以用货币估价并可以依法转让的非货币财产”也可以作为股东出资的方式，具体如公路收费经营权、探矿权、采矿权等，“对作为出资的非货币财产应当评估作价，核实财产，不得高估或者低估作价”。但是，“法律、行政法规规定不得作为出资的财产除外”，如按照《市场主体登记管理条例》第 13 条的规定，股东不得以劳务、信用、自然人姓名、商誉、特许经营权或者设定担保的财产等作价出资。值得注意的是，2013 年修正《公司法》时，取消了货币出资金额不得低于有限责任公司注册资本的 30%的比例限制，具体交由股东根据市场需要和自身实际来决定，这一改变对于科技类企业等的设立具有非常重要的意义。

小试牛刀

（多选题）甲、乙二公司与刘某、谢某欲共同设立一家注册资本为 200 万元的有限责任公司，他们在拟订公司章程时约定各自以如下方式出资。下列哪些出资是不合法的？

A. 甲公司以其企业商誉评估作价 80 万元出资

B. 乙公司以其获得的某知名品牌特许经营权评估作价 60 万元出资

C. 刘某以保险金额为 20 万元的保险单出资

D. 谢某以其设定了抵押担保的房屋评估作价 40 万元出资

答案：ABCD。根据《市场主体登记管理条例》第 13 条的规定，股东不得以劳务、信用、自然人姓名、商誉、特许经营权或者设定担保的财产等作价出资。所以 A、B、D 三项的说法是不合法的。C 项中保险单的保险金额并不是实际所有的财产，因而也不能作为出资。所以本题的正确选项是 ABCD。

其次，对股东出资财产的缴纳和价值确定进行严格的规定。按照《公司法》第 49 条的规定，股东应当按期足额缴纳公司章程规定的各自所认缴的出资额。股东以货币出资的，应当将货币出资足额存入有限责任公司在银行开设的账户；以非货币财产出资的，应当依法办理其财产权的转移手续。股东不按照上述规定缴纳出资的，除应当向公司足额缴纳外，还应当对给公司造成的损失承担赔偿责任。同时，为保证股东出资财产价值的真实性，法律强调公司成立后，发现作为设立公司出资的非货币财产的实际价额显著低于所认缴出资额的，设立时的其他股东与该股东在出资不足的范围内承担连带责任。

值得注意的是，2013 年修正《公司法》时，除法律、行政法规有特殊规定外，原则上取消对公司注册资本最低限额和股东出资缴纳期限的要求。这在很大程度上意味着，一方面，股东可以自主决定注册资本的金额，甚至是设立注册资本为人民币 1 元的公司。当然，“一元钱开公司”主要是一种象征意义，实际上，基于维系公司业务开展和正常经营的需要，仅投入 1 元肯定是不够的，而且这种公司的对外信用度是很低的，很难真正被市场所接受，也很难获得充分发展。或许，正因为这一点，“一元公司”虽已经在不少地方出现，但更多是为了“吸引眼球”或“制造噱头”，在商业实践中很难有大发展。另一方面，股东也可以自主决定其出资缴纳的期限，原则上可以是永久性期限。但实际上，基于营利性约束，公司的“寿命”往往受市场风险和公司经营状况等的影响，公司很难真正永久存在。当公司资不抵债而陷入破产境地或面临清算，股东存在认缴却未实际缴纳出资时，即便股东在章程中约定的出资期限尚未到来，但因清算和偿债的需要，尚未缴纳的出资将提前到期，以确保债权的实现。所以，法律虽不设定出资缴纳期限，但并不意味着真的可以永久存在。所以，股东不宜抱有幻想，而应根据公司发展的需要，合理确定公司注册资本的额度和缴纳期限。2023 年修正《公司法》时，就再次要求有限责任公司的全体股东认缴的出资额由股东按照公司章程的规定自公司成立之日起 5 年内缴足。

小资料

北京市昌平区人民法院天价注册资本案：注册资本可以随意确定吗？

2015 年 3 月 26 日原告陈某向北京市工商局昌平分局（以下简称工商昌平分局）提出将其名下的北京金电兴旺能源技术有限公司的注册资本由 148 万元变更为 987 654 321 万元，被工商部门以非理性认缴或扰乱市场秩序为由驳回，该公司将工商昌平分局诉至法院。其中，增资构成为陈某的两项专利——“雾霾沙尘过滤清新空气气流发电机”和“高速地下铁路网”。陈某认为，新《公司法》对公司注册资本的要求是上不封顶，下不设限，其已经按照规定召开股东大会并进行了决议，要求被告批准自己的增资申请。值得注意的是，陈某还在辽宁省申请注册了一家 123 456 789 万元注册资本的公司，但尚未获得登记许可。同时，陈某其实“一毛钱都没有，已走投无路”，前些天还因透支多张信用卡差点儿被警方带走，后其弟为其偿还了部分欠款。另外陈某还欠房东一万余元租金。

此巨额增资引起了登记部门的高度重视，工商昌平分局对其进行了详细询问并审查了其提交的相关材料。被告工商昌平分局认为陈某对此巨额出资并未具备理性的认缴出资承诺，存在可能危害交易安全及扰乱市场秩序的风险，于是作出了驳回其申请的决定。被告代理人表示：“认缴不是不缴，而是应当与公司的资本能力相匹配，原告应对公司认缴出资负责，我局负有审慎审查的职责。”陈某所陈述的专利价值并没有经第三方评估，“世界首富比尔·盖茨的资本也才 792 亿美元，折合人民币也远远低于原告申请的资金。原告所说的都是原告的梦想，但这也要考虑是否能够实现，我局经过审慎审查后，决定对原告申请不予变更登记，符合法律规定”。

法院：驳回原告全部诉讼请求。

2015 年 7 月 10 日北京市昌平区人民法院作出一审判决，驳回原告的全部诉讼请求。法院认为，公司注册资本的认缴登记制度是我国进一步放松对市场主体准入的管制、降低准入门槛、优化管理环境、促进市场主体加快发展的一项重要改革举措。但同时也应注意到，有限责任公司的股东要以其认缴的出资额对公司承担责任，公司股东对缴纳出资情况的真实性、合法性要负责。根据《公司法》第 27 条和第 28 条规定，股东应当按期足额缴纳公司章程中规定的各自所认缴的出资额，对作为出资的非货币财产应当评估作价，核实财产，不得高估或者低估作价。原告法定代表人陈某表示其认缴的出资主要以其知识产权出资，现有证据无法证明该两项实用新型专利的价值可能达到 987 654 321 万元人民币，也不能证明陈某可以以其认缴的出资额对公司承担责任。对于北京金电兴旺能源技术有限公司关于注册资本变更登记的请求，北京市昌平区人民法院不予支持。[①]

最后，明确了股东出资不实的责任问题。《公司法》第 50 条规定：“有限责任公司设立时，股东未按照公司章程规定实际缴纳出资，或者实际出资的非货币财产的实际价额显著低于所认缴的出资额的，设立时的其他股东与该股东在出资不足的范围内承担连带责任。”在公司成立后，如果发现作为设立公司出资的非货币财产的实际价额显著低于公司章程所定价额的，依照《公司法》第 50 条的规定，交付该出资的股东应该承担补足差额的责任，即承担差额填补责任，而一旦其无力补足时，公司设立时的其他股东承担连带责任。《公司法》第 51 条规定，有限责任公司成立后，董事会应当对股东的出资情况进行核查，发现股东未按期足额缴纳公司章程规定的出资的，应当由公司向该股东发出书面催缴书，催缴出资。董事会如果未及时履行催缴义务，给公司造成损失的，负有责任的董事应当承担赔偿责任。《公司法》第 52 条规定，股东未按照公司章程规定的出资日期缴纳出资，董事会按照规定发出书面催缴书催缴出资的，可以载明缴纳出资的宽限期，宽限期自公司发出催缴书之日起，不得少于 60 日。宽限期届满，股东仍未履行出资义务的，公司经董事会决议可以向该股东发出失权通知，通知应当以书面形式发出。自通知发出之日起，该股东丧失其未缴纳出资的股权。这就是《公司法》新增的股东失权制度。股东丧失的股权应当依法转让，或者相应减少注册资本并注销该股权，6 个月内未转让或者注销的，由公司其他股东按照其出资比例足额缴纳相应出资。股东对失权有异议的，应当自接到失权通知之日起 30 日内，向人民法院提起诉讼。

3. 股东共同制定公司章程

这是关于章程条件的规定。章程是由公司股东或发起人在不违反国家强制法律法规的前提下在意思自治的基础上制定的，规定公司组织机构、经营行为及股东权利义务的纲领性文件。公司章程在公司设立、管理和运营中的地位非常重要，以致被视为“公司宪章”或“公司宪法”。股东共同制定公司章程表明公司章程的各种规定应由全体股东参与制定，实践中通常表现为两种方式：一是全体股东具体参与公司章程内容确定的全过程，这种方式比较适合于一些

---

① 参见王晓飞：《公司要求增资 9 万亿遭拒诉昌平工商分局不作为》，载《京华时报》，2015-06-28，第 9 版。

公司股东人数不是很多的有限责任公司。二是由少数股东确定公司章程的草案，每个股东在章程上签名、盖章。股东共同制定公司章程主要体现在设立阶段，在公司成立后对公司章程的修改不是采取一致同意，而是多数决原则。此即《公司法》第 66 条第 3 款所规定的，“股东会作出修改公司章程……的决议……应当经代表三分之二以上表决权的股东通过”。

公司章程一经确定，对公司（包括股东会、董事会、监事会）、股东、董事、监事和高级管理人员（涉及公司的经理、副经理、财务负责人、上市公司董事会秘书和公司章程规定的其他人员）均具有约束力。但对公司普通职工、公司债权人、经销商、消费者等没有约束力。

4. 有公司名称，建立符合有限责任公司要求的组织机构

这是关于组织条件的规定。该规定具体包括两个方面的内容：(1) 有公司名称。公司名称是公司对外开展活动时用于表明自己独特法律地位的名称，也是一个公司区别于其他公司的显著标志之一。《公司法》第 6 条规定：“公司应当有自己的名称。公司名称应当符合国家有关规定。公司的名称权受法律保护。”公司名称一般由公司所在行政区域、商号（字号）、行业或经营特点和“有限责任公司”字样四部分构成，如蚌埠市晨露源纯水有限公司，蚌埠市为行政区划、晨露源为商号（字号）、纯水为所属行业、有限责任公司为其公司类型。需要注意的是，法律还对公司名称的合法性进行了限制：一是公司名称不得使用含有有损于国家、社会公共利益的内容和文字，不得含有可能对公众造成欺骗性或者误解的文字，不得含有外国国家（地区）名称、国际组织名称的文字，不得使用政党名称、党政军机关名称、群众组织名称、社会团体名称及部队番号；不得使用汉语拼音字母（外文名称中使用的除外）、数字及其他法律、行政性法规规定禁止的内容。二是一个公司通常只能使用一个公司名称，在登记主管机关辖区内不得与登记注册的同行业公司名称相同或者近似。(2) 建立符合有限责任公司要求的组织机构。公司组织机构是公司的法人机关，是形成公司独立意思、代表法人进行各种活动的机构，主要体现为按照《公司法》的要求建立公司的股东会、董事会、监事会和经理等，并明确其职权。

小试牛刀

章某是一名工程技术人员，经多年研究实验，发明了一种生产塑料纸的生产技术，并获得了专利。由于对该专利技术的市场前景十分看好，2024 年 7 月，章某拟成立一家有限责任公司生产专利产品，于是召集了同事和亲友共 60 人作为股东，共出资 100 万元人民币。其中，章某的专利权作价 30 万元，同事王某以实物作价出资 25 万元，亲友赵某以土地使用权作价出资 18 万元。由章某起草了公司章程，共有 10 名主要股东在章程上签字盖章。公司章程中规定：公司设立由 15 人组成的董事会作为公司权力机构，设总经理一人兼任公司监事。

请问：该公司的设立是否符合法定条件？

答案：该公司的设立不符合法定条件。因为：

(1) 股东人数不符合《公司法》规定。根据《公司法》第 42 条规定，有限责任公司由 1 个以上 50 个以下股东出资设立，而该公司股东人数为 60 人，超过了上限。

(2) 部分股东在公司章程上签字不符合《公司法》规定。《公司法》规定，有限责任公司的章程由股东共同制定，股东应当在章程上签字、盖章。而该公司的章程上仅有 10 名主要股东签字是不正确的。

(3) 董事会的地位不合法。根据《公司法》第 58 条规定，股东会是公司的权力机构，董事会对股东会负责，并由股东会选出的股东董事和职工代表大会、职工大会或其他形式选出的职工董事组成，而该公司以董事会作为公司权力机构是错误的。

(4) 经理作为公司高级管理人员兼任公司的监事是错误的。根据《公司法》第 76 条第 4 款规定，董事、高级管理人员不得兼任监事，经理作为公司的高级管理人员，不能兼任公司监事。

5. 有公司住所

《公司法》第 8 条规定："公司以其主要办事机构所在地为住所。"公司住所的确定便于公司与其客户进行业务往来，也便于政府实施监管、征收税款、确定诉讼管辖、确定法律文书送达地址等。公司可以有多个经营场所，但是作为公司主要办事机构所在地的住所只有一个，在章程中载明并予以登记。

(二) 股份有限公司的设立条件

股份有限公司是典型的资合性公司，同时由于其股东人数相对较多，涉及面较广，法律对其规定了相较于有限责任公司更为严格的设立条件。设立股份有限公司，应当具备下列条件。

1. 发起人符合法定人数

由于股份有限公司股东较多，法律没有对其股东人数进行限制，但《公司法》对具体负责股份有限公司筹办创办事务的发起人的人数作出了要求。《公司法》第 92 条规定："设立股份有限公司，应当有一人以上二百人以下为发起人，其中应当有半数以上的发起人在中华人民共和国境内有住所。"规定一人发起设立股份有限公司，标志着我国《公司法》承认一人股份有限公司的法律地位。需要注意的是，强调"应当有半数以上的发起人在中华人民共和国境内有住所"并不等于须有半数以上的发起人是中国公民，我国《公司法》并未对发起人的国籍作出特别限制，而只是要求发起人在中国境内有住所，其目的主要在于"加强国家对发起人的管理，防止有些发起人自境外来中国骗取钱财，损害广大公民利益"①。至于对发起人资格的要求，可以参见前述有限责任公司中对发起人资格的限制分析。

2. 有符合规定的已发行股份的股本总额

这是对公司资本条件的规定。股份有限公司是典型的资合性公司，这就决定了其对资本数额的要求要高于对有限责任公司资本数量的要求。通常来说，资本数额越高，越能够有效保证公司规模化经营，切实保护债权人的利益。值得注意的是，《公司法》第 96 条规定："股份有限公司的注册资本为在公司登记机关登记的已发行股份的股本总额。在发起人认购的股份缴足前，不得向他人募集股份。法律、行政法规以及国务院决定对股份有限公司注册资本最低限额另有规定的，从其规定。"2013 年修正的《公司法》第 80 条规定："股份有限公司采取发起设立方式设立的，注册资本为在公司登记机关登记的全体发起人认购的股本总额。在发起人认购的股份缴足前，不得向他人募集股份。股份有限公司采取募集方式设立的，注册资本为在公司登记机关登记的实收股本总额。法律、行政法规以及国务院决定对股份有限公司注册资本实缴、注册资本最低限额另有规定的，从其规定。"这一规定意味着公司法配套股份有限公司的出资制度、授权资本制等，修改股份有限公司注册资本的定义，不再区分是发起设立还是募集

---

① 范健、王建文：《公司法》，3 版，122 页，北京，法律出版社，2014。

设立。同时，《公司法》第 98 条第 1 款规定，“发起人应当在公司成立前按照其认购的股份全额缴纳股款”，这就意味着股份有限公司的注册资本采取的是实缴登记制，而不是有限责任公司采取的认缴登记制度。

3. 股份发行、筹办事项符合法律规定

发起人设立股份有限公司，必须按照法律规定发行股份并进行其他筹办事项，向社会公开募集股份要报经中国证监会批准。该条件不仅涉及《公司法》的规定，而且涉及证券法律法规，具体涵盖股份发行的原则、发行价格、股份发行的审查与批准、招股及股票交付等各方面的内容。

4. 发起人共同制定的公司章程，并经成立大会通过

作为公司的“宪章”，章程在公司中具有极为重要的地位和作用，对公司、股东、董事、监事、高级管理人员均具有约束力。设立股份有限公司，应当由发起人共同制定公司章程，并经成立大会通过。《公司法》第 103 条规定：“募集设立股份有限公司的发起人应当自公司设立时应发行股份的股款缴足之日起三十日内召开公司成立大会。发起人应当在成立大会召开十五日前将会议日期通知各认股人或者予以公告。成立大会应当有持有表决权过半数的认股人出席，方可举行。以发起设立方式设立股份有限公司成立大会的召开和表决程序由公司章程或者发起人协议规定。”

5. 有公司名称，建立符合股份有限公司要求的组织机构

股份有限公司的名称应该符合法律法规关于公司名称的各种规定，通常由行政区划＋商号（或字号）＋行业或经营特点＋股份有限公司四部分组成，如安徽丰原药业股份有限公司。公司名称需要进行预先核准。股份有限公司的组织机构如股东大会、董事会和监事会及经理，按照《公司法》和章程的规定进行设置并履行相应职责。如果是上市公司，按照《公司法》第 136 条规定，公司董事会中还应有独立董事。

6. 有公司住所

按照《公司法》第 8 条的规定，公司住所为其主要办事机构所在地。其意义可以参见上文有关有限责任公司的住所的阐述。

四、公司设立的效力及发起人的设立责任

（一）公司设立的效力

就公司设立行为的后果而言，无非有二：一是公司经过设立程序，符合法定条件，被许可设立登记，取得企业法人资格。公司营业执照的签发日期为公司成立之日。公司自成立之日起可以以公司的名义对外开展活动，所产生的法律后果由公司来承担。二是公司虽然经过设立程序，但因不符合法定条件，未被许可设立，导致公司设立失败。公司未能成立意味着未能获得法律的认可，一方面，不能以公司的名义对外开展活动；另一方面，无论公司成立还是不成立，发起人对其设立行为都要承担相应的法律责任，这也是设立行为效力的表现。

（二）发起人

1. 发起人的概念

发起人，又称创办人，指订立创办公司的协议，依法筹办创办公司事务的主体。发起人既可以是自然人，也可以是法人；既可以是本国人，也可以是外国人。只是当设立股份有限公司

时，发起人需要有半数以上在中国境内有住所，至于是不是中国国籍，则无关紧要。

发起人因负有认缴出资或股份的义务而在公司成立后成为公司的首批股东，而且因其具体负责公司的筹办创办事宜，可以说公司的成立离不开发起人的创设活动，所以，不是任何人都可以成为公司的发起人；同时，发起人在公司设立中的核心作用、在公司成立后经营运作中的关键地位及在出资方面的特殊权利等，也使得其责任要重于普通股东的责任。

2. 发起人与相关概念的区别

实践中，不论在公司设立还是公司成立的阶段，均存在一些诸如发起人、认股人、股东等概念。对于相关概念之间的联系与区别，有必要厘清。

发起人与认股人的区别。在采取以募集设立方式设立股份有限公司时，存在发起人与认股人的差别。发起人是具体负责公司筹办创办事务的主体，发起人认购的股份数不得少于公司章程规定的公司设立时应发行股份总数的 35%；认股人不参与公司的设立过程，通过认购公司股份，有权出席公司成立大会进行表决，在公司成立后转为公司股东。发起人对公司设立失败是要承担连带责任的，而认股人通常没有责任，而且可以在公司设立失败时要求发起人返还股款并加算银行同期存款利息。

发起人与股东。两者之间的区别主要体现在：从时间上看，一般来说，公司成立前称为发起人，公司成立后才能称为股东。因为股东是公司的股东，公司是股东身份的载体，“皮之不存，毛将焉附”，公司不存在或公司尚未成立而尚处在设立中，股东身份也就没有真正的依托，严格意义上还不能称为股东；在权利义务上，发起人在公司设立失败时，不但不能转化为股东，而且需要对设立所产生的债务承担连带责任；另外，鉴于发起人在公司设立中的地位和作用，法律对发起人的资格还作出一定的限制，如发起人不得是无民事行为能力人和限制民事行为能力人，但法律对股东的年龄是没有限制的，所以实践中存在的“娃娃股东”并不违法。

（三）发起人的设立责任

按照《公司法》的规定，发起人的设立责任主要因公司设立成功而公司成立或因公司设立失败而公司未能成立而有所不同。

1. 在公司设立时，发起人的责任

第一，在公司设立过程中，发起人因过失致使公司利益受到损害的，应当对公司承担赔偿责任。发起人具体负责公司的筹办创办事宜，在公司设立环节发挥着关键作用，因此，其有义务善尽职守，以取得公司资格并尽可能降低设立费用，减少不必要的损失。原则上来说，公司设立成本由成立后的公司概括性承继，但如果因发起人的过失，尤其是重大过失乃至故意，导致公司利益受损的，由此所产生的债务应该由发起人承担，而不应由公司承担，公司也有权拒绝承担此损失。此外，发起人的行为致第三人损害的，也应由发起人承担。当然，公司或发起人在承担责任后，有权依法向相关责任人进行追偿。

第二，资本充实责任。发起人应该按照约定全面履行出资义务，即按期足额缴纳其认缴的出资，否则需要承担相应的责任。一旦发现发起人出资财产存在瑕疵，相关发起人需要承担相关责任。股份有限公司发起人应当在公司成立前按照其认购的股份全额缴纳股款。依照《公司法》第 99 条的规定：“发起人不按照其认购的股份缴纳股款，或者作为出资的非货币财产的实际价额显著低于所认购的股份的，其他发起人与该发起人在出资不足的范围内承担连带责任。”

小试牛刀

（单选题）甲、乙、丙三人共同成立了一家有限责任公司，其中甲以非专利技术出资，乙、丙则以现金出资。公司成立后，丁经全体股东同意成为新的投资人。但不久发现甲出资的非专利技术的实际价额低于所认缴的出资额，此时应当如何处理？

A. 重新估价并重新确定出资额

B. 取消甲的股东资格，其不足部分由乙、丙、丁三人分担

C. 由甲补足出资，乙、丙二人对此承担连带责任

D. 由甲补足出资，乙、丙、丁三人对此承担连带责任

答案：C。《公司法》第 50 条规定："有限责任公司设立时，股东未按照公司章程规定实际缴纳出资，或者实际出资的非货币财产的实际价额显著低于所认缴的出资额的，设立时的其他股东与该股东在出资不足的范围内承担连带责任。"此案例中，甲出资的非专利技术的实际价额低于公司章程所定价额，所以甲应该补足其差额，而公司设立时的其他股东为乙和丙，由乙、丙二人对此承担连带责任。丁是在公司成立后加入公司而成为股东的，不是公司设立时的股东，没有责任。所以答案为 C。

2. 在公司不能成立时，发起人的责任

第一，发起人对设立行为所产生的债务和费用负连带责任。公司在设立过程中，因各环节活动的开展而需要一些支出，这些设立费用在公司成立时通常可以由成立后的公司概括性承继，但在公司设立失败时，除非由部分发起人故意或过失所导致而应由该部分发起人担责外，这些费用应该由发起人来承担，且为连带责任。

第二，采取募集方式设立公司的，在公司不能成立时，发起人对认股人已缴纳的股款负返还股款并加算银行同期存款利息的连带责任。

此外，法律还规定了股东的出资违约责任。表现为：有限责任公司中，股东未按期足额缴纳出资的，除应当向公司足额缴纳外，还应当对给公司造成的损失承担赔偿责任。而在股份有限公司中，发起人不按照规定缴纳出资的，应当按照发起人协议的约定承担违约责任。

第三节　公司股东与公司组织机构

一、股东

股东指向公司出资、持有公司股份并依法对公司享有权利和承担义务的主体。它包括自然人、法人和其他社会组织。股东享有一定的权利，同时要承担一定的义务。

1. 股东的权利

股东的权利在一般情况下由《公司法》加以明确，同时在不违反法律法规的情况下，公司还可以根据自己的情况在章程中加以确定。股东的权利可以分为共益权和自益权。股东的共益权主要有：有权查阅和复制公司章程、股东会会议记录、董事会会议记录、监事会会议决议和财务会计报告；有权通过提出书面申请要求查阅公司会计账簿，公司拒绝的，可请求人民法院提供查阅；有选举和被选举为董事、监事的权利；有权参加或委派代表参加股东会或股东大会

并按照出资比例或所持股份数行使表决权；有权依法召集或主持股东会；有权提出临时提案，交股东大会审议；有权参与制定或修改公司章程；有权对公司的经营活动进行监督；当出现公司僵局时依法请求法院解散公司；等等。股东的自益权主要有：股东依照出资比例或所持股份分取红利；优先购买新增注册资本；依照公司法及公司章程规定转让股权；也可以约定不按照出资比例分取红利或者在公司新增资本时，不按出资比例优先认缴出资；依法分取公司解散清算后的剩余财产；对公司侵犯股东合法权益的决议有权向人民法院提起诉讼；公司章程规定的其他权利；等等。

2. 股东的义务

股东的义务主要有：按照约定向公司足额缴纳出资；以其所认缴的出资额为限对公司承担责任；在公司登记后，不得抽回出资；遵守公司章程；依法定程序行使权利。

二、股东会

(一) 股东会的性质和职权

有限责任公司的股东会是由全体股东组成的公司的权力机构。股东会行使下列职权：(1) 选举和更换董事、监事，决定有关董事、监事的报酬事项；(2) 审议批准董事会的报告；(3) 审议批准监事会的报告；(4) 审议批准公司的利润分配方案和弥补亏损方案；(5) 对公司增加或者减少注册资本作出决议；(6) 对发行公司债券作出决议；(7) 对公司合并、分立、解散、清算或者变更公司形式作出决议；(8) 修改公司章程；(9) 公司章程规定的其他职权。

股东会可以授权董事会对发行公司债券作出决议。

有限责任公司股东会职权的规定，适用于股份有限公司股东会。

(二) 股东会与股东大会的召开和议事规则

1. 有限责任公司股东会的召开和议事规则

有限责任公司股东会会议，分为定期会议和临时会议。定期会议应当按照公司章程的规定按时召开。代表 1/10 以上表决权的股东、1/3 以上的董事或者监事会提议召开临时会议的，应当召开临时会议。

首次股东会会议由出资最多的股东召集和主持。除首次会议外，股东会会议由董事会召集，董事长主持；董事长不能履行职务或者不履行职务的，由副董事长主持；副董事长不能履行职务或者不履行职务的，由过半数的董事共同推举一名董事主持。

董事会不能履行或者不履行召集股东会会议职责的，由监事会召集和主持；监事会不召集和主持的，代表 1/10 以上表决权的股东可以自行召集和主持。

召开股东会会议，应当于会议召开 15 日前通知全体股东，但是，公司章程另有规定或者全体股东另有约定的除外。股东会会议由股东按照出资比例行使表决权，但公司章程另有规定的除外。股东会的议事方式和表决程序，除《公司法》有规定的外，由公司章程规定。股东会作出决议，应当经代表过半数表决权的股东通过，作出修改公司章程、增加或者减少注册资本的决议，以及公司合并、分立、解散或者变更公司形式的决议，应当经代表 2/3 以上表决权的股东通过。

有限责任公司还可以对其表决事项采取书面方式进行表决，具体表现为以书面形式一致表示同意的，可以不召开股东会会议，直接作出决定，并由全体股东在决定文件上签名或者盖章。

股东会应当对所议事项的决定作成会议记录，出席会议的股东应当在会议记录上签名或者盖章。

股东会的会议决议效力分为有效、无效、可撤销或者不成立。公司股东会的决议内容违反法律、行政法规的无效。公司股东会的会议召集程序、表决方式违反法律、行政法规或者公司章程，或者决议内容违反公司章程的，股东自决议作出之日起 60 日内，可以请求人民法院撤销。但是，股东会的会议召集程序或者表决方式仅有轻微瑕疵，对决议未产生实质影响的除外。四种情况股东会会议决议不成立：未召开股东会作出决议，股东会会议未对决议事项进行表决，出席会议的人数或者所持表决权数未达到公司法或者公司章程规定的人数或者所持表决权数，同意决议事项的人数或者所持表决权数未达到公司法或者公司章程规定的人数或者所持表决权数。公司股东会决议被人民法院宣告无效、撤销或者确认不成立的，公司应当向公司登记机关申请撤销根据该决议已办理的登记。股东会决议被人民法院宣告无效、撤销或者确认不成立的，公司根据该决议与善意相对人形成的民事法律关系不受影响。

2. 股份有限公司股东会的召开和议事规则

股份有限公司股东会应当每年召开一次年会。但在有董事人数不足公司法规定人数或者公司章程所定人数的 2/3 时，公司未弥补的亏损达股本总额 1/3 时，单独或者合计持有公司 10%以上股份的股东请求时，董事会认为必要时，监事会提议召开时，出现公司章程规定的其他情形时，应当在 2 个月内召开临时股东会会议。股东会会议由董事会负责召集，董事长主持；董事长不能履行职务或者不履行职务时，由副董事长主持；副董事长不能履行职务或者不履行职务的，由过半数董事共同推举一名董事主持。董事会不能履行或者不履行召集股东会会议职责的，监事会应当及时召集和主持；监事会不召集和主持的，连续 90 日以上单独或者合计持有公司 10%以上股份的股东可以自行召集和主持。单独或者合计持有公司 10%以上股份的股东请求召开临时股东会会议的，董事会、监事会应当在收到请求之日起 10 日内作出是否召开临时股东会会议的决定，并书面答复股东。

召开股东会会议，应当将会议召开的时间、地点和审议的事项于会议召开 20 日前通知各股东；临时股东会会议应当于会议召开 15 日前通知各股东。单独或者合计持有公司 1%以上股份的股东，可以在股东会会议召开 10 日前提出临时提案并书面提交董事会；董事会应当在收到临时提案后 2 日内通知其他股东，并将该临时提案提交股东会审议。临时提案的内容应当属于股东会职权范围，并有明确议题和具体决议事项。但临时提案违反法律、行政法规或者公司章程的规定，或者不属于股东会职权范围的除外。公司不得提高提出临时提案股东的持股比例。股东会不得对通知中未列明的事项作出决议。

股东出席股东会会议，所持每一股份有一表决权，类别股股东除外。公司持有的本公司股份没有表决权。股东会作出决议，应当经出席会议的股东所持表决权过半数通过。但是，股东会作出修改公司章程、增加或者减少注册资本的决议，以及公司合并、分立、解散或者变更公司形式的决议，应当经出席会议的股东所持表决权的 2/3 以上通过。此外，按照《公司法》第 135 条的规定，上市公司在一年内购买、出售重大资产或者向他人提供担保的金额超过公司资产总额 30%的，应当由股东会作出决议，并经出席会议的股东所持表决权的 2/3 以上通过。

股东会选举董事、监事，可以按照公司章程的规定或者股东会的决议，实行累积投票制，即股东会选举董事或者监事时，每一股份拥有与应选董事或者监事人数相同的表决权，股东拥有的表决权可以集中使用。这一制度目前仅适用于股份有限公司选举董事和监事时，且仅在公司章程规定或股东会决议适用该制度进行选举时方有效，被视为是选入式（opt-in）而非选出式（opt-out），更非强制型。至于是董事还是监事，是合并选举还是分开选举，法律并未明确，从适用的角度，有待进一步明确。

股东可以委托代理人出席股东会会议，代理人应当向公司提交股东授权委托书，并在授权范围内行使表决权，委托书应当明确代理人代理的事项、权限和期限。

股东会应当对所议事项的决定作成会议记录，主持人、出席会议的董事应当在会议记录上签名。会议记录应当与出席股东的签名册及代理出席的委托书一并保存。

不论是有限责任公司的股东会还是股份有限公司的股东会，只要按照规定条件和程序所作的决议，对全体股东都具有法律效力，而不论股东是否出席，赞成、反对还是弃权。当然，按照《公司法》规定，公司股东会的决议内容违反法律、行政法规的无效，股东可以向法院提起决议无效之诉；而如果股东会的会议召集程序、表决方式违反法律、行政法规或者公司章程，或者决议内容违反公司章程的，股东可以自决议作出之日起 60 日内向人民法院提出决议撤销之诉。但是，股东会、董事会的会议召集程序或者表决方式仅有轻微瑕疵，对决议未产生实质影响的除外。此外，下列四种情形公司股东会的决议不成立：未召开股东会会议作出决议，股东会会议未对决议事项进行表决，出席会议的人数或者所持表决权数未达到公司法或者公司章程规定的人数或者所持表决权数，同意决议事项的人数或者所持表决权数未达到公司法或者公司章程规定的人数或者所持表决权数。

股东会决议被人民法院宣告无效、撤销或者确认不成立的，公司根据该决议与善意相对人形成的民事法律关系不受影响。

三、董事会

（一）董事会的性质和设立

董事会是由股东选举产生的公司经营决策机构。

有限责任公司设董事会，董事会成员为 3 人以上，其成员中可以有公司职工代表。职工人数 300 人以上的有限责任公司，除依法设监事会并有公司职工代表的外，其董事会成员中应当有公司职工代表。董事会中的职工代表由公司职工通过职工代表大会、职工大会或者其他形式民主选举产生。董事会设董事长 1 人，可以设副董事长。董事长、副董事长的产生办法由公司章程规定。

规模较小或者股东人数较少的有限责任公司或股份有限公司，可以不设董事会，设一名董事，行使董事会的职权。该董事可以兼任公司经理。

股份有限公司设董事会，其成员为 3 人以上，其成员中可以有公司职工代表。职工董事的产生与有限责任公司相同。设董事长 1 人，可以设副董事长。董事会成员中可以有公司职工代表，由公司职工通过职工代表大会、职工大会或者其他形式民主选举产生。

（二）董事会的职权和董事的任期

按照《公司法》第 67 条的规定，有限责任公司董事会对股东会负责，行使下列职权：(1) 召集股东会会议，并向股东会报告工作；(2) 执行股东会的决议；(3) 决定公司的经营计划和投资方案；(4）制订公司的利润分配方案和弥补亏损方案；(5）制订公司增加或者减少注册资本以及发行公司债券的方案；(6）制订公司合并、分立、解散或者变更公司形式的方案；(7）决定公司内部管理机构的设置；(8）决定聘任或者解聘公司经理及其报酬事项，并根据经理的提名决定聘任或者解聘公司副经理、财务负责人及其报酬事项；(9）制定公司的基本管理制度；(10）公司章程规定或者股东会授予的其他职权。公司章程对董事会职权的限制不得对抗善意相对人。

有限责任公司董事任期由公司章程规定，但每届任期不得超过 3 年，董事任期届满，连选可以连任。董事任期届满未及时改选，或者董事在任期内辞任导致董事会成员低于法定人数的，在改选出的董事就任前，原董事仍应当依照法律、行政法规和公司章程的规定，履行董事职务。董事辞任的，应当以书面形式通知公司，公司收到通知之日辞任生效。股东会可以决议解任董事，决议作出之日解任生效。无正当理由，在任期届满前解任董事的，该董事可以要求公司予以赔偿。

股份有限公司董事会的职权、董事任期、改选、辞任、解任的规定与有限责任公司董事会的相关规定相同。

（三）董事会的议事规则

有限责任公司董事会会议由董事长召集和主持；董事长不能履行职务或者不履行职务的，由副董事长召集和主持；副董事长不能履行职务或者不履行职务的，由过半数的董事共同推举 1 名董事召集和主持。董事会的议事方式和表决程序，除《公司法》有规定的外，由公司章程规定。董事会会议应当有过半数的董事出席方可举行。董事会作出决议，应当经全体董事的过半数通过。董事会决议的表决，实行一人一票。董事会应当对所议事项的决定作成会议记录，出席会议的董事应当在会议记录上签名。公司董事会的决议存在无效、可撤销、不成立情形，董事会决议被人民法院宣告无效、撤销或者确认不成立的，公司根据该决议与善意相对人形成的民事法律关系不受影响。

股份有限公司董事会每年度至少召开两次会议，每次会议应当于会议召开 10 日前通知全体董事和监事。代表 1/10 以上表决权的股东、1/3 以上董事或者监事会，可以提议召开临时董事会会议。董事长应当自接到提议后 10 日内，召集和主持董事会会议。

股份有限公司董事会会议应有过半数的董事出席方可举行。董事会作出决议，必须经全体董事的过半数通过。董事会决议的表决，实行一人一票。董事会会议，应由董事本人出席。董事因故不能出席，可以书面委托其他董事代为出席，委托书中应载明授权范围。

董事会应当对会议所议事项的决定作成会议记录，出席会议的董事应当在会议记录上签名。董事应当对董事会的决议承担责任。董事会的决议违反法律、行政法规或者公司章程、股东大会决议，致使公司遭受严重损失的，参与决议的董事对公司负赔偿责任。但经证明在表决时曾表明异议并记载于会议记录的，该董事可以免除责任。

四、经理

有限责任公司可以设经理，由董事会决定聘任或者解聘。经理对董事会负责，根据公司章程的规定或者董事会的授权行使职权。经理列席董事会会议。董事可以兼任经理。

股份有限公司设经理，由董事会决定聘任或者解聘。经理对董事会负责，根据公司章程的规定或者董事会的授权行使职权。经理列席董事会会议。公司董事会可以决定由董事会成员兼任经理。

五、监事会

(一) 监事会的性质和设立

监事会是公司经营活动的监督机构。

有限责任公司和股份有限公司设立监事会，其成员不得少于 3 人。有限责任公司和股份有限公司监事会应当包括股东代表和适当比例的公司职工代表，其中职工代表的比例不得低于 1/3，具体比例由公司章程规定。监事会中的职工代表由公司职工通过职工代表大会、职工大会或者其他形式民主选举产生。股东会无权罢免职工监事。

公司在两种情况下不设监事会：一是规模较小或者股东人数较少的有限责任公司，可以不设监事会，设 1 名监事，行使监事会的职权；经全体股东一致同意，也可以不设监事。二是有限责任公司可以按照公司章程的规定在董事会中设置由董事组成的审计委员会，行使监事会的职权，不设监事会或者监事。公司董事会成员中的职工代表可以成为审计委员会成员。但股份有限公司的审计委员会有特别规定：审计委员会成员为三名以上，过半数成员不得在公司担任除董事以外的其他职务，且不得与公司存在任何可能影响其独立客观判断的关系。公司董事会成员中的职工代表可以成为审计委员会成员。审计委员会作出决议，应当经审计委员会成员的过半数通过。审计委员会决议的表决，应当一人一票。审计委员会的议事方式和表决程序，除《公司法》有规定的外，由公司章程规定。

有限责任公司和股份有限公司的监事会设主席 1 人，股份有限公司的监事会可以设副主席。监事会主席和副主席由全体监事过半数选举产生。监事会主席召集和主持监事会会议；有限责任公司监事会主席不能履行职务或者不履行职务的，由过半数监事共同推举 1 名监事召集和主持监事会会议。股份有限公司监事会主席不能履行职务或者不履行职务的，由监事会副主席召集和主持监事会会议；监事会副主席不能履行职务或者不履行职务的，由过半数的监事共同推举 1 名监事召集和主持监事会会议。

董事、高级管理人员不得兼任监事。有限责任公司监事的任期与股份有限公司监事的任期相同，每届为 3 年，任期届满，连选可以连任。监事任期届满未及时改选，或者监事在任期内辞任导致监事会成员低于法定人数的，在改选出的监事就任前，原监事仍应当依照法律、行政法规和公司章程的规定，履行监事职务。

(二) 监事会或者监事的职权

有限责任公司与股份有限公司监事会的职权，适用相同的规定。按照《公司法》第 78 条的规定，监事会行使下列职权：(1) 检查公司财务；(2) 对董事、高级管理人员执行职务的行为进行监督，对违反法律、行政法规、公司章程或者股东会决议的董事、高级管理人员提出解任的建议；(3) 当董事、高级管理人员的行为损害公司的利益时，要求董事、高级管理人员予以纠正；(4) 提议召开临时股东会会议，在董事会不履行本法规定的召集和主持股东会会议职责时召集和主持股东会会议；(5) 向股东会会议提出提案；(6) 依照《公司法》第 189 条的规定，对董事、高级管理人员提起诉讼；(7) 公司章程规定的其他职权。

监事可以列席董事会会议，并对董事会决议事项提出质询或者建议。监事会发现公司经营情况异常，可以进行调查；必要时，可以聘请会计师事务所等协助其工作，费用由公司承担。监事会可以要求董事、高级管理人员提交执行职务的报告。董事、高级管理人员应当如实向监事会提供有关情况和资料，不得妨碍监事会或者监事行使职权。

有限责任公司监事会每年度至少召开一次会议，股份有限公司监事会每 6 个月至少召开一次会议。监事可以提议召开临时监事会议。监事会的议事方式和表决程序，除《公司法》有规定的外，由公司章程规定。监事会决议应当经全体监事的过半数通过。监事会决议的表决，应当一人一票。监事会应当对所议事项的决定作成会议记录，出席会议的监事应当在会议记录上签名。

监事会行使职权所必需的费用，由公司承担。

六、公司董事、监事、高级管理人员的资格和义务

（一）公司董事、监事、高级管理人员的资格

一般来说，董事、监事、高级管理人员的选任属于公司的内部事务，由公司自己决定，但按照《公司法》第 178 条的规定，有下列情况之一的，不得担任公司的董事、监事、高级管理人员：(1) 无民事行为能力或者限制民事行为能力；(2) 因贪污、贿赂、侵占财产、挪用财产或者破坏社会主义市场经济秩序，被判处刑罚，或者因犯罪被剥夺政治权利，执行期满未逾 5 年，被宣告缓刑的，自缓刑考验期满之日起未逾 2 年；(3) 担任破产清算的公司、企业的董事或者厂长、经理，对该公司、企业的破产负有个人责任的，自该公司、企业破产清算完结之日起未逾 3 年；(4) 担任因违法被吊销营业执照、责令关闭的公司、企业的法定代表人，并负有个人责任的，自该公司、企业被吊销营业执照、责令关闭之日起未逾 3 年；(5) 个人因所负数额较大债务到期未清偿被人民法院列为失信被执行人。

公司违反上述规定选举、委派董事、监事或者聘任高级管理人员的，该选举、委派或者聘任无效。董事、监事、高级管理人员在任职期间出现上述所列情形的，公司应当解除其职务。

此外，按照《公务员法》第 59 条第 16 项的规定，国家公务员不得违反有关规定从事或者参与营利性活动，在企业或者其他营利性组织中兼任职务。

（二）公司董事、监事、高级管理人员的义务

按照《公司法》第 180 条的规定，“董事、监事、高级管理人员对公司负有忠实义务，应当采取措施避免自身利益与公司利益冲突，不得利用职权牟取不正当利益。董事、监事、高级管理人员对公司负有勤勉义务，执行职务应当为公司的最大利益尽到管理者通常应有的合理注意。”因此，公司的董事、监事、高级管理人员的义务主要体现为忠实义务和勤勉义务。公司的控股股东、实际控制人不担任公司董事但实际执行公司事务的，也应遵守忠实义务和勤勉义务的规定。

《公司法》第 181 条详细规定了董事、监事、高级管理人员的忠实义务。具体强调董事、监事、高级管理人员不得有下列行为：(1) 侵占公司财产、挪用公司资金；(2) 将公司资金以其个人名义或者以其他个人名义开立账户存储；(3) 利用职权贿赂或者收受其他非法收入；(4) 接受他人与公司交易的佣金归为己有；(5) 擅自披露公司秘密；(6) 违反对公司忠实义务的其他行为。董事、监事、高级管理人员违反上述规定所得的收入归公司所有。

董事、监事、高级管理人员及其近亲属，董事、监事、高级管理人员或者其近亲属直接或

者间接控制的企业，以及与董事、监事、高级管理人员有其他关联关系的关联人，直接或者间接与本公司订立合同或者进行交易，应当就与订立合同或者进行交易有关的事项向董事会或者股东会报告，并按照公司章程的规定经董事会或者股东会决议通过。

董事、监事、高级管理人员，不得利用职务便利为自己或者他人谋取属于公司的商业机会。但是，有两种除外情形：向董事会或者股东会报告，并按照公司章程的规定经董事会或者股东会决议通过；根据法律、行政法规或者公司章程的规定，公司不能利用该商业机会。

董事、监事、高级管理人员未向董事会或者股东会报告，并按照公司章程的规定经董事会或者股东会决议通过，不得自营或者为他人经营与其任职公司同类的业务。

董事会对涉及董事、监事、高级管理人员的关联交易、利用公司商业机会、竞业禁止事项决议时，关联董事不得参与表决，其表决权不计入表决权总数。出席董事会会议的无关联关系董事人数不足三人的，应当将该事项提交股东会审议。

对于董事、监事、高级管理人员的勤勉义务，法律并没有详细的规定，具体应根据实务中的表现由法官予以具体认定并追究相关人员的责任。

小试牛刀

王某为A电器销售股份有限公司的董事长兼总经理。2022年11月，王某以B公司名义从国外进口一批家电产品，共计价值380万元。之后，王某将该批家电产品销售给了C公司。A公司董事会得知此事后，决议责成王某取消该合同，而由A公司将该批家电产品买下。C公司认为，该批家电产品的买卖，是在C公司与B公司之间进行的，与A公司无关。

请问：本案中，王某的行为是否合法？B公司与C公司的合同是否有效？对王某应如何处理？

参考答案：该案中，王某的行为违反有关董事竞业禁止义务。至于董事、高级管理人员违反竞业禁止义务的行为有无法律效力，《公司法》并未明确规定，只规定“董事、高级管理人员违反前款规定所得的收入应当归公司所有”，竞业行为并非当然无效。该案中，B公司与C公司的合同是双方意思表示一致达成的，合同内容也不违法，应是有效的，不能认为是无效合同。A公司要求将这批家电产品转由本公司买下，没有法律根据，依法不应支持。当然，按照《公司法》第184条、186条和第188条的规定，王某因买卖这批家电产品所得的一切收入，应当归公司所有。如因王某的竞业行为而使公司的利益遭受损害，公司还可以要求其赔偿损失。此外，A公司可以根据王某的行为给公司造成的损害大小等情况，给王某以处分。

七、《公司法》对上市公司的特别规定

上市公司是指其股票在证券交易所上市交易的股份有限公司。《公司法》对上市公司的特别规定主要涉及以下几个方面的内容。

（1）上市公司在1年内购买、出售重大资产或者向他人提供担保的金额超过公司资产总额30%的，应当由股东大会作出决议，并经出席会议的股东所持表决权的2/3以上通过。

（2）上市公司设立独立董事，具体办法由国务院证券监督管理机构规定。独立董事，是指不在公司担任除董事外的其他职务，并与其所受聘的上市公司及其主要股东不存在可能妨碍其

进行独立客观判断的关系的董事。独立董事的主要职责在于对控股股东及其选任的上市公司的董事、高级管理人员，以及其与公司进行的关联交易等进行监督。

（3）上市公司审计委员会有权对四类决议事项作出前置性批准的规定。上市公司在董事会中设置审计委员会的，董事会对下列事项作出决议前应当经审计委员会全体成员过半数通过：聘用、解聘承办公司审计业务的会计师事务所；聘任、解聘财务负责人；披露财务会计报告；国务院证券监督管理机构规定的其他事项。

（4）上市公司设董事会秘书，负责公司股东大会和董事会会议的筹备、文件保管以及公司股东资料的管理，办理信息披露事务等事宜。

（5）关联关系董事的表决权排除制度。上市公司董事与董事会会议决议事项所涉及的企业或者个人有关联关系的，该董事应当及时向董事会书面报告。有关联关系的董事不得对该项决议行使表决权，也不得代理其他董事行使表决权。该董事会会议由过半数的无关联关系董事出席即可举行，董事会会议所作决议须经无关联关系董事过半数通过。出席董事会会议的无关联关系董事人数不足三人的，应当将该事项提交上市公司股东会审议。

（6）上市公司信息披露规定和违规代持股票的规定。上市公司应当依法披露股东、实际控制人的信息，相关信息应当真实、准确、完整。禁止违反法律、行政法规的规定代持上市公司股票。

（7）上市公司控股子公司不得取得该上市公司的股份以及控股子公司因特殊原因持股的处置规则。上市公司控股子公司因公司合并、质权行使等原因持有上市公司股份的，不得行使所持股份对应的表决权，并应当及时处分相关上市公司股份。

八、国家出资公司组织机构的特别规定

国家出资公司，是指国家出资的国有独资公司、国有资本控股公司，包括国家出资的有限责任公司、股份有限公司。国家出资公司，由国务院或者地方人民政府分别代表国家依法履行出资人职责，享有出资人权益。国务院或者地方人民政府可以授权国有资产监督管理机构或者其他部门、机构代表本级人民政府对国家出资公司履行出资人职责。代表本级人民政府履行出资人职责的机构、部门，以下统称为履行出资人职责的机构。

国有独资公司章程由履行出资人职责的机构制定。

（一）股东会的特别规定

国有独资公司不设股东会，由履行出资人职责的机构行使股东会职权。履行出资人职责的机构可以授权公司董事会行使股东会的部分职权，但公司章程的制定和修改，公司的合并、分立、解散、申请破产，增加或者减少注册资本，分配利润，应当由履行出资人职责的机构决定。

（二）董事会的特别规定

国有独资公司的董事会成员中，应当过半数为外部董事，并应当有公司职工代表。董事会成员由履行出资人职责的机构委派；但是，董事会成员中的职工代表由公司职工代表大会选举产生。董事会设董事长一人，可以设副董事长。董事长、副董事长由履行出资人职责的机构从董事会成员中指定。国有独资公司的经理由董事会聘任或者解聘，经履行出资人职责的机构同意，董事会成员可以兼任经理。

国有独资公司的董事、高级管理人员，未经履行出资人职责的机构同意，不得在其他有限责任公司、股份有限公司或者其他经济组织兼职。

(三) 监事会的特别规定

国有独资公司在董事会中设置由董事组成的审计委员会行使公司法规定的监事会职权的，不设监事会或者监事。

九、股东诉讼

股东诉讼是指由股东提起的诉讼。一般可以分为股东直接诉讼和股东代表诉讼。

(一) 股东直接诉讼

股东直接诉讼是指股东作为公司成员在公司成立时就享有的在其个体权益受到侵害时，以其自己的名义对侵害人提起的诉讼，如请求支付合法股利的诉讼、对公司妨碍其行使查阅权的诉讼、确保其优先认购新股的诉讼等。《公司法》第 190 条规定："董事、高级管理人员违反法律、行政法规或者公司章程的规定，损害股东利益的，股东可以向人民法院提起诉讼。"

(二) 股东代表诉讼

股东代表诉讼，也称股东间接诉讼，是指当公司的合法权益受到不法侵害而公司却怠于起诉时，符合法定条件的股东有权为了公司的利益以自己的名义直接向法院提起诉讼，而所得赔偿归于公司的诉讼制度。该种诉讼的目的是保护公司利益和股东的共同利益，而不仅仅是个别股东的利益。

根据侵权人身份与具体情况的不同，《公司法》第 189 条规定了提起股东代表诉讼的条件和程序，具体表现为以下方面。

第一，公司利益遭到侵害。具体表现为两种情形：一是公司董事、高级管理人员执行公司职务时违反法律、行政法规或者公司章程的规定，给公司造成损失的，应当承担赔偿责任；二是他人侵犯公司合法权益，给公司造成损失的。这是启动股东代表诉讼的基本前提。

第二，符合法定条件的股东书面请求相关主体履行职责，而相关主体怠于行使诉权来维护公司利益。这是股东代表诉讼的前置程序。股东不能直接代表，而只能先请求应该履行该诉权的主体进行起诉，只有经过请求而未果后，股东才有资格代表公司来起诉。具体体现为两个层次：首先，符合法定条件的股东书面请求相关主体履行职责，即有限责任公司的股东、股份有限公司连续 180 天以上单独或者合计持有公司 1%以上股份的股东，可以书面请求监事会向人民法院提起诉讼；监事有违反法律、行政法规或者公司章程的规定，给公司造成损失应当承担赔偿责任的，前述股东可以书面请求董事会向人民法院提起诉讼。其次，相关主体怠于行使该诉权，即监事会或者董事会收到上述股东书面请求后拒绝提起诉讼，或者自收到请求之日起 30 日内未提起诉讼，或者情况紧急、不立即提起诉讼将会使公司利益受到难以弥补的损害的。

第三，上述股东有权为了公司的利益以自己的名义直接向人民法院提起诉讼。需要注意的是，尽管股东通过维护公司的利益而从长远来说有利于股东自身利益，但该权利的行使不是直接为了自己的利益，而是为了公司的利益，因此股东代表诉讼权属于共益权，所得利益归公司所有。同时需要注意的是，虽然是为了公司的利益，但是在起诉时却不是以公司的名义，而是以股东自己的名义进行。

此外，《公司法》第 189 条规定了股东双重代表诉讼及其前置程序。公司全资子公司的董事、监事、高级管理人员或者他人侵犯公司全资子公司合法权益造成损失的，有限责任公司的股东、股份有限公司连续180日以上单独或者合计持有公司1%以上股份的股东，可以依照规定书面请求全资子公司的监事会、董事会向人民法院提起诉讼或者以自己的名义直接向人民法院提起诉讼。

第四节　公司资本与股份

一、公司资本制度

（一）公司资本的具体表现形式

注册资本是指公司在设立时由股东认缴的，由章程载明并经公司登记机关登记注册的资本。

发行资本是指股份公司发行股份时，已经发行并期望股东认缴股金的资本总额。

实收资本，又称实缴资本，是指公司成立时实际收到的股东出资的现款和其他非货币性资本总额。

上述三种资本表现形式在不同的资本制度下在数额上有所差别：在严格的法定资本制下，三者在数额上是相同的；而在授权资本制和折中资本制下，三者数额不同。但通常来说，注册资本≥发行资本≥实收资本。

（二）公司资本制度的类型

基于股东有限责任和债权人利益之间的平衡，不同国家在不同时期对公司资本的立法作出了不同的规定，从而形成了不同的资本制度。综观这些资本制度，主要有三种，即法定资本制、授权资本制和折中资本制。

法定资本制，又称确定资本制，是指公司在设立时，必须在公司章程中载明公司的资本总额，并在公司成立时由股东全部认足并予以实缴、实收的资本制度。

授权资本制是指公司在设立时，资本总额虽记载于公司章程，但并不要求发起人或股东在公司成立时全部认足或募足，未予认购的部分，授权董事会根据需要随时发行新股，进行募集的资本制度。

折中资本制是指公司资本总额在公司设立时为章程明确规定，章程所确定的注册资本总额不必一次性募足，其余股份可以授权董事会根据需要随时发行，但这种发行股份必须在一定期限内行使，并且首次发行的股份不得少于法定比例的资本制度。

为落实国务院关于改革注册资本登记制度的部署，2013年《公司法》对公司资本制度和登记制度进行了修正：一方面，将公司资本制度由实缴登记制改为认缴登记制，取消了股东首期出资额不得低于公司注册资本20%的规定，取消了股东（发起人）应自公司成立之日起2年内缴足，投资公司应该5年内缴足出资及一人有限责任公司股东应一次性缴纳出资的规定。当然，募集设立的股份有限公司仍然有较为严格的资本制度，即强调一次性缴纳而不得分期缴纳。另一方面，除法律、行政法规以及国务院决定对有限责任公司注册资本实缴、注册资本最低限额另有规定外，原则上取消了注册资本最低限额的要求。这是我国《公司法》在资本制度改革方面的重大突破。2023年《公司法》对公司资本制度又做了巨大的改革：一是明确注册资本的法定定义，认缴出资额的缴纳期限。有限责任公司的注册资本为在公司登记机关登记的全体股东认缴的出资额。全体股东认缴的出资额由股东按照公司章程的规定自公司成立之日起

5年内缴足。法律、行政法规以及国务院决定对有限责任公司注册资本实缴、注册资本最低限额、股东出资期限另有规定的，从其规定。股份有限公司的注册资本为在公司登记机关登记的已发行股份的股本总额。二是明确股份有限公司的出资方式为实缴制。《公司法》第98条规定："发起人应当在公司成立前按照其认购的股份全额缴纳股款。"三是增加股份有限公司可以采取授权资本制。《公司法》第152条规定："公司章程或者股东会可以授权董事会在三年内决定发行不超过已发行股份百分之五十的股份。但以非货币财产作价出资的应当经股东会决议。董事会依照前款规定决定发行股份导致公司注册资本、已发行股份数发生变化的，对公司章程该项记载事项的修改不需再由股东会表决。"

(三) 公司资本三原则

为保证交易安全、维护债权人的利益，大陆法系国家的公司法普遍确认了公司资本三原则，即资本确定原则、资本维持原则和资本不变原则，具体内涵如下。

1. 资本确定原则

资本确定原则，又称资本法定原则，是指公司在设立时，必须在章程中对公司的资本总额作出明确规定，并须由股东全部认足或募足，否则公司不能成立。《公司法》的诸多规定就体现了这一原则。(1) 尽管股东（发起人）无须在公司设立时实际缴纳其所认缴的全部出资，但公司的注册资本必须在设立时一次性发行完毕，而不能分次发行；采取募集方式设立的股份有限公司，不仅需要在公司设立时一次性发行完毕，而且必须实际缴纳而不能分期缴付；同时，《公司法》还就法律、行政法规以及国务院决定对有限责任公司注册资本实缴、注册资本最低限额另有规定的情况予以尊重。(2) 股东需要对其以非货币出资承担差额填补责任，而设立时的其他股东或发起人须对此承担连带责任。(3) 法律对"虚假出资""抽逃出资"等行为的规制并未放松等。

2. 资本维持原则

资本维持原则，又称资本充实原则，是指公司在其存续过程中应经常保持与其资本总额相当的财产，其目的在于维持公司清偿债务的能力，保护债权人的利益。《公司法》中体现资本维持原则的规定有：(1) 公司成立后，股东不得退股，不得抽回其出资；(2) 公司股票发行价格不得低于股票的票面金额；(3) 公司在弥补亏损、提取法定公积金前不得向股东分配股利；(4) 公司分配当年税后利润时，应当提取利润的10%作为公司的法定资本公积金；(5) 公司原则上不得收购本公司股份，也不得接受本公司股票作为质押权的标的；等等。

3. 资本不变原则

资本不变原则是指公司章程确定的公司资本总额，非依法定程序，不得任意减少或增加。其目的是防止公司资本随意变动而损害股东和债权人的利益。资本不变原则是资本维持原则的进一步要求。

资本三原则体现了公司资本制度的传统典型形式。随着资本主义商业信用和资本市场的高度发达，体现资本三原则的一些严格要求逐步被灵活的做法所代替，然而对上市公司的资本运作与管理则更为严格。

二、股份

(一) 股份的概念和特征

股份是指股份有限公司发行的，以股票为表现形式，按相等金额划分，体现股东权利和义务，组成公司资本的基本单位。股份具有以下特征。

（1）股份的发行主体是股份有限公司，有限责任公司股东的出资不称为股份，《公司法》将其称为股权。

（2）股份是公司资本的构成单位，具有等额性和不可分性。股份是组成公司资本的最小单位，其总和即为公司的注册资本。

（3）股份体现股东的权利和义务，具有平等性。股份所代表的资本额一律平等，而作为股东法律地位的表现形式，股份所包含的权利与义务一律平等，每一股份代表一份股东权，拥有股份数额的多少决定股东权利与义务的大小。

（4）股份是以股票的方式表现的，具有证券性和可转让性。股份是一种抽象的价值份额，它必须通过股票表现出来。股票是股份有限公司签发的证明股东所持股份的凭证，是表示股东地位和股东权利的可流通的有价证券。股票上一般都载明金额及代表的股数，股票可以自由转让，投资者在规定的场所购得股票即拥有了公司的股份，获得了股东地位及与所购股数相应的权利。

（二）股份的种类

股份有限公司的股份按不同的标准，可以划分为不同的种类，主要有以下几种。

1. 普通股和优先股、劣后股

这是根据股东所享有的权益和承担的风险不同而进行划分的。普通股是指股东的权利和义务平等，没有差别待遇的股份。它是公司在一般情况下发行的主要股份。优先股属于特别股，是指股东所享有的权利优先于普通股的股份，其优先权主要体现在优先分配公司盈余、优先分配公司剩余财产等方面。一般来说，在股东大会上，普通股有表决权，而优先股没有表决权。劣后股也属于特别股，是指股东所享有的权利在普通股的股份之后，主要体现在分配公司盈余、分配公司剩余财产等方面，在满足普通股的股份之后，才能分配盈余和剩余财产。

2. 记名股和无记名股

这是根据股票是否记载股东姓名或名称而进行划分的。记名股是将股东的姓名或名称记载于股票的股份。记名股的权利只能由股东本人享有，转让时必须将受让人的姓名或名称记载于股票之上和公司的名册之中，方可发生转让效力。无记名股是股票票面上不记载股东姓名或名称的股份。根据《公司法》第 147 条第 2 款的规定："公司发行的股票，应当为记名股票。"也就意味着我国不允许发行无记名股票。

3. 面额股和无面额股

这是根据股票上是否记载了一定金额而进行划分的。面额股是指股票票面上记载一定金额的股份。无面额股是指股票票面上不记载股票金额的股份。《公司法》第 142 条第 2 款规定："公司可以根据公司章程的规定将已发行的面额股全部转换为无面额股或者将无面额股全部转换为面额股。"这标志着 2023 年修正的《公司法》首次规定股份有限公司发行的股票可以是无面额股。

此外，还可以根据投资主体的不同而划分为国家股、法人股、个人股、外资股等。

（三）股份发行

1. 股份发行的概念和种类

股份发行是指为设立股份有限公司或在公司存续期间为筹集资本或增加资本，通过法定方式出售或分配公司股份的行为。由于股份必须采取股票的形式，因而股份的发行即指股票的发行。

股份发行可分为设立发行和增资发行两种。

(1) 设立发行。它是指公司设立时的股份发行。在采取发起设立方式时，公司发行的股份应由发起人全部认足，不得再向社会发行。在采取募集设立方式时，公司发行的股份先由发起人认购不低于法律规定的比例，其余部分可以向社会公众或特定对象公开发行。

(2) 增资发行。它是指公司在成立之后，为增加资本而再次或继续发行股份。

2. 股份发行的原则

股份发行要遵循公平、公正的原则。所谓公平，是指所有投资者的地位一律平等，必须同股同权、同股同利，同次发行的股票，每股的发行条件和价格应当相同。所谓公正，是指发行工作要公平合理，不得弄虚作假、徇私舞弊。

3. 股票发行价格和股份发行程序

按照《公司法》第148条的规定，股票发行价格可以按票面金额，也可以超过票面金额，但不得低于票面金额。

关于股份发行的程序，《公司法》第五章和第六章都有规定。公司发行新股依照公司章程的规定由股东大会或董事会对有关法定事项作出决议。公司经证监会核准公开发行新股时，必须公告新股招股说明书和财务会计报告，并制作认股书；必须与依法设立的证券公司签订承销协议，应当同银行签订代收股款协议。发行新股募足股款后，必须向公司登记机关办理变更登记，并公告。

第五节 股权（份）的转让与限制

一、有限责任公司股权的转让与限制

有限责任公司与股份有限公司相比更具有"人合"性质，股东之间的互相信任和合作对公司的发展具有重要作用。因此，《公司法》第四章对有限责任公司股权的转让作出了严格的限制。

（一）股权转让的规则与限制

内部转让，即股东之间相互转让全部或部分股权。依照《公司法》第84条第1款的规定，除公司章程对股权转让另有规定外，有限责任公司的股东之间可以相互转让其全部或者部分股权。

外部转让，即股东向股东以外的第三方转让其全部或部分股权。由于有限责任公司的"人合"属性，对于股权的外部转让，《公司法》第84条第2款规定，股东向股东以外的人转让股权的，应当将股权转让的数量、价格、支付方式和期限等事项书面通知其他股东，其他股东在同等条件下有优先购买权。股东自接到书面通知之日起30日内未答复的，视为放弃优先购买权。两个以上股东行使优先购买权的，协商确定各自的购买比例；协商不成的，按照转让时各自的出资比例行使优先购买权。

（二）优先购买权问题

基于有限责任公司的人合性，《公司法》对外部转让设置了公司股东的优先购买权，以尽

可能排斥不熟悉、不信任的第三人成为公司的新股东。具体体现在以下几个方面。

（1）经股东同意转让的股权，在同等条件下，其他股东有优先购买权。两个以上股东主张行使优先购买权的，协商确定各自的购买比例；协商不成的，按照转让时各自的出资比例行使优先购买权。

（2）人民法院依照法律规定的强制执行程序转让股东的股权时，应当通知公司及全体股东，其他股东在同等条件下有优先购买权。其他股东自人民法院通知之日起满 20 日不行使优先购买权的，视为放弃优先购买权。

另外，需要注意股东资格继承的问题。《公司法》第 90 条规定："自然人股东死亡后，其合法继承人可以继承股东资格；但是，公司章程另有规定的除外。"

（三）有限责任公司股权收购

公司意志的形成是按照资本多数决原则来作出的。多数决原则体现了风险与影响力成比例，但资本多数决原则也存在较大的弊端，如果不对少数股东的利益予以保护，易产生"多数人的暴政"问题。对此，《公司法》在强调公司应该按照多数决原则来决定公司发展方向的同时，也强调对公司中小股东利益的保护。而异议股东收购请求权就是其中之一。按照《公司法》第 89 条的规定，有下列情形之一的，对股东会该项决议投反对票的股东可以请求公司按照合理的价格收购其股权：（1）公司连续 5 年不向股东分配利润，而公司该 5 年连续盈利，并且符合《公司法》规定的分配利润条件的；（2）公司合并、分立、转让主要财产的；（3）公司章程规定的营业期限届满或者章程规定的其他解散事由出现，股东会通过决议修改章程使公司存续的。

自股东会决议通过之日起 60 日内，股东与公司不能达成股权收购协议的，股东可以自股东会决议作出之日起 90 日内向人民法院提起诉讼。公司的控股股东滥用股东权利，严重损害公司或者其他股东利益的，其他股东有权请求公司按照合理的价格收购其股权。

公司因法定情形收购的本公司股权，应当在 6 个月内依法转让或者注销。

二、股份有限公司股份的转让与限制

（一）股份转让的规则

股份有限公司属于典型的资合性公司，股东之间是否熟悉与信任并不重要，重要的是股东愿意向公司认缴出资。因此，股份有限公司股东持有的股份可以依法转让。

股东转让其股份，应当在依法设立的证券交易场所或者按照国务院规定的其他方式进行。

股票的转让，由股东以背书方式或者法律、行政法规规定的其他方式进行；转让后由公司将受让人的姓名或者名称及住所记载于股东名册。股东会会议召开前 20 日内或者公司决定分配股利的基准日前 5 日内，不得变更股东名册。法律、行政法规或者国务院证券监督管理机构对上市公司股东名册变更另有规定的，从其规定。

因此，记名股票仅有交付而未履行法定变更程序，并不发生转让的效力，风险与收益仍归原股东，受让人并不享有因股票上涨所产生的利益，也不承担因股票下跌所产生的亏损等风险。

（二）对特定持股人股份转让的限制

1. 对公开发行股份前发行股份的限制

公司公开发行股份前已发行的股份，自公司股票在证券交易所上市交易之日起 1 年内不得转让。法律、行政法规或者国务院证券监督管理机构对上市公司的股东、实际控制人转让其所持有的本公司股份另有规定的，从其规定。

2. 对董事、监事、高级管理人员的限制

公司董事、监事、高级管理人员应当向公司申报所持有的本公司的股份及其变动情况，在就任时确定的任职期间每年转让的股份不得超过其所持有本公司股份总数的25%；所持本公司股份自公司股票上市交易之日起1年内不得转让。上述人员离职后半年内，不得转让其所持有的本公司股份。公司章程可以对公司董事、监事、高级管理人员转让其所持有的本公司股份作出其他限制性规定。

股份在法律、行政法规规定的限制转让期限内出质的，质权人不得在限制转让期限内行使质权。

3. 股份有限公司股权收购

按照《公司法》第161条的规定，有下列情形之一的，对股东会该项决议投反对票的股东可以请求公司按照合理的价格收购其股份，公开发行股份的公司除外：(1) 公司连续5年不向股东分配利润，而公司该5年连续盈利，并且符合本法规定的分配利润条件；(2) 公司转让主要财产；(3) 公司章程规定的营业期限届满或者章程规定的其他解散事由出现，股东会通过决议修改章程使公司存续。

自股东会决议作出之日起60日内，股东与公司不能达成股份收购协议的，股东可以自股东会决议作出之日起90日内向人民法院提起诉讼。

公司因本条第一款规定的情形收购的本公司股份，应当在6个月内依法转让或者注销。

4. 股份收购与质押的限制

基于维护债权人的利益和公司资本维持原则，按照《公司法》第162条的规定，公司不得收购本公司的股份。但是，有下列情形之一的除外：(1) 减少公司注册资本；(2) 与持有本公司股份的其他公司合并；(3) 将股份用于员工持股计划或者股权激励；(4) 股东因对股东会作出的公司合并、分立决议持异议，要求公司收购其股份；(5) 将股份用于转换公司发行的可转换为股票的公司债券；(6) 上市公司为维护公司价值及股东权益所必需。公司因 (1) (2) 规定的情形收购本公司股份的，应当经股东会决议；公司因 (3) (5) (6) 规定的情形收购本公司股份的，可以按照公司章程或者股东会的授权，经2/3以上董事出席的董事会会议决议。公司收购本公司股份后，属于第 (1) 项情形的，应当自收购之日起10日内注销；属于第 (2) (4) 项情形的，应当在6个月内转让或者注销；属于第 (3) (5) (6) 项情形的，公司合计持有的本公司股份数不得超过本公司已发行股份总数的10%，并应当在3年内转让或者注销。

公司不得接受本公司的股票作为质权的标的。

第六节 公司财务会计制度

一、公司的财务会计报告

公司应当在每一会计年度终了时制作财务会计报告，并依法经审查验证。公司的财务会计报告主要包括：(1) 资产负债表；(2) 损益表 (旧会计制度称为利润表)；(3) 财务状况变动表；(4) 财务情况说明书；(5) 利润分配表。上市公司在每一会计年度的上半年结束之日，还应当制作中期财务会计报告。

有限责任公司应当按照公司章程规定的期限将财务会计报告送交各股东。股份有限公司的财务会计报告应当在召开股东会年会的 20 日前置备于本公司，供股东查阅；公开发行股份的股份有限公司应当公告其财务会计报告。

二、公积金制度

（一）公积金的概念和种类

公积金，又称储备金，是公司为了增强自身经营实力和弥补亏损，依照法律和公司章程规定，从盈余或其他收入中提取的一种积累资金。按照《公司法》的规定，公积金主要分为资本公积金和盈余公积金。

1. 资本公积金

资本公积金又称资本储备金，是指根据法律规定而由资本及与资本有关的资产项目所产生的应作为资本储备的利益收入。按照《公司法》和相关制度规定，资本公积金的来源主要包括：（1）股份有限公司以超过股票票面金额的发行所得的溢价款。（2）发行无面额股所得股款没有计入注册资本的部分。（3）其他财产，如受领赠与所得；处分资产的溢价收入；因公司合并而接受其他公司、企业财产减去被合并公司、企业的债务，并减去向该公司、企业给付的价款后的余额；资产评估时，从资产评估的增值中扣除估价减值的溢价额；等等。

2. 盈余公积金

盈余公积金是指公司在会计年度决算时从税后利润中按照一定比例提取的公积金。按照公积金是强制提取还是自愿提取，可以将盈余公积金分为法定公积金和任意公积金。法定公积金是指公司按照《公司法》的强制性规定而必须从公司当年税后利润中按照法定比例提取的储备金。任意公积金，又称任意储备金，是指在提取法定公积金后，根据公司章程规定或股东会、股东大会决议再从公司税后利润中提取一定比例的储备资金。

（二）公积金的提取

按照《公司法》第 210 条的规定，公司分配当年税后利润时，应当提取利润的 10%列入公司法定公积金。公司法定公积金累计额为公司注册资本的 50%以上的，可以不再提取。至于是否从税后利润中提取任意公积金以及提取的比例，由股东会或股东大会决议，法律不作强制性规定。

（三）公积金的使用

根据《公司法》第 214 条的规定，公司的公积金可作以下用途。

第一，弥补公司的亏损。公司的法定公积金不足以弥补以前年度亏损的，在依照法律规定提取法定公积金之前，应当先用当年利润弥补亏损。公积金弥补公司亏损，应当先使用任意公积金和法定公积金；仍不能弥补的，可以按照规定使用资本公积金。

第二，扩大公司生产经营。

第三，转为增加公司注册资本。法定公积金转为增加注册资本时，所留存的该项公积金不得少于转增前公司注册资本的 25%。

三、股利分配

股利分配是指公司把弥补亏损和提取公积金后的剩余税后利润，依法律规定分配给各股东。有限责任公司按照股东实缴的出资比例分配，但是，全体股东约定不按照出资比例分配的除外；股份有限公司按照股东持有的股份比例分配，但股份有限公司章程规定不按持股比例分配的除外。

股东会、股东大会或者董事会违反上述规定，在公司弥补亏损和提取法定公积金之前向股东分配利润的，股东必须将违反规定分配的利润退还公司。给公司造成损失的，股东及负有责任的董事、监事、高级管理人员应当承担赔偿责任。

公司持有的本公司股份不得分配利润。

第七节　公司的合并、分立、增资、减资以及解散和清算

一、公司的合并与分立

（一）合并与分立的形式

公司合并或者分立是公司在正常运行过程中出现的变更。

合并是两个或两个以上公司通过法律程序归并为一个公司的法律行为。公司合并可以采取吸收合并或者新设合并两种形式。吸收合并指两个或两个以上的公司合并时，其中一个公司继续存在，另一个或几个公司归于消灭，即一个公司吸收另一个或几个公司的法律行为，被吸收的公司解散。新设合并指两个或两个以上的公司合并时，各个公司同时归于消灭，另外同时创设一个新公司的法律行为。

分立是一个公司分割为两个或两个以上公司的法律行为。分立可以分为分解分立和分支分立。分解分立，亦称创设分立或新设分立，指把一个原有的已经设立的公司分成两个或两个以上的公司，原有公司消灭，依法分立为两个或两个以上的新公司。分支分立，亦称存续分立或派生分立，指把一个已经设立的公司分出一部分或若干部分，原有的公司依然存在，分出的部分依法成立新的公司。

（二）合并与分立的程序

公司合并或者分立由董事会制订方案，由公司的股东会作出决议，并且必须经出席会议的股东所持表决权的2/3以上通过。公司与其持股90%以上的公司合并，被合并的公司不需经股东会决议，但应当通知其他股东，其他股东有权请求公司按照合理的价格收购其股权或者股份。公司合并支付的价款不超过本公司净资产10%的，可以不经股东会决议；但是，公司章程另有规定的除外。不经股东会决议的公司合并，应当经董事会决议。

公司合并是一种合同行为，应当由合并各方签订合并协议，并编制资产负债表及财产清单。公司应当自作出合并决议之日起10日内通知债权人，并于30日内在报纸上或者国家企业信用信息公示系统公告。债权人自接到通知书之日起30日内，未接到通知书的自公告之日起45日内，可以要求公司清偿债务或者提供相应的担保。公司合并时，合并各方的债权、债务，应当由合并后存续的公司或者新设的公司承继。

公司分立，其财产作相应的分割。公司分立时，应当编制资产负债表及财产清单。公司应当自作出分立决议之日起10日内通知债权人，并于30日内在报纸上或者国家企业信用信息公示系统公告。公司分立前的债务由分立后的公司承担连带责任，但是，公司在分立前与债权人就债务清偿达成的书面协议另有约定的除外。

二、注册资本的增加或者减少

有限责任公司增加注册资本时，股东在同等条件下有权优先按照实缴的出资比例认缴出资。但是，全体股东约定不按照出资比例优先认缴出资的除外。有限责任公司股东认缴新增资本的出资，依照《公司法》设立有限责任公司缴纳出资的有关规定执行。股份有限公司为增加注册资本发行新股时，股东不享有优先认购权，公司章程另有规定或者股东会决议决定股东享有优先认购权的除外。股份有限公司股东认购新股，依照《公司法》设立股份有限公司缴纳股款的有关规定执行。

公司需要减少注册资本时，应当编制资产负债表及财产清单。公司应当自股东会作出减少注册资本决议之日起 10 日内通知债权人，并于 30 日内在报纸上或者国家企业信用信息公示系统公告。债权人自接到通知之日起 30 日内，未接到通知的自公告之日起 45 日内，有权要求公司清偿债务或者提供相应的担保。值得注意的是，公司法虽然取消了公司注册资本最低限额的要求，这在一定程度上使得股东决定减少公司注册资本不再有底线上的要求，但这并不意味着股东可以随意减少公司注册资本。

公司减少注册资本，应当按照股东出资或者持有股份的比例相应减少出资额或者股份，法律另有规定、有限责任公司全体股东另有约定或者股份有限公司章程另有规定的除外。

公积金弥补公司亏损后，仍有亏损的，可以减少注册资本弥补亏损。减少注册资本弥补亏损的，公司不得向股东分配，也不得免除股东缴纳出资或者股款的义务。

公司依照规定减少注册资本后，在法定公积金和任意公积金累计额达到公司注册资本 50%前，不得分配利润。违反公司法规定减少注册资本的，股东应当退还其收到的资金，减免股东出资的应当恢复原状；给公司造成损失的，股东及负有责任的董事、监事、高级管理人员应当承担赔偿责任。

不论是有限责任公司还是股份有限公司，其公司在作出增加或减少注册资本的决议时，须经代表 2/3 以上表决权的股东通过。在完成资本增加或减少后，应当依法向公司登记机关办理变更登记。

三、公司解散和清算

（一）解散

公司解散是指公司法人资格因法定原因归于消灭的情形。公司解散，标志着公司的解体和终结。按照《公司法》第 229 条的规定，公司因下列原因解散：（1）公司章程规定的营业期限届满或者公司章程规定的其他解散事由出现；（2）股东会决议解散；（3）因公司合并或者分立需要解散；（4）依法被吊销营业执照、责令关闭或者被撤销；（5）公司经营管理发生严重困难，继续存续会使股东利益受到重大损失，通过其他途径不能解决的，持有公司全部股东表决权 10%以上的股东，可以请求人民法院解散公司。

公司出现解散事由，应当在十日内将解散事由通过国家企业信用信息公示系统予以公示。

（二）清算

公司依照《公司法》第 229 条第（1）（2）（4）（5）项规定解散的，应当在解散事由出现之日起 15 日内成立清算组，清算组由董事组成，但是公司章程另有规定或者股东会决议另选他人的除外。清算义务人未及时履行清算义务，给公司或者债权人造成损失的，应当承担赔偿责任。

公司逾期不成立清算组进行清算或者成立清算组后不清算的，利害关系人可以申请人民法院指定有关人员组成清算组进行清算。人民法院应当受理该申请，并及时组织清算组进行清算。公司因被吊销营业执照、责令关闭或者被撤销而解散的，作出吊销营业执照、责令关闭或者撤销决定的部门或者公司登记机关，可以申请人民法院指定有关人员组成清算组进行清算。

清算组在清算期间行使下列职权：(1) 清理公司财产，分别编制资产负债表和财产清单；(2) 通知、公告债权人；(3) 处理与清算有关的公司未了结的业务；(4) 清缴所欠税款以及清算过程中产生的税款；(5) 清理债权、债务；(6) 分配公司清偿债务后的剩余财产；(7) 代表公司参与民事诉讼活动。

清算组应当自成立之日起 10 日内通知债权人，并于 60 日内在报纸上或者国家企业信用信息公示系统公告。债权人应当自接到通知之日起 30 日内，未接到通知的自公告之日起 45 日内，向清算组申报其债权。债权人申报其债权，应当说明债权的有关事项，并提供证明材料。清算组应当对债权进行登记。在申报债权期间，清算组不得对债权人进行清偿。

清算组在清理公司财产、编制资产负债表和财产清单后，应当制订清算方案，并报股东会或者人民法院确认。在分别支付清算费用、职工的工资、社会保险费用和法定补偿金，缴纳所欠税款，清偿公司债务后，对于公司财产的剩余财产，有限责任公司按照股东的出资比例分配，股份有限公司按照股东持有的股份比例分配。清算期间，公司存续，但不得开展与清算无关的经营活动。

清算组在清算公司财产、编制资产负债表和财产清单后，发现公司财产不足清偿债务的，应当依法向人民法院申请破产清算。公司经人民法院受理破产申请后，清算组应当将清算事务移交给人民法院指定的破产管理人。

公司清算结束后，清算组应当制作清算报告，报股东会或者人民法院确认，并报送公司登记机关，申请注销公司登记。

此外，《公司法》还规定了简易程序注销和强制注销制度。公司在存续期间未产生债务，或者已清偿全部债务的，经全体股东承诺，可以按照规定通过简易程序注销公司登记。通过简易程序注销公司登记，应当通过国家企业信用信息公示系统予以公告，公告期限不少于 20 日。公告期限届满后，未有异议的，公司可以在 20 日内向公司登记机关申请注销公司登记。公司通过简易程序注销公司登记，股东对债务情况承诺不实的，应当对注销登记前的债务承担连带责任。公司被吊销营业执照、责令关闭或者被撤销，满 3 年未向公司登记机关申请注销公司登记的，公司登记机关可以通过国家企业信用信息公示系统予以公告，公告期限不少于 60 日。公告期限届满后，未有异议的，公司登记机关可以注销公司登记。强制注销公司登记的，原公司股东、清算义务人的责任不受影响。

第八节　外国公司的分支机构

一、外国公司分支机构的法律地位

《公司法》第 243 条规定："本法所称外国公司，是指依照外国法律在中华人民共和国境外设立的公司。”由此可见，我国认定公司国籍的标准是遵循“准据法＋设立地法”相结合的原则。

外国公司可以依照《公司法》的规定在中国境内设立分支机构，从事生产经营活动。外国公司在中国境内设立的分支机构不具有中国法人资格。外国公司对其分支机构在中国境内进行经营活动承担民事责任。

经批准设立的外国公司分支机构，在中国境内从事业务活动，必须遵守中国的法律，不得损害中国的社会公共利益，其合法权益受中国法律保护。

二、外国公司分支机构的设立

（1）外国公司在中国境内设立分支机构，应当向中国主管机关提出申请，并提交其公司章程、所属国的公司登记证书等有关文件，经批准后，向公司登记机关依法办理登记，领取营业执照。外国公司分支机构的审批办法由国务院另行规定。

（2）外国公司在中国境内设立分支机构，应当在中国境内指定负责该分支机构的代表人或代理人，并向该分支机构拨付与其所从事的经营活动相适应的资金。对外国公司分支机构的经营资金需要规定最低限额的，由国务院另行规定。

（3）外国公司的分支机构应当在其名称中标明该公司的国籍及责任形式。

（4）外国公司的分支机构应当在本机构中置备该外国公司章程。

三、外国公司分支机构的撤销与清算

外国公司撤销其在中国境内的分支机构，应当依法清偿债务，按照《公司法》有关公司清算程序的规定进行清算。未清偿债务之前，不得将其分支机构的财产转移至中国境外。

第九节　违反《公司法》的法律责任

一、公司违反《公司法》的法律责任

（一）公司违反关于依法登记和开业的法律责任

违反《公司法》的规定，办理公司登记时虚报注册资本、提交虚假材料或者采取其他欺诈手段隐瞒重要事实取得公司登记的，由公司登记机关责令改正。对虚报注册资本的公司，处以虚报注册资本金额5%以上15%以下的罚款；对提交虚假材料或者采取其他欺诈手段隐瞒重要事实的公司，处以5万元以上200万元以下的罚款；情节严重的，撤销公司登记或者吊销营业执照，对直接负责的主管人员和其他直接责任人员处以3万元以上30万元以下的罚款。

公司未依照规定公示有关信息或者不如实公示有关信息的，由公司登记机关责令改正，可以处以1万元以上5万元以下的罚款。情节严重的，处以5万元以上20万元以下的罚款；对直接负责的主管人员和其他直接责任人员处以1万元以上10万元以下的罚款。

未依法登记为有限责任公司或者股份有限公司，而冒用有限责任公司或者股份有限公司名义的，或者未依法登记为有限责任公司或者股份有限公司的分公司，而冒用有限责任公司或者股份有限公司的分公司名义的，由公司登记机关责令改正或者予以取缔，可以并处10万元以下的罚款。

公司成立后无正当理由超过 6 个月未开业的，或者开业后自行停业连续 6 个月以上的，可以由公司登记机关吊销营业执照，但公司依法办理歇业的除外。公司登记事项发生变更时，未按照《公司法》规定办理有关变更登记的，由公司登记机关责令限期登记；逾期不登记的，处 1 万元以上 10 万元以下的罚款。

外国公司违反《公司法》规定，擅自在中华人民共和国境内设立分支机构的，由公司登记机关责令改正或者关闭，并处以 5 万元以上 20 万元以下的罚款。

（二）公司违反关于财务、会计规定的法律责任

公司违反规定，在法定的会计账簿以外另设会计账簿的，提供存在虚假记载或者隐瞒重要事实的财务会计报告，由县级以上人民政府依照《中华人民共和国会计法》等法律、行政法规的规定处罚。

（三）公司违反关于合并、分立、减少注册资本或者清算的规定的法律责任

公司在合并、分立、减少注册资本或者进行清算时，不按照《公司法》规定通知或者公告债权人的，由公司登记机关责令改正，对公司处以 1 万元以上 10 万元以下的罚款。

公司在进行清算时，隐匿财产，对资产负债表或者财产清单作虚假记载，或者在未清偿债务前分配公司财产的，由公司登记机关责令改正，对公司处以隐匿财产或者未清偿债务前分配公司财产金额 5%以上 10%以下的罚款；对直接负责的主管人员和其他直接责任人员处以 1 万元以上 10 万元以下的罚款。

二、发起人、股东违反《公司法》的法律责任

公司股东应当遵守法律、行政法规和公司章程，依法行使股东权利，不得滥用股东权利损害公司或者其他股东的利益；不得滥用公司法人的独立地位和股东有限责任损害公司债权人的利益。公司股东滥用股东权利给公司或者其他股东造成损失的，应当依法承担赔偿责任。公司股东滥用公司法人独立地位和股东有限责任，逃避债务，严重损害公司债权人利益的，应当对公司债务承担连带责任。公司的控股股东、实际控制人、董事、监事、高级管理人员不得利用其关联关系损害公司利益。违反规定，给公司造成损失的，应当承担赔偿责任。

公司的发起人、股东虚假出资，未交付或者未按期交付作为出资的货币或者非货币财产的，由公司登记机关责令改正，可以处以 5 万元以上 20 万元以下的罚款；情节严重的，处以虚假出资或者未出资金额 5%以上 15%以下的罚款；对直接负责的主管人员和其他直接责任人员处以 1 万元以上 10 万元以下的罚款。

公司的发起人、股东在公司成立后，抽逃其出资的，由公司登记机关责令改正，处以所抽逃出资金额 5%以上 15%以下的罚款；对直接负责的主管人员和其他直接责任人员处以 3 万元以上 30 万元以下的罚款。

三、评估、验资、验证机构违反《公司法》的法律责任

承担资产评估、验资或者验证的机构提供虚假材料或者提供有重大遗漏的报告的，由有关部门依照《中华人民共和国资产评估法》《中华人民共和国注册会计师法》等法律、行政法规的规定处罚。

承担资产评估、验资或者验证的机构因其出具的评估结果、验资或者验证证明不实，给公司债权人造成损失的，除能够证明自己没有过错的外，在其评估结果或者证明不实的金额范围内承担赔偿责任。

四、有关国家机关和直接责任人员违反《公司法》的法律责任

公司登记机关违反法律、行政法规规定未履行职责或者履行职责不当的，对负有责任的领导人员和直接责任人员依法给予政务处分。

本章小结

公司是现代企业制度的典范，其财产独立、责任独立和权责分明、管理科学、激励与约束相结合的制度安排，铸造了现代企业法人制度，是我国企业的发展方向。《公司法》以其与国际接轨性强、结构比较合理、规定比较科学等特点，在我国企业法律体系中占有非常重要的地位。公司的设立、变更、终止，组织机构的创建，公司权力的分配和制衡，公司与资本市场的结合等内容，都是值得认真学习和研究的。

核心法规

1.《中华人民共和国公司法》（1993 年 12 月 29 日通过，1999 年 12 月 25 日第一次修正，2004 年 8 月 28 日第二次修正，2005 年 10 月 27 日第一次修订，2013 年 12 月 28 日第三次修正，2018 年 10 月 26 日第四次修正，2023 年 12 月 29 日第十四届全国人民代表大会常务委员会第七次会议第二次修订）

2.《中华人民共和国证券法》（1998 年 12 月 29 日通过，2004 年 8 月 28 日第一次修正，2005 年 10 月 27 日第一次修订，2013 年 6 月 29 日第二次修正，2014 年 8 月 31 日第三次修正，2019 年 12 月 28 日第二次修订，自 2020 年 3 月 1 日起施行）

3.《中华人民共和国市场主体登记管理条例》（2021 年 7 月 27 日公布，自 2022 年 3 月 1 日起施行）

4.《企业名称登记管理规定实施办法》（2023 年 8 月 29 日公布，自 2023 年 10 月 1 日起施行）

案例讨论

（一）

2022 年 6 月，A 市 4 家企业拟发起成立一家从事高新技术开发的远望股份有限公司，资本总额为 400 万元，4 家发起企业共认购 125 万元（每股 1 元），其余部分向社会公开募股。2022 年 11 月，发起人中的 3 家企业以现金认购了 35 万元的股份，另一家企业则以其非专利技术入

股，作价 90 万元。2023 年 1 月，社会认股人缴纳股款 200 万元，发起人以远望股份有限公司的名义申请银行抵押贷款 75 万元，从而全部募足了股款。2023 年 2 月，在 A 市证券监督管理机构的主持下，召开了远望股份有限公司的创立大会，作出建立股份有限公司的决定。

请思考：远望股份有限公司的成立是否合法？

简要分析：

远望股份有限公司的成立不符合《公司法》的有关规定。主要表现在：

1. 在募集设立情况下，发起人认购的股份不得少于公司股份总数的 35%。而远望公司发起人认购的 125 万元，不够公司股份总数的 35%，即 400 万元×35%＝140 万元。

2.《公司法》规定，只有在已发行股份的股款已经缴足的前提下才能召开创立大会。而发起人以远望公司名义办理了抵押贷款后才将资金筹足，所发行的股份并未认购完。因此，创立大会不合法。

3.《公司法》规定，创立大会应由发起人召集主持。A 市证券监督管理机构主持召开创立大会不合法。

4.《公司法》第 103 条规定，募集设立股份有限公司的发起人应当自公司设立时应发行股份的股款缴足之日起 30 日内召开公司成立大会，将原《公司法》规定的“创立大会”改为“成立大会”。因此，创立大会不合法。

(二)

甲公司、乙公司、丙公司和张某、李某共同出资设立了 A 有限责任公司，其中甲公司出资 40%，乙公司和丙公司各出资 20%，张某和李某各出资 10%。公司成立后，乙公司未征求其他股东的意见，直接将自己 10%的股份转让给丙公司。张某拟将自己的股份转让给陈某，书面征求其他股东的意见，甲公司和李某表示同意，但都表示要购买张某的股份，乙公司一直不作回复，丙公司明确表示反对。张某与甲公司、李某和陈某谈判，甲公司、李某和陈某的出价均为 20 万元，甲公司和李某表示要分期支付，陈某同意一次性支付，张某遂将股份转让给陈某。陈某受让股权后，向董事会提议召开股东会临时会议更换公司董事，董事会不予理会，陈某要求 A 公司购买自己的股份，A 公司拒绝，陈某起诉 A 公司要求收购自己的股份，法院判决陈某败诉。A 公司总经理王某购买的新设备质次价高，李某经调查了解到王某收受了对方公司的贿赂，李某向监事会反映，监事会迟迟不予答复。

根据以上情况，回答下列问题：

1. 乙公司直接将股权转让给丙公司的做法是否合法？请说明理由。

2. 张某将股份转让给陈某的做法是否合法？请说明理由。如果张某最终决定将股份转让给甲公司和李某，甲公司和李某对受让股份的比例协商不成，张某应如何转让？请说明理由。

3. 法院判决陈某败诉是否正确？请说明理由。

4. 陈某如何保护自己的权益？请说明理由。

5. 李某如何保护公司利益？请说明理由。

简要分析：

1. 合法。有限责任公司的股东之间可以相互转让其全部或者部分股权。

2. 合法。《公司法》第 84 条规定，股东向股东以外的人转让股权的，应当将股权转让的数量、价格、支付方式和期限等事项书面通知其他股东，其他股东在同等条件下有优先购买权。股东自接到书面通知之日起30日内未答复的，视为放弃优先购买权。两个以上股东行使优先购买权的，协商确定各自的购买比例；协商不成的，按照转让时各自的出资比例行使优先购买权。张某根据法律的规定，书面征求其他股东的同意，甲公司和李某同意，乙公司迟迟不答复，视为同意，除张某外，4名股东有3名同意，张某可以将股份转让给陈某。虽然甲公司和李某主张优先购买权，但是陈某的条件优于甲公司和李某，所以张某可以将股份转让给陈某。

张某将自己持有的10%股份转让给甲公司8%，转让给李某2%。

3. 法院判决陈某败诉符合法律规定。《公司法》第89条规定，有下列情形之一的，对股东会该项决议投反对票的股东可以请求公司按照合理的价格收购其股权：(1) 公司连续5年不向股东分配利润，而公司该5年连续盈利，并且符合本法规定的分配利润条件的；(2) 公司合并、分立、转让主要财产的；(3) 公司章程规定的营业期限届满或者章程规定的其他解散事由出现，股东会通过决议修改章程使公司存续的。本题中董事会不依法召集股东会临时会议不属于股东要求公司收购自己股份的法定情形。

4. 陈某有权要求监事会召集和主持股东会临时会议，监事会不召集的，陈某有权自行召集和主持。《公司法》第63条第2款规定，董事会不能履行或者不履行召集股东会会议职责的，由监事会召集和主持；监事会不召集和主持的，代表1/10以上表决权的股东可以自行召集和主持。

5. 李某书面请求监事会以公司名义起诉王某，要求王某赔偿公司损失，监事会拒绝起诉或者自收到请求之日起30日内未起诉，李某有权以自己的名义起诉王某，要求王某赔偿公司损失，依据的是《公司法》第189条规定的股东代表诉讼制度。

（三）

某年2月，甲、乙两家国有企业和另外7家国有企业拟联合组建"远大货运有限责任公司"(以下简称远大公司)，注册资本为1亿元。公司章程的部分内容是：公司股东会除召开定期会议外，还可以召开临时会议；临时会议须经代表1/4以上表决权的股东、1/2以上的董事或1/2以上的监事提议召开。在申请公司设立登记时，市场监督管理机关指出了公司章程中的不合法之处。经全体股东协商后，予以纠正。

当年5月，远大公司依法登记设立，甲以知识产权出资，协议作价出资1 200万元；乙认缴出资2 000万元，是出资最多的股东。公司成立后，由甲召集和主持首次股东会会议，设立了董事会和监事会：董事会有9名成员，分别是9家国有企业的负责人；监事会有5名成员，其中1人是公司职工代表。

当年10月，远大公司董事会发现，甲作为出资的知识产权的实际价额显著低于公司章程所定的价额，为了使公司股东出资总额仍达到1亿元，董事会提出了解决方案，即由甲补足差额，如果甲不能补足差额，则由其他股东按出资比例分担该差额。

第二年3月，公司经过一段时间的运作后，经济效益较好，董事会拟定了一个增加注册资本的方案，方案提出将公司现有的注册资本由1亿元增加到1.5亿元，增资方案提交到股东会讨论表决时，有 5 家股东赞成增资，该 5 家股东出资总和为 5 830 万元，占表决权总数的 58.3%；另 4 家股东不赞成增资，4 家股东出资总和为 4 170 万元，占表决权总数的 41.7%。股东会通过增资决议，并授权董事会执行。

问：

1. 远大公司设立过程中订立的公司章程是否合法？请说明理由。

2. 远大公司首次股东会会议的召开和决议存在哪些不合法之处？请说明理由。

3. 远大公司董事会作出的关于甲出资不足的解决方案的内容是否合法？请说明理由。

4. 远大公司股东会作出的增资决议是否合法？请说明理由。

简要分析：

1. 有不合法之处，关于召开临时股东会会议的提议权的规定不合法。根据《公司法》第 62 条第 2 款的规定，代表 1/10 以上表决权的股东、1/3 以上的董事或者监事提议召开临时会议的，应当召开临时会议。而远大公司规定临时会议须经代表 1/4 以上表决权的股东、1/2 以上的董事或 1/2 以上的监事提议召开，不符合法律规定。

2. 远大公司的首次股东会会议由甲召集和主持不合法。《公司法》第 61 条规定：首次股东会会议由出资最多的股东召集和主持，依照本法规定行使职权。远大公司的股东乙出资最多，因此，首次股东会会议应由乙召集和主持。

3. 远大公司董事会作出的关于甲出资不足的解决方案的内容不合法。根据《公司法》第 51 条的规定，有限责任公司成立后，董事会应当对股东的出资情况进行核查，发现股东未按期足额缴纳公司章程规定的出资额，应由公司向该股东发出书面催缴书，催缴出资。《公司法》第 50 条规定，有限责任公司设立时，股东未按照公司章程规定实际缴纳出资，或者实际出资的非货币财产的实际价额显著低于所认缴的出资额的，设立时的其他股东与该股东在出资不足的范围内承担连带责任。本案中，甲出资的非货币财产的实际价额显著低于公司章程所定价额的，应当由交付该出资的股东补足其差额；公司设立时的其他股东承担连带责任，而并非由其他股东按出资比例分担该差额。

4. 远大公司股东会作出的增资决议不合法。股东会会议作出增加注册资本的决议，必须经代表 2/3 以上表决权的股东通过。而远大公司讨论表决时，同意的股东的出资额占表决权总数的 58.3%，没有达到 2/3，因此，增资决议不能通过。

复习思考

1. 简述公司的概念和特征。

2. 简述公司的主要分类以及一人有限责任公司的特别规定。

3. 简述公司法的概念和特征。

4. 简述有限责任公司和股份有限公司的设立条件。

5. 简述有限责任公司与股份有限公司的异同。

6. 简述国有独资公司的概念。

7. 简述董事、监事、经理的任职资格和义务。
8. 简述股东代表诉讼权和异议股东收购请求权。
9. 简述有限责任公司股权转让及其限制条件。
10. 简述股份有限公司中对特殊主体股份转让的限制。
11. 简述公司利润的分配顺序。

第五章
个人独资企业和合伙企业法律制度

要点提示

- 个人独资企业和合伙企业的概念和特征
- 个人独资企业和合伙企业法律制度的基本内容
- 有限合伙企业的特殊法律规定

第一节　个人独资企业法

一、个人独资企业的概念和法律特征

企业形态的起源就是个人独资企业，其基本特点是个人出资、个人经营、个人收益、个人承担风险。根据《中华人民共和国个人独资企业法》（简称《个人独资企业法》）第 2 条的规定，个人独资企业，是指依法在中国境内设立，由一个自然人投资，财产为投资人个人所有，投资人以其个人财产对企业债务承担无限责任的经营实体。个人独资企业是市场经济条件下的企业基本形态之一，它具有不受投资额限制、设立方便、经营灵活等特点。它在吸收社会闲散资金用于生产、满足公民就业、为社会提供丰富多样的产品和服务上有着大企业所不具备的优势，因而为各国所重视。

个人独资企业在我国是改革开放以后的产物，是私有经济的一种基本形式，具有以下法律特征。

（1）个人独资企业的投资主体是一个自然人。个人独资企业的投资主体是单一的，并且投资主体只能是自然人，而不包括单一的法人或其他社会团体组织。这一特征是个人独资企业与国有独资企业以及其他法人与非自然人单独投资设立的企业相区别的一个基本特征。

（2）个人独资企业由投资者（企业主）个人拥有和控制。个人独资企业投资人对本企业的财产依法享有所有权，其有关权利可以依法进行转让和继承。这是个人独资企业性质的实质性要件，也是个人独资企业与国有企业和集体所有制企业的重要区别之处。

（3）个人独资企业没有独立法律人格，投资人对企业债务承担无限责任。个人独资企业是自然人从事商业经营的一种组织形式，不具有独立的法律人格，其财产与投资人的个人财产并未彻底分清，当个人独资企业的财产不足以清偿债务时，投资人应以其个人财产继续进行清偿。如果投资人在申请企业设立登记时明确以其家庭共有财产作为个人出资的，应当依法以家庭共有财产来对企业债务承担无限责任。

(4) 个人独资企业是营利性的经营实体。这一特征决定了个人独资企业既不同于各种非营利性的社会组织，又不同于个体工商户。它的活动要符合国家对经济组织管理的要求，例如，应当依法设置会计账簿，进行会计核算等。

个人独资企业是市场经济条件下的企业基本形态之一，它与“一人公司”“国有企业”“国有独资公司”不同，这几种企业形式都表现为投资主体的单一性。“国有企业”“国有独资公司”的投资主体虽具有单一性，但不是单一的自然人；“一人公司”的投资主体虽可为单一的自然人，但一人公司具有独立的法律人格，即法人资格。个人独资企业也不同于私营企业，私营企业不是一种独立的企业形态，国务院于1988年发布的《中华人民共和国私营企业暂行条例》规定了独资企业、合伙企业和有限责任公司三种私营企业形式，同时规定私营企业必须为雇工8人以上的营利性经济组织，而个人独资企业没有雇工的要求。

为了规范个人独资企业的行为，保护个人独资企业投资人和债权人的合法权益，维护社会经济秩序，促进社会主义市场经济的发展，第九届全国人民代表大会常务委员会第十一次会议于1999年8月30日通过了《个人独资企业法》，该法自2000年1月1日起施行。

二、个人独资企业的设立

1. 设立个人独资企业应当具备的条件

(1) 投资人为一个自然人。个人独资企业是营利性的经营实体，法律、行政法规禁止从事营利性活动的人，如国家公务员，不得作为投资人申请设立个人独资企业。

(2) 有合法的企业名称。个人独资企业是一种企业组织形式，不同于个体工商户，应有自己的企业名称。《个人独资企业法》规定，个人独资企业的名称应当与其责任形式及从事的营业相符合。

(3) 有投资人申报的出资。从规范市场秩序、保护债权人利益的角度出发，企业设立时应有符合法律规定的注册资本，否则不能在市场监督管理机关获得设立登记。鉴于个人独资企业的投资人对企业债务承担无限责任，因此，《个人独资企业法》取消了法定最低注册资本额的规定。但是，为了保证正常的生产经营活动，投资人在向市场监督管理机关申请设立登记时，应根据自己的实际能力，申报与企业生产经营规模相适应的出资额，并要实际出资。

(4) 有固定的生产经营场所和必要的生产经营条件。

(5) 有必要的从业人员。

2. 设立个人独资企业的程序

(1) 提出登记申请。申请设立个人独资企业，应当由投资人或者其委托的代理人向个人独资企业所在地的登记机关提交设立申请书、投资人身份证明、生产经营场所使用证明等文件。委托代理人申请设立登记时，应当出具投资人的委托书和代理人的合法证明。

个人独资企业设立分支机构，应当由投资人或者其委托的代理人向分支机构所在地的登记机关申请登记。分支机构经核准登记后，应将登记情况报该分支机构隶属的个人独资企业的登记机关备案。

个人独资企业设立申请书应当载明下列事项：企业的名称和住所、投资人的姓名和居所、投资人的出资额和出资方式、经营范围。

个人独资企业不得从事法律、行政法规禁止经营的业务，从事法律、行政法规规定须报经有关部门审批的业务，应当在申请设立登记时提交有关部门的批准文件。

（2）审核和登记。登记机关在收到设立申请文件起 15 日内，要依法在法定期限内进行审核，对符合法律规定条件的，予以登记，发给营业执照；对不符合法律规定条件的，不予登记，并应当给予书面答复，说明理由。

个人独资企业的营业执照的签发日期为个人独资企业成立日期。在领取个人独资企业营业执照前，投资人不得以个人独资企业名义从事经营活动。

个人独资企业存续期间登记事项发生变更的，应当在法定期限内依法向登记机关申请办理变更登记。

三、个人独资企业的事务管理

个人独资企业投资人可以自行管理企业事务，也可以委托或者聘用其他具有民事行为能力的人负责企业的事务管理，但投资人应当与受托人或者被聘用的人签订书面合同，明确委托的具体内容和授予的权利范围。投资人对受托人或者被聘用人员职权的限制不得对抗善意第三人。受托人或者被聘用的人员应当履行诚信、勤勉义务，按照与投资人签订的委托协议负责企业的事务管理，不得有下列行为：利用职务上的便利，索取或者收受贿赂；利用职务或者工作上的便利侵占企业财产；挪用企业的资产归个人使用或者借贷给他人；擅自将企业资金以个人名义或者他人名义开立账户储存，擅自以企业财产提供担保；未经投资人同意，不得从事与本企业相竞争的业务，同本企业订立合同或进行交易，或者擅自将企业商标或者其他知识产权转让给他人使用；不得泄露本企业的商业秘密；法律、行政法规禁止的其他行为。

四、个人独资企业的权利和义务

个人独资企业虽然不具有独立的法律人格，但仍可以作为市场主体从事民事经济活动，其在生产经营活动中享有的权利受法律保护。

个人独资企业的权利主要有：可以有自己的名称和字号，并以其名义进行经营活动；可以有自己的财产；可以以自己的名义进行诉讼；拥有进行生产经营活动的权利，如可以委托或聘用他人负责企业的事务管理、招用职工、申请贷款、开立账户等。

个人独资企业的义务主要有：必须按照国家会计法规和税法规定，健全财务会计制度，配备财务人员，设置会计账簿，进行会计核算，依法履行纳税义务；个人独资企业应当依法招用职工，要与职工签订劳动合同，要保障职工的劳动安全，按照规定参加社会保险，为职工缴纳社会保险费，要按时、足额发放职工工资。

五、个人独资企业的解散和清算

1. 个人独资企业解散的原因

个人独资企业有下列情形之一时，应当解散：（1）投资人决定解散；（2）投资人死亡或者被宣告死亡，无继承人或者继承人决定放弃继承；（3）被依法吊销营业执照；（4）法律、行政法规规定的其他情形。

2. 个人独资企业解散后的清算

个人独资企业解散，应由投资人自行清算或者由债权人申请人民法院指定清算人进行清算。

投资人自行清算的，应当在法定期限内书面通知债权人，无法通知的，应当予以公告。债权人应当在法定期限内向投资人申报其债权。

个人独资企业解散后，原投资人对个人独资企业存续期间的债务仍应承担偿还责任，但债权人在5年内未向债务人提出偿债请求的，该责任消灭。

个人独资企业解散的，财产应当按照下列顺序清偿：所欠职工工资和社会保险费用；所欠税款；其他债务。

个人独资企业在清算期间，不得开展与清算目的无关的经营活动。在按照上述顺序清偿债务前，投资人不得转移、隐匿财产。

个人独资企业财产不足以清偿债务的，投资人应当以其个人的其他财产予以清偿。

个人独资企业清算结束后，投资人或人民法院指定的清算人应当编制清算报告，并于法定期限内到登记机关办理注销登记。

小试牛刀

张某出资500万元设立个人独资企业，开始两年由投资人张某自行管理经营，盈利800万元。后因投资人张某年老体弱，很难管理经营企业，便委托李某管理企业。由于李某不会管理与经营，企业连年亏损，现欠债1 500万元。

在企业很难再维持下去的情况下，张某决定解散企业并进行清算。

请问：

1. 张某是否有权决定解散企业？
2. 该个人独资企业解散应由谁进行清算？
3. 企业解散后的1 500万元债务应如何承担？
4. 如果该个人独资企业财产不足以清偿债务，怎么办？

以上问题，通过认真阅读教材后，即可找到正确答案。此处不再赘述。

六、违反《个人独资企业法》的法律责任

（一）对个人独资企业违法行为的处罚

（1）对违反市场监督管理行为的处罚。个人独资企业有下列行为之一的，由市场监督管理机关根据情节，分别给予责令改正、罚款、吊销营业执照、责令停业、没收违法所得的处罚：一是违反《个人独资企业法》的规定，提交虚假文件或采取其他欺骗手段，取得企业登记的；二是个人独资企业使用的名称与其在登记机关登记的名称不相符合的；三是涂改、出租、转让营业执照的；四是伪造营业执照的（构成犯罪的，应依法追究刑事责任）；五是个人独资企业成立后无正当理由超过6个月未开业的，或者开业后自行停业连续6个月以上的；六是未领取营业执照，以个人独资企业名义从事经营活动的；七是个人独资企业登记事项发生变更时，未依法办理有关变更登记，责令限期办理变更登记，逾期不办理的。

（2）对违反劳动管理行为的处罚。个人独资企业侵犯职工合法权益，未保障职工劳动安全，不缴纳社会保险费用的，依照有关法律、行政法规予以处罚，并追究有关责任人员的责任。

(3) 对违反清算规定行为的处罚。个人独资企业及其投资人在清算前或清算期间隐匿或转移财产，逃避债务的，依法追回其财产，并按有关规定予以处罚；构成犯罪的，依法追究刑事责任。

(二) 对投资人委托或聘用的人员违法行为的处罚

(1) 投资人委托或聘用的人员管理个人独资企业事务时违反双方订立的合同，给投资人造成损害的，承担民事赔偿责任。

(2) 投资人委托或聘用的人员，违反《个人独资企业法》第 40 条规定，侵犯个人独资企业财产权益的，责令退还侵占的财产；给企业造成损失的，依法承担赔偿责任；有违法所得的，没收违法所得；构成犯罪的，依法追究刑事责任。

(三) 对登记机关工作人员违法行为的处罚

(1) 登记机关对不符合法律规定条件的个人独资企业予以登记，反之不予登记的，对直接责任人员依法给予行政处分；构成犯罪的，依法追究刑事责任。

(2) 登记机关的上级部门的有关主管人员强令登记机关对不符合法定条件的企业予以登记，或者对符合法定条件的企业不予登记的，或者对登记机关的违法登记行为进行包庇的，对直接责任人员依法给予行政处分；构成犯罪的，依法追究刑事责任。

第二节　合伙企业法

一、合伙企业与合伙企业法

合伙是指两个以上的人为着共同目的，相互约定共同出资、共同经营、共享收益、共担风险的自愿联合。在学理上和立法实践中，合伙有两种解释：一种解释认为合伙是一种合同，即由两个以上合伙人为了共同的事业目的，订立的共享利益、共担风险的协议，合伙关系即为合同关系；另一种解释认为合伙是一种企业组织形式，即由合伙人联合而成的经济组织，或是由合伙人聚合而成的联合体。实际上，民法典中规定的合伙合同属于民事合伙，合伙企业法中所指的合伙应是一种商事合伙，属于一种企业组织形式。

根据《中华人民共和国合伙企业法》(简称《合伙企业法》) 第 2 条的规定，我国的合伙企业，是指自然人、法人和其他组织依法在中国境内设立的普通合伙企业和有限合伙企业。普通合伙企业由普通合伙人组成，除法律有特别规定外，合伙人对合伙企业债务承担无限连带责任；有限合伙企业由普通合伙人和有限合伙人组成，普通合伙人对合伙企业债务承担无限连带责任，有限合伙人以其认缴的出资额为限对合伙企业债务承担责任。

合伙企业法是指国家立法机关及其他有权机关依法制定的调整合伙企业合伙关系的法律规范的总称。《合伙企业法》于 1997 年 2 月 23 日由第八届全国人民代表大会常务委员会第二十四次会议通过，2006 年 8 月 27 日第十届全国人民代表大会常务委员会第二十三次会议修订，修订后的《合伙企业法》自 2007 年 6 月 1 日起施行。

二、普通合伙企业

普通合伙企业由普通合伙人组成，除法律对普通合伙人承担责任的形式有特别规定的，合伙人对合伙企业债务承担无限连带责任。所谓普通合伙人是指在合伙企业中对合伙企业的债务依法承担无限连带责任的自然人、法人和其他组织。

（一）合伙企业设立

设立合伙企业，应当具备下列条件。

（1）有两个以上合伙人。合伙人为自然人的，应当具有完全民事行为能力；国有独资公司、国有企业、上市公司以及公益性的事业单位、社会团体不得成为普通合伙人。如果合伙企业设立后，出现各种原因导致最终只有一个合伙人，则根据《合伙企业法》第 85 条第 4 项“合伙人已不具备法定人数满三十天”的规定，应当解散合伙企业。

（2）有书面合伙协议。合伙协议是确定合伙人之间权利与义务以及合伙企业生产经营活动的基本法律文件，是指由合伙人通过协商所形成的决定相互之间权利与义务的、对合伙人和合伙企业具有法律约束力的协议。合伙协议应载明下列事项：合伙企业的名称和主要经营场所的地点，合伙目的和合伙经营范围，合伙人的姓名或者名称、住所，合伙人的出资方式、数额和缴付期限，利润分配、亏损分担方式，合伙事务的执行，入伙与退伙，合伙企业的解散与清算，违约责任。合伙协议还可以载明合伙企业的经营期限和合伙人争议的解决方式。合伙协议经全体合伙人签名、盖章后生效。合伙人按照合伙协议享有权利，履行义务。合伙协议未约定或者约定不明确的事项，由合伙人协商决定；协商不成的，依照《合伙企业法》和其他有关法律、行政法规的规定处理。修改或者补充合伙协议，应当经全体合伙人一致同意；但是，合伙协议另有约定的除外。

（3）有合伙人认缴或者实际缴付的出资。合伙人可以用货币、实物、知识产权、土地使用权或者其他财产权利出资，也可以用劳务出资。合伙人以实物、知识产权、土地使用权或者其他财产权利出资，需要评估作价的，可以由全体合伙人协商确定，也可以由全体合伙人委托法定评估机构评估。合伙人以劳务出资的，其评估办法由全体合伙人协商确定，并在合伙协议中载明。合伙人应当按照合伙协议约定的出资方式、数额和缴付期限，履行出资义务。以非货币财产出资的，依照法律、行政法规的规定，需要办理财产权转移手续的，应当依法办理。

（4）有合伙企业的名称和生产经营场所。企业名称又称字号，是法人以及其他非法人团体用以确定和代表自身并区别于他人的符号和标记。[①] 合伙企业名称中应当标明“普通合伙”字样，其中特殊的普通合伙企业，其名称中应当标明“特殊普通合伙”字样。合伙企业生产经营场所是指合伙企业从事生产经营活动的所在地。合伙企业只有一个主要生产经营场所，即在企业登记机关登记的营业地点，但可以根据需要设立其他经营场所和分支机构。

（5）法律、行政法规规定的其他条件。

申请设立合伙企业，应当向企业登记机关提交登记申请书、合伙协议书、合伙人身份证明等文件。合伙企业的经营范围中有属于法律、行政法规规定在登记前须经批准的项目的，该项经营业务应当依法经过批准，并在登记时提交批准文件。

申请人提交的登记申请材料齐全、符合法定形式，企业登记机关能够当场登记的，应予当场登记，发给营业执照。除当场登记外，企业登记机关应当在法定期间内，作出是否登记的决定。予以登记的，发给营业执照；不予登记的，应当给予书面答复，并说明理由。

合伙企业的营业执照签发日期，为合伙企业成立日期。合伙企业领取营业执照前，合伙人

---

① 参见王利明：《人格权法研究》，426 页，北京，中国人民大学出版社，2005。

不得以合伙企业名义从事合伙业务。

小试牛刀

A、B、C、D、E是某村村民。其中B是A的儿子，年龄14周岁，E是A的弟弟，是本县地税局副局长。A、B、C、D、E 5人于2016年8月1日在某县城达成书面协议，决定创办普通合伙企业，共同经营服装零售，合伙协议规定：

(1) 合伙企业的名字叫作洪达服装经营部，营业地点为某县城集贸市场南大街一号，租房4间。

(2) 经营范围：服装零售；合伙目的：共同经营，共同享受收益。

(3) A、B、C、D、E各出资人民币1万元，于2016年8月10日前缴付完毕。

(4) 利润平均分配，亏损平均承担。

(5) 合伙企业事务的执行：由A负责分派任务。

(6) 合伙企业解散时，各自取回自己的出资。

当时合伙协议经全体合伙人签字、盖章后生效，并于当日各自缴付出资。A持该协议向县市场监督管理局书面申请合伙企业设立登记。县市场监督管理局于9月20日电话告知E，对申请设立合伙企业洪达服装经营部，因不符合法律规定，不予登记。

请问：本合伙企业成立过程中，有哪些事项不符合法律规定？

A、B、C、D、E 5人在设立合伙企业的过程中，有下列事项不符合法律规定：B、E不能成为合伙人，合伙协议记载的事项不全，A向县市场监督管理局申请登记时提交的文件不全，县市场监督管理局在登记过程中违反了法定期限和书面告知方式的规定。

（二）合伙企业财产

合伙人的出资、以合伙企业名义取得的收益和依法取得的其他财产，均为合伙企业的财产。

合伙人在合伙企业清算前，除法律另有规定外，不得请求分割合伙企业的财产，所以，合伙企业的合伙财产具有共同财产的性质，只能由全体合伙人共同管理和使用。对合伙企业财产的占有、使用、收益和处分，均应依据全体合伙人的意志进行。

合伙企业财产的转让是指合伙人将自己在合伙企业中的财产份额转让给他人。由于合伙企业及其财产性质的特殊性，其财产的转让会影响到合伙企业以及各合伙人的切身利益，因而《合伙企业法》对合伙企业财产的转让作了以下限制性规定：除合伙协议另有约定外，合伙人向合伙人以外的人转让其在合伙企业中的全部或者部分财产份额时，须经其他合伙人一致同意；合伙人之间转让在合伙企业中的全部或者部分财产份额时，应当通知其他合伙人；合伙人向合伙人以外的人转让其在合伙企业中的财产份额的，除合伙协议另有约定外，在同等条件下，其他合伙人有优先购买权。

合伙人以其在合伙企业中的财产份额出质的，须经其他合伙人一致同意；未经其他合伙人一致同意，其行为无效，由此给善意第三人造成损失的，由行为人依法承担赔偿责任。

（三）合伙事务执行

合伙企业事务的执行，有全体合伙人共同执行和委托一名或数名合伙人执行两种方式。

全体合伙人共同执行合伙企业事务是合伙企业事务执行的基本形式，也是在合伙企业中经常使用的一种形式。在采取这种形式的合伙企业中，按照合伙协议的约定，各个合伙人都直接参与经营，处理合伙企业的事务，对外代表合伙企业。

委托一名或数名合伙人执行合伙企业事务，即由合伙协议约定或者全体合伙人决定委托一名或者数名合伙人执行合伙企业事务，对外代表合伙企业。未接受委托执行合伙企业事务的其他合伙人，不再执行合伙企业的事务，但有权监督执行事务合伙人执行合伙事务的情况。除合伙协议另有约定外，合伙企业的下列事项应当经全体合伙人一致同意：改变合伙企业的名称；改变合伙企业的经营范围、主要经营场所的地点；处分合伙企业的不动产；转让或者处分合伙企业的知识产权和其他财产权利；以合伙企业名义为他人提供担保；聘任合伙人以外的人担任合伙企业的经营管理人员。

合伙人在执行合伙企业事务中主要有以下权利：合伙人平等享有合伙事务执行权；执行合伙事务的合伙人对外代表合伙企业；不参加执行事务的合伙人有权监督执行事务的合伙人，检查其执行合伙企业事务的情况；各合伙人有权查阅合伙企业的账簿和其他有关文件；合伙人有提出异议权和撤销委托执行事务权。

合伙人在执行合伙企业事务中主要有以下义务：合伙事务执行人向不参加执行事务的合伙人报告事务执行情况以及企业经营状况和财务状况；合伙人不得自营或者同他人合作经营与本合伙企业相竞争的业务；除合伙协议另有约定或者经全体合伙人一致同意外，合伙人不得同本合伙企业进行交易；合伙人不得从事损害本合伙企业利益的活动。

合伙人对合伙企业有关事项作出决议，按照合伙协议约定的表决办法办理。合伙协议未约定或者约定不明确的，实行合伙人一人一票并经全体合伙人过半数通过的表决办法。

合伙企业损益包括两方面的内容：一是合伙利润，是指以合伙企业的名义所取得的经济利益，它反映了合伙企业在一定期间的经营成果。合伙利润包括营业利润、投资净收益和营业外收支净额。二是合伙亏损，是指以合伙企业的名义从事经营活动所形成的亏损，即合伙人共同承担的经济责任。合伙企业的利润分配、亏损分担，按照合伙协议的约定办理；合伙协议未约定或者约定不明确的，由合伙人协商决定；协商不成的，由合伙人按照实缴出资比例分配、分担；无法确定出资比例的，由合伙人平均分配、分担。合伙协议不得约定将全部利润分配给部分合伙人或者由部分合伙人承担全部亏损。

经全体合伙人同意，合伙企业可以聘任合伙人以外的人担任合伙企业的经营管理人员。被聘任的合伙企业的经营管理人员应当在合伙企业授权范围内履行职务。被聘任的合伙企业的经营管理人员超越合伙企业授权范围履行职务，或者在履行职务过程中因故意或者重大过失给合伙企业造成损失的，依法承担赔偿责任。

合伙企业应当依照法律、行政法规的规定建立企业财务、会计制度。

（四）合伙企业与第三人关系

合伙企业与第三人关系，实际上是指有关合伙企业的对外关系，涉及合伙企业对外代表权的效力、合伙企业和合伙人的债务清偿等问题。

《合伙企业法》规定，执行合伙企业事务的合伙人，对外代表合伙企业。依据这一规定，可以取得合伙企业对外代表权的合伙人，主要有三种情况：(1) 由全体合伙人共同执行合伙企业事务的，全体合伙人都有权对外代表合伙企业，即全体合伙人都取得了合伙企业的对外代表权。(2) 由部分合伙人执行合伙企业事务的，只有受委托执行合伙企业事务的那一部分合伙人有权对外代表合伙企业。(3) 由于特别授权在单项合伙事务上有执行权的合伙人，依照授权范围可以对外代表合伙企业。

执行合伙企业事务的合伙人，在取得对外代表权后，可以以合伙企业的名义进行经营活动，在其授权的范围内作出法律行为。合伙企业对合伙人执行合伙事务以及对外代表合伙企业权利的限制，不得对抗善意第三人。

合伙企业对其债务，应先以其全部财产进行清偿。合伙企业财产不足以清偿到期债务的，各合伙人应当承担无限连带清偿责任。各合伙人所有的个人的财产，除去依法不可执行的财产，如合伙人及其家属的生活必需品、已设定抵押权的财产等，均可用于清偿。合伙企业以其财产清偿合伙企业债务时，其不足的部分，按照合伙协议的约定办理；合伙协议未约定或者约定不明确的，由合伙人协商决定；协商不成的，由合伙人按照实缴出资比例分配、分担；无法确定出资比例的，由合伙人平均分配、分担。合伙人由于承担无限连带责任，债权人可以请求全体合伙人中的一人或数人承担全部清偿责任，也可以按照自己确定的比例向各合伙人追偿。如果合伙人实际清偿的债务数额超过其依照既定比例所承担的数额，该合伙人有权向其他未支付或者未足额支付应承担数额的合伙人追偿。

合伙企业中合伙人发生与合伙企业无关的债务，相关债权人不得以其债权抵销其对合伙企业的债务。此即某一合伙人的债权人，不得代位行使该债权而抵销其对合伙企业的债务；合伙人个人负有债务，其债权人不得代位行使该合伙人在合伙企业中的权利。合伙人的自有财产不足以清偿其与合伙企业无关的债务的，该合伙人可以以其从合伙企业中分取的收益用于清偿；债权人也可以依法请求人民法院强制执行该合伙人在合伙企业中的财产份额用于清偿。人民法院强制执行合伙人的财产份额时，应当通知全体合伙人，其他合伙人有优先购买权；其他合伙人未购买，又不同意将该财产份额转让给他人的，依法为该合伙人办理退伙结算，或者办理削减该合伙人相应财产份额的结算。

(五) 入伙、退伙

入伙，是指在合伙企业存续期间，非合伙人被合伙企业接纳，并取得合伙人资格的行为。根据《合伙企业法》的规定，新合伙人入伙时，除合伙协议另有约定外，应当经全体合伙人一致同意，并依法订立书面入伙协议。订立入伙协议时，原合伙人应当向新合伙人如实告知原合伙企业的经营状况和财务状况。入伙的新合伙人与原合伙人享有同等权利，承担同等责任。入伙协议另有约定的，从其约定。入伙的新合伙人对入伙前合伙企业的债务承担无限连带责任。

退伙，是指合伙人退出合伙企业，丧失合伙人资格的行为。合伙协议应对退伙的条件和程序作出规定。合伙人退伙，一般有两种情形：一是自愿退伙，二是法定退伙。

自愿退伙是指合伙人基于自愿的意思表示而退伙，有协议退伙和通知退伙两种。协议退伙也称约定退伙，即合伙协议中对退伙有规定的，合伙人按照合伙协议的规定退伙。《合伙企业法》规定，合伙协议约定合伙期限的，在合伙企业存续期间，有下列情形之一的，合伙人可以退伙：合伙协议约定的退伙事由出现，经全体合伙人一致同意，发生合伙人难以继续参加合伙的事由，其他合伙人严重违反合伙协议约定的义务。通知退伙也称声明退伙，是指合伙协议对合伙人退伙没有约定，合伙人以书面的形式将退伙的意思表示通知其他合伙人。《合伙企业法》规定：合伙协议未约定合伙企业期限的，合伙人在不给合伙企业事务执行造成不利影响的情况下，可以退伙，但应当提前 30 日通知其他合伙人。如果声明退伙违反合伙协议中有关退伙条件的约定，并造成损害的，退伙人应当承担赔偿责任。

法定退伙亦称当然退伙。《合伙企业法》规定，合伙人有下列情形之一的，当然退伙：作为合伙人的自然人死亡或者被依法宣告死亡；个人丧失偿债能力；作为合伙人的法人或者其他组织依法被吊销营业执照、责令关闭撤销，或者被宣告破产；法律规定或者合伙协议约定合伙人必须具有相关资格而丧失该资格；合伙人在合伙企业中的全部财产份额被人民法院强制执行。合伙人死亡或者被依法宣告死亡的，对该合伙人在合伙企业中的财产份额享有合法继承权的继承人，如果符合法定条件，按照合伙协议的约定或者经全体合伙人一致同意，从继承开始之日起，取得该合伙企业的合伙人资格。合伙人或合伙人的继承人被依法认定为无民事行为能力人或者限制民事行为能力人的，经其他合伙人一致同意，可以依法转为有限合伙人，普通合伙企业依法转为有限合伙企业。其他合伙人未能一致同意的，该无民事行为能力或者限制民事行为能力的合伙人退伙，或者合伙企业应当将被继承合伙人的财产份额退还该继承人。当然退伙以法定事由实际发生之日为退伙生效日。

另外，合伙人有下列情形之一的，经其他合伙人一致同意，可以决议将其除名：未履行出资义务；因故意或者重大过失给合伙企业造成损失；执行合伙事务时有不正当行为；发生合伙协议约定的事由。对合伙人的除名决议应当书面通知被除名人。被除名人接到除名通知之日，除名生效，被除名人退伙。被除名人对除名决议有异议的，可以在法定期限内向人民法院起诉。

合伙人退伙的，其他合伙人应当与该退伙人按照退伙时的合伙企业的财产状况进行结算，退还退伙人的财产份额，退伙人对给合伙企业造成的损失负有赔偿责任的，相应扣减其应当赔偿的数额。退还办法，由合伙协议约定或者由全体合伙人决定，可以退还货币，也可以退还实物。退伙时有未了结的合伙企业事务的，待该事务了结后进行结算。退伙人对其退伙前已发生的合伙企业债务，与其他合伙人承担连带责任。

（六）特殊的普通合伙企业

特殊的普通合伙企业是指以专业知识和专门技能为客户提供有偿服务的专业服务机构。

一个合伙人或者数个合伙人在执业活动中因故意或者重大过失造成合伙企业债务的，应当承担无限责任或者无限连带责任，其他合伙人以其在合伙企业中的财产份额为限承担责任。合伙人在执业活动中非因故意或者重大过失造成的合伙企业债务以及合伙企业的其他债务，由全体合伙人承担无限连带责任。

合伙人执业活动中因故意或者重大过失造成的合伙企业债务，以合伙企业财产对外承担责任后，该合伙人应当按照合伙协议的约定对给合伙企业造成的损失承担赔偿责任。

特殊的普通合伙企业应当建立执业风险基金、办理职业保险。执业风险基金用于偿付合伙人执业活动造成的债务。执业风险基金应当单独立户管理。具体管理办法由国务院规定。

三、有限合伙企业

有限合伙企业是指由普通合伙人和有限合伙人组成，普通合伙人对合伙企业债务承担无限连带责任，有限合伙人以其认缴的出资额为限对合伙企业债务承担责任的合伙组织。

有限合伙企业与普通合伙企业相比，有相同点，也存在差异，两者的差别主要表现在合伙企业的内部结构上。普通合伙企业的投资人均为普通合伙人（特殊的普通合伙企业除外），而有限合伙企业的投资者则划分为两部分，即普通合伙人和有限合伙人。基于此种差异而产生了其他差异：在经营管理上，普通合伙企业的合伙人一般均可参与合伙企业的经营管理，而有限合伙企业中有限合伙人不执行合伙事务，由普通合伙人从事合伙企业的经营管理；在风险承担上，普通合伙企业的合伙人之间对合伙企业债务承担无限连带责任，而有限合伙企业中不同类型的合伙人所承担的责任存在差异，有限合伙人以其出资额为限承担有限责任，普通合伙人之间承担无限连带责任。

《合伙企业法》规定：有限合伙企业及其合伙人适用对有限合伙企业的特殊规定，无特殊规定的，适用有关普通合伙企业及其合伙人的规定。所以，本部分主要介绍有限合伙企业的有关特殊规定。

（一）有限合伙企业设立的特殊规定

普通合伙企业只要求有 2 个以上的合伙人。有限合伙企业设立人数的要求则不同，有限合伙企业除法律另有规定外，由 2 个以上 50 个以下合伙人设立。有限合伙企业至少应当有一个普通合伙人。而普通合伙企业设立人数没有上限。另外，国有独资公司、国有企业、上市公司以及公益性的事业单位、社会团体不得成为普通合伙人，却可以成为有限合伙人。

有限合伙企业名称中应当标明“有限合伙”字样。

有限合伙企业的合伙协议除符合普通合伙企业合伙协议的规定外，还应当载明下列事项：普通合伙人和有限合伙人的姓名或者名称、住所；执行事务合伙人应具备的条件和选择程序；执行事务合伙人权限与违约处理办法；执行事务合伙人的除名条件和更换程序；有限合伙人入伙、退伙的条件、程序以及相关责任；有限合伙人和普通合伙人相互转变程序。

有限合伙人可以用货币、实物、知识产权、土地使用权或者其他财产权利作价出资，但有限合伙人不得以劳务出资。有限合伙人应当按照合伙协议的约定按期足额缴纳出资，未按期足额缴纳的，应当承担补缴义务，并对其他合伙人承担违约责任。有限合伙企业登记事项中应当载明有限合伙人的姓名或者名称及认缴的出资数额。

（二）有限合伙企业事务执行的特殊规定

有限合伙企业由普通合伙人执行合伙事务。执行事务合伙人可以要求在合伙协议中确定执行事务的报酬及报酬提取方式。有限合伙人不执行合伙事务，不得对外代表有限合伙企业。

有限合伙人的下列行为，不视为执行合伙事务：参与决定普通合伙人入伙、退伙；对企业的经营管理提出建议；参与选择承办有限合伙企业审计业务的会计师事务所；获取经审计的有限合伙企业财务会计报告；对涉及自身利益的情况，查阅有限合伙企业财务会计账簿等财务资料；在有限合伙企业中的利益受到侵害时，向有责任的合伙人主张权利或者提起诉讼；执行事务合伙人怠于行使权利时，督促其行使权利或者为了本企业的利益以自己的名义提起诉讼；依法为本企业提供担保。

有限合伙企业不得将全部利润分配给部分合伙人；但是，合伙协议另有约定的除外。

有限合伙人可以同本有限合伙企业进行交易；但是，合伙协议另有约定的除外。

有限合伙人可以自营或者同他人合作经营与本有限合伙企业相竞争的业务；但是，合伙协议另有约定的除外。

（三）有限合伙人财产出质与转让的特殊规定

有限合伙人除合伙协议另有约定外可以将其在有限合伙企业中的财产份额出质，也就是说有限合伙人可以以其在合伙企业中的财产份额对外进行权利质押。这样规定的理由在于，出质行为产生的后果仅仅是有限合伙人变更的可能，而对有限合伙企业的财产基础并无根本影响。

有限合伙人可以按照合伙协议的约定向合伙人以外的人转让其在有限合伙企业中的财产份额，但应当提前 30 日通知其他合伙人。这样规定是因为有限合伙人向合伙人以外的其他人转让其在合伙企业中的财产份额并不影响合伙企业债权人的利益。有限合伙人向合伙人以外的其他人转让其在合伙企业中的财产份额，在同等条件下，其他合伙人有优先购买权。

（四）有限合伙人债务清偿的特殊规定

有限合伙人的自有财产不足清偿其与合伙企业无关的债务的，该合伙人可以以其从有限合伙企业中分取的收益用于清偿；债权人也可以依法请求人民法院强制执行该合伙人在有限合伙企业中的财产份额用于清偿。人民法院强制执行有限合伙人的财产份额时，应当通知全体合伙人。在同等条件下，其他合伙人有优先购买权。

有限合伙企业仅剩有限合伙人的，应当解散；有限合伙企业仅剩普通合伙人的，转为普通合伙企业。

第三人有理由相信有限合伙人为普通合伙人并与其交易的，该有限合伙人对该笔交易承担与普通合伙人同样的责任。有限合伙人未经授权以有限合伙企业名义与他人进行交易，给有限合伙企业或者其他合伙人造成损失的，该有限合伙人应当承担赔偿责任。

（五）有限合伙企业入伙与退伙的特殊规定

有限合伙企业的新入伙人根据其性质分为新入伙的有限合伙人和普通合伙人。如果新入伙的合伙人为普通合伙人，则应按照普通合伙企业的入伙规定，即新合伙人入伙时，除合伙协议另有约定外，应当经全体合伙人一致同意，并依法订立书面入伙协议，入伙的新合伙人对入伙前合伙企业的债务承担无限连带责任。如果新入伙的合伙人为有限合伙人，则新入伙的有限合伙人对入伙前有限合伙企业的债务，以其认缴的出资额为限承担责任。

有限合伙人有下列情形之一的，当然退伙：作为合伙人的自然人死亡或者被依法宣告死亡；作为合伙人的法人或者其他组织依法被吊销营业执照、责令关闭、撤销，或者被宣告破产；法律规定或者合伙协议约定合伙人必须具有相关资格而丧失该资格；合伙人在合伙企业中的全部财产份额被人民法院强制执行。与普通合伙企业的当然退伙相比，缺少个人丧失偿债能力时当然退伙的规定。

由于有限合伙人不执行合伙企业事务，仅以出资额为限承担有限责任，所以《合伙企业法》规定，作为有限合伙人的自然人在有限合伙企业存续期间丧失民事行为能力的，其他合伙人不得因此要求其退伙。作为有限合伙人的自然人死亡、被依法宣告死亡或者作为有限合伙人的法人及其他组织终止时，其继承人或者权利承受人可以依法取得该有限合伙人在有限合伙企业中的资格。

有限合伙人退伙后，对基于其退伙前的原因发生的有限合伙企业债务，以其退伙时从有限合伙企业中取回的财产承担责任。

（六）合伙人性质转变的特殊规定

有限合伙企业中有限合伙人与普通合伙人的身份是可以改变的，即有限合伙人可以转变为普通合伙人，普通合伙人可以转变为有限合伙人。但《合伙企业法》规定，除合伙协议另有约定外，普通合伙人转变为有限合伙人，或者有限合伙人转变为普通合伙人，应当经全体合伙人一致同意。同时，为保障合伙企业债权人利益，规定有限合伙人转变为普通合伙人的，对其作为有限合伙人期间有限合伙企业发生的债务承担无限连带责任；普通合伙人转变为有限合伙人的，对其作为普通合伙人期间合伙企业发生的债务承担无限连带责任。

小试牛刀

张三、李四、王五三人是同学关系，三人决定设立一有限合伙企业，从事服装零售。合伙协议中规定了以下内容：

(1) 张三出资 30 万元，为普通合伙人，约定以其出资的两倍为限对企业债务承担责任；

(2) 李四为有限合伙人，为服装店的营业员，三人同意以其一年的劳务作价 15 万元出资，不再领取劳动报酬；

(3) 王五为有限合伙人，出资 50 万元，因出资最多所以是合伙企业的事务执行人。

请问：该合伙协议中的内容，有哪些约定不符合法律规定？

该合伙协议中的内容均不符合法律规定：(1) 有限合伙企业中的普通合伙人对有限合伙企业发生的债务承担无限连带责任，该企业只有一个普通合伙人，就由该普通合伙人对有限合伙企业发生的债务承担无限责任。(2) 有限合伙人不得以劳务出资。(3) 有限合伙企业应当由普通合伙人执行合伙企业事务，有限合伙人不得执行合伙企业事务。

四、合伙企业的解散和清算

合伙企业有下列情形之一时，应当解散：合伙期限届满，合伙人决定不再经营；合伙协议约定的解散事由出现；全体合伙人决定解散；合伙人已不具备法定人数满 30 天；合伙协议约定的合伙目的已经实现或者无法实现；依法被吊销营业执照、责令关闭或者被撤销；法律、行政法规规定的其他原因。

合伙企业解散，应当由清算人进行清算。清算人由全体合伙人担任；经全体合伙人过半数同意，可以自合伙企业解散事由出现后 15 日内指定一个或者数个合伙人，或者委托第三人，担任清算人。自合伙企业解散事由出现之日起 15 日内未确定清算人的，合伙人或者其他利害关系人可以申请人民法院指定清算人。

清算人在清算期间执行下列事务：清理合伙企业财产，分别编制资产负债表和财产清单；处理与清算有关的合伙企业未了结事务；清缴所欠税款；清理债权、债务；处理合伙企业清偿债务后的剩余财产；代表合伙企业参加诉讼或者仲裁活动。

清算人自被确定之日起 10 日内将合伙企业解散事项通知债权人，并于 60 日内在报纸上公告。债权人应当自接到通知书之日起 30 日内，未接到通知书的自公告之日起 45 日内，向清算人申报债权。债权人申报债权，应当说明债权的有关事项，并提供证明材料。清算人应当对债权进行登记。

清算期间，合伙企业存续，但不得开展与清算无关的经营活动。

合伙企业清算时，其财产在支付清算费用后，按下列顺序清偿：职工工资、社会保险费用、法定补偿金以及缴纳所欠税款、清偿其他债务，此后的剩余财产，依照合伙企业盈余分配方案进行分配。

清算结束，清算人应当编制清算报告，经全体合伙人签名、盖章后，在 15 日内向企业登记机关报送清算报告，申请办理合伙企业注销登记。

合伙企业注销后，原普通合伙人对合伙企业存续期间的债务仍应承担无限连带责任。

合伙企业不能清偿到期债务的，债权人可以依法向人民法院提出破产清算申请，也可以要求普通合伙人清偿。合伙企业依法被宣告破产的，普通合伙人对合伙企业债务仍应承担无限连带责任。

五、违反《合伙企业法》的法律责任

（一）违反《合伙企业法》的民事责任

《合伙企业法》规定，合伙人有以下行为的，应承担民事赔偿责任。

（1）合伙人执行合伙事务，或者合伙企业从业人员利用职务上的便利，将应当归合伙企业的利益据为己有的，或者采取其他手段侵占合伙企业财产的，应当将该利益和财产退还合伙企业；给合伙企业或者其他合伙人造成损失的，依法承担赔偿责任。

（2）合伙人对《合伙企业法》规定或者合伙协议约定必须经全体合伙人一致同意始得执行的事务擅自处理，给合伙企业或者其他合伙人造成损失的，依法承担赔偿责任。

（3）不具有事务执行权的合伙人擅自执行合伙事务，给合伙企业或者其他合伙人造成损失的，应承担赔偿责任。

（4）合伙人违反《合伙企业法》规定或者合伙协议的约定，从事与本合伙企业相竞争的业务或者与本合伙企业进行交易的，该收益归合伙企业所有；给合伙企业或者其他合伙人造成损失的，依法承担赔偿责任。

（5）清算人未依照《合伙企业法》规定向企业登记机关报送清算报告，或者报送清算报告隐瞒重要事实，或者有重大遗漏的，由企业登记机关责令改正。由此产生的费用和损失，由清算人承担和赔偿。

（6）清算人执行清算事务，牟取非法收入或者侵占合伙企业财产的，应当将该收入和侵占的财产退还合伙企业；给合伙企业或者其他合伙人造成损失的，依法承担赔偿责任。

（7）清算人违反《合伙企业法》规定，隐匿、转移合伙企业财产，对资产负债表或者财产清单作虚假记载，或者在未清偿债务前分配财产，损害债权人利益的，依法承担赔偿责任。

（8）合伙企业登记事项发生变更，执行合伙事务的合伙人未按期申请办理变更登记的，应当赔偿由此给合伙企业、其他合伙人或者善意第三人造成的损失。

（二）违反《合伙企业法》的行政责任和刑事责任

（1）违反《合伙企业法》规定，提交虚假文件或者采取其他欺骗手段，取得合伙企业登记的，由企业登记机关责令改正，处以 5 000 元以上 5 万元以下的罚款；情节严重的，撤销企业登记，并处以 5 万元以上 20 万元以下的罚款。

（2）违反《合伙企业法》规定，合伙企业未在其名称中标明“普通合伙”“特殊普通合伙”或者“有限合伙”字样的，由企业登记机关责令限期改正，处以 2 000 元以上 1 万元以下的罚款。

（3）违反《合伙企业法》规定，未领取营业执照，而以合伙企业或者合伙企业分支机构名义从事合伙业务的，由企业登记机关责令停止，处以 5 000 元以上 5 万元以下的罚款。

合伙企业登记事项发生变更时，未依照《合伙企业法》规定办理变更登记的，由企业登记机关责令限期登记；逾期不登记的，处以 2 000 元以上 2 万元以下的罚款。

（4）有关行政管理机关的工作人员违反《合伙企业法》规定，滥用职权、徇私舞弊、收受贿赂、侵害合伙企业合法权益的，依法给予行政处分。

上述行为情节严重，构成犯罪的，依法追究刑事责任。

合伙人违反《合伙企业法》规定，应当承担民事赔偿责任和缴纳罚款、罚金，其财产不足以同时支付的，先承担民事赔偿责任。

本章小结

个人独资企业，是指依法在中国境内设立，由一个自然人投资，财产为投资人个人所有，投资人以其个人财产对企业债务承担无限责任的经营实体。合伙企业分为普通合伙企业和有限合伙企业。合伙企业的合伙协议对合伙企业的设立、经营管理、入伙退伙、终止清算至关重要。普通合伙人对合伙企业债务承担无限连带责任。有限合伙人对合伙企业的债务仅以其出资额为限承担有限责任。有限合伙企业与一般普通合伙企业相比较，有显著的区别。此外，特殊的普通合伙企业在责任承担方面，存在与有限合伙企业和一般的普通合伙企业不同的特殊规定。个人独资企业、合伙企业的财产与出资人（合伙人）不可分离，法律法规对其设立和经营赋予了较充分的自由，但对其财产责任的规定，强制性规范则较多。

核心法规

1.《中华人民共和国个人独资企业法》(1999 年 8 月 30 日公布，自 2000 年 1 月 1 日起施行)

2.《中华人民共和国合伙企业法》（1997 年 2 月 23 日通过，2006 年 8 月 27 日修订，自 2007 年 6 月 1 日起施行)

案例讨论

2013 年 3 月，甲、乙、丙三人合伙开办了一个名为“明星”的小食品加工厂，甲和乙各出资现金 10 000 元，丙以场地和机器折价出资 20 000 元。经过两年的经营，三人决定扩大规模，但现金不足。后于 2015 年 5 月吸收丁入伙，丁以现金 25 000 元出资。乙在企业的经营中，发现该合伙企业经营状况不佳，故决意退出该合伙企业，并在 2015 年 12 月按规定通知了其他合伙人，这期间，另一合伙人甲以该合伙企业名义与天利公司签订了代销商品的合同。乙在办理退伙事宜时，因合伙企业与天利公司的代销商品合同刚签订不久，故未将此合同有关事宜进行结算，乙退伙后，即去外地经商。该合伙企业在后来的经营过程中，因合伙人的过错，财务状况恶化，甲、丙、丁决定解散合伙企业，并将合伙企业现有财产价值人民币 30 000 元加以分配，但没有清偿债务。天利公司得知该合伙企业解散的消息后，向甲、丙和丁分别要求偿还全部货款，甲、丙、丁以其只能按合伙协议约定的比例清偿相应数额为由拒绝偿还全部货款。天利公司又向乙要求偿还货款。乙称自己已经退伙，不再负清偿责任。天利公司即向法院起诉，请求甲、乙、丙、丁四人偿还代销商品的款项。除此以外，债权人北京亿家公司和天河公司得知这一消息后，也向法院起诉。法院决定一并受理，经过各方举证，查明以下事实：

(1) 2015 年 1 月，“明星”企业欠北京亿家公司 10 000 元货款到期未付；

(2) 2015 年 11 月至 12 月，“明星”企业收到为天利公司代销的 1 000 箱食品，共折价 20 000 元；

(3) 2016 年 2 月，“明星”企业欠天河公司 15 000 元货款。

请思考：

1. 乙对合伙企业的债务是否还应承担责任？

2. 甲、丙、丁对天利公司请求的抗辩是否成立？

3. 法院应当如何判定清偿责任人和清偿数额？

简要分析：

1. 无论是对合伙企业内部，还是合伙企业外部，乙对合伙企业的债务都应当承担责任。

根据我国《合伙企业法》的规定，退伙人对基于其退伙前原因发生的合伙企业债务，承担无限连带责任。因此，乙对 2015 年 12 月通知退伙前（乙必须在退伙前 30 日通知其他合伙人）企业发生的债务对外要承担连带责任。同时，由于乙在办理退伙事宜时，因合伙企业与天利公司的代销商品合同刚签订不久，故未将此合同有关事宜进行结算。因此，在合伙企业内部债务分担时，乙仍应对天利公司这笔货款承担内部清偿份额。

2. 甲、丙、丁对天利公司请求的抗辩不能成立。

根据《合伙企业法》的规定，合伙人之间对债务承担份额的约定对债权人没有约束力，故甲、丙、丁的抗辩主张不能成立。

3. “明星”企业的债务要分为两个阶段分析。

(1) 2015 年 12 月乙退伙前已经发生的合伙企业债务为：欠北京亿家公司的 10 000 元货款，欠天利公司代销的 20 000 元货款，共计 30 000 元。由甲、乙、丙、丁共同偿还。

(2) 2015 年 12 月至法院受理之后发生的合伙企业债务为 2016 年 2 月“明星”企业欠天河公司 15 000 元货款，由甲、丙、丁共同偿还。

复习思考

1. 简述个人独资企业和合伙企业的概念和法律特征。

2. 简述个人独资企业和合伙企业的设立条件。

3. 简述特殊普通合伙企业责任承担形式。

4. 简述有限合伙企业的特殊法律规定。

第六章 外商投资法

要点提示

- 外商投资法的体系
- 外商投资法的主要内容

第一节 外商投资法概述

一、外商投资法立法

全国人大常委会高度重视外商投资立法工作，十三届全国人大常委会立法规划和2018年立法工作计划明确提出制定外商投资法。2019年3月15日，第十三届全国人民代表大会第二次会议举行全体会议，高票通过《中华人民共和国外商投资法》，自2020年1月1日起施行。

制定《外商投资法》的指导思想是：高举中国特色社会主义伟大旗帜，以习近平新时代中国特色社会主义思想为指导，深入贯彻落实党的十九大和十九届二中、三中全会精神，适应推动形成全面开放新格局、构建开放型经济新体制的新形势新要求，坚持对外开放基本国策，坚持市场化、法治化、国际化的改革方向，创新外商投资管理制度，确立新时代外商投资法律制度基本框架，为推动高水平对外开放提供有力法治保障，促进社会主义市场经济健康发展。

二、外商投资的概念和适用情形

外商投资，是指外国的自然人、企业或者其他组织（以下简称外国投资者）直接或者间接在中国境内进行的投资活动。

外商投资企业，是指全部或者部分由外国投资者投资，依照中国法律在中国境内经注册设立的企业。

外商投资包括以下情形：

（1）外国投资者单独或者与其他投资者共同在中国境内设立外国投资企业；

（2）外国投资者取得中国境内企业的股份、股权、财产份额或者其他类似权益；

（3）外国投资者单独或者与其他投资者共同在中国境内投资新建项目；

（4）法律、行政法规或者国务院规定的其他方式的投资。

国家依法保护外国投资者在中国境内的投资、收益和其他合法权益。在中国境内进行活动的外国投资者、外商投资企业，应当遵守中国法律法规，不得危害中国国家安全、损害社会公共利益。

国家对外商投资实行准入前国民待遇加负面清单管理制度。准入前国民待遇，是指在外商投资的准入阶段，对外国投资者及其投资给予不低于本国投资者及其投资的待遇。根据这一规定，可以给予内外资相同的待遇，也可以根据引资需要给予外资一定的优惠。负面清单，是指国家规定在特定领域对外商投资实施的准入特别管理措施，负面清单由国务院发布或者批准发布。外商投资准入负面清单规定禁止投资的领域，外国投资者不得投资；外商投资准入负面清单规定限制投资的领域，外国投资者进行投资应当符合负面清单规定的条件。

小资料

我国的对外开放立法是从外商投资立法起步和发展起来的。1978 年 12 月，邓小平同志就明确提出制定外国人投资法。1979 年 7 月改革开放新时期第一批出台的 7 部法律，就包括《中外合资经营企业法》，这标志着中国打开大门引进外资、实行对外开放，具有里程碑的意义。1980 年 8 月全国人大常委会批准《广东省经济特区条例》。1986 年和 1988 年，全国人民代表大会又先后制定了《外资企业法》和《中外合作经营企业法》，国务院、有关部门和地方陆续制定了一大批有关外商投资的实施性、配套性法规和规章。上述"外资三法"（《中外合资经营企业法》《外资企业法》《中外合作经营企业法》）为外商投资企业在我国发展创造了良好的法治环境，对推动改革开放伟大历史进程发挥了重要作用。进入 21 世纪以后，为适应加入世界贸易组织的需要，全国人大及其常委会对"外资三法"作出部分修改，删除了法律中要求外商投资企业在境内优先采购、实现外汇收支平衡、出口实绩等规定。2007 年，全国人民代表大会通过《企业所得税法》，实现了内外资企业所得税制统一。党的十八大以后，根据全面深化改革、扩大对外开放的需要，全国人大常委会于 2013 年、2014 年两次作出决定，授权在有关自由贸易试验区内暂时调整"外资三法"关于外商投资企业审批等规定，试行准入前国民待遇加负面清单管理方式。2016 年，根据自由贸易试验区取得的可复制推广的经验，全国人大常委会对"外资三法"作出修改，将自由贸易试验区的改革试点经验推广到全国。在新的形势下，"外资三法"已难以适应新时代改革开放实践的需要。

"外资三法"主要规范外商投资企业的组织形式、组织机构和生产经营活动准则，随着社会主义市场经济体制和中国特色社会主义法律体系的建立和不断完善，"外资三法"的相关规范已逐步为《公司法》《合伙企业法》《民法典》等市场主体和市场交易方面的法律所涵盖；同时，新形势下全面加强对外商投资的促进和保护、进一步规范外商投资管理的要求，也大大超出了"外资三法"的调整范围。《外商投资法》在总结改革开放 40 年我国外商投资法律制度实践经验，特别是党的十八大以来全面深化改革开放实践经验的基础上，确立了新时代外商投资法律制度的基本框架，为外商投资的准入、促进、保护和管理等方面作了统一规定，实现了外商投资法律制度的与时俱进、完善发展。

第二节　投资促进

一、提高外商投资的透明度

国家实行高水平投资自由化便利化政策，建立和完善外商投资促进机制，营造稳定、透明、可预期和公平竞争的市场环境。

首先，制定与外商投资有关的法律、法规、规章，应当采取适当方式征求外商投资企业的意见和建议。与外商投资有关的法律、法规，是外商投资企业必须遵循的规范，直接关系其切身利益，因此在制定过程中应当采取适当方式征求外商投资企业的意见和建议。全国人大及其常委会制定与外商投资有关的法律，应当采取适当的方式征求包括外商投资企业在内的社会各界的意见和建议。国务院、有关部门和地方制定的与外商投资有关的实施性、配套性法规和规章，也应当采取适当方式征求外商投资企业的意见和建议。

其次，与外商投资有关的规范性文件、裁判文书等，应当依法及时公布。这里所说的“与外商投资有关的规范性文件”是指与外商投资有关的所有法律、法规、规章以及最高人民法院、最高人民检察院作出的属于审判、检察工作中具体应用法律的解释等规范性文件。裁判文书是人民法院进行审判活动、作出裁判理由和裁判结果的重要载体。及时公布与外商投资有关的裁判文书，不仅保障了作为当事人的外商投资企业的知情权，而且便于外商投资企业行使监督权，对裁判的合法性、公正性进行监督，可以有效促进司法公正。

二、保障外商投资企业平等参与市场竞争

利用外资是我国对外开放基本国策和构建开放型经济新体制的重要内容，当前我国经济已经由高速增长阶段转向高质量发展阶段，利用外资面临新形势新挑战。外商投资企业依法平等适用国家支持企业发展的各项政策。

为将外商投资企业平等参与标准化工作的政策法定化，国家保障外商投资企业依法平等参与标准制定工作。国家强化标准制定的信息公开和社会监督，国家制定的强制性标准平等适用于外商投资企业。这一规定是内外规则一致精神的具体体现，也就是说，外商投资企业在标准的制定、标准的实施（包括强制性标准的适用）以及对标准制定、实施的监督、公开等方面，享有与内资企业平等的待遇。国务院颁布的《关于扩大对外开放积极利用外资若干措施的通知》提出，促进内外资企业公平参与我国标准化工作；进一步深化标准化工作改革，提高标准制修订的透明度和开放度；推进标准制修订全过程信息公开，强化标准制修订过程中的信息共享和社会监督。

国家保障外商投资企业依法通过公平竞争参与政府采购活动。政府采购依法对外商投资企业在中国境内生产的产品、提供的服务平等对待。这里的“依法”是指：一是适用政府采购法及其实施条例。二是政府采购工程进行招投标，适用招标投标法及其实施条例。按照公平竞争原则，在政府采购方面，外商投资企业应当和其他内资参与主体一样，通过公平竞争参与政府采购活动，享有相同的机会，拥有平等的地位，在政府采购活动中既不应受到任何差别待遇或歧视待遇，也不应享有任何特权。同时，任何单位和个人不得采用任何方式，阻挠和限制外商投资企业自由进入本地区和本行业的政府采购市场。政府对包括外商投资企业在内的各供应商在中国境内生产的产品、提供的服务提出相同的供应标准和采购信息，对产品和服务的验收实事求是、客观公正，严格执行合同标准，不得对外商投资企业提出合同之外的条件，开标、评标、决标要客观、科学、公正。

外商投资企业可以依法通过公开发行股票、公司债券等证券和其他方式进行融资。在国家融资政策层面，外商投资企业享受与内资企业平等的政策。这里的“依法”主要是指依据相关

法律、行政法规，如《证券法》《公司法》《证券投资基金法》《国库券条例》等。外商投资企业可以依法依规在主板、中小企业板、创业板上市，在新三板挂牌，以及发行企业债券、公司债券、可转换债券和运用非金融企业债务融资工具进行融资。外商投资企业公开发行证券，必须符合《证券法》《公司法》等法律的相关规定及国务院制定的有关行政法规的规定。除了依法通过公开发行证券的方式进行融资外，外商投资企业还可以依法通过其他方式进行融资，如发行短期融资券、中期票据等方式。

三、加强外商投资服务

国家建立健全外商投资服务体系，为外国投资者和外商投资企业提供法律法规、政策措施、投资项目信息等方面的咨询和服务。对外商投资服务体系的具体要求是，为外国投资者和外商投资企业提供法律法规、政策措施、投资项目信息等方面的咨询和服务。这是外国投资者和外商投资企业在我国投资和经营必须了解的基础性信息。外商投资服务机构还可以向外国投资者、外商投资企业提供其他一些和外商投资有关的或者其希望了解的合理范围内的信息，如投资目的地的经济发展情况、风俗人情等信息。

各级人民政府及其有关部门应当按照便利、高效、透明的原则，简化办事程序，提高办事效率，优化政务服务，进一步提高外商投资服务水平。有关主管部门应当编制和公布外商投资指引，为外国投资者和外商投资企业提供服务和便利。国家应进一步扩大外商投资范围，鼓励外商投资更多投向现代农业、先进制造业、高新技术、节能环保产业、现代服务业等领域，促进外资优化区域布局，注重发挥地方特色资源优势，积极支持中西部地区、东北地区承接国际、东部地区外资产业转移，促进沿边开发开放。

四、依法依规鼓励和引导外商投资

国家根据需要，设立特殊经济区域，或者在部分地区实行外商投资试验性政策措施，促进外商投资，扩大对外开放。国家为扩大对外开放，吸引外商投资，设立的特殊经济区域最为典型的就是自由贸易试验区。自由贸易试验区（简称自贸试验区）是国家划出的特定区域，在此区域内实行更加优惠的贸易和投资政策，准许外国商品豁免关税自由进出。自贸试验区的改革实践，为创新外商投资管理体制、构建新型管理制度和法律制度提供了宝贵的实践经验。除设立特殊经济区域外，国家根据需要，还可以在部分地区实行外商投资试验性政策措施，促进外商投资，扩大对外开放。

国家根据国民经济和社会发展的需要，鼓励和引导外国投资者在特定行业、领域、地区投资。外国投资者、外商投资企业可以依照法律、行政法规或者国务院的规定享受优惠待遇。

（1）鼓励和引导外国投资者在特定行业、领域投资，不断优化外商投资产业结构。当前，我国经济已经由高速增长阶段转向高质量发展阶段。优化外商投资导向，积极吸引外商投资以及先进技术、管理经验是新阶段我国吸引外资的重点。

（2）鼓励和引导外国投资者在特定地区投资，优化区域开放布局。按照地域分布，传统上外商投资的重点区域是我国东部地区特别是东部沿海地区。按照新的发展理念，为了优化外商投资的区域布局，鼓励和引导外资向中西部和东北老工业基地转移。

（3）外国投资者、外商投资企业可以享受优惠待遇的条件。一是外国投资者、外商投资企业有权依照法律、行政法规或者国务院的规定享受相应的优惠待遇。二是除了法律、行政法规或者国务院的规定之外，根据内外资一致的原则，各地方、各部门不得另行制定针对外国投资者、外商投资企业的特殊优惠待遇；对不符合规定给予外国投资者、外商投资企业的优惠待遇应当及时清理。

县级以上人民政府可以根据法律、行政法规、地方性法规的规定，在法定权限内制定外商投资促进和便利化政策措施。我国幅员辽阔，地区经济发展不平衡，各地经济社会发展水平参差不齐，吸引外资的能力也有较大差别。地方政府制定符合本地区实际的、精细化的外商投资促进和便利化政策措施，有助于提高当地外商投资服务水平，有利于增强对外资的吸引力。地方在制定相关外商投资促进和便利化政策措施时应当遵循一定的规则：一是遵守市场公平竞争原则，严守法律法规底线，既不能和法律、行政法规、地方性法规的相关规定不一致或者相抵触，也不能超越法定权限制定地方性政策措施。二是符合国家产业政策、土地利用政策、城乡规划和环境保护等要求，注重综合改善营商环境，给予内外资企业公平待遇，避免造成地区之间恶性竞争和低水平同质化发展，确保各项措施与国家已经出台的政策有效衔接，形成合力。

第三节 投资保护

一、加强对外商投资企业的产权保护

（1）国家对外国投资者的投资不实行征收。在特殊情况下，国家为了公共利益的需要，可以依照法律规定对外国投资者的投资实行征收或者征用。征收、征用应当依照法定程序进行，并及时给予公平、合理的补偿。其中，需要强调的是，进行“征收或者征用”的条件，“在特殊情况下”与“为了公共利益的需要”均需具备，两者缺一不可。

（2）外国投资者在中国境内的出资、利润、资本收益、资产处置所得、知识产权许可使用费、依法获得的补偿或者赔偿、清算所得等，可以依法以人民币或者外汇自由汇入、汇出。这里的“依法”主要指向《人民币管理条例》《外汇管理条例》等。《人民币管理条例》主要对人民币的发行和回收、流通和保护等作了规定，明确外国投资者以人民币的形式汇入或者汇出其资金和款项时，应当符合《人民币管理条例》。《外汇管理条例》则对经常项目、资本项目的外汇管理等作了规定。外汇是指下列以外币表示的可以用作国际清偿的支付手段和资产：外币现钞，包括纸币、铸币；外币支付凭证或者支付工具，包括票据、银行存款凭证、银行卡等；外币有价证券，包括债券、股票等；特别提款权；其他外汇资产。外国投资者以外汇的形式汇入或者汇出其资金和款项时，也应当符合《外汇管理条例》的规定。

（3）国家保护外国投资者和外商投资企业的知识产权，保护知识产权权利人和相关权利人的合法权益；对知识产权侵权行为，严格依法追究法律责任。国家鼓励在外商投资过程中基于自愿原则和商业规则开展技术合作。技术合作的条件由投资各方遵循公平原则平等协商确定。行政机关及其工作人员不得利用行政手段强制转让技术。外商投资知识产权保护，一直是外国投资者比较关注的问题。《外商投资法》规定，按照内外资企业法律上平等、政策上一致的原则，外国投资者和外商投资企业的知识产权依法受到平等保护。

（4）行政机关及其工作人员对于履行职责过程中知悉的外国投资者、外商投资企业的商业秘密，应当依法予以保密，不得泄露或者非法向他人提供。需要强调的是，对于因履行职责知

悉的外国投资者、外商投资企业的商业秘密，行政机关及其工作人员是“依法”予以保密的，即相关法律有例外规定的，按照例外的规定。行政机关人员在外商投资促进、保护和管理工作中泄露、非法向他人提供履行职责过程中知悉的商业秘密的，依法给予处分；构成犯罪的，依法追究刑事责任。

二、强化对制定涉及外商投资规范性文件的约束

各级人民政府及其有关部门制定涉及外商投资的规范性文件，应当符合法律法规的规定；没有法律、行政法规依据的，不得减损外商投资企业的合法权益或者增加其义务，不得设置市场准入和退出条件，不得干预外商投资企业的正常生产经营活动。需要注意的是，这里的“依据”，是将“地方性法规”排除在外，将“依据”限定在“法律、行政法规”范围内。

三、促使地方政府守约践诺

地方各级人民政府及其有关部门应当履行向外国投资者、外商投资企业依法作出的政策承诺以及依法订立的各种合同。因国家利益需要改变政策承诺、合同约定的，应当按照法定权限和程序进行，并依法对外国投资者、外商投资企业因此受到的损失予以补偿。在吸引外商投资工作中，一些地方政府往往通过政策承诺或者合同等形式，将对外国投资者或者外商投资企业的招商引资条件予以列明。地方各级人民政府及其有关部门在招商过程中，应当依法作出政策承诺，依法订立各类合同，对不属于其法定权限范围内的，不能承诺，也不能在合同中列明。

四、建立外商投资企业投诉工作机制

国家建立外商投资企业投诉工作机制，及时处理外商投资企业或者其投资者反映的问题，协调完善相关政策措施。外商投资企业或者其投资者认为行政机关及其工作人员的行政行为侵犯其合法权益的，可以通过外商投资企业投诉工作机制申请协调解决。外商投资企业或者其投资者认为行政机关及其工作人员的行政行为侵犯其合法权益的，除依法通过外商投资企业投诉工作机制申请协调解决外，还可以依法申请行政复议、提起行政诉讼。完善争端解决方式是加强对外投资合法权益保护的重要一环。一方面，通过投诉机制，及时处理外商投资企业或者其投资者反映的问题；另一方面，也通过投诉工作机制反映问题，协调完善相关政策措施。此外，外商投资企业设立以后，按照内外资一致原则，外商投资企业或者其投资者认为行政机关及其工作人员的行政行为侵犯其合法权益的，按照行政复议法和行政诉讼法的有关规定，可以通过行政复议、行政诉讼等途径解决。外商投资企业或者投资者通过外商投资企业投诉工作机制申请协调解决的，并不影响其在法定期限内申请行政复议、提起行政诉讼。

第四节　投资管理

一、外商投资准入

《外商投资法》第 4 条规定了国家对外商投资实行准入前国民待遇加负面清单管理制度。准入特别管理措施包括禁止性措施（特定领域禁止外商投资）和限制性措施（对外商投资特定领域提出股比限制、高管要求、投资方式限制等）。负面清单由国务院发布或者批准发布。国

家对负面清单之外的外商投资，给予国民待遇。

目前，我国在外商投资领域存在两个负面清单：一个是《外商投资准入特别管理措施（负面清单）（2024 年版）》，适用于全国范围，共计 29 项。另一个是《自由贸易试验区外商投资准入特别管理措施（负面清单）（2021 年版）》，适用于所有自由贸易试验区，共计 27 项。自贸区外资准入负面清单在全国外资准入负面清单的基础上，进一步放宽市场准入条件，实行更高水平的对外开放。经国务院有关主管部门审核并报国务院批准，特定外商投资可以不适用外商投资准入负面清单中相关领域的规定。

（一）投资准入负面清单规定禁止投资的领域，外国投资者不得投资

对于禁止投资的领域，外商投资准入负面清单逐一列明，确定红线，给外国投资者以合理预期。例如，《外商投资准入特别管理措施（负面清单）（2024 年版）》规定，禁止投资农作物、种畜禽、水产苗种转基因品种选育及其转基因种子（苗）生产。外国投资者不得投资上述领域。

（二）外商投资准入负面清单规定限制投资的领域，外国投资者进行投资应当符合负面清单规定的条件

对于负面清单限制投资的领域，外商投资准入负面清单将限制条件明确列明，有关主管部门按照清单相关要求进行管理，不再对外国投资者在相关领域投资设立企业进行事前审批。《外商投资准入特别管理措施（负面清单）（2024 年版）》中，比较典型的限制条件如下。

（1）外资股比限制，即外商投资持股不得超过一定比例。例如：小麦新品种选育和种子生产须中方股比不低于 34%。

（2）高管要求，即外商投资企业的特定高级管理人员（如法定代表人）只能由中方担任，或者中方管理人员应当不低于一定的比例。例如，通用航空公司的法定代表人须由中国籍公民担任。

（3）投资方式限制。例如，医疗机构限于合资；农、林、渔业通用航空公司限于合资。外国投资者在上述领域进行投资，应当符合负面清单规定的条件。

（三）外商投资准入负面清单以外的领域，按照内外资一致的原则实施管理

在外商投资准入负面清单以外的领域，对于外国投资者不设门槛，不实行特殊管理，外国投资者可以同境内投资者一样进行投资，依照同样的法律设立企业、从事生产经营活动、平等接受监管。外商投资适用与国内投资相同的准入标准、条件和程序：国内投资者禁止投资的领域，外国投资者也不得投资；国内投资者需要满足特定条件才能投资的，外国投资者也要满足相同的条件；国内投资需要履行审批、核准、备案手续的，外商投资也需要履行相同的审批、核准、备案手续；国内投资自由进入的，外商投资也可以自由进入。

二、我国现行外商投资项目核准、备案的标准和程序

对关系国家安全、涉及全国重大生产力布局、战略性资源开发和重大公共利益等企业投资项目，不论内资、外资，均同等实行核准管理；同时，对外商投资少数限制类项目也实行核准管理；对其他项目则实行备案管理。

现行外商投资项目核准程序如下。

（1）拟申请核准的外商投资项目按国家有关要求编制项目申请报告，并附相关证明、审批

文件等。

（2）项目核准机关根据需要履行报批程序，商请有关行业主管部门出具书面审查意见、委托咨询评估、征求公众意见、开展专家评议等。

（3）项目核准机关自受理项目核准申请之日起 20 个工作日内，完成对项目申请报告的核准；经本部门负责人批准，可以延长 10 个工作日；委托咨询评估和进行专家评议所需时间不计入核准期限。

（4）对予以核准的项目，项目核准机关出具书面核准文件，并抄送相关部门；对不予核准的项目，应以书面说明理由，并告知项目申报单位享有依法申请行政复议或者提起行政诉讼的权利。

现行外资投资项目备案程序如下。

（1）项目申报单位提交项目和投资方基本情况等信息，并附相关材料；该项目需符合国家有关法律法规、发展规划、产业政策及准入标准等。

（2）对不予备案的外商投资项目，地方投资主管部门应在 7 个工作日内出具书面意见并说明理由。

三、外商投资行政许可

外国投资者在依法需要取得许可的行业、领域进行投资的，应当依法办理相关许可手续。有关主管部门应当按照与内资一致的条件和程序，审核外国投资者的许可申请，法律、行政法规另有规定的除外。

原则上，外商投资与内资“政策上一致，法律上平等”，外商投资特定行业，应与内资一样，取得相应的行政许可。《外商投资准入特别管理措施（负面清单）（2024 年版）》对现行有效法律、行政法规、国务院决定、地方性法规、省级人民政府规章中规定的各类市场主体进入特定行业、领域需要办理的行政许可事项（同等适用于内资和外资）作了明确列举。

四、外商投资企业的组织形式

（一）外商投资企业的组织形式、组织机构和活动准则

外商投资企业可以按照《公司法》的规定，在中国境内采取有限责任公司、股份有限公司等组织形式。

（1）外商投资企业采取有限责任公司组织形式的，应当满足有限责任公司的设立条件，包括股东符合法定人数；有符合公司章程规定的全体股东认缴的出资额；股东共同制定公司章程；有公司名称，建立符合有限责任公司要求的组织机构；有公司住所。其中，应当建立的组织机构包括股东会、董事会（或者执行董事）、监事会（或者监事）等。

（2）外商投资企业采取股份有限公司组织形式的，应当符合股份有限公司的设立条件，包括发起人符合法定人数；有符合公司章程规定的全体发起人认购的股本总额或者募集的实收股本总额；股份发行、筹办事项符合法律规定；发起人制订公司章程，采用募集方式设立的经创立大会通过；有公司名称，建立符合股份有限公司要求的组织机构；有公司住所。其中，应当建立的组织机构包括股东大会、董事会、监事会等。

外商投资企业采取有限责任公司、股份有限公司等组织形式的，应当遵守《公司法》中关

于其活动准则的规定，依法开展公司设立，股份发行、股权（股份）转让、债券发行，财务、会计，合并、分立、增资、减资，解散和清算，投资、担保等活动。

（二）外商投资合伙企业的组织形式、组织机构和活动准则

外商投资企业可以按照《合伙企业法》的规定，在中国境内采取普通合伙企业、特殊的普通合伙企业、有限合伙企业等组织形式。投资有股权要求的领域，不得设立外商投资合伙企业。

（1）外商投资企业采取普通合伙企业组织形式的，应当符合普通合伙企业的设立条件，包括有两个以上的合伙人，合伙人为自然人的，应当具有完全民事行为能力；有书面合伙协议；有合伙人认缴或者实际缴付的出资；有合伙企业的名称和生产经营场所；以及法律，行政法规规定的其他条件。合伙人对执行合伙事务享有同等的权利；按照合伙协议的约定或者经全体合伙人决定，可以委托一个或者数个合伙人对外代表合伙企业，执行合伙事务；作为合伙人的法人、其他组织执行合伙事务的，由其委派的代表执行。

（2）以专业知识和专门技能为客户提供有偿服务的专业服务机构，可以设立为特殊的普通合伙企业。其特殊性在于，一个合伙人或者数个合伙人在执业活动中因故意或者重大过失造成合伙企业债务的，应当承担无限责任或者无限连带责任，其他合伙人以其在合伙企业中的财产份额为限承担责任；合伙人在执行职务活动中非因故意或者重大过失造成的合伙企业债务以及合伙企业的其他债务，由全体合伙人承担无限连带责任。

（3）外商投资企业采取有限合伙企业组织形式的，应当由 2 个以上 50 个以下合伙人设立，法律另有规定的除外；有限合伙企业至少应当有一个普通合伙人。有限合伙企业由普通合伙人执行合伙事务。有限合伙人不执行合伙事务，不得对外代表有限合伙企业。

外商投资企业采取普通合伙企业、特殊的普通合伙企业、有限合伙企业等组织形式的，应当遵守《合伙企业法》中关于其活动准则的规定，依法开展企业设立，事务执行，入伙、退伙，解散、清算等活动。

境外投资者不得作为个体工商户、个人独资企业投资人、农民专业合作社成员从事投资经营活动。

五、外商投资信息报告制度

（1）外国投资者或者外商投资企业应当通过企业登记系统以及企业信用信息公示系统向商务主管部门报送投资信息。这里需要注意的是：第一，负有信息报告义务的主体既包括外国投资者，也包括外商投资企业。第二，获取外商投资信息的主管部门是商务主管部门，商务主管部门对要求外商投资企业报送的信息，应当作出明确规定，提出具体要求。第三，需要报送的信息是外商投资信息，商务主管部门不能要求外国投资者、外商投资企业报送与外商投资无关的信息。第四，信息报告的渠道是市场监督管理部门的企业登记系统以及企业信用信息公示系统，而不是另设一个专门的外商投资信息报告系统。

（2）为尽量减轻外国投资者、外商投资企业的负担，外商投资信息报告的内容和范围按照确有必要的原则确定；通过部门信息共享能够获得的投资信息，不得再行要求报送。第一，商务主管部门在确定外商投资信息报告的内容和范围时，应当遵循确有必要的原则，不能要求外国投资者、外商投资企业报送与外商投资无关的信息、没有必要报送的信息。第二，外商投资企业在企业登记系统以及企业信用信息公示系统上已有的信息，不得再行要求报送。第三，商务主管部门与其他部门通过其他渠道实现部门信息共享能够获得的投资信息，也不得再行要求报送。

六、外商投资安全审查制度

国家建立外商投资安全审查制度，对影响或者可能影响国家安全的外商投资进行安全审查。依法作出的安全审查决定为最终决定。外商投资国家安全审查制度，是指东道国可以涉及国家安全为由，对纳入审查范围的外商投资行为进行审查，评估该投资行为对东道国国家的风险和影响，并据此对该外商投资采取禁止或者限制措施的制度。我国制定的外商投资法实行准入前国民待遇加负面清单管理制度，大幅度放宽了市场准入。与此同时，就需要在法律层面确立国家安全审查制度，对影响或者可能影响国家安全的外商投资进行安全审查，以预防外商投资对国家可能出现的不利影响。

我国现行《反垄断法》《国家安全法》等法律已经对外商投资安全审查作了规定。《反垄断法》第 38 条规定，对外资并购境内企业或者以其他方式参与经营者集中，涉及国家安全的，除依照本法规定进行经营者集中审查外，还应当按照国家有关规定进行国家安全审查。《国家安全法》第 59 条规定，国家建立国家安全审查和监管的制度和机制，对影响或者可能影响国家安全的外商投资等事项和活动，进行国家安全审查，有效预防和化解国家安全风险。

第五节　法律责任

（1）外国投资者投资外商投资准入负面清单规定禁止投资的领域的，由有关主管部门责令停止投资活动，限期处分股份、资产或者采取其他必要措施，恢复到实施投资前的状态；有违法所得的，没收违法所得。

外国投资者的投资活动违反外商投资准入负面清单规定的限制性准入特别管理措施的，由有关主管部门责令限期改正，采取必要措施满足准入特别管理措施的要求；逾期不改正的，有关主管部门责令停止投资活动，限期处分股份、资产或者采取其他必要措施，恢复到实施投资前的状态；有违法所得的，没收违法所得。

外国投资者的投资活动违反外商投资准入负面清单规定的，除依照上述规定处理外，还应当依法承担相应的法律责任。

（2）外国投资者、外商投资企业违反规定，未按照外商投资信息报告制度的要求报送投资信息的，由商务主管部门责令限期改正；逾期不改正的，处 10 万元以上 50 万元以下的罚款。

（3）对外国投资者、外商投资企业违反法律、法规的行为，由有关部门依法查处，并按照国家有关规定纳入信用信息系统。

（4）行政机关工作人员在外商投资促进、保护和管理工作中滥用职权、玩忽职守、徇私舞弊的，或者泄露、非法向他人提供履行职责过程中知悉的商业秘密的，依法给予处分；构成犯罪的，依法追究刑事责任。

本章小结

制定外商投资法是我国外商投资法律制度与时俱进、完善发展的客观要求，是促进社会主义市场经济健康发展、实现经济高质量发展的客观要求。外商投资立法着重遵循和体现以下重要原则：一是突出积极扩大对外开放和促进外商投资的主基调；二是坚持外商投资基础性法律的定位；三是坚持中国特色和国际规则相衔接；四是坚持内外资一致。

核心法规

1.《中华人民共和国外商投资法》(2019 年 3 月 15 日公布，自 2020 年 1 月 1 日起施行)

2.《外商投资准入特别管理措施（负面清单）(2024 年版)》(由国家发展和改革委员会、商务部于 2024 年 9 月 6 日发布，自 2024 年 11 月 1 日起实施)

3.《自由贸易试验区外商投资准入特别管理措施（负面清单）(2021 年版)》(由国家发展和改革委员会、商务部于 2021 年 9 月 18 日发布，自 2022 年 1 月 1 日起实施)

复习思考

1. 外商投资法的原则是什么？
2. 外商投资内外一致原则是如何体现的？
3. 外商投资企业的组织形式有哪些？

第七章 合同法律制度

要点提示

- 合同的分类
- 合同的订立
- 合同的生效要件，效力待定合同、可撤销合同、无效合同
- 双务合同履行中的抗辩权
- 合同的保全
- 合同的解除
- 违约责任的构成要件与承担方式

第一节 合同法概论

一、合同的概念

(一) 合同

合同，也叫契约。根据罗马法，合同是指“得到法律承认的债的协议”[①]。近代的《法国民法典》第1101条也曾对合同作过一个经典性定义：“合同，为一人或数人对另一人或另数人承担给付某物、作为或不作为义务的合意。”这一定义中包含了两个要素：其一为双方的合意，其二为发生债权债务关系的依据或原因。现代社会的合同类别较多，有劳动法上的合同、行政法上的合同、民法上的合同等，每类合同的含义明显不同。民法上的合同亦存在着物权合同、债权合同、身份合同等不同的种类。《民法典》中的合同编所称合同，是指平等主体的自然人、法人、其他组织之间设立、变更、终止民事权利义务关系的协议。婚姻、收养、监护等有关身份关系的协议，适用有关该身份关系的法律规定；没有规定的，可以根据其性质参照适用合同编的规定。此处所称的协议是仅仅指债权债务的协议，还是也包括物权合同，学界尚有争议。但通说认为，《民法典》规范的是债权合同。[②]

(二) 合同的特征

合同是一种协议，但并非所有的协议都是合同。在我国，合同作为法律事实之一种，具有

---

① ［意］彼得罗·彭梵得：《罗马法教科书》，黄风译，307页，北京，中国政法大学出版社，1992。

② 参见梁慧星：《民法学说判例与立法研究（二）》，122页，北京，国家行政学院出版社，1999。

以下主要特征。

(1) 合同调整平等主体之间的民事法律关系。合同是平等当事人之间从事的法律行为，任何一方不论其所有制性质及行政地位，都不能将自己的意志强加给对方。非平等主体之间的合同不属于合同法的调整对象。根据《政府采购法》的规定，政府采购合同适用《民法典》。

(2) 合同是双方或者多方民事法律行为。首先，签订合同至少需要两个或两个以上的当事人；其次，合同是法律行为，故当事人的意思表示是合同的核心要素；最后，因为签订合同是双方法律行为或者多方法律行为，所以合同成立不但需要当事人有意思表示，而且要求当事人之间的意思表示一致。合同的成立是各方当事人意思表示一致的结果。

(3) 合同是当事人之间民事权利与义务关系的协议。根据《民法典》的规定，虽然平等主体之间有关民事权利义务关系设立、变更、终止的协议均在合同法的调整范围之内，但根据《民法典》第464条第2款的规定，婚姻、收养、监护等有关身份关系的协议，适用有关该身份关系的法律规定；没有规定的，可以根据其性质参照适用合同编规定。

(4) 合同是具有法律效力的协议。合同作为一种法律事实，是当事人自由约定、协商一致的结果。如果当事人之间的约定合法，则在当事人之间产生法律效力，当事人就必须按照约定履行合同义务。任何一方违反合同，都要依法承担违约责任。

小试牛刀

小张和小马是好朋友，6月8日是小张的生日。小马征得小张的同意，在某大酒店设宴为小张庆祝生日，届时邀请亲戚朋友等30人参加。生日那天，小张因故未能出席。小马觉得十分尴尬，后小马找到小张交涉，因言辞过激，两人发生口角。小马一怒之下，以小张违反参加生日宴会的约定为由向法院提起诉讼，要求小张赔偿因设宴花去的2 000元。

请问：本案应如何处理？

本案中，小张和小马之间关于庆祝生日和参加宴会的约定，不是确立双方之间的民事权利义务关系，因此不属于《民法典》的调整范畴。法院应当依法驳回其诉讼请求。

二、合同的分类

根据不同的标准，可将合同分为不同的种类。对合同进行分类有助于正确理解法律对订立和履行合同的要求，有助于正确适用法律处理合同纠纷，还可对合同法律制度的完善起到促进作用。通常，在立法与合同法理论上对合同作以下分类。

1. 有名合同与无名合同

以合同法或者其他法律是否对合同规定有确定的名称与调整规则为标准，可将合同分为有名合同与无名合同。有名合同是立法上规定有确定名称与规则的合同，又称典型合同。如《民法典》在典型合同中规定的买卖合同、赠与合同、借款合同、租赁合同等各类合同。无名合同是立法上尚未规定有确定名称与规则的合同，又称非典型合同。区分两者的法律意义在于法律适用的不同。有名合同可直接适用《民法典》典型合同中关于该种合同的具体规定。无名合同则只能在适用《民法典》通则中规定的一般规则的同时，参照该法分编或者其他法律中最相类似的规定执行。

2. 单务合同与双务合同

以合同当事人是否相互负有对价义务为标准，可将合同分为单务合同与双务合同。此处的对价义务并不要求双方的给付价值相等，而只是要求双方的给付具有相互依存、相互牵连的关系。单务合同是指仅有一方当事人承担义务的合同，如赠与合同。双务合同是指双方当事人互负对价义务的合同，如买卖合同、承揽合同、租赁合同等。区分两者的法律意义在于，因为双务合同中当事人之间的给付义务具有依存和牵连关系，所以双务合同中存在同时履行抗辩权和风险负担的问题，而这些情形并不存在于单务合同中。

3. 有偿合同与无偿合同

以合同当事人是否因给付取得对价为标准，可将合同分为有偿合同与无偿合同。有偿合同是指合同当事人为从合同中得到利益要支付相应对价给付（此给付并不局限于财产的给付，也包含劳务、事务等）的合同。买卖、租赁、雇佣、承揽、行纪等都是有偿合同。无偿合同是指只有一方当事人作出给付，或者虽然是双方作出给付但双方的给付间不具有对价意义的合同。赠与合同是典型的无偿合同，另外，委托、保管合同如果没有约定报酬的，也属于无偿合同。

4. 诺成合同与实践合同

以合同成立除当事人的意思表示以外是否还要其他现实给付为标准，可以将合同分为诺成合同与实践合同。诺成合同是指当事人意思表示一致即可认定合同成立的合同。实践合同是指在当事人意思表示一致以外，尚须有实际交付标的物或者有其他现实给付行为才能成立的合同。确认某种合同属于实践合同必须是法律有规定或者当事人之间有约定。常见的实践合同有保管合同、自然人之间的借贷合同、定金合同等，但赠与合同、质押合同不是实践合同。区分两者的法律意义在于：除了两种合同的成立要件不同以外，实践合同中作为合同成立要件的给付义务的违反不产生违约责任，而只是一种缔约过失责任。

5. 要式合同与不要式合同

以合同的成立是否必须符合一定的形式为标准，可将合同分为要式合同与不要式合同。要式合同是按照法律规定或者当事人约定必须采用特定形式订立方能成立的合同。不要式合同是对合同成立的形式没有特别要求的合同。确认某种合同属于要式合同必须是法律有规定或者当事人之间有约定。

6. 主合同与从合同

以两个或者多个合同相互间的主从关系为标准，可将合同分为主合同与从合同。主合同是无须以其他合同存在为前提即可独立存在的合同。这种合同具有独立性。从合同，又称附属合同，是以其他合同的存在为其存在前提的合同。保证合同、定金合同、质押合同等相对于提供担保的借款合同而言即为从合同。从合同的存在是以主合同的存在为前提的，故主合同的成立与效力直接影响到从合同的成立与效力，但是从合同的成立与效力不影响主合同的成立与效力。

三、合同法的基本原则

（一）合同法

合同法是调整平等主体之间商品交换关系的法律规范的总称。在近现代社会，合同法主要调整平等主体之间基于平等、自愿等原则而发生的转让物品或权利、完成工作成果和提供劳务等的交易关系，故它为交易法。这些交易关系通常可用货币衡量评价，具有财产价值，故合同法为财产法。交易关系由当事人自主自愿设立、变更或终止，允许当事人依其意思加以改变，故合同法基本上为任意法。合同法直接界定市场要素，全面规制市场交易活动，它是市场经济的核心交易规则，故为市场经济的基本法律。

我国合同制度的立法经历了长期的历史发展过程。改革开放以来，为适应以经济建设为中心的需要，我国陆续颁布并实施了《经济合同法》、《涉外经济合同法》和《技术合同法》，此外，《民法通则》也对合同制度作了大量规定，为促进经济发展发挥了重要作用。但是，在我国实行社会主义市场经济体制和加大对外开放力度后，这三部合同法的计划经济色彩日益显现出来，同时，由于三部合同法并存的弊端和冲突，它们已经不能满足社会主义市场经济发展的需要。为了维护社会主义市场经济秩序，促进社会主义市场经济的健康发展，切实保护合同当事人的合法权益，促进社会主义现代化建设，1999 年 3 月 15 日，第九届全国人民代表大会第二次会议通过了《合同法》。《合同法》分总则、分则、附则三篇，共 23 章 428 条，是一部较为详尽、严密、具有可操作性的法律。《合同法》自 1999 年 10 月 1 日起施行，我国曾经按照合同性质先后制定的《经济合同法》《涉外经济合同法》《技术合同法》同时废止。

《民法典》已由中华人民共和国第十三届全国人民代表大会第三次会议于 2020 年 5 月 28 日通过，自 2021 年 1 月 1 日起施行，《婚姻法》《继承法》《民法通则》《收养法》《担保法》《合同法》《物权法》《侵权责任法》《民法总则》同时废止。

《最高人民法院关于适用〈中华人民共和国民法典〉合同编通则若干问题的解释》于 2023 年 5 月 23 日由最高人民法院审判委员会第 1889 次会议通过，自 2023 年 12 月 5 日起施行。《民法典》施行后的法律事实引起的民事案件，该解释施行后尚未终审的，适用该解释；该解释施行前已经终审，当事人申请再审或者按照审判监督程序决定再审的，不适用该解释。

（二）合同法的基本原则

基于上述合同的特征，《民法典》确定了以下基本原则。

（1）平等原则。合同当事人法律地位一律平等，一方不得将自己的意志强加给另一方，各方应在权利义务对等的基础上订立合同。

（2）意思自治原则。意思自治是贯彻合同活动整个过程的基本原则，在不违反强制性法律规范和社会公共利益的基础上，当事人依法享有自愿订立合同的权利，任何单位和个人不得非法干预。

（3）公平原则。当事人应当遵循公平原则确定各方的权利和义务。任何当事人不得滥用权利，不得在合同中规定显失公平的内容，要根据公平原则确定风险与违约责任的承担。

（4）诚实信用原则。当事人行使权利、履行义务应当遵循诚实信用原则。当事人应当诚实守信，善意地行使权利、履行义务，不得有欺诈等恶意行为。在法律、合同未作规定或规定不清的情况下，要依据诚实信用原则解释法律和合同，平衡当事人之间的利益关系。

（5）守法、不损害社会公共利益原则。当事人订立、履行合同，应当遵守法律、行政法规，尊重社会公德，不得扰乱社会经济秩序，损害社会公共利益。

第二节　合同的订立

一、合同的内容与形式

（一）合同的内容

（1）合同条款。合同的内容，就是合同当事人的权利与义务，具体体现为合同的各项条款。根据《民法典》规定，在不违反法律强制性规定的情况下，合同条款可以由当事人自由约定，但一般包括以下条款：1）当事人的姓名或者名称和住所；2）标的，即合同双方当事人权利义务所共同指向的对象；3）数量；4）质量；5）价款或者报酬；6）履行期限、地点和方式；7）违约责任；8）解决争议的方法。

（2）合同条款的解释。当事人对合同条款的理解有争议的，应当以词句的通常含义为基础，结合相关条款、合同的性质和目的、习惯以及诚信原则，参考缔约背景、磋商过程、履行行为等因素确定争议条款的含义。有证据证明当事人之间对合同条款有不同于词句的通常含义的其他共同理解，一方主张按照词句的通常含义理解合同条款的，一般不予支持。对合同条款有两种以上解释，可能影响该条款效力的，应当选择有利于该条款有效的解释；属于无偿合同的，应当选择对债务人负担较轻的解释。合同文本采用两种以上文字订立并约定具有同等效力的，对各文本使用的词句推定具有相同含义。各文本使用的词句不一致的，应当根据合同的目的予以解释。

（3）合同的法律适用。涉外合同的当事人可以选择处理合同争议所适用的法律，但法律另有规定的除外。涉外合同的当事人对此没有选择的，适用与合同有最密切联系的国家的法律。但在中华人民共和国境内履行的中外合资经营企业合同、中外合作经营企业合同、中外合作勘探开发自然资源合同，只能适用中华人民共和国法律。

（二）合同的形式

合同的形式，是指合同当事人意思表示一致的外在表现形式。当事人订立合同，可以采取书面形式、口头形式和其他形式。合同形式对于固定证据、警告当事人郑重其事、区分磋商与缔约两个阶段均有重要意义。口头形式的合同虽方便易行，但缺点是发生争议时难以举证确认责任，不够安全。书面形式是指以合同书、信件等各种有形方式表现所载内容的合同形式。根据规定，数据电文（包括电报、电传、传真、电子数据交换和电子邮件）也属于书面形式的一种。另外，根据规定，法律、行政法规规定或者当事人约定采用书面形式的合同，当事人应当采用书面形式。

二、合同订立的程序

合同是当事人之间关于权利义务关系的协议，如果将合同关系的成立看作一个行为的话，那成立则是瞬间完成的，即合同成立于当事人就权利义务关系形成合意的那一刻。如果将合同的订立看作一个过程的话，则包括合同订立的各个步骤，即从协商到一致的过程。在法律上合同订立的一般方式是要约与承诺。要约与承诺之间的差别只是一种时间上的不同，要约是一种先在的意思表示，而承诺是一种后在的意思表示。① 从原则上讲，要约的表达应该能够使对方

① 参见［德］罗伯特·霍恩等：《德国民商法导论》，楚建译，81 页，北京，中国大百科全书出版社，1996。

用一句简单的“同意”而加以接受，但这种情况在实践中非常少见，至少在重要的交易中很少见，合同的订立是一个包含要约与承诺，甚至包括反要约（或新要约）在内的较为复杂的过程。

合同是一个动态的过程，它始于订立，终结于适当履行、责任承担及合同解除，其间可能涉及保全、担保、变更、转让、解除、消灭等环节，只有合同订立才能启动上述环节。此外，合同的订立还是合同法上责任得以成立的前提。合同订立中的洽商阶段可产生先合同义务及缔约过失责任。合同成立但归于无效或被撤销时产生缔约过失责任。合同成立并有效，当事人违约时可产生违约责任。合同成立但尚未生效，则不产生履行义务，因而不产生违约责任。

当事人以认购书、订购书、预订书等形式约定在将来一定期限内订立合同，或者为担保在将来一定期限内订立合同交付了定金，能够确定将来所要订立合同的主体、标的等内容的，应当认定预约合同成立。当事人通过签订意向书或者备忘录等方式，仅表达交易的意向，未约定在将来一定期限内订立合同，或者虽然有约定但是难以确定将来所要订立合同的主体、标的等内容，一方主张预约合同成立的，一般不予支持。当事人订立的认购书、订购书、预订书等已就合同标的、数量、价款或者报酬等主要内容达成合意，符合合同成立条件，未明确约定在将来一定期限内另行订立合同，或者虽然有约定但是当事人一方已实施履行行为且对方接受的，应当认定本约合同成立。

预约合同生效后，当事人一方拒绝订立本约合同或者在磋商订立本约合同时违背诚信原则导致未能订立本约合同的，应当认定该当事人不履行预约合同约定的义务。认定当事人一方在磋商订立本约合同时是否违背诚信原则，应当综合考虑该当事人在磋商时提出的条件是否明显背离预约合同约定的内容以及是否已尽合理努力进行协商等因素。

（一）要约

（1）要约的概念。要约指一方当事人以缔结合同为目的，向对方当事人所作的希望与其订立合同的意思表示，实践中亦称作发盘、发价、出盘或出价。要约是当事人旨在订立合同的意思表示，一经承诺就会导致合同的成立，因此，它不同于要约邀请（要约引诱）。要约邀请是邀请他人向自己发出要约的行为。要约可以向特定人发出，也可以向非特定人发出。根据《民法典》的规定，该意思表示应当符合下列规定：1）内容具体确定，此项条件要求该意思表示已经具备了未来合同的必要内容；2）表明经受要约人承诺，要约人即受该意思表示约束。

（2）要约邀请。要约邀请是希望他人向自己发出要约的意思表示。寄送的价目表、拍卖公告、招标公告、招股说明书、商业广告等，为要约邀请。但若商业广告的内容符合要约的条件，如悬赏广告，则视为要约。在实践中要注意要约与要约邀请的区分，如根据最高人民法院《关于审理商品房买卖合同纠纷案件适用法律若干问题的解释》规定，商品房的销售广告和宣传资料为要约邀请，但是出卖人就商品房开发规划范围内的房屋及相关设施所作的说明和允诺具体确定，并对商品房买卖合同的订立以及房屋价格的确定有重大影响的，应当视为要约。该说明和允诺即使未载入商品房买卖合同，亦应当视为合同内容，当事人违反的，应当承担违约责任。

（3）要约的生效时间。要约到达受要约人时生效。采用数据电文形式订立合同，收件人指定特定系统接收数据电文的，该数据电文进入该特定系统的时间，视为到达时间；未指定特定系统的，该数据电文进入收件人的任何系统的首次时间，视为到达时间。

（4）要约的撤回。要约可以撤回。撤回要约的通知应当在要约到达受要约人之前或者与要约同时到达受要约人。撤回要约是在要约尚未生效的情形下发生的。如果要约已经生效，则非要约的撤回，而是要约的撤销。

（5）要约的撤销。要约可以撤销。撤销要约的通知应当在受要约人发出承诺通知之前到达受要约人。但下列情形下的要约不得撤销：1）要约人确定了承诺期限的；2）以其他形式明示要约不可撤销的；3）受要约人有理由认为要约是不可撤销的，并已经为履行合同做了合理准备工作。

（6）要约的失效。有下列情形之一的，要约失效：1）拒绝要约的通知到达要约人；2）要约人依法撤销要约；3）承诺期限届满，受要约人未作出承诺；4）受要约人对要约的内容作出实质性变更。

（二）承诺

（1）承诺的概念。承诺是受要约人同意要约的意思表示。承诺应当由受要约人向要约人作出。

（2）承诺期限。承诺应当在要约确定的期限内到达要约人。要约没有确定承诺期限的，承诺应当依照下列规定到达：1）要约以对话方式作出的，应当即时作出承诺，但当事人另有约定的除外。2）要约以非对话方式作出的，承诺应当在合理期限内到达。所谓合理期限，是指依通常情形可期待承诺到达的期间，一般包括要约到达受要约人的期间、受要约人作出承诺的期间、承诺通知到达要约人的期间。

要约以信件或者电报作出的，承诺期限自信件载明的日期或者电报交发之日开始计算。信件未载明日期的，自投寄该信件的邮戳日期开始计算。要约以电话、传真等快速通信方式作出的，承诺期限自要约到达受要约人时开始计算。

（3）承诺的生效时间。承诺自通知到达要约人时生效。承诺不需要通知的，自根据交易习惯或者要约的要求作出承诺的行为时生效。若采用数据电文形式订立合同，收件人指定特定系统接收数据电文的，该数据电文进入该特定系统的时间，视为承诺到达时间；收件人未指定特定系统的，该数据电文进入收件人的任何系统的首次时间，视为承诺到达时间。承诺生效时合同成立。

（4）承诺的撤回。承诺人发出承诺后反悔的，可以撤回承诺，其条件是撤回承诺的通知应当在承诺通知到达要约人之前或者与承诺通知同时到达要约人，即在承诺生效前到达要约人。

（5）承诺的迟延与迟到。受要约人超过承诺期限发出承诺的，为迟延承诺，除要约人及时通知受要约人该承诺有效的以外，迟延的承诺应视为新要约。受要约人在承诺期限内发出承诺，按照通常情形能够及时到达要约人，但因其他原因使承诺到达要约人时超过承诺期限的，为迟到承诺，除要约人及时通知受要约人因承诺超过期限不接受该承诺的以外，迟到的承诺为有效承诺。

（6）承诺的内容。承诺的内容应当与要约的内容一致。这在学理上称为镜像规则。但严格执行镜像规则不能适应市场发展的需要。在实践中，受要约人可能对要约的文字乃至内容作出某些修改，此时承诺是否具有法律效力需根据具体情况予以确认。《民法典》规定，受要约人对要约的内容作出实质性变更的，为新要约。有关合同标的、数量、质量、价款或者报酬、履行期限、履行地点和方式、违约责任和解决争议方法等内容的变更，是对要约内容的实质性变更。承诺对要约的内容作出非实质性变更的，除要约人及时表示反对或者要约表明承诺不得对要约的内容作出任何变更的以外，该承诺有效，合同的内容以承诺的内容为准。

小试牛刀

甲农产品公司存有一批红豆需要出售，遂向乙食品厂发出传真，传真上注明："我公司有优质红豆10吨出售，你厂若需要，请速回信。"该厂收到传真时，其厂长恰好在外地出差，遂发传真答复甲公司，称等其厂长出差回来后再决定是否购买。过了半个月，甲公司得知丙公司需要红豆作为原料，遂将该批红豆售与丙公司。过后不久，乙厂向甲公司发来传真，称其急需红豆，这10吨红豆他们都买下。甲公司回函称该10吨红豆已售与他人。乙厂认为，甲公司既向其发出了出售红豆的要约，就不应当把红豆再售与他人。由于双方协商不成，且甲公司再无红豆存货，乙厂遂向法院起诉，要求甲公司承担违约责任。

请问：甲公司是否应该承担违约责任，为什么？

本案中，甲公司向乙公司所发传真为要约，乙公司的回复传真不构成承诺；乙公司向甲公司发出的传真构成新要约。合同没有成立，更不存在所谓的违约责任。

三、格式条款

格式条款是指一方当事人为了与不特定多数人订立合同重复使用而单方预先拟定，并在订立合同时不允许对方协商变更的条款。对于是否构成格式条款的判断，在司法实践中，当事人仅以合同系依据合同示范文本制作或者双方已经明确约定合同条款不属于格式条款为由主张该条款不是格式条款的，一般不予支持。从事经营活动的当事人一方仅以未实际重复使用为由主张其预先拟定且未与对方协商的合同条款不是格式条款的，一般不予支持。但是，有证据证明该条款不是为了重复使用而预先拟定的除外。格式条款的适用可以简化签约程序，加快交易速度，减少交易成本。并非所有格式条款都是不公平的。但是，由于格式条款是由一方当事人拟定的，且在合同谈判中不容对方协商修改，条款内容难免有不公平之处。所以《民法典》对格式条款的效力及解释作出特别规定，以保证合同相对人的合法权益：(1) 采用格式条款订立合同的，提供格式条款的一方应当遵循公平原则确定当事人之间的权利和义务，并采取合理的方式提示对方注意免除或者减轻其责任等与对方有重大利害关系的条款，按照对方的要求，对该条款予以说明。提供格式条款的一方在合同订立时采用通常足以引起对方注意的文字、符号、字体等明显标识，提示对方注意免除或者减轻其责任、排除或者限制对方权利等与对方有重大利害关系的异常条款的，可以认定其已经履行提示义务。提供格式条款的一方按照对方的要求，就与对方有重大利害关系的异常条款的概念、内容及其法律后果以书面或者口头形式向对方作出通常能够理解的解释说明的，可以认定其已经履行说明义务。提供格式条款的一方对其已经尽到提示义务或者说明义务承担举证责任。对于通过互联网等信息网络订立的电子合同，提供格式条款的一方仅以采取了设置勾选、弹窗等方式为由主张其已经履行提示义务或者说明义务的，一般不予支持，但是其举证符合规定的除外。(2) 格式条款具有《民法典》规定的合同无效和免责条款无效的情形，或者提供格式条款一方免除其责任、加重对方责任、排除对方主要权利的，该条款无效。(3) 对格式条款的理解发生争议的，应当按照通常理解予以解释。对格式条款有两种以上解释的，应当作出不利于提供格式条款一方的解释。格式条款和非格式条款不一致的，应当采用非格式条款。

与格式条款相近的另一个概念是免责条款，二者存在差异，后者是指合同当事人在合同中规定的排除或限制一方当事人未来责任的条款。基于合同自由原则，对双方当事人自愿订立的免责条款，尤其是事后订立的免责条款，法律原则上不加干涉。但若事先约定的免责条款明显违反诚实信用原则及社会公共利益的，则法律规定其为无效。《民法典》规定，合同中的下列免责条款无效：（1）造成对方人身损害的；（2）因故意或者重大过失造成对方财产损失的。

四、缔约过失责任

缔约过失责任，是指当事人在订立合同过程中，因故意或者过失致使合同未成立，被确认无效或被撤销，给他人造成损失而应承担的损害赔偿责任。《民法典》规定，当事人在订立合同过程中有下列情形之一，给对方造成损失的，应当承担损害赔偿责任：（1）假借订立合同，恶意进行磋商；（2）故意隐瞒与订立合同有关的重要事实或者提供虚假情况；（3）有其他违背诚实信用原则的行为。

缔约过失责任与违约责任存在以下区别：（1）两种责任产生的时间不同。缔约过失责任发生在合同成立之前，而违约责任产生于合同生效之后。（2）适用范围不同。缔约过失责任适用于合同未成立、合同未生效、合同无效等情况，违约责任适用于生效合同。（3）赔偿范围不同。缔约过失责任赔偿的是信赖利益的损失，而违约责任赔偿的是可期待利益的损失。原则上，可期待利益的损失要大于信赖利益的损失。

第三节　合同的效力

一、合同的生效

（一）合同成立和合同生效

合同的成立是指当事人经过要约和承诺，意思表示一致而达成协议。合同成立包括三种情形：承诺生效时成立、约定合同书形式的签字时成立、已实际履行且对方接受的合同成立。

合同的生效指已经成立的合同发生相应的法律效力，即于当事人之间产生双方在合同中表示的效果意思。合同生效不同于合同成立，它们是两个既有联系又有区别的法律概念。合同是否成立是一个事实问题，需要考察当事人之间是否有要约和承诺。合同生效是一个价值判断，需要考察当事人之间的合同是否符合法律的精神与规定，能否发生法律所认可的效力。已经成立的合同不一定生效，还有无效、可撤销、可变更的合同。《民法典》根据不同类型的合同规定了合同生效的时间，主要有以下四种情况：（1）依法成立的合同，自成立时生效。（2）法律、行政法规规定应当办理批准、登记等手续生效的，依照其规定办理批准、登记等手续后生效。（3）当事人对合同的效力可以约定附条件。附生效条件的合同，自条件成就时生效。当事人不正当地阻止条件成就的，视为条件成就；不正当促成条件成就的，视为条件不成就。（4）当事人对合同的效力可以约定附期限。附生效期限的合同，自期限届满时生效。

（二）合同的生效要件

合同成立是合同订立的重要组成部分，其要件有：（1）缔约人。缔约人是实际订立合同的人，既可以是未来合同关系的当事人，也可以是合同当事人的代理人。由于合同系多方法律行为，缔约人必须是双方以上的人。(2) 意思表示一致。缔约人须就合同条款至少是主要条款达成合意。(3) 合同标的。合同标的存在，合同才成立。关于合同标的是否为合同成立要件之一，观点不同。大陆法系的传统理论认为，合同成立要件包括合同标的。① 合同一旦成立，即对当事人产生一般的法律拘束力，亦即任何一方不得擅自变更或解除合同。任何合同的一般拘束力的内容都是一样的。

合同效力产生的前提不是合同成立，而是合同生效。合同生效后于当事人之间产生双方在合同中表示的效果意思。不同合同中当事人的效果意思会有所不同，故任何合同的效力内容均不完全相同。如房屋租赁合同的效力是收取租金与占有、使用房屋，而房屋买卖合同的效力则是获取价款与取得房屋所有权。合同的生效要件是法律评价当事人合意的标准，通说认为，行为人具有相应的民事行为能力，意思表示真实，不违反法律或者社会公共利益，标的确定、可能且合法，此为一个有效的合同应具备的一般生效要件。一些特殊合同可能有一些特殊的生效要件，如对外合作开采石油合同需要经过国家有关行政主管部门的批准才能生效。下面仅介绍合同的一般生效要件。

(1) 合同当事人订立合同时具有相应的缔约行为能力。民事行为能力是民事法律行为有效的先决条件，限制民事行为能力人实施的民事法律行为一般须经其法定代理人的追认才有效。所谓缔约行为能力，是指民事主体据以独立订立合同，以自己的行为行使民事权利或承担民事义务的法律资格。据此，年满 18 周岁，或者 16 周岁以上不满 18 周岁的未成年人，以自己的劳动收入为主要生活来源的完全民事行为能力人可以订立大部分合同。间歇性精神病人为限制民事行为能力人，发病期间其不具有缔约行为能力。不能辨认自己行为的精神病人和不满 8 周岁的未成年人是无民事行为能力人，他们不能订立合同。但是，限制民事行为能力人可以订立纯获利益的合同或者与其智力、精神健康状况相适应的合同。当事人一方是自然人，根据该当事人的年龄、智力、知识、经验并结合交易的复杂程度，能够认定其对合同的性质、合同订立的法律后果或者交易中存在的特定风险缺乏应有的认知能力的，可以认定该情形构成《民法典》规定的"缺乏判断能力"。法人的民事行为能力只能限制在其核准登记的生产经营和业务范围内，因此，法人具有就其生产经营和业务范围内的缔约行为能力。

(2) 合同当事人意思表示真实。所谓意思表示，是指向外部表明愿意发生一定法律效果的意思的行为。意思表示是构成法律行为的要素。意思表示真实是构成有效合同的先决条件之一。一方在被欺诈、胁迫或者重大误解下订立的合同往往非其真实意思表示，属于无效或可撤销的合同。

(3) 合同不违反法律或社会公共利益。所有合法有效的民事法律行为都不得违反法律或社会公共利益，都要符合公序良俗的要求。因此，合同不违反法律或社会公共利益是合同有效的当然条件之一。但必须注意的是，合同不违反法律，是指合同不得违反当事人必须遵守、不得通过协商加以改变的强行性法律规定。换言之，当事人并不必须遵守合同法中用以指导当事人订立合同的任意性规定。强行性法律规定的是一般冠以"不得""必须"等词语，而任意性规范则用"可以"等词语表示。另外，合同不违反法律，还指合同的内容，即设定的双方当事人的权利义务必须合法。如果合同内容的部分条款有效、部分无效，那么部分条款被确认无效不

---

① 参见崔建远：《合同法》，42 页，北京，法律出版社，2007。

影响有效条款的效力。

（4）合同的内容必须确定或可能。依法成立之契约，于当事人之间犹如法律。因此，作为确定当事人各自权利义务依据的合同内容对于判断合同是否生效、生效后如何履行，以及发生纠纷时判断孰对孰错具有重大意义。合同内容确定，是指合同内容在合同成立时必须确定，或者必须处于在将来履行时可以确定的状态。合同的内容可能，是指合同所规定的特定事项在客观上具有实现的可能性。如果合同内容属于事实不能、自始不能、客观不能、永久不能及全部不能中的任何一种情形，则合同无效。

二、效力待定的合同

效力待定的合同，是指合同订立后尚未生效，须经权利人追认才能生效的合同。效力待定合同主要有以下几种类型。

1. 限制民事行为能力人独立订立的与其年龄、智力、精神健康状况不相适应的合同

《民法典》规定，限制民事行为能力人订立的合同，经法定代理人追认后，该合同有效，但纯获利益的合同或者与其年龄、智力、精神健康状况相适应而订立的合同，不必经法定代理人追认。

法定代理人的追认权性质上属于形成权，仅凭其单方面意思表示就可以使效力待定的合同转化为有效合同。

法律在保护限制民事行为能力人合法权益的同时，为避免合同相对人的利益因为合同效力待定而受损，特别规定了相对人的催告权和善意相对人的撤销权。相对人可以催告法定代理人自收到通知之日起30日内予以追认。法定代理人未作表示的，视为拒绝追认。合同被追认之前，善意相对人有撤销的权利。撤销应当以通知的方式作出。其中的“善意”是指相对人在订立合同时不知道与其订立合同的人欠缺相应的行为能力。

2. 无权代理人订立的合同

《民法典》规定，行为人没有代理权、超越代理权或者代理权终止后以被代理人名义订立的合同，未经被代理人追认，对被代理人不发生效力，由行为人承担责任。相对人可以催告被代理人自收到通知之日起30日内予以追认。被代理人未作表示的，视为拒绝追认。合同被追认之前，善意相对人有撤销的权利。撤销应当以通知的方式作出。

3. 无处分权人订立的合同

《民法典》规定，无处分权的人处分他人财产，经权利人追认或者无处分权的人订立合同后取得处分权的，该合同有效。

三、无效合同、可撤销合同及其法律后果

（一）无效合同

根据《民法典》的规定，下列情形的合同无效：（1）一方以欺诈、胁迫的手段订立合同，损害国家利益；（2）恶意串通，损害国家、集体或者第三人利益；（3）以合法形式掩盖非法目的；（4）损害社会公共利益；（5）违反法律、行政法规的强制性规定。关于合同的无效还要注意以下两点：（1）合同法实施以后，人民法院确认合同无效，应当以全国人大及其常委会制定的法律和国务院制定的行政法规为依据，不得以地方性法规、行政规章为依据。（2）当事人超

越经营范围订立合同，人民法院不因此认定合同无效，但违反国家限制经营、特许经营以及法律、行政法规禁止经营规定的除外。

合同虽然不违反法律、行政法规的强制性规定，但是有下列情形之一，应当认定为合同无效：(1) 合同影响政治安全、经济安全、军事安全等国家安全的；(2) 合同影响社会稳定、公平竞争秩序或者损害社会公共利益等违背社会公共秩序的；(3) 合同背离社会公德、家庭伦理或者有损人格尊严等违背善良风俗的。在认定合同是否违背公序良俗时，应当以社会主义核心价值观为导向，综合考虑当事人的主观动机和交易目的、政府部门的监管强度、一定期限内当事人从事类似交易的频次、行为的社会后果等因素。当事人确因生活需要进行交易，未给社会公共秩序造成重大影响，且不影响国家安全，也不违背善良风俗的，不应当认定合同无效。

当事人之间就同一交易订立多份合同，应当认定其中以虚假意思表示订立的合同无效。当事人为规避法律、行政法规的强制性规定，以虚假意思表示隐藏真实意思表示的，应当依据《民法典》第 153 条第 1 款的规定认定被隐藏合同的效力；当事人为规避法律、行政法规关于合同应当办理批准等手续的规定，以虚假意思表示隐藏真实意思表示的，应当依据《民法典》第 502 条第 2 款的规定认定被隐藏合同的效力。依据前款规定认定被隐藏合同无效或者确定不发生效力的，应当以被隐藏合同为事实基础，依据《民法典》第 157 条的规定确定当事人的民事责任。但是，法律另有规定的除外。当事人就同一交易订立的多份合同均系真实意思表示，且不存在其他影响合同效力情形的，应当在查明各合同成立先后顺序和实际履行情况的基础上，认定合同内容是否发生变更。法律、行政法规禁止变更合同内容的，应当认定合同的相应变更无效。

（二）可撤销合同

1. 可撤销合同的概念

可撤销合同是指因合同当事人意思表示的瑕疵，撤销权人可以请求人民法院或者仲裁机构予以撤销或者变更的合同。

与无效合同相比，可撤销合同在撤销前已经生效。在被撤销以前，其法律效果可以对抗除撤销权人以外的任何人。而无效合同在法律上当然无效，从一开始即不发生法律效力。而且可撤销合同的撤销，应由撤销权人以撤销行为为之，人民法院不主动干预。无效合同在内容上具有明显的违法性，故对无效合同的确认，司法机关和仲裁机构可以主动干预，宣告其无效。

2. 可撤销合同的类型

根据《民法典》规定，可撤销合同主要有如下几种。

(1) 因重大误解订立的合同。所谓重大误解是指当事人对合同的性质、对方当事人以及标的物的种类、质量、数量等涉及合同后果的重要事项存在错误认识，违背其真实意思表示订立合同，并因此可能受到较大损失的行为。合同订立后因商业风险等发生的错误认识，不属于重大误解。

(2) 在订立合同时显失公平的合同。显失公平是指一方当事人利用优势或者对方没有经验，在订立合同时致使双方的权利与义务明显违反公平、等价有偿原则的行为。此类合同的“显失公平”必须发生在合同订立时，如果合同订立以后，因为商品价格发生变化而导致的权利义务不对等不属于显失公平。

(3) 一方以欺诈、胁迫的手段或者一方利用对方处于危困状态、缺乏判断能力，使对方在违背真实意思的情况下订立的合同。对于这种类型的可撤销合同，应注意以下几点：1）因一方欺诈、胁迫而订立的合同，如损害国家利益，则属于无效合同。对于乘人之危订立的合同，则不用考虑是否损害国家利益，一律属可撤销合同。2）并非所有的合同当事人都享有撤销权，只有合同的受损害方，即受欺诈方、受胁迫方等才享有撤销权。

3. 撤销权

撤销权在性质上是一种形成权，即依据撤销权人单方面的意思表示即可使双方当事人之间的法律关系发生变动。为了确保当事人之间法律关系的稳定性，《民法典》特别规定撤销权因一定的事由或者期限而消灭。

（1）当事人自知道或者应当知道撤销事由之日起 1 年内、重大误解的当事人自知道或者应当知道撤销事由之日起 90 日内没有行使撤销权，此“1 年”或“90 日”期间的性质为除斥期间，不适用诉讼时效中止、中断或者延长的规定。

（2）当事人受胁迫，自胁迫行为终止之日起 1 年内没有行使撤销权；具有撤销权的当事人知道撤销事由后明确表示或者以自己的行为放弃撤销权。

小试牛刀

小李在首饰店购买了一枚钻戒，标签标明该钻石为天然钻石，买回后即被人告知实为人造钻石。小李遂多次与首饰店交涉，历时一年零六个月，未果。

请问：现小李欲以欺诈为由诉请法院撤销该买卖关系，其主张能否得到支持？

不可以，因小李没有自知道之日起 1 年内行使其撤销权。

（三）合同无效或者被撤销后的法律后果

合同无效或者被撤销后发生的法律后果主要有：

（1）无效或者被撤销的民事法律行为自始没有法律约束力。

（2）民事法律行为无效，不影响其他部分效力的，其他部分仍然有效。

（3）合同不生效、无效、被撤销或者终止的，不影响合同中独立存在的有关解决争议方法的条款的效力。如关于管辖权、法律适用的条款即属于有关争议解决方法的条款。

（4）民事法律行为无效、被撤销或者确定不发生效力后因该合同取得的财产，应当予以返还；不能返还或者没有必要返还的，应当折价补偿。有过错的一方应当赔偿对方因此所受到的损失，双方都有过错的，应当各自承担相应的责任。法律另有规定的，依照其规定。

第四节　合同的履行

一、合同履行的规则

合同的履行，是指合同的双方当事人正确、适当、全面地完成合同中规定的各项义务的行为。合同以及由合同产生的各种权利义务就像罗马法学家所称的“法锁”，将合同双方当事人联系在一起，而履行无疑是打开这把“法锁”的钥匙。合同的履行以及对合同履行的法律保护构成了现代社会信用制度的重要组成部分。在现代社会，及时结清的交易以及以货易货的交易已经不占有重要地位，大量的交易特征表现为双方义务履行时间上的非同步性，而这种非同步性就体现了信用制度。如果没有一种法律制度保障合同的履行，整个社会的信用制度就会崩溃，市场的交易体系将发生实质性的倒退。从这个意义上讲，美国学者麦克尼尔将合同定义为“对未来交换的安排”①，并指出整个社会的交易秩序和财富都与这种“安排”相联系，而一旦这种联系被打乱或受阻，与之相联系的所有制度安排均将受挫，故合同的履行具有十分重要的意义。

合同在履行中应遵循下列规则。

(一) 法定义务规则

《民法典》第 509 条第 2 款明确规定：当事人应当遵循诚信原则，根据合同的性质、目的和交易习惯履行通知、协助、保密等义务。如当事人行使不安抗辩权中止履行的，要及时通知对方。

(二) 正确履行规则

《民法典》第 509 条第 1 款规定：当事人应当按照约定全面履行自己的义务。这包括履行主体、履行标的、履行时间、履行地点和履行方式等诸方面的正确履行。

(三) 保护环境规则

根据《民法典》第 509 条第 3 款规定：当事人在履行合同过程中，应当避免浪费资源、污染环境和破坏生态。

(四) 条款约定不明的履行规则

一般讲，除当事人、标的两个条款，其余条款没有约定或约定不明的，当事人可以事后补充或补正，具体的处理方法为：(1) 依当事人补充协议确定；(2) 依已有的合同条款确定；(3) 依交易习惯确定。

若依照上述三种方法仍不能确定，可适用《民法典》第 511 条的规定来确定，即 (1) 质量要求不明的，按照强制性国家标准履行；没有强制性国家标准的，按照推荐性国家标准；没有推荐性国家标准的，按照行业标准履行；没有国家标准、行业标准的，按通常标准或符合合同目的的特定标准履行。(2) 价款或报酬不明的，按订立合同时履行地的市价履行；依法应执行政府定价或指导价的，按照规定履行。(3) 履行地点不明，给付货币的，在接受货币一方所在地履行；交付不动产的，在不动产所在地履行；其他标的，在履行义务一方所在地履行。(4) 履行期限不明确的，债务人可随时履行，债权人也可随时请求履行，但应给对方必要的准备时间。(5) 履行方式不明确的，按有利于实现合同目的的方式履行。(6) 履行费用的负担不明确的，由履行义务一方负担；因债权人原因增加的履行费用，因债权人负担。

(五) 价格变动的履行规则

合同约定执行政府定价或者政府指导价的，在合同约定的交付期限内政府价格调整时，按照交付时的价格计价。逾期交付标的物的，遇价格上涨时，按照原价格执行；遇价格下降时，按照新价格执行。

(六) 第三人履行规则

合同虽是特定主体之间的法律行为，但是合同作为一种交易关系，往往是连续交易关系中的一个环节，因此在合同的履行中常常会涉及第三人，如当事人约定由债务人向第三人履行或

---

① [美] 麦克尼尔：《新社会契约论》，雷喜宁等译，4 页，北京，中国政法大学出版社，1994。

由第三人向债权人履行。为保障涉及第三人的合同履行中各方当事人的正当权益，《民法典》规定，当事人约定由债务人向第三人履行债务的，债务人未向第三人履行债务或者履行债务不符合约定，应当向债权人承担违约责任。当事人约定由第三人向债权人履行债务的，第三人不履行债务或者履行债务不符合约定，债务人应当向债权人承担违约责任。从这两个规定来看，对于向第三人履行和由第三人履行，《民法典》严格遵循合同的相对性规则，并不将参与履行的第三人作为合同相对人对待，使其既不承担合同项下的义务，也不享有合同项下的权利。

（七）不完全履行的规则

（1）中止履行。例如，债权人分立、合并或者变更住所没有通知债务人，致使履行债务发生困难的，债务人可以中止履行或者将标的物提存。

（2）提前履行。债权人可以拒绝债务人提前履行债务，但提前履行不损害债权人利益的除外。债务人提前履行债务给债权人增加的费用，由债务人负担。

（3）部分履行。债权人可以拒绝债务人部分履行债务，但部分履行不损害债权人利益的除外。债务人部分履行债务给债权人增加的费用，由债务人负担。

（八）情事变更规则

《民法典》第533条规定了情事变更，其指合同成立后，由于不可归责于双方当事人的原因，合同的基础丧失或动摇，致继续维持合同效力将显失公平，因而允许变更或解除合同。合同成立后，合同的基础条件发生了当事人在订立合同时无法预见的、不属于商业风险的重大变化，继续履行合同对于当事人一方明显不公平的，受不利影响的当事人可以与对方重新协商；在合理期限内协商不成的，当事人可以请求人民法院或者仲裁机构变更或者解除合同。人民法院或者仲裁机构应当结合案件的实际情况，根据公平原则变更或者解除合同。在我国的学术界和司法实践中，一向承认情事变更的理论，《民法典》第533条正式确立了情事变更规则。

二、双务合同履行中的抗辩权

双务合同履行的抗辩权，是指当事人在符合条件时，将自己的给付暂时保留的权利。双务合同中的双方当事人互为债权人和债务人，双方的履行给付具有牵连性，为了体现双方权利义务的对等及保护交易安全，《民法典》为双务合同的债务人规定了同时履行抗辩权、先履行抗辩权和不安抗辩权三种履行抗辩权，使得债务人可以在法定情况下对抗相对人的请求权，使保留给付的行为不构成违约。

（一）同时履行抗辩权

同时履行抗辩权，是指双务合同的当事人应同时履行义务的，一方在对方未履行前，有拒绝对方请求自己履行合同的权利。《民法典》规定，当事人互负债务，没有先后履行顺序的，应当同时履行。一方在对方履行之前有权拒绝其对自己提出的履行要求。一方在对方履行债务不符合约定时，有权拒绝其相应的履行要求。

（二）先履行抗辩权

先履行抗辩权，是指双务合同中应先履行义务的一方当事人未履行时，对方当事人有拒绝对方请求履行的权利。《民法典》规定，当事人互负债务，有先后履行顺序，先履行一方未履行的，后履行一方有权拒绝其履行要求。先履行一方履行债务不符合约定的，后履行一方有权拒绝其相应的履行要求。

(三) 不安抗辩权

不安抗辩权，是指双务合同中应先履行义务的一方当事人，有确切证据证明相对人财产明显减少或欠缺信用，不能保证对待给付时，有暂时中止履行合同的权利。《民法典》规定，应当先履行债务的当事人，有确切证据证明对方有下列情形之一的，可以中止履行：(1) 经营状况严重恶化；(2) 转移财产、抽逃资金，以逃避债务；(3) 丧失商业信誉；(4) 有丧失或者可能丧失履行债务能力的其他情形。主张不安抗辩权的当事人如果没有确切证据中止履行的，则应当承担违约责任。

当事人行使不安抗辩权中止履行的，应当及时通知对方。对方提供适当担保时，应当恢复履行。中止履行后，对方在合理期限内未恢复履行能力并且未提供适当担保的，中止履行的一方可以解除合同。

小试牛刀

5月20日，A食品厂销售员小高到某市B超市联系业务，双方签订了购买巧克力及饼干的合同。合同总价款为5万元。合同中规定：合同履行期3个月，从当年5月20日至8月20日。A厂分三批交货，交货时间分别为5月26日、6月26日、7月26日。货到后经验收合格，B超市立即付款。5月26日，A厂发出第一批货，B超市经验收合格交付了1.3万元货款。6月20日，小高家人告知其B超市的经理已卷款逃走，很多债主在上门讨债。A厂遂决定停止发第二、第三批货。6月30日，B超市称A厂违约，要求其承担支付违约金、赔偿损失的责任。A厂认为：B超市经理卷款逃走，该超市已无力偿债，自己这时发货根本得不到偿债保障，中止供货是自己采取的自我保护措施。如果B超市想让A厂交货，就必须提供担保，若B超市拒不提供担保，A厂也拒绝承担违约责任。

请问：A厂的主张是否成立?

本案中，A厂可以行使不安抗辩权，但必须有确切的证据证明B超市已丧失偿债能力。

三、合同的保全

合同的保全是合同的一般担保，是指为了保护一般债权人不因债务人的财产不当减少而受损害，允许债权人干预债务人处分自己财产行为的法律制度。合同保全主要有代位权与撤销权。其中代位权是针对债务人消极不行使自己债权的行为，撤销权则是针对债务人积极侵害债权人债权实现的行为。两者或者是为了实现债务人的财产权利，或者是为了恢复债务人的责任财产，从而确保债权人债权的实现。

(一) 代位权

代位权，是指债务人怠于行使其对第三人（次债务人）享有的到期债权，危及债权人债权实现时，债权人为保障自己的债权，可以自己的名义代位行使债务人对次债务人的债权的权利。

(1) 代位权行使的条件。债权人提起代位权诉讼，应当符合下列条件：1) 债权人对债务人的债权合法。2) 债务人怠于行使其到期债权，对债权人造成损害。债务人的懈怠行为必须是债务人不以诉讼方式或者仲裁方式向次债务人主张其享有的具有金钱给付内容的到期债权。3) 债务人的债权已到期。代位权的行使条件中虽然没有明确债权人的债权是否到期，但是根据上述合同法解释的规定，债权人在主张代位权时，要求债权人的债权已经到期。4）债务人的债权不是专属于债务人自身的债权。下列权利可以认定为专属于债务人自身的权利：抚养费、赡养费或者扶养费请求权；人身损害赔偿请求权；劳动报酬请求权，但是超过债务人及其所扶养家属的生活必需费用的部分除外；请求支付基本养老保险金、失业保险金、最低生活保障金等保障当事人基本生活的权利；其他专属于债务人自身的权利。

（2）代位权诉讼中的主体及管辖。在代位权诉讼中，债权人是原告，次债务人是被告，债务人为诉讼上的第三人。因此，在代位权诉讼中，如果债权人胜诉的，由次债务人承担诉讼费用，且从实现的债权中优先支付。其他必要费用则由债务人承担。代位权诉讼由被告住所地人民法院管辖。

（3）代位权行使的法律效果。债权人向次债务人提起的代位权诉讼经人民法院审理后认定代位权成立的，由次债务人向债权人履行清偿义务，债权人与债务人、债务人与次债务人之间相应的债权债务关系即归于消灭。从此规定来看，债权人的债权就代位权行使的结果有优先受偿权利。在代位权诉讼中，次债务人对债务人的抗辩，可以向债权人主张。

小试牛刀

甲借给乙10万元，乙借给丙20万元，此两项借款均已届还款期限，甲急于用款，但经调查知道乙已无力还款，便多次催促乙向丙索还欠款，乙置之不理。

请问：在已知乙无力还款的情况下，甲欲实现债权，可行使何种权利？如果提起诉讼，如何确定乙和丙的诉讼地位？

甲可以行使代位权。甲可以向法院请求以自己的名义代位行使债务人乙对次债务人丙的债权。诉讼中，甲应以次债权人丙为被告，以债务人乙为第三人提起代位权诉讼。

（二）撤销权

撤销权，是指债务人实施了减少财产行为，危及债权人债权实现时，债权人为保障自己的债权请求人民法院撤销债务人处分行为的权利。

（1）撤销权的性质。撤销权的行使必须依一定的诉讼程序进行，故又称废罢诉权。债权人行使撤销权，可请求受益人返还财产，恢复债务人责任财产的原状，因此，撤销权兼有请求权和形成权的特点。合同保全中的撤销权与可撤销合同中的撤销权不同：合同保全中的撤销权是债权人请求人民法院撤销债务人与第三人之间已经生效的法律关系，此种撤销权突破了合同相对性，其效力扩及第三人，而且其目的是维护债务人清偿债权的清偿能力；而可撤销合同中的撤销权并没有扩及第三人，其目的是消除当事人之间意思表示的瑕疵。

（2）撤销权的成立要件。债权人行使撤销权，应当具备以下条件：1）债权人须以自己的名义行使撤销权。2）债权人对债务人存在有效债权；债权人对债务人的债权可以到期，也可以不到期。3）债务人实施了减少财产的处分行为。4）债务人的处分行为有害于债权人债权的实现。

其中债务人减少财产的处分行为有：1）放弃到期债权，对债权人造成损害；2）无偿转让财产，对债权人造成损害；3）以明显不合理的低价转让财产，对债权人造成损害，并且受让人知道该情形。其中第3）种处分行为不但要求有客观上对债权人造成损害的事实，还要求有受让人知道的主观要件。“明显不合理”的低价或者高价，应当按照交易当地一般经营者的判断，并参考交易时交易地的市场交易价或者物价部门指导价予以认定。转让价格未达到交易时交易地的市场交易价或者指导价70%的，一般可以认定为“明显不合理的低价”；受让价格高于交易时交易地的市场交易价或者指导价30%的，一般可以认定为“明显不合理的高价”。债务人与相对人存在亲属关系、关联关系的，不受前款规定的70%、30%的限制。

当债务人的处分行为符合上述条件时，债权人可以请求人民法院撤销债务人的处分行为。撤销权的行使范围以债权人的债权为限。

(3) 撤销权的行使期限。《民法典》对撤销权的行使有期限限制。撤销权自债权人知道或者应当知道撤销事由之日起1年内行使。自债务人的行为发生之日起5年内没有行使撤销权的，该撤销权消灭。上述规定中的“5年”期间为除斥期间，不适用诉讼时效中止、中断或者延长的规定。

(4) 行使撤销权的法律效果。一旦人民法院确认债权人的撤销权成立，债务人的处分行为即归于无效。债务人的处分行为无效的法律后果则是返还财产，即受益人应当返还从债务人处获得的财产。因此，撤销权行使的目的是恢复债务人的责任财产，债权人就撤销权行使的结果并无优先受偿权利。

(5) 撤销权诉讼中的主体与管辖。撤销权必须通过诉讼程序行使。在诉讼中，债权人为原告，债务人为被告，受益人或者受让人为诉讼上的第三人。撤销权诉讼由被告住所地人民法院管辖。债权人行使撤销权所支付的律师代理费、差旅费等必要费用，由债务人负担；第三人有过错的，应当适当分担。

第五节 合同的担保

一、合同担保概述

(一) 担保的概念与特征

担保，是指法律规定或者当事人约定的保证合同履行、保障债权人利益实现的法律措施。《民法典》等法律、法规、司法解释对担保问题作出详细规定。担保具有以下法律特征。

(1) 从属性。担保合同是从属于主合同的从合同，主合同无效，担保合同无效。当然这种从属性也有例外。允许为将来存在的债权预先设定保证、抵押权、质押权，而且在规定了从属性的前提下，允许“担保合同另有约定的，按照约定”，可见合同担保的从属性是有条件的。

(2) 补充性。担保对债权人权利的实现仅具有补充作用，在主债关系因适当履行而正常终止时，担保人并不实际履行担保义务。只有在主债务不能得到履行时，补充的义务才需要履行，使主债权得以实现，因此，担保具有补充性。

(二) 担保的方式

担保方式除了保证、抵押、质押、留置和定金以外，还有一种重要的担保方式就是反担保。反担保，是指为了换取担保人提供保证、抵押或质押等担保方式，而由债务人或第三人向该担保人提供的担保，该担保相对于原担保而言被称为反担保。第三人为债务人向债权人提供担保时，可以要求债务人提供反担保。反担保人可以是债务人，也可以是债务人之外的其他人。

反担保方式可以是债务人提供的抵押或者质押，也可以是其他人提供的保证、抵押或者质押。因此，留置和定金不能作为反担保方式。在债务人自己向原担保人提供反担保的场合，保证就不得作为反担保方式。

（三）担保合同无效的法律责任

担保合同被确认无效时，债务人、担保人、债权人有过错的，应当根据其过错各自承担相应的民事责任，即承担缔约过失责任。

（1）主合同有效而担保合同无效，债权人无过错的，担保人与债务人对主合同债权人的经济损失承担连带赔偿责任；债权人、担保人有过错的，担保人承担民事责任的部分不应超过债务人不能清偿部分的1/2。

（2）主合同无效而导致担保合同无效，担保人无过错则不承担民事责任；担保人有过错的，应承担的民事责任不超过债务人不能清偿部分的1/3。

（3）担保人因无效担保合同向债权人承担赔偿责任后，可以向债务人追偿，或者在承担赔偿责任的范围内，要求有过错的反担保人承担赔偿责任。

为了保证债权人的利益，主合同解除后，担保人对债务人应当承担的民事责任仍应承担担保责任，但是，担保合同另有约定的除外。另外，如果法人或者其他组织的法定代表人、负责人超越权限订立的担保合同，除相对人知道或者应当知道其超越权限的以外，该代表行为有效。

二、保证

（一）保证与保证合同

1. 保证的概念

保证，是指第三人和债权人约定，当债务人不履行其债务时，该第三人按照约定履行债务或者承担责任的担保方式。“第三人”被称作保证人；“债权人”既是主债的债权人，也是保证合同中的债权人。保证是保证人与债权人之间的合同关系。

保证的方式有两种，即一般保证和连带责任保证。

2. 保证合同

保证合同，是指保证人与债权人订立的在主债务人不履行其债务时，由保证人承担保证债务的协议。保证合同中，只有保证人承担债务，债权人不负对待给付义务，故为单务合同。保证合同中，保证人对债权人承担保证债务，债权人对此不提供相应对价，故为无偿合同。实践中债务人往往为此支付保证人一定的金钱，但不影响保证合同无偿性的特征，因为保证合同的当事人为债权人与保证人，而非债务人与保证人。保证合同因保证人和债权人协商一致而成立、不需另行交付标的物，故为诺成合同。保证合同必须采用书面形式，故为要式合同。

保证合同为从合同。主合同有效成立或将要成立，保证合同才发生效力。故主合同无效，保证合同无效。但保证合同无效，并不必然导致主合同无效。

保证合同为要式合同，但在实践中要注意下列问题：（1）保证人在债权人与被保证人签订的订有保证条款的主合同上，以保证人身份签字或者盖章的，保证合同成立。（2）第三人单方以书面形式向债权人出具担保书，债权人接受且未提出异议的，保证合同成立。（3）主合同中虽然没有保证条款，但保证人在主合同上以保证人的身份签字或者盖章的，保证合同成立。

（二）保证人

保证合同当事人为保证人和债权人。债权人可以是一切享有债权之人，自然人、法人抑或其他组织，均无不可。自然人、法人或者其他组织均可以为保证人，保证人也可以为两人以上。但法律对保证人仍有相应的限制，这些限制主要如下。

（1）主债务人不得同时为保证人。如果主债务人同时为保证人，意味着其责任财产未增加，保证的目的落空。

（2）国家机关原则上不得为保证人。但经国务院批准为使用外国政府或者国际经济组织贷款进行转贷的，国家机关可以为保证人。

（3）学校、幼儿园、医院等以公益为目的的事业单位、社会团体不得做保证人。但从事经营活动的事业单位、社会团体，可以为保证人。

（4）企业法人的职能部门不得为保证人。

（5）企业法人的分支机构原则上不得为保证人。但企业法人的分支机构有法人书面授权的，可以在授权范围内提供保证。

（6）保证人必须有代为清偿债务的能力。不具有完全代偿能力的主体，只要以保证人身份订立保证合同后，就应当承担保证责任。

（三）保证方式

1. 一般保证和连带责任保证

因为保证人承担责任方式的不同，可以将保证分为一般保证和连带责任保证。所谓一般保证，是指当事人在保证合同中约定，债务人不能履行债务时，由保证人承担保证责任的保证。所谓连带责任保证，是指保证人与债务人在保证合同中约定，在债务人不履行债务时，由保证人对债务承担连带责任的保证。依据《民法典》第686条的规定，当事人在保证合同中对保证方式没有约定或者约定不明确的，按照一般保证承担保证责任。这两种保证之间最大的区别在于保证人是否享有先诉抗辩权，一般保证的保证人享有先诉抗辩权，连带责任保证的保证人则不享有。

所谓先诉抗辩权，是指在主合同纠纷未经审判或仲裁，并就债务人财产依法强制执行用于清偿债务前，保证人对债权人可拒绝承担保证责任。所谓不能清偿，是指对债务人的存款、现金、有价证券、成品、半成品、原材料、交通工具等可以执行的动产和其他方便执行的财产执行完毕后，债务仍未能得到清偿。但有下列情形之一的，保证人不得行使先诉抗辩权：（1）债务人住所变更，致使债权人要求其履行债务发生重大困难的，如债务人下落不明，移居境外，且无财产可供执行；（2）人民法院受理债务人破产案件，中止执行程序的；（3）保证人以书面形式放弃先诉抗辩权的。

一般保证的保证人在主债权履行期间届满后，向债权人提供了债务人可供执行财产的真实情况的，债权人放弃或怠于行使权利致使该财产不能被执行，保证人可以请求法院在其提供可供执行财产的实际价值范围内免除保证责任。

2. 单独保证和共同保证

根据保证人的数量，保证可以分为单独保证和共同保证。单独保证是指只有一个保证人担保同一债权的保证。共同保证是指数个保证人担保同一债权的保证。共同保证既可以在数个共同保证人与债权人签订一个保证合同时成立，也可以在数个保证人与债权人签订数个保证合同，但担保同一债权时成立。按照保证人是否约定各自承担的担保份额，可以将共同保证分为按份共同保证和连带共同保证。按份共同保证是保证人与债权人约定按份额对主债务承担保证义务的共同保证；连带共同保证是各保证人约定均对全部主债务承担保证义务或保证人与债权人之间没有约定所承担保证份额的共同保证。

需要注意的是，连带共同保证的“连带”是保证人之间的连带，而非保证人与主债务人之间的连带，故称之为“连带共同保证”，而非“连带责任保证”。

连带共同保证的债务人在主合同规定的债务履行期届满没有履行债务的，债权人可以要求债务人履行债务，也可以要求任何一个保证人承担全部保证责任。已经承担保证责任的保证人，有权向债务人追偿，或者要求承担连带责任的其他保证人清偿其应当承担的份额。

（四）保证责任

（1）保证责任的范围。保证担保的责任范围包括主债权及利息、违约金、损害赔偿金和实现债权的费用。保证合同对责任范围另有约定的，按照约定执行。当事人对保证担保的范围没有约定或者约定不明确的，保证人应当对全部债务承担责任。

（2）主合同变更与保证责任承担。保证期间，债权人依法将主债权转让给第三人，保证债权同时转让，保证人在原保证担保的范围内对受让人承担保证责任。但是保证人与债权人事先约定仅对特定的债权人承担保证责任或者禁止债权转让的，保证人不再承担保证责任。保证期间，债权人许可债务人转让债务的，应当取得保证人书面同意，保证人对未经其同意转让的债务部分，不再承担保证责任。

保证期间，债权人与债务人协议变更主合同的，应当取得保证人书面同意，未经保证人同意的主合同变更，如果减轻债务人的债务的，保证人仍应当对变更后的合同承担保证责任；如果加重债务人的债务的，保证人对加重的部分不承担保证责任。债权人与债务人对主合同履行期限作了变动，未经保证人书面同意的，保证期间为原合同约定的或者法律规定的期间。债权人与债务人协议变动主合同内容，但并未实际履行的，保证人仍应当承担保证责任。

主合同当事人双方协议以新贷偿还旧贷，除保证人知道或者应当知道者外，保证人不承担民事责任，但是新贷与旧贷系同一保证人的除外。

（3）保证期间与保证的诉讼时效。保证期间为保证责任的存续期间，是债权人向保证人行使追索权的期间。保证期间性质上属于除斥期间，不发生诉讼时效的中止、中断和延长。债权人没有在保证期间主张权利的，保证人免除保证责任。“主张权利”的方式在一般保证中表现为对债务人提起诉讼或者申请仲裁，在连带责任保证中表现为向保证人要求承担保证责任。

根据《民法典》第 692 条规定：债权人与保证人可以约定保证期间，但是约定的保证期间早于主债务履行期限或者与主债务履行期限同时届满的，视为没有约定；没有约定或者约定不明确的，保证期间为主债务履行期限届满之日起 6 个月。债权人与债务人对主债务履行期限没有约定或者约定不明确的，保证期间自债权人请求债务人履行债务的宽限期届满之日起计算。

在保证期间中，债权人主张权利的，保证责任确定。从确定保证责任时起，于连带保证而言，开始起算保证的诉讼时效，于一般保证而言，则自对债务人提起诉讼或者申请仲裁的判决或者仲裁裁决生效之日起算保证的诉讼时效。

一般保证中，主债务诉讼时效中断，保证债务诉讼时效中断；连带责任保证中，主债务诉讼时效中断，保证债务诉讼时效不中断。一般保证和连带责任保证中，主债务诉讼时效中止的，保证债务的诉讼时效同时中止。

最高额保证合同对保证期间没有约定或者约定不明的，如合同约定有保证人清偿债务期限的，保证期间为主债务履行期限届满之日起 6 个月；没有约定的，保证期间为自最高额保证终止之日或自债权人收到保证人终止保证合同的书面通知到达之日起 6 个月。保证人对于通知到达债权人前所发生的债权，承担保证责任。

（4）保证人的抗辩权与保证责任的认定。由于保证人承担了对债务人的保证责任，所以保证人享有债务人的抗辩权。抗辩权是指债权人行使债权时，债务人根据法定事由对抗债权人行使请求权的权利。如债务人放弃对债务的抗辩权，保证人仍有权抗辩，因其保证责任并未免除。据此，不仅保证人有权参加债权人对债务人的诉讼，在债务人对债权人提起诉讼，债权人提起反诉时，保证人也可以作为第三人参加诉讼。

保证人对已经超过诉讼时效期间的债务承担保证责任或者提供保证的，不得又以超过诉讼时效为由提出抗辩。

（5）保证责任与共同担保。在同一债权上既有保证又有物的担保的，属于共同担保。被担保的债权既有物的担保又有人的担保的，债务人不履行到期债务或者发生当事人约定的实现担保物权的情形，债权人应当按照约定实现债权；没有约定或者约定不明确，债务人自己提供物的担保的，债权人应当先就该物的担保实现债权；第三人提供物的担保的，债权人可以就物的担保实现债权，也可以要求保证人承担保证责任。提供担保的第三人承担担保责任后，有权向债务人追偿。基于这条规定，物的担保和保证并存时，如果债务人不履行债务，则根据下列规则确定当事人的担保责任承担。

1）根据当事人的约定确定承担责任的顺序。

2）没有约定或者约定不明的，如果保证与债务人提供的物的担保并存，则债权人先就债务人的物的担保求偿。保证在物的担保不足清偿时承担补充清偿责任。

3）没有约定或者约定不明的，如果保证与第三人提供的物的担保并存，则债权人可以就物的担保实现债权，也可以要求保证人承担保证责任。根据这条规定，第三人提供物的担保的，保证与物的担保居于同一清偿顺序，债权人既可以要求保证人承担保证责任，也可以对担保物行使担保物权。

4）没有约定或者约定不明的，如果保证与第三人提供的物的担保并存，其中一人承担了担保责任，则只能向债务人追偿，不能向另外一个担保人追偿。

（6）保证人不承担责任的情形。有下列情形之一的，保证人不承担民事责任。

1）主合同当事人双方串通，骗取保证人提供保证的。

2）合同债权人采取欺诈、胁迫等手段，使保证人在违背真实意思的情况下提供保证的。主合同债务人采取欺诈、胁迫等手段，使保证人在违背真实意思的情况下提供保证的，债权人知道或者应当知道欺诈、胁迫事实的，保证人不承担民事责任。

但债务人与保证人共同欺骗债权人，订立主合同和保证合同的，债权人可以请求人民法院予以撤销。因此给债权人造成损失的，由保证人与债务人承担连带赔偿责任。

（7）保证人的追偿权。保证人承担保证责任后，除当事人另有约定外，有权在其承担保证责任的范围内向债务人追偿，享有债权人对债务人的权利，但是不得损害债权人的利益。

保证期间，人民法院受理债务人破产案件的，债权人既可以向人民法院申报债权，也可以向保证人主张权利。债权人不申报债权的，应通知保证人。保证人在承担保证责任前，可以预先申报破产债权行使追偿权（各连带共同保证的保证人应当作为一个主体申报债权），参加破产财产分配，以免发生保证人承担保证责任后，因债务人破产财产已分配完毕而无法行使追偿权的情况。债权人知道或者应当知道债务人破产，既未申报债权也未通知保证人，致使保证人不能预先申报破产债权行使追偿权的，保证人在该债权破产程序中可能受偿的范围内免除保证责任。债权人要求保证人对其在破产程序中未受清偿部分承担保证责任的，应当在破产程序终结后 6 个月内提出。

小试牛刀

甲企业与乙银行签订借款合同，借款金额为 10 万元人民币，借款期限为 1 年，由丙企业作为借款保证人。合同签订 3 个月后，甲企业因扩大生产规模急需资金，遂与乙银行协商，将贷款金额增加到 15 万元，甲企业和乙银行通知了丙企业，丙企业未予答复。后甲企业到期不能偿还债务。

请问：该案中的保证责任应如何承担？

本案中丙企业对 10 万元应承担保证责任，对增加的 5 万元不承担保证责任。

三、定金

（一）定金的概念及种类

定金，系以确保合同的履行为目的，由当事人一方在合同订立前后或合同履行前预先交付于另一方的金钱或者其他代替物的法律制度。按照定金的目的和功能，可以把定金分为立约定金、成约定金、证约定金、解约定金、违约定金等。我国关于定金的性质属于任意性规定，当事人可以自主确定定金的性质。

（1）立约定金。当事人约定以交付定金作为订立主合同担保的，给付定金的一方拒绝订立主合同的，无权要求返还定金；收受定金的一方拒绝订立合同的，应当双倍返还定金。

（2）成约定金。当事人约定以交付定金作为主合同成立或者生效要件的，应给付定金的一方未支付定金，但主合同已经履行或者已经履行主要部分的，不影响主合同的成立或者生效。

（3）证约定金。当事人约定以交付定金作为当事人之间存在合同关系的证明，仅作为当事人之间已经成立合同的证据，不是合同成立的必备条件，合同是否成立与定金的交付没有关系。

（4）解约定金。定金交付后，交付定金的一方可以按照合同的约定以丧失定金为代价而解除主合同，收受定金的一方可以双倍返还定金为代价而解除主合同。对解除主合同后责任的处理，适用《民法典》的规定。

（5）违约定金。违约定金即定金设立的目的是保证合同得以履行。在定金给付后，一方应履行债务而未履行的，受定金罚则约束。我国法律规定的定金原则上属于违约定金。

（二）定金的生效与法律效力

定金应当以书面形式约定。当事人在定金合同中应当约定交付定金的期限。定金合同从实际交付定金之日起生效，故定金合同是实践性合同。

定金的效力表现为以下几个方面。

（1）定金一旦交付，定金所有权发生移转。当定金由给付定金方转移至收受定金方时，定金所有权即发生移转，此为货币的特点所决定。

(2) 给付定金一方不履行约定的债务的，无权要求返还定金；收受定金的一方不履行约定的债务的，应当双倍返还定金。当事人一方不完全履行合同的，应当按照未履行部分所占合同约定内容的比例，适用定金罚则。

(3) 在迟延履行或者有其他违约行为时，并不能当然适用定金罚则。只有因当事人一方迟延履行或者其他违约行为，致使合同目的不能实现，才可以适用定金罚则。当然法律另有规定或者当事人另有约定的除外。

(4) 当事人约定的定金数额不得超过主合同标的额的 20%。如果超过 20%的，超过部分不产生定金的效力。

(5) 因不可抗力、意外事件致使主合同不能履行的，不适用定金罚则。因合同关系以外第三人的过错，致使主合同不能履行的，适用定金罚则。受定金处罚的一方当事人，可以依法向第三人追偿。

(6) 在同一合同中，如果当事人既约定违约金，又约定定金的，在一方违约时，当事人只能选择适用违约金条款或者定金条款，不能同时要求适用两个条款。

第六节 合同的变更、转让和终止

依法成立的合同受法律保护，对当事人具有法律约束力。当事人应当按照合同约定履行自己的义务，不得擅自变更或者解除合同。如果在合同订立之后，因为各种原因使得合同内容或者合同主体发生了变更，则为合同的变更与转让。如果当事人基于履行、提存、抵销等原因使得合同消灭，即为合同的终止。

一、合同的变更

《民法典》所称合同的变更是指合同内容的变更，不包括合同主体的变更。合同主体的变更属于合同的转让。合同是双方当事人合意的体现，因此经当事人协商一致，当然可以变更合同。但法律、行政法规规定变更合同应当办理批准、登记等手续的，应当办理相应手续。《民法典》第 544 条规定，当事人对合同变更的内容约定不明确的，推定为未变更。除了双方通过合意变更合同以外，还存在法定变更的情形，即一方当事人单方通知对方变更合同的权利。合同的变更，仅对变更后未履行的部分有效，对已履行的部分无溯及力。

二、合同的转让

合同的转让，即合同主体的变更，指当事人将合同的权利和义务全部或者部分转让给第三人。合同的转让分为债权的转让和债务的承担，当事人一方经对方同意，也可以将自己在合同中的权利和义务一并转让给第三人，即合同的概括移转。

(一) 合同债权的转让

(1) 债权转让的概念及条件。债权转让，是指债权人将合同的权利全部或者部分转让给第三人的法律制度。其中债权人是转让人，第三人是受让人。《民法典》第 546 条规定，债权人转让权利的，无须债务人同意，但应当通知债务人。未经通知，该转让对债务人不发生效力。债权人转让权利的通知不得撤销，但经受让人同意的除外。根据此条规定，债权转让不以债务人的同意为生效条件，但是要对债务人发生效力，则必须通知债务人。

（2）禁止债权转让的情形。《民法典》第545条规定，下列情形的债权不得转让：1）根据债权性质不得转让，主要指基于当事人特定身份而订立的合同，如出版合同、赠与合同、委托合同、雇佣合同等；2）按照当事人约定不得转让；3）依照法律规定不得转让。

（3）债权转让的效力。对债权人而言，如果在全部转让的情形，原债权人脱离债权债务关系，受让人取代债权人的地位。在部分转让情形，原债权人就转让部分丧失债权。

对受让人而言，债权人转让权利的，受让人取得与债权有关的从权利，如抵押权，但该从权利专属于债权人自身的除外。债务人接到债权转让通知后，让与人以债权转让合同不成立、无效、被撤销或者确定不发生效力为由请求债务人向其履行的，一般不予支持。但是，该债权转让通知被依法撤销的除外。受让人基于债务人对债权真实存在的确认受让债权后，债务人又以该债权不存在为由拒绝向受让人履行的，一般不予支持。但是，受让人知道或者应当知道该债权不存在的除外。

让与人将同一债权转让给两个以上受让人，债务人以已经向最先通知的受让人履行为由主张其不再履行债务的，应予支持。债务人明知接受履行的受让人不是最先通知的受让人，最先通知的受让人请求债务人继续履行债务或者依据债权转让协议请求让与人承担违约责任的，应予支持；最先通知的受让人请求接受履行的受让人返还其接受的财产的，一般不予支持，但是接受履行的受让人明知该债权在其受让前已经转让给其他受让人的除外。所谓最先通知的受让人，是指最先到达债务人的转让通知中载明的受让人。当事人之间对通知到达时间有争议的，应当结合通知的方式等因素综合判断，而不能仅根据债务人认可的通知时间或者通知记载的时间予以认定。当事人采用邮寄、通信电子系统等方式发出通知的，应当以邮戳时间或者通信电子系统记载的时间等作为认定通知到达时间的依据。

对债务人而言，债权人权利的转让，不得损害债务人的利益，不应影响债务人的权利：1）债务人接到债权转让通知后，债务人对让与人的抗辩可以向受让人主张，如提出债权无效、诉讼时效已过等事由的抗辩。2）债务人接到债权转让通知时，债务人对让与人享有债权，并且其债权先于转让的债权到期或者同时到期的，债务人可以向受让人主张抵销。

（二）合同债务的承担

《民法典》第551条规定，债务人将债务的全部或者部分转移给第三人的，应当经债权人同意。这是因为新债务人的资信情况和偿还能力须得到债权人的认可，以免债权人的利益受到不利影响。债务人转移义务的，新债务人可以主张原债务人对债权人的抗辩。新债务人应当承担与主债务有关的从债务，但该从债务专属于原债务人自身的除外。

债务承担除了《民法典》规定的免责的债务承担以外，还有并存的债务承担，即第三人以担保为目的加入债的关系，而与原债务人共同承担同一债务。由于并存的债务承担并不使得原债务人脱离债的关系，因而原则上不以债权人的同意为必要。

第三人加入债务并与债务人约定了追偿权，其履行债务后主张向债务人追偿的，一般应予支持；没有约定追偿权，第三人依照《民法典》关于不当得利等的规定，在其已经向债权人履行债务的范围内请求债务人向其履行的，一般应予支持，但是第三人知道或者应当知道加入债务会损害债务人利益的除外。

（三）合同债权债务的概括移转

合同债权债务的概括移转，是指合同一方当事人将自己在合同中的权利义务一并转让的法律制度。《民法典》第555条规定，当事人一方经他方当事人同意，可以将自己在合同中的权利义务一并转让给第三人。概括移转有意定的概括移转和法定的概括移转两种形式。意定的概括移转基于转让合同的方式进行。而法定的概括移转往往是由某一法定事实的发生而导致。最典型的就是合同当事人发生合并或分立时，就会有法定的概括移转的发生。当事人订立合同后合并的，由合并后的法人或者其他组织行使合同权利，履行合同义务。当事人订立合同后分立的，除债权人和债务人另有约定的以外，由分立的法人或者其他组织对合同的权利和义务享有连带债权，承担连带债务。

小试牛刀

某主管部门作出决定，把所属的A公司的两个业务部分立出再设B公司和C公司，并在决定中明确该公司以前所负的债务由新设的B公司承担。A公司原欠李某货款5万元，现李某要求偿还。

请问：该债务应当如何处理？

由A、B、C三个公司连带承担债务，因为A公司分立后，发生债务的法定概括移转，理应由分立后的A、B、C三个公司承担原A公司债务的连带责任。再者，主管部门的决定因与法律的规定相冲突而无效。

三、合同的终止

（一）合同终止的原因

合同的终止，是指因发生法律规定或当事人约定的情况，使当事人之间的权利义务关系消灭，而使合同终止法律效力。《民法典》规定的终止原因有：（1）债务已经履行；（2）债务相互抵销；（3）债务人依法将标的物提存；（4）债权人免除债务；（5）债权债务同归于一人，即混同；（6）法律规定或者当事人约定终止的其他情形。合同解除的，该合同的权利义务关系终止。合同的权利义务终止后，有时当事人还负有后合同义务，应当遵循诚实信用原则，根据交易习惯履行通知、协助、保密等义务。

（二）合同的解除

合同的解除，是指合同有效成立以后，没有履行或者没有完全履行之前，双方当事人通过协议或者一方行使解除权的方式，使得合同关系终止的法律制度。合同的解除，分为合意解除与法定解除两种情况。

（1）合意解除。合意解除，是指根据当事人事先约定的情况或经当事人协商一致而解除合同。其中协商解除是以一个新的合同解除旧的合同。而约定解除则是一种单方解除，即双方在订立合同时，约定了合同当事人一方解除合同的条件，一旦该条件成就，解除权人就可以通过行使解除权而终止合同。法律规定或者当事人约定了解除权行使期限的，期限届满当事人不行使的，该权利消灭。法律没有规定或者当事人没有约定解除权行使期限，经对方催告后在合理期限内不行使的，该权利消灭。合同订立后，经当事人协商一致，也可以解除合同。

（2）法定解除。法定解除，是指根据法律规定而解除合同。《民法典》第563条规定，有下列情形之一的，当事人可以解除合同：1）因不可抗力致使不能实现合同目的；2）在履行期限届满之前，当事人一方明确表示或者以自己的行为表明不履行主要债务；3）当事人一方迟延履行主要债务，经催告后在合理期限内仍未履行；4）当事人一方迟延履行债务或者有其他违约行为致使不能实现合同目的；5）法律规定的其他情形。当事人一方行使解除权，或依照《民法典》规定主张解除合同的，应当通知对方。合同自通知到达对方时解除。对方有异议的，可以请求人民法院或者仲裁机构确认解除合同的效力。一方以通知方式解除合同，并以对方未在约定的异议期限或者其他合理期限内提出异议为由主张合同已经解除的，人民法院或者仲裁机构应当对其是否享有法律规定或者合同约定的解除权进行审查。经审查，享有解除权的，合同自通知到达对方时解除；不享有解除权的，不发生合同解除的效力。当事人解除合同，法律、行政法规规定应当办理批准、登记等手续的，应依照其规定办理。

当事人一方未根据法律规定或者合同约定履行开具发票、提供证明文件等非主要债务，对方请求继续履行该债务并赔偿因怠于履行该债务造成的损失的，依法应予以支持；对方请求解除合同的，一般不予支持，但是不履行该债务致使不能实现合同目的或者当事人另有约定的除外。

合同解除后，尚未履行的，终止履行；已经履行的，根据履行情况和合同性质，当事人可以要求恢复原状，采取其他补救措施，并有权要求赔偿损失。合同的权利义务终止，不影响合同中结算和清理条款的效力。

（三）抵销

抵销是双方当事人互负债务时，一方通知对方以其债权充当债务的清偿或者双方协商以债权充当债务的清偿，使得双方的债务在对等额度内消灭的行为。抵销分为法定抵销与约定抵销。抵销具有简化交易程序、降低交易成本、提高交易安全性的作用。

（1）法定抵销。《民法典》规定，当事人互负债务，该债务的标的物种类、品质相同的，任何一方可以将自己的债务与对方的到期债务抵销，但是，根据债务性质，按照当事人约定或者依照法律规定不得抵销的除外。

法定抵销中的抵销权性质上属于形成权，因此当事人主张抵销的，应当通知对方。通知自到达对方时生效。抵销不得附条件或者附期限。

（2）约定抵销。《民法典》规定，当事人互负债务，标的物种类、品质不相同的，经协商一致，也可以抵销。

因侵害自然人人身权益，或者故意、重大过失侵害他人财产权益产生的损害赔偿债务，侵权人主张抵销的，一般不予支持。当事人互负债务，一方以其诉讼时效期间已经届满的债权通知对方主张抵销，对方提出诉讼时效抗辩的，对该抗辩应予支持。一方的债权诉讼时效期间已经届满，对方主张抵销的，一般应予支持。

小试牛刀

甲厂于10月4日到乙公司购买一批原料，当场提货并付款25 000元。次日，甲厂因货物质量不合格，将这批原料退回乙公司，乙公司签收，但未退款。10月7日，甲厂到乙公司购买电器一批，价款28 000元，提货时与乙公司约定2日内付款。2日期满，甲厂未付款，乙公司上门催收。甲厂认为前后债务相抵，只需支付3 000元。双方发生争议。

请问：该债务应当如何处理？

本案符合法定抵销的条件，甲厂可以行使单方抵销权，只需再付给乙公司3 000元，双方了结债务。

（四）提存

（1）提存的概念。提存是指非因可归责于债务人的原因，导致债务人无法履行债务或者难以履行债务的情况下，债务人将标的物交由提存机关保存，以终止合同权利义务关系的行为。《民法典》规定的提存是以清偿为目的，所以是债消灭的原因。但是《民法典》第570条规定的提存并非以清偿为目的，而是以担保为目的的提存。

（2）提存的原因。《民法典》规定，有下列情形之一，难以履行债务的，债务人可以将标的物提存：1）债权人无正当理由拒绝受领；2）债权人下落不明；3）债权人死亡未确定继承人、遗产管理人，或者丧失民事行为能力未确定监护人；4）法律规定的其他情形。

（3）提存的法律后果。标的物提存后，毁损、灭失的风险由债权人承担。提存期间，标的物的孳息归债权人所有。提存费用由债权人负担。标的物不适于提存或者提存费用过高的，债务人依法可以拍卖或者变卖标的物，提存所得的价款。

标的物提存后，合同虽然终止，但债务人还负有后合同义务。除债权人下落不明的以外，债务人应当及时通知债权人或者债权人的继承人、监护人。

债权人可以随时领取提存物，但债权人对债务人负有到期债务的，在债权人未履行债务或者提供担保之前，提存部门根据债务人的要求应当拒绝其领取提存物。债权人领取提存物的权利，自提存之日起5年内不行使则消灭，提存物扣除提存费用后归国家所有。此处规定的“5年”时效为不变期间，不适用诉讼时效中止、中断或者延长的规定。

（五）免除与混同

债权人免除债务人部分或者全部债务的，合同的权利义务部分或者全部终止。

债权和债务同归于一人，即债权债务混同时，合同的权利义务终止，但涉及第三人利益的除外。

第七节　违约责任

一、违约责任概述

（一）违约责任的概念

违约责任是指合同当事人因违反合同义务所承担的责任，通常表现为拒绝履行、迟延履行或者不当履行等形式。《牛津法律指南》将其定义为“由一方当事人不合理拒绝或不履行合法和强制性的合同义务而需承担的责任”。我国《民法典》第577条规定：“当事人一方不履行合同义务或者履行合同义务不符合约定的，应当承担继续履行、采取补救措施或者赔偿损失等违约责任。”违约责任具有以下特点：（1）违约责任以合同的有效存在为前提。（2）违约责任是合同当事人不履行合同义务所产生的责任。如果当事人违反的不是合同义务，而是法律规定的其他义务，则应负其他责任。（3）违约责任具有相对性。由于合同关系具有相对性，因而违约责任也具有相对性，即违约责任只能在特定的当事人之间即合同关系的当事人之间发生。当事人一方因第三人的原因造成违约的，应当向对方承担违约责任。当事人一方和第三人之间的纠纷，依照法律规定或者按照约定解决。

（二）违约责任的构成要件

（1）合同当事人有违约行为。《民法典》规定的违约责任归责原则为严格责任原则。因此，只要合同当事人有违约行为存在，无论导致违约的原因是什么，除了法定或者约定的免责事由以外，均不得主张免责。

（2）不存在法定和约定的免责事由。

（三）违约责任的种类

违约责任的种类根据合同当事人违反义务的性质、特点可以作不同的分类。结合《民法典》第577、578条的规定，我国将违约行为区分为预期违约和届期违约两种类型。

（1）预期违约。预期违约是指在履行期限到来之前一方无正当理由而明确表示其在履行期到来后将不履行合同，或者其行为表明其在履行期到来以后将不可能履行合同。《民法典》第578条规定了预期违约，并将预期违约分为明示的预期违约和默示的预期违约两种。明示与默示的区别在于违约的合同当事人是否通过意思表示明确表达自己不再履行合同的意愿。

（2）届期违约。在履行期限到来以后，当事人不履行或不完全履行合同义务的，将构成届期违约。届期违约可以分为不履行和不适当履行两类。

此外，违约责任存在与侵权责任竞合的问题。《民法典》规定，因当事人一方的违约行为，侵害对方人身、财产权益的，受损害方有权选择依照《民法典》规定要求其承担违约责任或者依照其他法律要求其承担侵权责任。债权人向人民法院起诉时作出选择后，在一审开庭以前又变更诉讼请求的，人民法院应当准许。但如对方当事人对变更后的诉讼请求提出管辖权异议，经审查异议成立的，人民法院应当驳回起诉。

二、承担违约责任的方式

《民法典》规定的承担违约责任的方式主要有：继续履行、补救措施、损害赔偿。

（一）继续履行

继续履行，又称实际履行，是指债权人在债务人不履行合同义务时，可请求人民法院或者仲裁机构强制债务人实际履行合同义务。

《民法典》规定，当事人一方未支付价款或者报酬的，对方可以要求其支付价款或者报酬。当事人一方不履行非金钱债务或者履行非金钱债务不符合约定的，对方可以要求履行，但有下列情形之一的除外：（1）法律上或者事实上不能履行；（2）债务的标的不适于强制履行或者履行费用过高；（3）债权人在合理期限内未请求履行。

（二）补救措施

补救措施，是债务人履行合同义务不符合约定，债权人在请求人民法院或者仲裁机构强制债务人实际履行合同义务的同时，可根据合同履行情况要求债务人采取的补救履行措施。《民法典》规定，当事人履行合同义务，履行不符合约定的，应当按照当事人的约定承担违约责任。对违约责任没有约定或者约定不明确，受损害方根据标的的性质以及损失的大小，可以合理选择要求对方承担修理、更换、重作、退货、减少价款或者报酬等违约责任。

（三）损害赔偿

当事人一方不履行合同义务或者履行合同义务不符合约定的，在履行义务或者采取补救措施后，对方还有其他损失的，应当承担损害赔偿责任。损害赔偿的具体方式包括赔偿损失、支付违约金和适用定金罚则等多种情况。

（1）赔偿损失。损失赔偿额应当相当于因违约所造成的损失，包括合同履行后可以获得的利益，但不得超过违反合同一方订立合同时预见到或者应当预见到的因违反合同可能造成的损失。当事人可以在合同中约定因违约产生的损失赔偿额的计算方法。确定合同履行后可以获得的利益时，可以在扣除非违约方为订立、履行合同支出的费用等合理成本后，按照非违约方能够获得的生产利润、经营利润或者转售利润等计算。认定“违约一方订立合同时预见到或者应当预见到的因违约可能造成的损失”时，应当根据当事人订立合同的目的，综合考虑合同主体、合同内容、交易类型、交易习惯、磋商过程等因素，按照与违约方处于相同或者类似情况的民事主体在订立合同时预见到或者应当预见到的损失予以确定。除合同履行后可以获得的利益外，非违约方主张还有其向第三人承担违约责任应当支出的额外费用等其他因违约所造成的损失，并请求违约方赔偿，若该损失系违约一方订立合同时预见到或者应当预见到的，一般应予支持。在确定违约损失赔偿额时，违约方主张扣除非违约方未采取适当措施导致的扩大损失、非违约方也有过错造成的相应损失、非违约方因违约获得的额外利益或者减少的必要支出的，应依法予以支持。

经营者对消费者提供商品或者服务有欺诈行为的，依照《消费者权益保护法》的规定承担损害赔偿责任，即按照购买商品的价款或者接受服务的费用承担3倍赔偿责任。当事人一方违约后，对方应当采取适当措施防止损失的扩大；没有采取适当措施致使损失扩大的，不得就扩大的损失要求赔偿。当事人因防止损失扩大而支出的合理费用由违约方承担。

（2）支付违约金。违约金，是按照当事人约定或者法律规定，一方当事人违约时应当根据违约情况向对方支付的一定数额的货币。

约定的违约金低于造成的损失的，当事人可以请求人民法院或者仲裁机构予以增加；约定的违约金过分高于造成的损失的，当事人可以请求人民法院或者仲裁机构予以适当减少。当事人仅以合同约定不得对违约金进行调整为由主张不予调整违约金的，一般不予支持。主张约定的违约金过分高于违约造成的损失，请求予以适当减少的，应当以损失为基础，兼顾合同主体、交易类型、合同的履行情况、当事人的过错程度、履约背景等因素，遵循公平原则和诚信原则进行衡量。约定的违约金超过造成损失的30%的，一般可以认定为过分高于造成的损失。恶意违约的当事人一方请求减少违约金的，一般不予支持。当事人以约定的违约金低于造成的损失为由请求增加的，应当以违约造成的损失确定违约金数额。当事人就迟延履行约定违约金的，违约方支付违约金后，还应当履行债务。

（3）适用定金罚则。当事人在合同中既约定违约金，又约定定金的，一方违约时，对方可以选择适用违约金或者定金条款，但两者不可并用。

当事人一方违约后，对方应当采取适当措施防止损失的扩大；没有采取适当措施致使损失扩大的，不得就扩大的损失要求赔偿。

三、免责事由

合同法规定的法定的免责事由仅限于不可抗力。《民法典》规定，不可抗力是指不能预见、不能避免并不能克服的客观情况。常见的不可抗力有：（1）自然灾害，如地震、台风、洪水、海啸等。（2）政府行为。政府行为是指当事人在订立合同以后发生，且不能预见的情形。例如，运输合同订立后，由于政府颁布禁运的法律，合同不能履行。(3) 社会异常形象。一些偶发的事件阻碍合同的履行，如罢工、骚乱等。不可抗力虽为合同的免责事由，但有关不可抗力的具体事由很难由法律作出具体的列举式的规定，因此，根据合同自由原则，当事人可以在订立不可抗力条款时，具体列举各种不可抗力的事由。

不可抗力发生后对当事人责任的影响，要注意几点：(1) 不可抗力并非当然免责，要根据不可抗力对合同履行的影响决定。《民法典》规定，因不可抗力不能履行合同的，根据不可抗力的影响，部分或者全部免除责任。(2) 当事人迟延履行后发生不可抗力的，不能免除责任。(3) 不可抗力事件发生后，主张不可抗力一方要履行两个义务：一是及时通报合同不能履行或者需要迟延履行、部分履行的事由；二是取得有关不可抗力的证明。

本章小结

合同是反映交易的法律形式，作为与市场经济联系最密切的法律制度，合同调整着最广泛的市场主体在经济活动中基本的权利义务关系。鉴于篇幅，本章着重阐述了合同法的基本原理，包括合同的一般知识，合同的订立、生效、履行、担保、变更、终止和违约责任等问题。其中，合同的效力和违约责任是解决合同纠纷的关键环节。

核心法规

《中华人民共和国民法典》(第十三届全国人民代表大会第三次会议于 2020 年 5 月 28 日通过，自 2021 年 1 月 1 日起施行)

案例讨论

(一)

甲到一百货商场买照相机，该商场工作人员因工作疏忽，错将一架价格为 1 500 元的相机标成 500 元。甲见这架相机性能优良，又非常便宜，于是就买走了。事后，商场盘点时发现错误，遂找到甲，要求甲补足货款或退货还款，而甲认为商场标错了价，不关自己的事，拒不补足价款，也不退货。双方发生争议，该百货商场诉至法院。

请思考：

1. 甲与百货商场的买卖合同从效力上看是什么类型的合同？

2. 百货商场是否有权撤销该合同？如果有权，请说明权利行使期限；如果无权，请说明理由。

3. 该案可以如何处理？

简要分析：

1. 因重大误解而可撤销的合同。

2. 有撤销权，应在知道该情况之日起 90 日内行使。

3. 方案一：宣布撤销该合同，甲返还相机，商场退还 500 元；方案二：甲可以不返还该相机，但应补交 1 000 元给商场。

(二)

甲、乙双方订立了一个买卖合同，合同的标的额为 90 000 元，双方约定甲方提前向乙方支付定金 20 000 元。待乙方交货后 10 天内，甲方向乙方支付货款。任何一方违约，需向另一方支付违约金 35 000 元。

合同履行过程中乙方违约，总计给甲造成经济损失 20 000 元。

请思考：

甲方最多可以向乙方索要多少钱?

简要分析：

当合同中同时约定了定金和违约金时，当事人只能选择适用。其一，当甲方选择适用违约金时，因违约金与赔偿损失亦只能选择适用，甲方应选择违约金。同时甲方可以要求返还定金。此时，甲方最多可以要求对方支付 35 000＋20 000＝55 000（元）。其二，当甲方选择适用定金时，可以同时主张赔偿损失。同时约定的定金超过合同标的额 20％的部分不发生定金罚则的效力，但超过的部分应予返还。此时，甲方最多可以要求对方支付 90 000×20％×2＋20 000＋(20 000－90 000×20％) ＝58 000（元）。

因为 58 000（元）＞55 000（元），所以甲方最多可以要求乙方支付 58 000 元。

复习思考

1. 合同法的基本原则有哪些?
2. 要约与要约邀请的区别有哪些?
3. 哪些情况下适用缔约过失责任?
4. 效力待定合同包括哪些种类?
5. 合同被确认无效后将产生什么法律后果?
6. 不安抗辩权的行使有哪些要件?
7. 合同的保全措施有哪些?
8. 一般保证和连带责任保证的主要区别是什么?
9. 合同法定解除的情形有哪些?
10. 违约责任的承担方式有哪些?

第八章 产品质量法律制度

要点提示

- 产品和产品质量的概念
- 产品质量法的调整对象
- 生产者和销售者的产品质量义务
- 违反产品质量法的民事责任

第一节 产品质量法概述

一、产品与产品质量

(一) 产品

产品一般是指通过人们的劳动创造出来的具有使用价值，且能够满足人们生产或生活需要的物品。产品最早是经济学的术语，现在，民法和经济法领域也较多地使用了此概念。法学意义上产品的概念和一般意义上产品的概念有所区别，而且不同的国家和不同法律制度都赋予“产品”不同的内涵。

《美国统一产品责任示范法》规定，产品是指真正有价值的，为进入市场而生产的，能够作为组装整体或者作为部件、零件交付的物品，包括工业产品以及农业初级产品。[①] 欧盟的《产品责任指令》规定，产品指一切动产，即使被组装或安装在另一动产或不动产中的动产也包括在内，但农业原产品和猎物除外。[②]

我国《产品质量法》规定，本法所称产品是指经过加工、制作，用于销售的产品。建设工程不适用本法规定；但是，建设工程使用的建筑材料、建筑构配件和设备，属于前款规定的产品范围的，适用本法规定。

可见，我国《产品质量法》所确定的产品是指经过加工和制作，并通过流通环节，满足生产生活消费需求的一切物品。对于不动产、初级产品以及军工产品，我国《产品质量法》没有将其纳入规范范围。对于农产品，即来源于农业的初级产品，包括在农业活动中获得的植物、动物、微生物及其产品，由我国《农产品质量安全法》进行规范。

---

① 参见刘静：《产品责任论》，180 页，北京，中国政法大学出版社，2000。

② 参见刘文琦：《产品责任法律制度比较研究》，90 页，北京，法律出版社，1997。

(二) 产品质量

产品质量是产品应当具备的，符合人们生产或消费所需要的各种特性、功能的总和。这些特性或功能是多方面的，主要包括以下几个方面。

(1) 安全性。安全性强调产品在流通和使用过程中必须安全，能够保证人身及财产不受其损害，环境不受其危害。这是对产品最为基本的要求，包括产品的设计、制造、安装、指示、维修等多方面的安全性。

(2) 使用性。产品是为满足人们生产或消费的需要而出现的，因此，产品就必须具备满足人们特定的生产或消费需要的能力。使用性强调产品在特定的条件下，应当具备实现预定目标或规定用途的实际能力。

(3) 可靠性。可靠性强调产品性能的稳定，在规定的时间和条件下，产品满足人们特定需求的能力是没有变化的。

(4) 经济性。一方面，经济性指产品的定价要反映其价值，更要符合市场的供求关系；另一方面，经济性指产品在使用过程中不会额外增加使用人的负担，如保养和维修成本在合理的预期范围内。

产品还应当具备可维修性、美观性、卫生性以及环保性等其他多种属性，一些特殊的产品也应当具有一些特殊的属性。我国《产品质量法》明确规定产品质量应当符合以下要求：第一，不存在危及人身、财产安全的不合理的危险，有保障人体健康和人身、财产安全的国家标准、行业标准的，应当符合该标准；第二，具备产品应当具备的使用性能，但是，对产品存在使用性能的瑕疵作出说明的除外；第三，符合在产品或者其包装上注明采用的产品标准，符合以产品说明、实物样品等方式表明的质量状况。

二、产品质量法

(一) 产品质量法的概念和调整对象

法律是调整特定社会关系规范的总和。产品质量法就是调整产品监督管理关系以及产品质量责任关系的各种法律规范的总和。根据我国《产品质量法》的规定，产品质量法的调整对象是产品质量监督管理部门、生产者、销售者、服务业和修理业的经营者、用户、消费者在产品生产、流通和消费过程中所发生的产品质量监督管理关系和产品责任关系。我国《产品质量法》主要调整以下两种社会关系。

其一，产品质量监督管理关系，包括两个方面的内容：一是作为监管者的国家行政管理机关与作为被监管者的生产者、销售者以及相关中介机构之间的产品质量行政监管关系；二是社会公众对产品质量，包括生产者、销售者进行监督所形成的社会监督关系。

其二，产品质量责任关系，主要是指生产者、销售者、消费者或其他民事主体因产品质量纠纷而产生的民事法律关系，是与产品质量有关的人身关系或者财产关系。与产品责任相关的民事主体不仅仅是生产者和销售者，在产品流通过程中的其他民事主体，例如社会团体、相关中介组织都可以成为产品质量责任关系的主体。

(二) 产品质量立法

产品质量法是伴随着近现代工业生产的迅速发展和市场经济的繁荣而发展起来的。从 19 世纪中叶开始，以英美两国的判例为开端，西方发达资本主义国家逐步形成了解决产品致人损害案件的产品责任制度。当今，世界各国都极为重视产品质量立法，形成了大致三种立法模式：一是在《民法典》中进行规范，不进行专门立法；二是进行专门的产品责任立法；三是进行专门的产品质量立法。

在世界各国产品质量立法中，美国的产品责任立法最完备、最具有代表性。美国产品责任立法最先确定了严格责任原则，对世界各国产品责任立法产生了重大影响。1985 年，欧共体委员会通过了《产品责任指令》，对欧共体各国的产品责任立法产生了重要影响。

随着世界经济一体化和贸易全球化进程的加快，对产品责任的国际立法已逐渐为许多国家所重视，目前较有影响力的国际性或区域性公约有：1973 年《海牙公约》（全称为《关于产品责任法律适用公约》）、1977 年《斯特拉斯堡公约》（全称为《关于造成人身伤害与死亡的产品责任的欧洲公约》）以及 1985 年《产品责任指令》（全称为《关于对有缺陷产品的责任指令》）。

小资料

国际标准化组织（ISO）

1946 年 10 月 14 日至 26 日，中、英、美、法、苏共 25 个国家的 64 名代表集会于伦敦，正式表决通过建立国际标准化组织（ISO）。该组织于 1947 年 2 月 23 日宣告正式成立。

中华人民共和国在 1978 年 9 月 1 日以中国标准化协会的名义参加 ISO，在 2008 年 10 月的第 31 届国际化标准组织大会上中国正式成为 ISO 的常任理事国。

新中国成立以来，颁布了一系列关于产品质量监管的法律法规，如《工业产品质量责任条例》《计量法》《标准化法》等。1993 年 2 月，全国人大常委会通过《产品质量法》，确立了“加强对产品质量的监督管理，明确产品质量责任，保护用户、消费者的合法权益，维护社会经济秩序”的立法宗旨，从我国产品质量监督与管理制度和体制，生产者、销售者的产品质量责任和义务，以及法律责任等多方面进行立法规范，使我国产品质量法律制度得以形成体系。

2000 年 7 月 8 日、2009 年 8 月 27 日、2018 年 12 月 29 日全国人大常委会对《产品质量法》进行了修正，使之进一步完善。2006 年 4 月，全国人大常委会通过《农产品质量安全法》，该法于 2018 年 10 月 26 日修正，2022 年 9 月 2 日修订。目前，我国已经形成以《产品质量法》为基本法，以《农产品质量安全法》《标准化法》《计量法》《消费者权益保护法》《食品安全法》《药品管理法》等法律中的质量条款以及国务院、各地区的产品质量管理法规作为补充的较完整的产品质量法律体系。

（三）产品质量法的适用范围

法律的适用范围就是法律的调整范围，也就是规定特定法律在怎样的范围内发挥效力。法律的适用范围一般包括空间、主体、客体等方面。

就适用空间而言，在中华人民共和国境内从事产品生产、销售活动（含销售进口商品）都必须受到产品质量法的规范。

就适用主体而言，从事产品生产或销售活动的企业法人、其他经济组织、个人，消费者、用户，相关社会中介组织，国家质量监督管理机关都应遵守产品质量法。

就适用客体而言，我国《产品质量法》只适用于限定的产品范围，即经过加工和制作，并用于销售的产品；另外，建筑工程和军工产品不在此列。

第二节　产品质量监督与管理

一、产品质量监督与管理的体制

产品质量监督与管理的体制是指国家通过立法所确定的产品质量监督与管理的制度、方法以及机构职能划分的总称。广义的理解包括行政性监督与管理、企业自身的监督与管理以及社会监督三个方面，狭义的理解仅指行政性监督与管理。本书的产品质量监督与管理是指狭义的理解。

我国《产品质量法》对产品质量监督与管理体制有明确规定，具体包括以下几个层次。

第一，各级人民政府的统一领导。各级人民政府应当把提高产品质量纳入国民经济和社会发展规划，加强对产品质量工作的统筹规划和组织领导，引导、督促生产者、销售者加强产品质量管理，提高产品质量，组织各有关部门依法采取措施，制止产品生产、销售中违反产品质量法规定的行为。

第二，国家和地方各级市场监督管理部门具体负责产品质量监督工作。根据《产品质量法》的规定，国务院市场监督管理部门主管全国产品质量监督工作，县级以上地方市场监督管理部门主管本行政区域内的产品质量监督工作。

第三，国家和地方各级相关部门在各自的职责范围内负责产品质量监督工作。根据《产品质量法》的规定，国务院有关部门在各自的职责范围内负责产品质量监督工作，县级以上地方人民政府有关部门在各自的职责范围内负责产品质量监督工作。例如，县级以上市场监督管理部门按照国务院规定的职责范围对产品质量进行监管；国家食品药品监督管理总局以及地方食品药品监督管理局在其职权范围内负责食品药品质量的监管。根据《农产品质量安全法》的规定，各级农业农村主管部门负责农产品质量安全的监督管理工作。

就具体职能而言，国家市场监督管理总局负责对全国产品质量工作进行统一管理、协调，并进行宏观的政策指导。地方各级质检部门负责本行政区域内的产品质量监督与管理的具体工作，主要职责有：监督检查产品技术标准的执行，产品质量检验、鉴定的组织和管理，产品质量认证的管理，依法查处生产、销售伪劣及假冒商品等质量违法行为，对产品质量争议进行仲裁，等等。

二、产品质量监督与管理的具体制度

(一) 企业质量体系认证制度

企业质量体系认证制度是指企业向具有认证资质的机构提出申请，对企业的质量体系进行审核，如符合确定的标准，由认证机构颁发证书，以证明企业质量管理体系和质量保障能力符合国际通行质量管理标准的一项制度。该制度通过对产品质量构成的各种因素，包括产品设计、工艺准备、制造过程、质量检验、组织机构和人员素质等质量保证能力进行严格评审，使企业能够形成稳定的生产符合质量标准产品的能力。我国于1988年12月宣布等效采用ISO 9000系列标准，发布了GB/T 10300质量管理和质量保证系列标准，后于1992年10月发布GB/T 19000质量管理和质量保证系列标准，目前，质量体系认证的依据是GB/T 19000系列标准。

《产品质量法》第14条第1款规定，国家根据国际通用的质量管理标准，推行企业质量体系认证制度。企业根据自愿原则可以向国务院市场监督管理部门认可的或者国务院市场监督管

理部门授权的部门认可的认证机构申请企业质量体系认证。经认证合格的，由认证机构颁发企业质量体系认证证书。

推行企业质量体系认证制度，有利于引导我国企业提高产品质量管理水平，改善企业经营管理，提高市场竞争能力，使企业能够适应日益全球化的市场竞争格局。

（二）产品质量认证制度

产品质量认证是依据产品标准和相应技术要求，经认证机构确认并通过颁发认证证书和认证标志来证明某一产品符合相应标准和相应技术要求的活动。

《产品质量法》第 14 条第 2 款规定，国家参照国际先进的产品标准和技术要求，推行产品质量认证制度。企业根据自愿原则可以向国务院市场监督管理部门认可的或者国务院市场监督管理部门授权的部门认可的认证机构申请产品质量认证。经认证合格的，由认证机构颁发产品质量认证证书，准许企业在产品或者其包装上使用产品质量认证标志。

我国的产品质量认证实行第三方认证制度，即由独立于生产者和购买者的第三方机构，公平、公正地进行认证活动，并在批准认证后，继续对其实行监督。

产品质量认证依据的标准应当是具有国际水平的国家标准或行业标准，标准的层次、水平越高，认证产品的信誉度也越高。自 2003 年 11 月 1 日起施行的《认证认可条例》（2023 年修订），废止了 1991 年 5 月 7 日国务院发布的《产品质量认证管理条例》，进一步规范和完善了我国产品质量认证制度。

企业质量体系认证制度与产品质量认证制度的区别在于：前者是以企业质量体系作为认证对象，而后者以企业的产品作为认证目标；前者依据的标准是整个企业质量管理的标准，而后者依据的标准是产品的质量标准；前者是为了证明整个企业的质量体系能否符合标准，而后者是为了证明产品是否符合相应标准。

小资料

关于中国强制认证制度

2001 年 4 月经国务院决定，国家质量技术监督局与国家出入境检验检疫局合并，组建中华人民共和国国家质量监督检验检疫总局（简称国家质检总局）。国家认证认可监督管理委员会统一负责国家强制性产品认证制度的管理和组织实施工作。对于国家实行强制认证的产品，由国家公布统一的目录，确定统一适用的国家标准、技术规则和实施程序，制定统一的标志，规定统一的收费标准。凡列入强制性产品认证目录内的产品，必须经国家指定的认证机构认证合格，取得相关证书并加施认证标志后，方能出厂销售、进口和在经营性活动中使用。

新的强制性产品认证制度自 2002 年 5 月 1 日起实施。为保证新、旧制度顺利过渡，原有的产品安全认证制度和进口安全质量许可制度自 2003 年 5 月 1 日起废止。

根据中国“入世”承诺和体现国民待遇的原则，国家对强制性产品认证使用统一的标志。新的国家强制性认证标志名称为“中国强制认证”，英文名称为“China Compulsory Certification”，英文缩写为“CCC”。中国强制认证标志实施以后，逐步取代原来实行的“长城”标志和“CCIB”标志。

根据国家强制性产品认证（以下简称 3C 认证）的有关文件规定，自 2003 年 5 月 1 日起，列入第一批实施 3C 认证目录内的 19 类 132 种产品如未获得 3C 标志，则不能出厂销售、进口和在经营性活动中使用。但针对生产、进口和经营性活动中的特殊情况，国家认证认可监督管理委员会又规定部分产品可申请免办3C认证。这部分产品范围包括：（1）为科研、测试需要进口和生产的产品；（2）以整机全数出口为目的而用进料或来料加工方式进口的零部件；（3）根据外贸合同，专供出口的产品（不包括该产品有部分返销国内或内销的）；（4）为考核技术引进生产线需要进口的零部件；（5）直接为最终用户维修目的而进口和生产的产品，为已停止生产的产品提供的维修零部件；（6）其他特殊情况的产品。对可免于办理3C认证的产品，生产厂商或代理人应向国家认证认可监督管理委员会提出申请，并提交符合免办条件的证明材料、责任担保书、产品符合性声明（包括形式试验报告）等，经批准获得免办强制性产品认证证明。另外，国家认证认可监督管理委员会还规定，对上述免办3C认证的产品范围是第2条、第3条的产品，国内组装厂或国内生产厂可依据自身方便向所在地国家直属的检验检疫局或国家认证认可监督管理委员会申请办理免办证明。

（三）产品计量与标准化制度

计量是产品质量的基础。计量贯穿企业生产、销售的各个环节，全面质量管理必须以健全、精确的计量作为前提。西方发达国家将计量检测、原材料和工艺装备并列为现代化工业大生产的三个支柱。

目前，我国部分企业计量监测工作薄弱、检测手段落后、管理混乱、制度不健全，这些已经成为企业质量管理水平提高的"瓶颈"。只有建立和健全科学、规范的计量制度，企业才能够突破这个"瓶颈"；只有从原材料检测分析、生产过程的质量监控、原材料的消耗和能源的消费，到产品检验诸多环节得到精确的计量保证，才能实现企业质量管理水平的提升。

从用户和消费者的角度来说，希望生产者和销售者能够公平交易，必然希望产品具有可靠的质量、合理的价格、正确的计量。

标准化是产品质量的保障。标准是衡量事物的准则，或符合特定准则，用以与其他同类事物进行比较。产品质量的标准化就是指对产品质量要求作出一个统一的、规范的、科学的标准。根据我国《标准化法》，企业生产的产品必须严格执行国家标准、行业标准或者企业标准，对于一些特殊产品实行的强制性标准，更是应该严格执行，否则不得生产、销售或进口。《农产品质量安全法》第16条规定，国家建立健全农产品质量安全标准体系。农产品质量安全标准是强制性的技术规范。

总之，产品本身就是特定质和特定量的有机结合，只有认真执行产品计量和标准化制度，产品质量才能得到保证。

（四）产品质量监督检查制度

产品质量监督检查制度是指国家和地方各级产品质量监管机构依照法律，以及同级人民政府的授权，对本行政区域生产领域和流通领域的产品质量进行行政性监督检查的制度。监督检查的重点包括三类产品：其一，能够危及人民身体健康和人身财产安全的产品，如食品等；其二，影响国计民生的重要工业产品或工农业原材料，如石油等；其三，消费者或有关社会组织反映有质量问题的产品。

各级市场监督管理部门实施产品质量监督检查制度的方式主要有以下两种。

第一，监督抽查制度。该制度是指在国务院市场监督管理部门规划和组织下，定期对市场上或者企业成品仓库内的待销产品，随机抽取样品进行检查的制度。它是最主要的产品质量监督检查制度。在监督检查过程中要注意以下几方面的问题：首先，要做到随机抽查，杜绝走过场的现象；其次，要避免重复抽查的现象，国家监督抽查的产品，地方不得另行重复抽查，上级监督抽查的产品，下级不得另行重复抽查；最后，监督抽查实行免费原则，市场监督管理部门不得向被检查人收取检查费用，监督抽查所需检验费用按照国务院规定列支。检验抽取样品的数量不得超过检验的合理需要，并不得向被检查人收取检验费用。

第二，产品质量检验制度。该制度是指市场监督管理部门根据监督抽查的需要，针对当前产品质量问题较多的产品，在全国范围内统一组织和布置监督检查的制度。该制度是监督抽查制度的重要补充。对产品进行检验，应由具备相应的检测条件和能力的产品质量检验机构进行。

依据《产品质量法》的规定，对于监督抽查过程中发现产品质量不合格的，由实施监督抽查的市场监督管理部门责令其生产者、销售者限期改正。逾期不改正的，由省级以上人民政府市场监督管理部门予以公告；公告后经复查仍不合格的，责令停业，限期整顿；整顿期满后经复查产品质量仍不合格的，吊销营业执照。

根据《农产品质量安全法》，国家建立农产品质量安全风险监测制度。县级以上人民政府农业农村主管部门应当按照保障农产品质量安全的要求，制订并组织实施农产品质量安全监测计划，对生产中或者市场上销售的农产品进行监督抽查。

（五）产品质量监督与管理的其他制度

国家实行的产品质量监督与管理制度还有很多，例如，产品质量检验制度、产品生产许可制度、优质产品评选制度、企业全面质量管理制度、缺陷产品召回制度等。这些制度都对我国产品质量的提高起到积极的促进作用。

对于药品、农产品等特殊产品的质量，国家还通过实行一些专门管理制度予以保障。如《农产品质量安全法》规定了农产品产地管理制度，农产品生产记录制度，农产品质量安全风险分析、评估和质量安全状况信息发布制度等。

第三节　生产者、销售者的产品质量责任和义务

一、生产者的产品质量责任和义务

（一）生产者产品质量保证的责任和义务

生产者对其产品的质量有保证的责任和义务，其产品质量必须符合法定的要求，具体说来应符合下列三方面要求：第一，不存在危及人身、财产安全的不合理的危险，有保障人体健康和人身、财产安全的国家标准、行业标准的，应当符合该标准。第二，具备产品应当具备的使用性能，但是，对产品存在使用性能的瑕疵作出说明的除外。第三，符合在产品或者其包装上注明采用的产品标准，符合以产品说明、实物样品等方式表明的质量状况。

上述三条要求中，第一条要求实际上是无缺陷担保义务，是一种默示担保；第二条要求也是产品质量的默示担保；第三条要求是产品质量的明示担保义务。

（二）生产者产品包装标识符合法定要求的责任和义务

《产品质量法》规定，产品或者其包装上的标识必须真实，并符合下列要求：第一，有产品质量检验合格证明。第二，有中文标明的产品名称、生产厂厂名和厂址。第三，根据产品的

特点和使用要求，需要标明产品规格、等级、所含主要成分的名称和含量的，用中文相应予以标明；需要事先让消费者知晓的，应当在外包装上标明，或者预先向消费者提供有关资料。第四，限期使用的产品，应当在显著位置清晰地标明生产日期和安全使用期或者失效日期。第五，使用不当，容易造成产品本身损坏或者可能危及人身、财产安全的产品，应当有警示标志或者中文警示说明。

生产者生产产品或对产品进行包装时应遵守上述五个要求，不符合上述要求的产品即属于有瑕疵的产品，也有可能成为有缺陷的产品。对于裸装的食品和其他根据产品的特点难以附加标识的裸装产品，法律规定可以不附加产品标识。

小试牛刀

小刘邮购了一盒化妆品，拿到产品后，小刘却傻了眼，因为产品包装盒上全部是英语，她一点也看不懂，不知道该怎么用。

请问：生产厂家可以不在包装上标注中文吗?

依据《产品质量法》第 27 条、第 36 条的规定，生产厂家在包装上必须注明中文，销售者不得销售没有中文标识的产品。第 54 条还规定了具体的处罚办法。

(三) 生产者对于产品包装应履行的责任和义务

《产品质量法》规定，易碎、易燃、易爆、有毒、有腐蚀性、有放射性等危险物品以及储运中不能倒置和其他有特殊要求的产品，其包装质量必须符合相应要求，依照国家有关规定作出警示标志或者中文警示说明，标明储运注意事项。

这些法律规定实际上是针对生产者生产上述所列举的特殊产品时应遵守的规范，一般的产品包装没有这些特殊要求。另外，对于农产品、药品等特殊产品，相关法律有特殊规定的，也应予以执行，例如，《药品管理法》第四章“药品生产”中就有对药品包装的专门性规定。

(四) 生产者不得违反《产品质量法》有关禁止性规定的责任和义务

《产品质量法》规定了生产者应当遵守的禁止性规定，违反这些规定，不仅要承担对消费者或用户的民事赔偿责任，还应承担相应的行政责任，甚至是刑事责任。《产品质量法》列举的禁止性规定包括以下四个方面：第一，生产者不得生产国家明令淘汰的产品。第二，生产者不得伪造产地，不得伪造或者冒用他人的厂名、厂址。第三，生产者不得伪造或者冒用认证标志等质量标志。第四，生产者生产产品，不得掺杂、掺假，不得以假充真、以次充好，不得以不合格产品冒充合格产品。

二、销售者的产品质量责任和义务

销售者是生产者和消费者之间的中介环节，是产品流通过程中的重要角色，《产品质量法》规定销售者的产品质量责任和义务，可以强化销售者的注意义务，较好地保护消费者的利益，减少有缺陷或有瑕疵产品损害广大消费者情况的发生。《产品质量法》规定的销售者的产品质量责任和义务主要有以下几个方面。

第一，销售者应当建立并执行进货检查验收制度，查验产品合格证明、中文标明的产品名称、厂名、厂址以及其他标识，防止假冒伪劣产品进入流通领域。这不仅是销售者的义务，也是其保护自身利益的权利。

第二，销售者应当采取措施，保持销售产品的质量。销售者应当根据产品的特点，采取相应措施保持产品的质量。如销售者一般需要对产品采取防雨、防潮、防霉的措施。

第三，销售者销售的产品的标识应当符合法律规定。《产品质量法》第27条规定了生产者应当遵守的五项关于产品标识的规定，销售者同样应当遵守。

第四，销售者不得违反《产品质量法》针对销售者制定的禁止性规定。这些禁止性规定包括：不得销售国家明令淘汰并停止销售的产品和失效、变质的产品；不得伪造产地，不得伪造或者冒用他人的厂名、厂址；不得伪造或者冒用认证标志等质量标志；销售产品时，不得掺杂、掺假，不得以假充真、以次充好，不得以不合格产品冒充合格产品。

第四节 违反产品质量法的法律责任

一、违反产品质量法的法律责任概述

产品质量法是规制市场秩序以及保护用户和消费者权益的重要市场经济法律规范之一，违反产品质量法，有关违法主体必然要承担相应的法律后果。产品质量的法律责任是指产品的生产者、销售者以及对产品质量负有直接责任的责任者，因违反产品质量法所规定的产品质量义务所应承担的法律责任。

违反产品质量法的法律责任是一种综合性的法律责任：一方面，违法主体多元化，既可能是生产者和销售者，也可能是其他经营主体、社会中介组织以及社会团体，还可能是行政监管机关的工作人员；另一方面，违法责任类型多样化，包括民事责任、行政责任以及刑事责任。

二、产品责任

（一）产品责任的概念及归责原则

产品责任即产品缺陷责任，是指由于产品缺陷，造成他人的人身以及缺陷产品以外其他财产损害时，生产者或销售者应当承担的民事法律责任。

关于产品责任的归责原则，我国《产品质量法》和《民法典》总则编没有明确加以规定，学界也存在一定分歧，代表性的观点有过错责任说、无过错责任说、过错推定说、综合责任说等。[①] 我们认为，综合《产品质量法》的有关规定，产品责任应当适用无过错责任原则。《产品质量法》第41条规定，因产品存在缺陷造成人身、缺陷产品以外的其他财产损害的，生产者应当承担赔偿责任。可见，对生产者而言，只要其缺陷产品造成人身或财产损害，都必须承担责任，不论生产者主观上是否存在过错，这实际上就是无过错原则。当然，并不是说，违反《产品质量法》应当承担的民事责任都是适用无过错原则，还要根据具体情况进行分析。

（二）产品责任的构成要件与抗辩

根据《产品质量法》的相关规定，以无过错责任为归责原则的产品责任的构成要件有三个。

第一，必须有缺陷产品的存在。这是承担产品责任的前提。缺陷是一个具有特定法律含义

① 参见曲振涛、赵大利、王福友：《产品质量法概论》，65页，北京，中国财政经济出版社，2002。

的概念。《产品质量法》规定，本法所称缺陷，是指产品存在危及人身、他人财产安全的不合理的危险；产品有保障人体健康和人身、财产安全的国家标准、行业标准的，是指不符合该标准。

第二，存在损害的事实。损害事实必须是客观的，没有损害的发生，必然不会产生产品责任。产品缺陷造成的损害事实包括两个方面：一是人身损害。受害人包括消费者、用户或其他第三人，损害包括一般人身伤害、致人残废和致人死亡三种。二是财产损失。缺陷产品造成的除产品自身以外其他财产的损失，既包括用户、消费者的财产损失，又包括其他主体的财产损失。

第三，产品缺陷与损害事实之间存在因果关系。因果关系是侵权行为法中的重要内容，只有确定缺陷与损害事实之间存在因果关系，判定生产者和销售者承担法律责任才是公平的。不过因果关系是复杂的，特别是现代社会，很多产品本身结构、性能比较复杂，消费者和用户很难了解，确定因果关系就更困难。因此，一般来说，受害人只要举证证明损害事实的发生即可，与产品缺陷是否存在因果关系的举证责任由生产者和销售者承担。

产品责任的抗辩包括一般抗辩、免责抗辩。一般抗辩是指在侵权法领域以及民事诉讼中都可适用的抗辩事由，基于侵权法和诉讼法的一般法律规定而产生。就产品责任而言，一般抗辩事由包括以下三种：其一，诉讼时效超过。《产品质量法》规定，因产品存在缺陷造成损害要求赔偿的诉讼时效期间为 2 年，自当事人知道或者应当知道其权益受到损害时起计算。需要指出的是，《民法典》第 188 条规定：向人民法院请求保护民事权利的诉讼时效期间为 3 年，法律另有规定的，依照其规定。《产品质量法》的规定就应当属于特别规定。其二，诉讼请求权丧失。《产品质量法》规定，因产品存在缺陷造成损害要求赔偿的请求权，在造成损害的缺陷产品交付最初消费者满 10 年丧失；但是，尚未超过明示的安全使用期限的除外。其三，受害人故意或第三人造成损害。

产品责任的免责抗辩是产品责任法规定的可以免于承担产品责任的事由。我国《产品质量法》第 41 条规定：因产品存在缺陷造成人身、缺陷产品以外的其他财产损害的，生产者应当承担赔偿责任。生产者能够证明有下列情形之一的，不承担赔偿责任：（1）未将产品投入流通的；（2）产品投入流通时，引起损害的缺陷尚不存在的；（3）将产品投入流通时的科学技术水平尚不能发现缺陷的存在的。具备上述抗辩事由，即使缺陷产品造成损害，生产者和销售者也不应承担法律责任。

（三）损害赔偿

根据《产品质量法》《民法典》《消费者权益保护法》的规定，因产品责任产生的赔偿包括两个方面。

第一，因产品存在缺陷造成受害人人身伤害的，侵害人应当赔偿医疗费、治疗期间的护理费、因误工减少的收入等费用；造成残疾的，还应当支付残疾者生活自助具费、生活补助费、残疾赔偿金以及由其扶养的人所必需的生活费等费用；造成受害人死亡的，并应当支付丧葬费、死亡赔偿金以及由死者生前扶养的人所必需的生活费等费用。

第二，因产品缺陷造成受害人财产损失的，侵害人应当恢复原状，不能恢复原状的应予以赔偿，受害人因此遭受其他重大损失的，侵害人也应当予以赔偿。

三、生产者和销售者的其他法律责任

（一）产品瑕疵责任

产品瑕疵是指产品质量不符合法律规定或者当事人之间约定的质量标准。瑕疵实际上是指

一般性的质量问题，例如外观、使用性能等方面。产品瑕疵责任是指因产品存在瑕疵，给消费者或用户造成损失，销售者应当承担的责任。

产品瑕疵责任，实际上既是一种违约责任，又是一种侵权责任。根据《产品质量法》规定，出售有瑕疵的产品，销售者应当负责修理、更换、退货；给购买产品的消费者造成损失的，销售者应当赔偿损失。销售者依照法律规定负责修理、更换、退货、赔偿损失后，属于生产者的责任或者供货者的责任的，销售者有权向生产者、供货者追偿。从侵权责任角度看，产品瑕疵责任同样是适用无过错责任原则，根据《产品质量法》的规定，销售者只要出售了瑕疵产品，不论其主观的心理状态如何，都有责任按照法律的规定负责修理、更换、退货或赔偿损失。

（二）行政责任

产品质量的行政责任是指生产者、销售者因违反产品质量法中有关监督管理制度而应受到的行政制裁，实际上就是行政监管机关对生产者、销售者违法行为的行政处罚。根据《产品质量法》，生产者、销售者应当承担行政责任的违法行为主要有以下几种情形：（1）生产、销售不符合保障人体健康和人身、财产安全的国家标准、行业标准的产品。（2）在产品中掺杂、掺假，以假充真，以次充好，或者以不合格产品冒充合格产品。（3）生产国家明令淘汰的产品的，销售国家明令淘汰并停止销售的产品的。（4）销售失效、变质的产品。（5）伪造产品产地，伪造或者冒用他人厂名、厂址，伪造或者冒用认证标志等质量标志。（6）产品标识不符合产品质量法要求。（7）拒绝接受依法进行的产品质量监督检查。（8）隐匿、转移、变卖、损毁被产品质量监督部门或者工商管理机关查封、扣押的物品。

对于上述违法行为，行政监管机关应当根据具体情节，给予相应的行政处罚。根据《产品质量法》，生产者、销售者承担产品质量行政责任的方式有：责令停止生产，责令停止销售，没收违法生产或销售的产品，没收原材料、包装物、生产工具，没收违法所得，警告，罚款，吊销营业执照，等等。

（三）刑事责任

生产者、销售者的某些产品质量违法行为，其情节严重，极大地损害了消费者的利益，扰乱了市场经济秩序，并触犯了刑律，则应当追究刑事责任。《产品质量法》规定的追究刑事责任的情形有四种：其一，生产、销售不符合保障人体健康和人身、财产安全的国家标准、行业标准的产品，情节严重，构成犯罪的；其二，在产品中掺杂、掺假，以假充真，以次充好，或者以不合格产品冒充合格产品，情节严重，构成犯罪的；其三，销售失效、变质的产品情节严重，构成犯罪的；其四，以暴力、威胁方法阻碍市场监督管理部门的工作人员依法执行职务的。

四、有关社会团体、中介机构的法律责任

（一）产品质量检验机构、认证机构等机构的法律责任

根据《产品责任法》，产品质量检验机构、认证机构等机构承担法律责任主要有以下几种情形：第一，产品质量检验机构、认证机构伪造检验结果或者出具虚假证明的，责令改正，罚款，对直接负责的主管人员和其他直接责任人员处以罚款；有违法所得的，并处没收违法所得；情节严重的，取消其检验资格、认证资格；构成犯罪的，依法追究刑事责任。第二，产品

质量检验机构、认证机构出具的检验结果或者证明不实，造成损失的，应当承担相应的赔偿责任；造成重大损失的，撤销其检验资格、认证资格。第三，产品质量认证机构违反法律规定，对不符合认证标准而使用认证标志的产品，未依法要求其改正或者取消其使用认证标志资格的，对因产品不符合认证标准给消费者造成的损失，与产品的生产者、销售者承担连带责任；情节严重的，撤销其认证资格。第四，产品质量检验机构向社会推荐生产者的产品或者以监制、监销等方式参与产品经营活动的，由产品质量监督部门责令改正，消除影响，有违法收入的予以没收，可以并处罚款；情节严重的，撤销其质量检验资格。

（二）社会团体、社会中介机构的法律责任

《产品质量法》规定，社会团体、社会中介机构对产品质量作出承诺、保证，而该产品又不符合其承诺、保证的质量要求，给消费者造成损失的，与产品的生产者、销售者承担连带责任。

（三）广告经营者、广告发布者的法律责任

《产品质量法》规定，广告经营者、广告发布者对产品质量进行虚假宣传，欺骗和误导消费者的，根据广告法的有关规定，追究法律责任。如果广告经营者、广告发布者明知是虚假广告的，则应当承担连带民事责任；如果广告经营者、广告发布者不能提供广告主真实名称、地址的，则需先行赔偿。

五、行政监督管理机关及其工作人员的法律责任

行政监督管理机关及其工作人员应当严格执法，如违反法律规定，也应承担相应的法律责任。《产品质量法》规定的行政监督机关及其工作人员承担法律责任的情形主要如下。

（1）各级人民政府工作人员和其他国家机关工作人员有下列情形之一的，依法给予行政处分，构成犯罪的，依法追究刑事责任：1）包庇、放纵产品生产、销售中违反《产品质量法》规定行为的；2）向从事违反《产品质量法》规定的生产、销售活动的当事人通风报信，帮助其逃避查处的；3）阻挠、干预市场监督管理部门依法对产品生产、销售中违反《产品质量法》规定的行为进行查处，造成严重后果的。

（2）根据《产品质量法》第 66 条的规定，市场监督管理部门在产品质量监督抽查中超过规定的数量索取样品或者向被检查人收取检验费用的，由上级市场监督管理部门或者监察机关责令退还；情节严重的，对直接负责的主管人员和其他直接责任人员依法给予行政处分。

（3）根据《产品质量法》第 67 条的规定，市场监督管理部门或者其他国家机关违法向社会推荐生产者的产品或者以监制、监销等方式参与产品经营活动的，由其上级机关或者监察机关责令改正，消除影响，有违法收入的予以没收；情节严重的，对直接负责的主管人员和其他直接责任人员依法给予行政处分。

（4）根据《产品质量法》第 68 条的规定，市场监督管理部门的工作人员滥用职权、玩忽职守、徇私舞弊，构成犯罪的，依法追究刑事责任；尚不构成犯罪的，依法给予行政处分。

本章小结

本章介绍了产品质量及产品质量法的概念、调整对象、立法宗旨和调整范围，系统介绍了

产品质量管理机构的职权和义务，阐述了产品的生产者和销售者的产品质量义务及违反产品质量法所应承担的民事责任、行政责任和刑事责任。

本章重点是产品质量法中关于产品的界定，国家对产品质量的监督管理制度，损害赔偿的法律界定；难点为生产者和销售者的产品质量责任。

核心法规

1.《中华人民共和国产品质量法》（1993 年 2 月 22 日公布，2000 年 7 月 8 日、2009 年 8 月 27 日、2018 年 12 月 29 日修正）

2.《中华人民共和国食品安全法》（2009 年 2 月 28 日通过，2015 年 4 月 24 日修订，2018 年 12 月 29 日、2021 年 4 月 29 日修正）

案例讨论

某市电视台的记者在对该市几家自选商场进行暗访时，发现其中甲商场销售的部分商品存在问题。有些食品已过保质期却仍摆放在柜台上销售，有些食品包装上标明的原生产日期被改成离现在较近的日期，有的食品需要冷藏却被摆放在普通柜台上销售，还有个别食品已经变质却仍在柜台上摆放销售。该电视台随后将上述情况以专题片的形式予以曝光，并引起消费者的强烈反响。

请思考：对产品质量责任者如何处罚？

简要分析：

在上述案例中，甲商场违反《产品质量法》的有关规定，未能履行其应负的产品质量义务，应当承担法律责任。对甲商场的上述行为，应由当地产品质量监督部门依法予以查处，责令甲商场停止违法销售行为，没收违法销售的产品，并处以罚款等。

《产品质量法》除明确了生产者的产品质量责任和义务外，还对销售者的产品质量责任和义务作了规定。具体说，销售者应当建立并执行进货检查验收制度，验明产品合格证明和其他标识；要采取措施保持销售产品的质量；销售产品的标识必须真实，并符合法定要求；不得销售国家明令淘汰并停止销售的产品和失效、变质的产品；不得伪造产地，不得伪造或者冒用他人的厂名、厂址，不得伪造或者冒用认证标志等质量标志；不得掺杂、掺假，不得以假充真、以次充好，不得以不合格产品冒充合格产品。

对生产、销售有瑕疵的产品的生产者、销售者，应当依法给予处罚。根据《产品质量法》的有关规定，生产、销售不符合保障人体健康和人身、财产安全的国家标准、行业标准的产品或者国家明令淘汰的产品，或者销售失效、变质的以及其他法律规定禁止销售的产品，由市场监督管理部门责令其停止生产、销售，没收违法生产、销售的产品，并处以罚款；有违法所得的，并处没收违法所得；情节严重的，由市场监督管理部门吊销其营业执照。生产者、销售者的行为构成犯罪的，应当依法追究刑事责任。

复习思考

1. 简述产品质量的监督制度。
2. 简述产品质量的管理制度。
3. 试述生产者的产品质量义务。
4. 试述销售者的产品质量义务。
5. 简述产品质量的免责条件和诉讼时效。

第九章

消费者权益保护法律制度

要点提示

- 消费者权益保护法的基本原则
- 消费者权益保护法的适用范围
- 消费者的权利和经营者的义务
- 消费争议的解决途径

第一节　消费者权益保护法概述

一、消费和消费者的概念

（一）消费

消费是指对产品的使用和消耗。消费是社会再生产的一个重要环节，是生产、交换、分配的目的和归宿，同时也为社会生产提供了动力。从社会个体的角度看，消费是满足个体生存和发展需要的途径。它包括生产消费和生活消费两方面。无论是生产消费还是生活消费，消费都是消费者自主支配消费品、发挥消费品效用的过程。而生活消费是人类的基本需要，也成为消费者权益保护法加以规制的重要领域。

（二）消费者的概念和特征

消费者是消费行为的主体，是基于购买消费品或者接受服务而确定的身份和地位。国际标准化组织（ISO）认为，消费者是以个人消费为目的而购买或者使用商品和服务的个体社会成员。而依照我国《消费者权益保护法》，消费者是指为满足生活消费需要而购买、使用商品或接受服务的人。消费者是人类社会发展到一定的历史时期而产生的包含特定法律含义的概念。消费者首先是经济学上的概念，同时又是一个特定的、受保护的法律主体概念。法律意义上的消费者主要包括以下特征。

1. 消费者是个体社会成员

相对于制造商、批发商、零售商和服务提供者等经营者而言，消费者是个体社会成员，包括本国人、外国人和无国籍人在内的一切自然人。凡购买、使用商品或接受服务的消费者个人，都是法律认可的消费者。这就将法人和其他社会组织排除在消费者之外。

2. 消费者购买、使用商品或者接受服务的目的是满足其生活消费需要

消费者购买、使用商品或者接受服务的目的是满足其生活消费需要。当然，消费者购买商

品或接受服务的目的也不完全限于个人的直接生活消费，也可能是用于储存、欣赏，或作为赠品赠送给他人等等。因此，消费者不仅包括直接购买商品或接受服务的人，还包括使用别人购买的商品或接受别人付费的服务的人。如果不是用于个人消费，而是用于生产和经营，则不是法律上所说的消费者。

3. 消费者必须从经营者处取得商品或接受服务

消费者是相对经营者而言的，没有经营者，也就没有所谓的消费者；反之亦然，二者共生共存，不可或缺。

4. 消费者地位由法律确认，受特定的消费者权益保护法保护

消费者在现代社会中处于一种弱者的地位，原因在于：第一，现代社会中消费者必须获得商品或服务才能满足需要。第二，与法人和其他社会组织相比，消费者的实力很弱，经营者为了追求利润最大化，往往会侵害消费者的利益。第三，现代商品生产以及营销技术的发展，使得经营者掌握了大量的产品信息，而消费者没有足够的条件和能力获得大量的信息，从而导致消费者识别能力较低。第四，现代市场的扩张与产销多层次化使得消费者很难得到救济。正因为如此，对消费者权益需要颁布专门的法律加以保护。

二、消费者权益保护问题

（一）消费者权益的概念

与消费者相伴而生的是消费者权益。消费者权益是指消费者依法享有的权利以及该权利受到保护时而给消费者带来的利益。消费者权益的核心是消费者的权利，其有效实现是消费者权益从应然状态转为实然状态的前提和基础；而为消费者权利的实现直接提供法律保障的，则是消费者权益保护法。

（二）消费者权益保护问题和消费者运动

消费者权益保护问题是人类社会发展到商品经济阶段产生的，是市场经济的必然产物。消费者权益保护最早可追溯至消费者运动，它是消费者权益保护组织的先驱，产生于发达资本主义垄断阶段，而后波及世界各国成为全球性运动。1891 年，人类历史上第一个消费者协会在美国纽约成立。1898 年美国成立了世界上第一个全国性的消费者组织——“全国消费者同盟”。1960 年国际消费者联盟组织（IOCU）成立，它是由世界各国、各地区消费者组织参加的国际消费者问题议事中心成立的，其宗旨是在全世界范围内做好消费者权益的一系列保护工作，在国际机构代表消费者说话。实际上，随着 20 世纪后半期消费者运动的高涨，世界上许多国家还相继确立了消费者权益仲裁或类似的纠纷解决机制。如在最早尝试通过仲裁方式解决消费者权益纠纷的美国，可以通过美国仲裁协会或被称为 BBB（Better Business Bureau）的企业组织进行消费者权益仲裁。美国仲裁协会在 1968 年设立了“全国解决纠纷中心”。再如瑞士，设立了由行业团体代表和消费者团体代表组成的仲裁机构。荷兰的消费纠纷仲裁委员会是专门受理消费纠纷的民间机构。另外，法国、西班牙、葡萄牙、比利时等国都设有相应的消费者权益仲裁机制。1983 年，国际消费者联盟组织将每年的 3 月 15 日确定为“国际消费者权益日”，从而将国际消费者运动推到一个新的时期。

我国在计划经济时期，消费者运动没有展开。改革开放以后，随着市场经济的发展，消费者权益保护问题大量发生，消费者权益保护运动兴起并发展迅速。1984 年 12 月，全国性消费

者组织——“中国消费者协会”诞生。我国消费者协会于1987年9月被国际消费者联盟组织接纳为正式会员。至1992年，全国已建立县级以上的消费者协会2 400个，基层组织20 000个。中国加入世界贸易组织（WTO）之后，消费者权益的保护在我国有了更长足的发展。随着消费者权益保护组织的发展和“3·15”宣传活动的深入，消费者权益保护意识和能力日益增强。

三、消费者权益保护法的产生

要使消费者权益得到强有力的保护，还是要靠法律手段，因此，消费者权益保护法应运而生。世界上第一部正式的消费者权益保护法是日本于1968年制定的《保护消费者基本法》。许多国家也制定有类似的法律，如美国于1906年制定了《联邦食品和药品法》，英国于1987年制定了专门的《消费者利益保护法》。除了专门立法以外，还在诸如《反垄断法》《反不正当竞争法》《产品质量法》《广告法》等相关法律中规定了对消费者的保护。同时，在民商法、行政法、刑法等部门法中规定了有关保护消费者的实质性的规范。

1993年10月31日第八届全国人民代表大会常务委员会第四次会议审议并通过了我国第一部有关消费者权益保护的基本法——《中华人民共和国消费者权益保护法》（以下简称《消费者权益保护法》）。它的公布实施，对于保护消费者的合法权益，维护社会经济秩序，促进社会主义经济健康发展，都具有十分重要的意义。2009年8月27日第十一届全国人民代表大会常务委员会第十次会议进行第一次修正；2013年10月25日第十二届全国人民代表大会常务委员会第五次会议进行第二次修正，新修正的《消费者权益保护法》自2014年3月15日起实施。

四、消费者权益保护法的概念和适用范围

（一）消费者权益保护法的概念

消费者权益保护法是经济法的重要部门法，是市场规制法的重要组成部分。消费者权益保护法是指调整消费者在购买、使用商品或接受服务时应享有的合法权益的法律规范的总称。消费者权益保护法有狭义和广义之分。广义的消费者权益保护法是指所有保护消费者权益的法律、法规，主要包括《消费者权益保护法》《反不正当竞争法》《产品质量法》《广告法》《价格法》等法律、法规中的相关规定。狭义的消费者权益保护法仅指《消费者权益保护法》。

（二）消费者权益保护法的适用范围和调整对象

1. 我国消费者权益保护法的适用范围

我国《消费者权益保护法》第2条规定了其调整范围：消费者为生活消费需要购买、使用商品或者接受服务，其权益受本法保护；本法未作规定的，受其他有关法律、法规保护。

可见该法的适用范围主要包括以下方面。

（1）对人的适用范围。该法适用的消费者首先必须是个体社会成员，即法人和其他社会组织不能成为该法保护的消费者。但个体社会成员不限于直接购买、使用商品和接受有偿服务的人，还包括该商品的其他使用者。其次，消费者必须是进行生活消费的人，而不是进行生产性消费的人。

与消费者相对应的另一类主体是经营者，凡是为消费者提供商品的生产者、销售者或提供服务的服务者，都是经营者。

(2) 对行为的适用范围。根据《消费者权益保护法》，能适用本法的消费行为必须是生活消费，生产消费行为不能适用该法。但该法第 62 条规定："农民购买、使用直接用于农业生产的生产资料，参照本法执行。"这里的农民的消费行为从本质上说是生产消费，但由于农民是个体小生产者，其生产经营能力和经济实力也都无法和其他生产经营者相比，加上现实生活中农民遭受假冒伪劣农药、化肥和种子坑害的现象时有发生，所以对农民的特定生产消费行为给予特别的保护，适用该法。

2. 我国消费者权益保护法的调整对象

我国消费者权益保护法的调整对象可以分为以下三方面：(1) 消费者与经营者之间的关系，主要是指经营者应遵循有关保护消费者权益的法定义务，消费者在消费过程中依法应享有有关权利，并就经营者违反有关法定义务、损害消费者的合法权益而进行赔偿时所产生的法律关系。(2) 国家机关与经营者之间的关系，主要是指为保护消费者的合法权益，国家有关管理机关在对经营者的生产、销售、服务活动制定相关规范，实行监督管理，对侵犯消费者合法权益的行为给予制裁的活动中所产生的法律关系。(3) 国家机关与消费者之间的关系，主要是指国家管理机关为保护消费者合法权益，在为消费者提供引导、服务和保护等活动中所产生的法律关系。

五、消费者权益保护法的立法宗旨和基本原则

(一) 消费者权益保护法的立法宗旨

《消费者权益保护法》第 1 条明确规定其立法宗旨为：为保护消费者的合法权益，维护社会经济秩序，促进社会主义市场经济健康发展，制定本法。维护消费者合法权益是消费者权益保护法的中心宗旨，而维护社会经济秩序、促进社会经济健康发展既是维护消费者权益的重要途径，也是维护消费者权益的必然结果。前者是为了保护个人利益，后者是为了维护社会整体利益，将二者有机协调结合，反映了现代经济立法的新趋势和主要倾向。

(二) 消费者权益保护法的基本原则

消费者权益保护法的基本原则贯穿于国家保护消费者权益的立法过程中，体现在保护消费者权益的具体法律规定上。它既是立法的指导原则，也是司法、守法的基本准则。一般来说，消费者权益保护法应当包括以下原则：一是尊重和保障人权原则；二是保障社会经济秩序原则；三是依法进行交易的原则。

我国《消费者权益保护法》规定了下列四项基本原则：(1) 经营者应当依法提供商品和服务的原则。(2) 经营者与消费者进行交易应当遵循自愿、平等、公平、诚实信用的原则。(3) 国家干预的原则，即国家保护消费者的合法权益不受侵犯。(4) 社会监督的原则，即一切组织和个人对损害消费者合法权益的行为都有权进行监督。

第二节　消费者的权利和经营者的义务

一、消费者的权利

(一) 消费者权利的概念

消费者权利，是指国家法律所确认的，消费者在消费领域为或者不为一定行为，以及要求

经营者和其他相关主体为或者不为一定行为的资格。关于消费者应享有哪些权利，各国法律有不同的规定，但主要方面大致相同。

在世界上最早明确提出消费者权利的是美国总统肯尼迪。1962 年 3 月 15 日，在向国会提出的《关于保护消费者权益的特别国情咨文》中，他提出了消费者应享有的四项权利，即获得商品的安全保障的权利，获得正确的商品信息资料的权利，对商品有自由选择的权利，提出消费者意见的权利。

另外，为了促进消费者权利保护的国际化，国际消费者联盟组织提出了消费者应享有的八项权利，即获得必要的物品和服务以维护生存的权利，获得公平的价格和选择的权利，获得安全的权利，获得充分的信息资料的权利，寻求咨询的权利，获得公平的赔偿和法律救济的权利，获得消费者教育的权利，获得有益于健康的环境的权利。

（二）消费者的基本权利

我国《消费者权益保护法》在广泛吸收各国及国际组织经验的基础上，规定了消费者应享有的九项权利。

1. 安全保障权

安全保障权，又称安全权，是指消费者在购买、使用商品和接受服务时，享有人身、财产安全不受损害的权利。安全权是消费者权益中最重要的一项权利。安全权包括人身安全权和财产安全权。而人身安全权又包括生命安全权和健康安全权。安全权是消费者最关心的问题。根据《消费者权益保护法》的规定，消费者有权要求经营者提供的商品和服务，符合保障人身、财产安全的要求。

2. 知悉真情权

知悉真情权是指消费者享有的知悉其购买、使用的商品和接受的服务的真实情况的权利。知悉真情权是消费者决定是否购买某一商品、接受某项服务的前提条件。消费者有权根据商品或者服务的不同情况，要求经营者提供商品的价格、产地、生产者、用途、性能、规格、等级、主要成分、生产日期、有效期限、检验合格证明、使用说明书、售后服务或者服务的内容、规格、费用等有关情况。只有在了解上述情况的基础上，消费者才能作出准确合理的判断，才能真实地表达自己的意愿，最终体现交易的公平性。

3. 自主选择权

自主选择权是指消费者享有自主选择商品和服务的权利。自主选择权具体体现为：（1）消费者有权自主选择提供商品或者服务的经营者；（2）消费者有权选择商品品种或者服务方式；（3）消费者有权自主决定购买或者不购买任何一种商品、接受或者不接受任何一项服务。

为了保障消费者的自主选择权，法律规定消费者在选择商品或服务时，享有进行比较、鉴别和挑选的权利。

4. 公平交易权

公平交易权是指消费者在购买商品或接受服务时所享有的获得质量保障和价格合理、计量正确等公平交易条件，拒绝经营者强制交易的权利。公平交易权为消费者在市场交换行为中增强自我保护意识、确保交易的公平提供了充分的法律依据。

5. 依法求偿权

依法求偿权是指消费者在购买、使用商品或者接受服务过程中受到人身、财产损害的时候，享有依法获得赔偿的权利。这是民法规定的请求损害赔偿民事权利在消费者权益保护法中的具体体现，是保护消费者合法权益的一项非常重要的权利。依法求偿权包括依法请求人身和财产损害赔偿。人身损害赔偿又包括生命损害赔偿、健康损害赔偿和精神损害赔偿。

6. 依法结社权

依法结社权是指消费者享有依法成立维护自身权益的社会团体的权利。虽然消费者和经营者在法律地位上是平等的，但双方的经济地位不平等。依法结社权有助于将单个、分散、弱小的消费者组织起来，形成能与处于优势地位的经营者抗衡的社会团体，以维护弱者的合法权益。

消费者的依法结社权主要体现在两方面：(1) 消费者有权要求国家或者政府建立代表和保障消费者合法权益的职能部门；(2) 消费者有权建立自己的组织，维护自身合法权益。

7. 接受教育权

接受教育权是指消费者享有获取有关消费和消费者权益保护知识的权利。只有保障消费者的接受教育权，才能使消费者更好地掌握所需商品或者服务的知识和使用技能，以使其正确使用产品，提高自我保护意识。值得注意的是，接受教育权既是消费者的权利，同时也是消费者的义务。

8. 维护尊严权

维护尊严权是指消费者在购买、使用商品或者接受服务时，其人格尊严、民族风俗习惯得到尊重的权利。人格尊严权是人身权的重要内容。根据我国宪法和民法的规定，它包括姓名权、肖像权、名誉权、荣誉权等方面的权利。另外，消费者的维护尊严权还包括民族风俗习惯得到尊重的权利。维护尊严权是社会文明进步的表现，也是尊重和保护人权的重要内容。

9. 监督批评权

监督批评权是指消费者享有对商品和服务进行监督以及对保护消费者权益工作进行监督的权利。消费者的监督权是社会监督的重要组成部分。它包括两方面：(1) 消费者对商品和服务的质量享有监督权，这既能促进经营者提高产品质量、改进经营和服务方式，也能维护消费者的自身利益。(2) 消费者有权对保护消费者权益工作进行监督。具体体现为：第一，消费者对侵害消费者权益的行为人（主要是经营者）有检举、控告的权利；第二，对国家机关及其工作人员在保护消费者权益工作中的违法失职行为有检举、控告的权利；第三，对保护消费者权益工作有提出批评、建议的权利。

此外，为适应社会经济的发展，《消费者权益保护法》还确立了消费者无理由退货的权利，这也是确保经营者履行“三包”义务的要求。《消费者权益保护法》第 25 条规定：经营者采用网络、电视、电话、邮购等方式销售商品，消费者有权自收到商品之日起 7 日内退货，且无须说明理由，但下列商品除外：(1) 消费者定作的；(2) 鲜活易腐的；(3) 在线下载或者消费者拆封的音像制品、计算机软件等数字化商品；(4) 交付的报纸、期刊。除以上商品外，其他根据商品性质并经消费者在购买时确认不宜退货的商品，不适用无理由退货。消费者退货的商品应当完好。经营者应当自收到退回商品之日起 7 日内返还消费者支付的商品价款。退回商品的运费由消费者承担；经营者和消费者另有约定的，按照约定。

小试牛刀

赵某于 2003 年 10 月至 2004 年 9 月期间，先后在一些报刊上发表了一系列矿泉壶有害健康的文章，提醒消费者“慎用”和“当心”，并对相关公司的广告点名进行了批评。后生产矿泉壶的×龙公司、天津市×磁公司等以赵某侵害其名誉权为由，向广州市中级人民法院提起诉讼。

请问：赵某是否侵害了×龙公司、天津市×磁公司的名誉权？为什么？

对于经营者损害消费者合法权益的行为，消费者个人有权进行监督批评。《消费者权益保护法》第6条第2款和第15条对此有明确规定，赋予了消费监督批评权，任何消费者在日常消费生活中，发现经营者提供的商品或服务不符合国家规定的要求，危害消费者利益的，都有权提出自己的批评意见。赵某作为消费者，针对矿泉壶危害人体健康的问题撰文向社会公众说明，并对×龙公司、×磁公司等商家点名进行批评，这是正当行使消费者监督权的行为。被批评者不但不能自省，反而向法院起诉批评者，这是拒绝监督的表现。

二、经营者的义务

（一）经营者义务的概念

经营者是为消费者提供其生产、销售的商品或服务的市场主体，是与消费者直接进行交易的另一方。由于权利和义务是相对应的，如果只规定消费者的权利而不对经营者的义务作出相应的规定，那么权利就会因缺少行使对象而落空。因此，《消费者权益保护法》既规定了消费者的权利，也规定了经营者的义务。经营者的义务是指经营者依法必须为一定行为或不为一定行为，以满足和实现消费者的生活消费需要的责任。

（二）经营者的主要义务

根据我国《消费者权益保护法》的规定，经营者要履行十一项义务。

1. 依法定或约定履行义务

这是一项总括性的义务。经营者向消费者提供商品或者服务，应当依照《消费者权益保护法》《产品质量法》和其他有关法律、法规的规定或者依照合同的约定履行义务。经营者的义务可划分为法律规定的义务和当事人双方约定的义务两类。法定义务是指消费者与经营者进行交易时无须另行约定的义务，经营者必须依法履行；约定义务是指消费者与经营者进行交易时根据意思自治原则约定的经营者的义务。值得注意的是，当事人约定的义务不得违反法律、法规的规定。

经营者向消费者提供商品或服务，应当恪守社会公德，诚信经营，保障消费者的合法权益；不得设定不公平、不合理的交易条件，不得强制交易。

2. 接受监督的义务

经营者应当听取消费者对其提供的商品或者服务的意见，接受消费者的监督。这项义务和消费者的监督权是相对应的，它对于加强经营者与消费者的沟通、提高消费者的地位具有积极作用。消费者可以直接对经营者提出对商品或者服务的意见，也可以对他人、社会各种媒体提出对商品或者服务的意见，只要不是以诽谤为目的，消费者的意见就应视为正当。经营者对于消费者的监督权利应当予以尊重。对消费者提出的意见或建议，经营者应当虚心接受并尽力改进。因为这不仅有利于维护消费者的权益，也给经营者带来好处。经过改进，经营者能够改善企业形象，增强竞争力，赢得更多的消费者。

3. 保障人身和财产安全的义务

这是与消费者的保障安全权相对应的经营者的义务。经营者应当保证其提供的商品或服务符合保障人身、财产安全的要求。对可能危及人身、财产安全的商品或服务，应当向消费者作出真实的说明和明确的警示，并说明和标明正确使用商品和接受服务的方法以及防止危害发生的方法。经营者一旦发现其提供的商品或服务存在缺陷，可能对人身、财产安全造成危害的，应当立即向有关行政部门报告和告知消费者，并采取防止危害发生的措施，如召回产品、停止销售、警示、进行无害化处理、销毁、停止生产或者服务等。宾馆、商场、餐馆、银行、机场、车站、港口、影剧院等经营场所的经营者应当对消费者尽到安全保障义务。

4. 提供真实信息的义务

这是与消费者的知悉真情权相对应的经营者的义务。经营者应当提供有关商品或者服务的真实信息，不得作虚假的或引人误解的宣传，否则构成侵犯消费者权益的行为和不正当竞争行为。经营者对消费者就其提供的商品或者服务的质量和使用方法等问题提出的询问，应当作出真实、明确的答复；经营者必须按照有关物价部门的规定对所提供的商品或服务实行明码标价。

5. 标明经营者真实名称和标记的义务

经营者在进行经营活动过程中，应当如实标明自己的身份，即必须标明所提供商品或服务的真实名称，并做好标记，不得使用未经核准登记的企业名称，不得擅自改动使用经核准登记的企业名称，不得假冒他人的企业名称和他人特有的营业标记，也不得使用与他人企业名称或者营业标记相近似的、足以造成消费者混淆的企业名称和营业标记。租赁他人柜台或场地的经营者，应当标明其真实名称和标记。

6. 出具相应的凭证和单据的义务

经营者提供商品或者服务，应当按照国家有关规定或者商业惯例向消费者出具发票等凭证和服务单据，消费者索要发票等购货凭证或者服务单据的，经营者必须出具。由于购货凭证或服务单据能够证明消费者从何处购买了商品或接受了服务，因而是界定消费者和经营者的权利义务的重要依据。因此，明确经营者出具相应的凭证和单据，有利于保护消费者的合法权益。

7. 提供符合要求的商品和服务的义务

经营者应当保证在正常使用商品或提供服务的情况下，其提供的商品或者服务所应当具有的质量、性能、用途和有效期限；但消费者在购买商品或者接受其服务时已经知道其存在瑕疵的除外。经营者以广告、产品说明、实物样品或者其他方式表明商品或者服务的质量状况，应当保证其提供的商品或者服务的实际质量和表明的质量相符。经营者提供的机动车、计算机、电视机、电冰箱、空调器、洗衣机等耐用商品或者装饰装修等服务，消费者自接受商品或者服务之日起 6 个月内发现瑕疵、发生争议的，由经营者承担有关瑕疵的举证责任。

8. 履行“三包”等售后服务的义务

《消费者权益保护法》第 24 条规定，经营者提供的商品或者服务不符合质量要求的，消费者可以依照国家规定、当事人约定退货，或者要求经营者履行更换、修理等义务。没有国家规定和当事人约定的，消费者可以自收到商品之日起 7 日内退货；7 日后符合法定解除合同条件的，消费者可以及时退货，不符合法定解除合同条件的，可以要求经营者履行更换、修理等义务。依前款规定进行退货、更换、修理的，经营者应当承担运输等必要费用。经营者提供商品或者服务，按照国家规定或者与消费者的约定，承担包修、包换、包退或者其他责任的，应当按照国家规定或者约定履行，不得故意拖延或者无理拒绝。这类义务包括法定“三包”、约定“三包”和其他法定、约定义务，综合体现了意思自治、公平交易与国家干预相结合的特征。

9. 不得作出不公平、不合理的规定

这是与消费者的公平交易权相对应的义务。经营者不得以格式条款、通知、声明、店堂告示等方式，作出排除或者限制消费者权利、减轻或者免除经营者责任、加重消费者责任等对消费者不公平、不合理的规定，不得利用格式条款并借助技术手段强制交易。经营者在经营活动中使用格式条款的，应当以显著方式提请消费者注意商品或者服务的数量和质量、价款或者费用、履行期限和方式、安全注意事项和风险警示、售后服务、民事责任等与消费者有重大利害关系的内容，并按照消费者的要求予以说明。如果经营者在格式合同、通知、声明、店堂告示中含有对消费者不公平、不合理的规定内容，或者减轻、免除其民事责任的内容，这些内容将被视为无效。

10. 不得侵犯消费者人身权的义务

这是与消费者的维护尊严权相对应的经营者的义务。经营者不得对消费者进行侮辱、诽谤，不得搜查消费者的身体及其携带的物品，不得侵犯消费者的人身自由。对于消费者的违法行为，经营者应依法定程序送有关机关处理，不得越俎代庖。

11. 保护消费者信息的义务

经营者收集、使用消费者个人信息，应当遵循合法、正当、必要的原则，明示收集、使用信息的目的、方式和范围，并经消费者同意。经营者收集、使用消费者个人信息，应当公开其收集、使用规则，不得违反法律、法规的规定和双方的约定收集、使用信息。

经营者及其工作人员对收集的消费者个人信息必须严格保密，不得泄露、出售或者非法向他人提供。经营者应当采取技术措施和其他必要措施，确保信息安全，防止消费者个人信息泄露、丢失。在发生或者可能发生信息泄露、丢失的情况时，应当立即采取补救措施。经营者未经消费者同意或者请求，或者消费者明确表示拒绝的，不得向其发送商业性信息。

第三节　消费者权益保护制度

一、国家对消费者权益的保护

国家是凌驾于社会之上的公共权力的代表，保障公民生命财产安全、增进公民福祉是国家的职能之一。而消费者是公民的众多社会角色之一，其合法权益理应得到国家的保护。具体来讲，国家对消费者合法权益的保护主要体现在以下三方面。

（一）建立和完善保护消费者权益的法制

国家将保护消费者权益纳入法制轨道，不断完善和加强保护消费者权益的法律、法规，做到有法可依、有法必依、执法必严、违法必究。为维护消费者合法权益，除了颁布《消费者权益保护法》外，还颁布了《产品质量法》《反不正当竞争法》《食品安全法》《价格法》等一系列法律、法规，建立健全市场准入制度、商品和服务质量管理制度、标准化管理制度、价格管理制度以及市场竞争管理制度，来创建宏观的经济环境、经济秩序，减少和预防损害消费者权益的现象，为国家充分、有效地保护消费者合法权益提供基础和依据。

另外，国家在制定有关消费者权益的法律、法规时，应当听取消费者的意见和要求。

（二）各级行政机关对消费者权益的保护

行政机关通过行政执法和监督活动对消费者权益进行保护。各级行政机关应当把保护消费者权益列入行政管理的重要职责。行政机关对消费者权益的保护又分为各级人民政府对消费者权益的保护和专门的行政管理机构对消费者权益的保护。

各级人民政府应当加强领导，组织、协调、督促有关行政部门做好保护消费者合法权益的工作。各级人民政府应当加强监督，预防危害消费者人身、财产安全行为的发生，及时制止危害消费者人身、财产安全的行为。

各级人民政府的市场监督管理部门和其他有关行政部门应当依照法律、法规的规定，在各自的职责范围内，采取措施，保护消费者的合法权益；有关行政部门应当听取消费者及其社会团体对经营者交易行为、商品和服务质量问题的意见，及时调查处理。

（三）司法机构对消费者权益的保护

司法机关在保护消费者权益方面的作用主要有：（1）通过侦查、审判活动揭露、打击经济活动中侵犯消费者利益的违法犯罪行为。（2）通过审理涉及消费者利益的民事、行政争议案件，维护消费者的合法权益。（3）对违法犯罪行为有处罚权的有关国家机关，应当按照法律、法规的规定，惩处经营者在提供商品和服务中侵害消费者合法权益的违法犯罪行为，以切实保护消费者的合法权益。

对于符合民事诉讼法起诉条件的消费者权益案件，人民法院必须受理，并应及时审理，以使消费者权益争议尽快得到解决。

二、社会对消费者权益的保护

保护消费者的合法权益是全社会的共同责任，国家鼓励、支持一切组织和个人对损害消费者合法权益的行为进行社会监督。为了更好地保护消费者权益，大众传媒尤其应当做好维护消费者合法权益的宣传，对损害消费者合法权益的行为进行有效的舆论监督。

在保护消费者合法权益方面，各种消费者组织发挥了非常重要的作用，依据《消费者权益保护法》的明确规定，消费者组织是依法成立的对商品和服务进行社会监督的保护消费者合法权益的社会组织。该法对消费者组织规定了两方面的限制：第一，不得从事商品经营和提供营利性服务，包括从事商品生产流通和以营利为目的收取咨询费、劳务费；第二，不得以牟利为目的向社会推荐商品和服务，以保证其行为的客观公正性。

消费者协会是我国最具有代表性、结构最健全、影响最大的消费者组织。消费者协会依法履行下列职能：

（1）向消费者提供消费信息和咨询服务；

（2）参与制定有关消费者权益的法律、法规、规章和强制性标准；

（3）参与有关行政部门对商品和服务的监督、检查；

（4）就有关消费者合法权益的问题，向有关行政部门反映、查询，提出建议；

（5）受理消费者的投诉，并对投诉事项进行调查、调解；

（6）投诉事项涉及商品和服务质量的，可以提请鉴定部门鉴定，鉴定部门应当告知鉴定结论；

（7）就损害消费者合法权益的行为，支持受损害的消费者提起诉讼；

（8）对损害消费者合法权益的行为，通过大众传播媒介予以揭露、批评。

各级人民政府对消费者协会履行职能应当予以支持。

第四节 消费者争议的解决和法律责任

一、消费者争议的解决

（一）消费者争议解决的途径

消费者争议是指消费者与经营者之间因提供的商品或服务的质量造成消费者人身、财产损失而引发的纠纷。根据我国《消费者权益保护法》的规定，消费者与经营者发生争议，可以通过下列途径解决：（1）与经营者协商和解；（2）请求消费者协会等组织调解；（3）向有关行政部门投诉；（4）根据与经营者达成的仲裁协议提请仲裁机构仲裁；（5）向人民法院提起诉讼。

在一般情况下，当消费者认为其合法权益受到损害时，通常首先同经营者进行交涉，通过协商和解这条最直接、最简便的途径，解决与经营者的争议。在不能协商和解的情况下，消费者常常会选择向消费者协会投诉，或者向有关市场监管、物价、卫生、商品检验等行政管理部门投诉的途径，最后才选择仲裁或者诉讼的方式。但这并不是解决争议的法定步骤。事实上，消费者认为合法权益受到损害时，完全有权自主选择五项解决争议的途径中的任何一种对自己最为有利的途径。

（二）承担损害赔偿责任主体的确定

根据《消费者权益保护法》的规定，消费者在其合法权益受到侵害时，可以根据不同情况，确定损害赔偿责任的主体。

1. 由生产者、销售者、服务者承担

（1）消费者在购买、使用商品时，其合法权益受到损害的，可以向销售者要求赔偿。销售者赔偿后，属于生产者的责任或者属于向销售者提供商品的其他销售者的责任的，销售者有权向生产者或者其他销售者追偿。

（2）消费者或者其他受害人因商品缺陷造成人身、财产损害的，可以向销售者要求赔偿，也可以向生产者要求赔偿。属于生产者责任的，销售者赔偿后，有权向生产者追偿。属于销售者责任的，生产者赔偿后，有权向销售者追偿。

（3）消费者在接受服务时，其合法权益受到损害的，可以向服务者要求赔偿。

（4）消费者在展销会、租赁柜台购买商品或者接受服务，其合法权益受到损害的，可以向销售者或者服务者要求赔偿。展销会结束或者柜台租赁期满后，也可以向展销会的举办方、柜台的出租者要求赔偿。展销会的举办者、柜台的出租者赔偿后，有权向销售者或者服务者追偿。

2. 由营业执照的使用人或者持有人承担

使用他人营业执照的经营者因提供商品或服务，损害消费者合法权益的，消费者可以向营业执照的使用人要求赔偿，也可以向营业执照的持有人要求赔偿。

3. 由变更后的企业承担

消费者在购买、使用商品或者接受服务时，其合法权益受到损害的，因原企业合并、分立的，可以向变更后承受其权利义务的企业要求赔偿。

4. 由从事虚假广告的经营者和广告的经营者、发布者承担

消费者因经营者利用虚假广告或者其他虚假宣传方式提供商品或者服务，其合法权益受到损害的，可以向经营者要求赔偿。广告的经营者、发布者发布虚假广告的，消费者可以请求行政主管部门予以惩罚。广告的经营者、发布者不能提供经营者的真实名称、地址的，应承担全部责任。

广告经营者、发布者设计、制作、发布关系消费者生命健康商品或者服务的虚假广告，造成消费者损害的，应当与提供该商品或者服务的经营者承担连带责任。

社会团体或者其他组织、个人在关系消费者生命健康商品或者服务的虚假广告或者其他虚假宣传中向消费者推荐商品或者服务，造成消费者损害的，应当与提供该商品或者服务的经营者承担连带责任。

5. 由网络交易平台承担

消费者通过网络交易平台购买商品或者接受服务，其合法权益受到损害的，可以向销售者或者服务者要求赔偿。网络交易平台提供者不能提供销售者或服务者的真实名称、地址和有效联系方式的，消费者也可以向网络交易平台提供者要求赔偿。网络交易平台提供者赔偿后，有权向销售者或服务者追偿。

二、侵害消费者合法权益的法律责任

为了保证《消费者权益保护法》得到贯彻执行，给实现消费者的权利提供切实可靠的保障，《消费者权益保护法》根据侵犯消费者合法权益的行为的性质、情节、社会危害性等情况的不同，分别规定了相应的民事责任、行政责任和刑事责任。

（一）侵害消费者合法权益的民事责任

民事责任是经营者侵害消费者合法权益应承担的最常见、最普遍的一种责任形式。

1. 经营者承担民事责任的情形

经营者提供商品或者服务有下列情形之一的，应当依照《产品质量法》和其他有关法律、法规的规定，承担民事责任：(1) 商品存在缺陷的；(2) 不具备商品应当具有的使用性能而出售时未作说明的；(3) 不符合在商品或者包装上注明采用的商品标准的；(4) 不符合商品说明、实物样品等方式表明的质量状况；(5) 生产国家明令淘汰的商品或者销售无效、变质的商品的；(6) 销售的商品数量不足的；(7) 服务的内容和费用违反约定的；(8) 对消费者提出的修理、重作、更换、退货、补足商品数量、退还货款和服务费用或者赔偿损失的要求，故意拖延或者无理拒绝的；(9) 法律、法规规定的其他损害消费者权益的情形。

由于《消费者权益保护法》与《产品质量法》和其他法律、法规中有关消费者合法权益保护的规定存在法律竞合，所以，《消费者权益保护法》规定，经营者有上述九种情形之一的，要承担相应的民事责任。如果《消费者权益保护法》对此另有规定的，消费者可以根据《消费者权益保护法》向经营者要求赔偿责任。

2. 侵犯消费者人身权的民事责任

(1) 致人伤害的民事责任。经营者提供商品或者服务，造成消费者或其他受害者人身伤害的，应当赔偿医疗费、护理费、交通费等为治疗和康复支出的合理费用，以及因误工减少的收

入；造成残疾的，还应当支付残疾者生活辅助具费和残疾赔偿金。

（2）致人死亡的民事责任。经营者提供商品或者服务，造成消费者或者其他受害人死亡的，应当支付丧葬费、死亡赔偿金。

（3）侵犯其他人身权的民事责任。经营者对消费者进行侮辱、诽谤，或者搜查身体、侵犯人身自由或者侵害消费者个人信息依法得到保护的权利的，应当停止侵害、恢复名誉、消除影响、赔礼道歉，并赔偿损失。

另外，侵犯消费者人身权的赔偿责任还包括精神损害赔偿。

小试牛刀

2015 年 4 月，张某经朋友介绍，到某保健品公司体验店体验该公司的一款产品——玉石保健按摩床。因张某有高血压病史，店员并未事先询问并告知注意事项，在按摩过程中张某血压升高导致心脏病发作，经医院抢救没有生命危险，但是瘫痪在床，生活无法自理。

请问：经营者应承担何种法律责任？

根据《产品质量法》和《消费者权益保护法》的规定，经营者应当支付医疗费、治疗期间的护理费、因误工减少的收入等费用；造成残疾的，还应当支付残疾者生活辅助具费和残疾赔偿金。

3. 侵犯财产权的民事责任

承担侵犯财产权的民事责任的方式。经营者提供商品或者服务，造成消费者财产损害的，应当按照消费者的要求，以修理、重作、更换、退货、补足商品数量、退还货款和服务费用或者赔偿损失等方式承担民事责任。消费者与经营者另有约定的，按照约定履行。

4. 故意欺诈行为的民事责任

经营者提供商品或者服务有欺诈行为的，应当按照消费者的要求增加赔偿其受到的损失，增加赔偿的金额为消费者购买商品的价款或者接受服务的费用的 3 倍，增加赔偿的金额不足 500 元的为 500 元，法律另有规定的，依照其规定。经营者实施欺诈的行为主要有以下几个方面：在商品或服务的广告宣传中，制作、发布虚假的、引人误解的广告；对商品价格作虚假表示；冒用他人的注册商标，冒用质量认证标志、名优标志，伪造商品的产地，冒用他人商品特有的名称、包装、装潢；商品存在瑕疵而不予告知；对商品的质量作引人误解的虚假表示；等等。

小试牛刀

2016 年 8 月，李某从某电子商务公司在某网络购物平台上经营的店铺购买某品牌吸尘器 1 台，价格为 1 288 元。该电子商务公司在促销该商品时，宣传页面中标示原价为 2 576 元，销售价为 1 288 元。李某查询该吸尘器历史价格走势发现：该商品近 3 个月日常销售价为 1 288 元，有两次降价的记录。后李某又咨询销售客服人员，客服人员答复该商品的正常销售价格为 1 288 元，没有过 2 576 元的售价。

请问：经营者的行为是否构成欺诈？经营者应承担何种法律责任？

根据《消费者权益保护法》和《价格法》的规定，经营者的行为构成了价格欺诈。经营者提供商品或者服务有欺诈行为的，应当按照消费者的要求增加赔偿其受到的损失，增加赔偿的金额为消费者购买商品的价款或者接受服务的费用的3倍。

（二）侵犯消费者合法权益的行政责任

《消费者权益保护法》所规定的行政责任是行政责任在消费领域的具体体现。它既包括经营者违反行政管理法规定的义务，违法经营所应承担的法律责任，也包括行政机关及其工作人员违反法定职责而应承担的法律责任。

根据《消费者权益保护法》的规定，经营者有下列情形之一的，除承担相应的民事责任外，《产品质量法》和其他有关法律、法规对处罚机关和处罚方式有规定的，依照法律、法规的规定执行；法律、法规未作规定的，由市场监管部门或者其他有关行政部门责令改正，可以根据情节单处或者并处警告、没收违法所得、处以违法所得1倍以上10倍以下的罚款，没有违法所得的，处以50万元以下的罚款；情节严重的，责令停业整顿、吊销营业执照：

（1）提供的商品或者服务不符合保障人身、财产安全要求的；

（2）在商品中掺杂、掺假，以假充真，以次充好，或者以不合格商品冒充合格商品的；

（3）生产国家明令淘汰的商品或者销售失效、变质的商品的；

（4）伪造商品的产地，伪造或者冒用他人的厂名、厂址，篡改生产日期，伪造或者冒用认证标志等质量标志的；

（5）销售的商品应当检验、检疫而未检验、检疫或者伪造检验、检疫结果的；

（6）对商品或者服务作引人误解的虚假宣传的；

（7）拒绝或者拖延有关行政部门责令对缺陷商品或者服务采取停止销售、警示、召回、无害化处理、销毁、停止生产或者服务等措施的；

（8）对消费者提出的修理、重作、更换、退货、补足商品数量、退还货款和服务费用或者赔偿损失的要求，故意拖延或者无理拒绝的；

（9）侵害消费者人格尊严、侵犯消费者人身自由或者侵害消费者个人信息依法得到保护的权利的；

（10）法律、法规规定的对损害消费者权益应当予以处罚的其他情形。

根据《消费者权益保护法》，拒绝、阻碍有关行政部门工作人员依法执行职务，但未使用暴力、威胁方法的，可由公安机关依照《治安管理处罚法》的规定处罚。

经营者对上述处罚决定不服的，可以依法申请行政复议或者提起行政诉讼。

（三）侵犯消费者合法权益的刑事责任

对于经营者侵犯消费者合法权益的刑事责任，《消费者权益保护法》规定了三种情形。

（1）经营者提供商品或者服务，造成消费者或者其他受害人人身伤害或者死亡，构成犯罪的，依法追究刑事责任。

（2）以暴力、威胁等方法阻碍有关行政部门工作人员依法执行职务的，依法追究刑事责任。

（3）国家机关工作人员有玩忽职守或者包庇经营者侵害消费者合法权益的行为，情节严重，构成犯罪的，依法追究刑事责任。

另外，《消费者权益保护法》第58条规定："经营者违反本法规定，应当承担民事赔偿责任和缴纳罚款、罚金，其财产不足以同时支付的，先承担民事赔偿责任。"这体现了对消费者利益优先保护的理念。

本章小结

本章介绍了消费、消费者、消费者权益、消费者权益保护法的概念和我国消费者权益保护法的适用范围、调整对象及其基本原则；阐述了消费者的九项权利和经营者的十一项义务，并介绍了争议的解决方式及违反消费者权益保护法的法律责任等。

本章重点是消费者的概念、消费者权益保护法的基本原则、消费者的权利和经营者的义务及消费者争议的解决途径；难点为损害赔偿责任的承担问题。

核心法规

1.《中华人民共和国消费者权益保护法》（1993 年 10 月 31 日公布，2009 年 8 月 27 日、2013 年 10 月 25 日修正）

2.《中华人民共和国产品质量法》（1993 年 2 月 22 日公布，2000 年 7 月 8 日、2009 年 8 月 27 日、2018 年 12 月 29 日修正）

案例讨论

2015 年 12 月 5 日，李某到市中心某超市购物，在挑选完货物付款后准备离去时，被超市保安拦下，保安告知她，经过监控录像观察，发现其有擅自将超市物品塞进大衣口袋带出超市的嫌疑，要求李某当众脱下大衣进行检查。李某坚决予以否认，并拒绝脱下大衣。后李某找到超市经理，经理表示："我们超市有规定，如果我们怀疑有人偷东西，就要对他（她）进行搜身，否则就不放她（他）走。"这时围观的人越来越多，李某为了尽早脱身，只好当众脱下大衣让超市保安检查。超市保安没有搜出什么东西，只好放李某离开。李某回家后对于超市强行当众搜身感到异常屈辱，于是向人民法院提起诉讼，要求追究超市的责任。

请思考：

1. 超市保安搜身的行为，侵犯了消费者何种权利？
2. 超市应当承担何种法律责任？
3. 李某可否要求超市进行精神损害赔偿？

简要分析：

1.《消费者权益保护法》第 14 条规定："消费者在购买、使用商品和接受服务时，享有人格尊严、民族风俗习惯得到尊重的权利，享有个人信息依法得到保护的权利。"第 27 条规定："经营者不得对消费者进行侮辱、诽谤，不得搜查消费者的身体及其携带的物品，不得侵犯消费者的人身自由。"同时，我国《宪法》第 38 条规定："中华人民共和国公民的人格尊严不受侵犯。禁止用任何方法对公民进行侮辱、诽谤和诬告陷害。"该超市违反宪法和法律的规定，对李某进行要挟，并在众目睽睽之下对其进行搜身，严重侵犯了消费者的人格尊严，应当承担相应的法律责任。

2. 超市应当承担恢复名誉、消除影响、赔礼道歉并赔偿损失的责任。

3. 超市在公共场所对李某强行搜身，对李某的精神造成损害，根据2020年修正的《关于确定民事侵权精神损害赔偿责任若干问题的解释》，损害赔偿适用于因搜身而受到精神损害的消费者。

复习思考

1. 我国《消费者权益保护法》的立法宗旨和基本原则有哪些？
2. 消费者的基本权利有哪些？
3. 经营者应当履行哪些义务？
4. 当消费者与经营者发生争议时，可通过哪些途径解决争议？

第十章
竞争法律制度

要点提示

- 竞争法基本理论
- 不正当竞争的定义
- 各类不正当竞争行为
- 反垄断法的基本内容

第一节　竞争法概述

一、竞争的概念

竞争在自然界表现为“物竞天择，适者生存”的演化规律，经济学意义上的竞争表现为经济主体在市场上为实现自身的经济利益和既定目标而不断进行角逐的过程。在人类社会，竞争无处不在，如商业竞争、体育竞争、科技竞争等，可以说竞争是宇宙的普遍规律。正是这种富有进取性和排他性的竞争推动着社会蓬勃发展。但是竞争法中的竞争仅指市场竞争，简单而言就是市场经济活动的主体为了自己的最大利益而以其他竞争者为对手的争取交易机会和市场的行为。它有以下几方面的含义。

(1) 竞争是市场经济活动主体的行为。自然界中的物竞天择的自然法则和人类社会的体育竞争、科技竞争、军备竞争等都不是竞争法上的竞争，即使是商业竞争也不完全是竞争法上的竞争，因为竞争法上的竞争是与商品经济相伴而生的，只有到了自由资本主义时期，在近现代市场经济体制产生后，有了相应的竞争法调整才使商业竞争成为法律意义上的竞争。

(2) 竞争的主体是两个以上的市场经济活动主体，并且它们的交易方向一致，行业相同或相似但经济利益上有着利害关系。一国资源的总量和市场的范围及交易机会是相对固定的，任何一个市场经济活动主体对资源量、市场的范围和交易机会的占领扩大，就意味着其他处于利害关系地位的竞争对手的占有量减少或丧失。竞争就是争取交易机会和市场的行为。

(3) 竞争的本质是逐利性。资源、交易机会和市场是竞争追逐的目标，其最终目的是实现自身利益的最大化。

(4) 竞争的结果导致优胜劣汰。竞争的优胜者获得了资源、交易机会并占领了市场，竞争的失败者减少了资源、交易机会和市场的占有量，甚至完全丧失了资源、交易机会和市场，从而被市场淘汰。

二、竞争法的概念和调整对象

竞争法，是指由国家制定或认可的规制竞争行为，维护市场竞争秩序，调整经营者之间的竞争关系和相关的市场竞争管理关系的法律规范的总称，通常分为反垄断法与反不正当竞争法两大部分。一般而言，反垄断法所规制的是各种垄断及限制竞争行为，反不正当竞争法所规制的是各种不正当竞争行为。

竞争法以经营者之间的竞争关系和相关的市场竞争管理关系为调整对象。所谓经营者之间的竞争关系是指经营者之间在经营过程中为争夺资源、交易机会和市场所形成的经济关系。竞争法对竞争关系的调整主要是通过制止各类不正当竞争行为，确保自由竞争和正当竞争机制的正常运行，营造和维护公平竞争的秩序，制止非法垄断和不正当竞争，保护和鼓励正当竞争行为，使竞争机制充分发挥其优胜劣汰和优化配置资源的积极功能。所谓竞争管理关系，是指国家经济管理机关在依照经济职权实施监督、管理市场竞争活动的过程中所形成的经济关系。

竞争法是国家调整市场结构、规范市场行为、保护和促进市场健康有序竞争的基本法律制度。竞争法的功能主要有：(1) 建立、健全竞争机制；(2) 制止非法垄断和不正当竞争，维护正常的市场竞争秩序；(3) 保护和鼓励正当竞争行为；(4) 保护经营者和消费者的合法权益。

三、竞争法的立法模式

物质生活条件是法律的基础和依据，由于各国（地区）情况的差异，世界各国（地区）的竞争立法模式也存在着差异性。经过 100 多年的发展，现代各市场经济国家或地区基本上都有了自己的竞争法，并形成了以下三种各具特色的竞争法体系。

第一种是以美国为代表的综合立法模式。美国反托拉斯法是一个以规制限制竞争行为为主、兼及不正当竞争行为的法律体系，以 1890 年《谢尔曼法》、1914 年《克莱顿法》和《联邦贸易委员会法》为基础，加上国会通过的一系列修正案及补充立法、各州立法和司法判例，共同构成了一个庞大的体系。英国的竞争法制与此近似。

第二种是以德国为代表的两法并行的立法模式。德国于 1896 年制定了世界上最早的一部《反不正当竞争法》，基于实际需要在 1909 年修订后重新颁布，后又经多次修订施行至今。该法以保护市场交易中的正当竞争、防止不正当竞争为主要目的，同时以列举和概括的方式禁止那些在商业活动中以竞争为目的而违反善良风俗的行为。在反垄断方面，联邦德国于 1957 年制定了《反限制竞争法》即《卡特尔法》，时至今日亦经过多次修订。故对德国而言，其完整的竞争法律制度确立于 20 世纪 50 年代，《反限制竞争法》体现了国家的宏观经济政策，《反不正当竞争法》则维持了微观的市场交易秩序，二者共同促进了“自由＋秩序”的社会市场经济体制的实现，对第二次世界大战后联邦德国经济腾飞起到了应有的保障作用。日本、韩国、瑞士等国亦属于该种情况。

第三种是合并立法模式，将传统的反垄断法与反不正当竞争法合并在一部单行法典之中。如南斯拉夫社会主义联邦共和国于 1974 年通过的《防止不正当竞争和垄断协议法》，匈牙利于 1990 年通过的《禁止不正当竞争法》，俄罗斯于 1995 年通过的《关于竞争和在商品市场中限制垄断活动的法律》，等等。该种立法模式出现最晚。

比较各国（地区）的竞争法，可以看出，它们既存在同一性，也存在差异性。[①]

同一性的表现主要有：(1) 反不正当竞争与反垄断相结合。无论采用分立式、合并式还是综合式，各国（地区）立法都将反垄断与反不正当竞争的内容纳入本国（地区）竞争法的调整范围，对这类行为的规制法都属于竞争法的范畴。(2) 实体法与程序法相结合。(3) 在制裁方式上，各国（地区）都将经济制裁与行政制裁、刑事制裁相结合。

差异性的表现主要有：(1) 竞争立法体例上的差异。主要有三类：一是分立式，二是合并式，三是综合式。(2) 竞争立法侧重点的差异。在市场经济发达的国家（地区），竞争法"反垄断的作用"日益突出；竞争法"反不正当竞争的作用"越来越体现在保护消费者利益方面，而对竞争者的保护和对竞争秩序的维护作用已降到次要位置。在市场经济欠发达国家（地区），经济垄断问题还不十分突出，相比之下不正当竞争问题更为突出，因而竞争立法常以反不正当竞争法为重心。

第二节　反不正当竞争法律制度

一、不正当竞争行为的概念、特征及构成要件

学者们对不正当竞争行为的含义有多种概括。不正当竞争行为有广义和狭义之分。广义的不正当竞争行为指一切损害竞争机制有效发挥作用的行为，包括下列三类行为：一是垄断或图谋垄断，二是限制竞争行为，三是不正当竞争行为。狭义的不正当竞争行为仅指第三种不正当竞争行为。我国《反不正当竞争法》第 2 条第 2 款规定："本法所称的不正当竞争行为，是指经营者在生产经营活动中，违反本法规定，扰乱市场竞争秩序，损害其他经营者或者消费者的合法权益的行为。"第 2 条第 3 款规定："本法所称的经营者，是指从事商品生产、经营或者提供服务（以下所称商品包括服务）的自然人、法人和非法人组织。"所以，我国反不正当竞争法中的不正当竞争，是指经营者在市场交易中，违反自愿、平等、公平、诚实信用原则以及公认的商业道德，扰乱市场竞争秩序，损害其他经营者或者消费者的合法权益的行为。

不正当竞争具有以下特征：(1) 不正当竞争行为是经营者的行为。这里所谓的经营者是指从事商品经营或营利性服务的法人、其他经济组织和个人。(2) 不正当竞争行为是违法行为。这种违法性表现在违反《反不正当竞争法》的规定，主要是指违反了该法第二章关于禁止不正当竞争行为的各种具体规定。(3) 不正当竞争行为是侵权行为。不正当竞争行为直接侵害了其他经营者的合法权益，最终破坏了正常的社会经济秩序。

不正当竞争行为的构成要件共有四个：不正当竞争行为的主体、主观方面、客体、客观方面。必须同时具备这四个要件，才能被认定为不正当竞争，缺少其一就不能构成不正当竞争，也就不能追究行为人不正当竞争的法律责任。(1) 不正当竞争行为的主体。不正当竞争行为的主体是指实施不正当竞争行为，依法应当承担法律责任的经营者，即从事商品经营或者营利性服务的法人、其他经济组织和个人。这里要注意，不要简单地把经营者与企业画等号，只要从事了商品经营或者营利性服务，就是经营者。不管是法人、其他经济组织还是个人，也不管是企业性单位还是非企业性单位，如科研所、医院等均可以是经营者。(2) 不正当竞争行为的主

---

① 参见杨紫烜主编：《经济法》，176～177 页，北京，北京大学出版社、高等教育出版社，1999。

观方面。不正当竞争行为的主观方面是指不正当竞争主体在实施不正当竞争行为时，在主观上的心理状态，包括故意和过失。一般情况下均是故意的和恶意的，具有排挤竞争对手、牟取非法利益的目的，但特殊情况下也可能是过失的，如因疏忽大意，非故意地与他人注册的商标或包装相近似。(3) 不正当竞争行为的客体。不正当竞争行为侵害的客体是公平竞争的市场秩序，以及其他经营者的合法权益。民事侵权是不正当竞争的本质特征之一，该行为并非为单纯的民事侵权行为，扰乱社会经济秩序是它的又一本质特征。这里所说的"侵害"应包括实际损害和可能损害两种情况。(4) 不正当竞争行为的客观方面。不正当竞争行为的客观方面是指不正当竞争行为的外在表现，包括采取不正当竞争手段去实施的行为和该行为引起的危害结果，以及行为和危害结果之间的因果关系。

二、反不正当竞争法的概念与特征

(一) 反不正当竞争法的概念

竞争法是规范市场主体的竞争行为，制止各类违法竞争行为，确保自由和正当的竞争机制发挥正常功能的法律部门。竞争法由两个部分组成：一是禁止垄断或限制竞争行为，保障自由竞争机制正常运行的反垄断法，又称自由竞争法；二是禁止各种不正当竞争行为，维护诚实信用和商业道德的反不正当竞争法，又称正当竞争法。①

反不正当竞争法有广义、狭义之分。广义的反不正当竞争法是指调整在制止不正当竞争行为过程中所发生的经济关系的法律规范的总称，在我国是以《反不正当竞争法》为核心，辅之以其他有关法律、法规、规章的一个法律体系的总和。狭义的反不正当竞争法就是 1993 年 9 月 2 日第八届全国人民代表大会常务委员会第三次会议通过的《反不正当竞争法》，该法于 2017 年 11 月 4 日修订、2019 年 4 月 23 日修正。

(二) 反不正当竞争法的特征

(1) 反不正当竞争法体现国家对竞争行为的干预性。市场经济的基本运行机制之一是竞争机制，即优胜劣汰。竞争给经济发展带来外在压力，使企业必须不断自我发展，以免被市场所淘汰，但竞争也会带来副作用，即不正当竞争。因此，利用竞争机制就要发扬其积极因素，克服其消极因素。而市场本身无法克服这种消极因素，必须依靠外力，唯一合法的外力就是国家干预，故反不正当竞争法与反垄断法一样，体现了国家对市场主体行为的干预性。

(2) 反不正当竞争法规范具有与其他法律的竞合性。反不正当竞争法在对不正当竞争行为进行规范时，常常发生同一法律事实由多个法律或行政法规加以规定的现象，如反不正当竞争法在对假冒注册商标等行为进行规范时，就会和商标法发生竞合；在规制虚假广告时，就会和广告法发生竞合。

(3) 反不正当竞争法保护的法益具有社会性。反不正当竞争法不仅对经营者和消费者的合法权益进行保护，更重要的是通过制止各类不正当竞争行为，确保自由竞争和正当竞争机制的正常运行，营造和维护公平竞争的秩序，使竞争机制充分发挥其优胜劣汰和优化配置资源的积极功能，其保护的法益具有明显的社会性。

(4) 反不正当竞争法具有明显的公法与私法的交融性。反不正当竞争法不仅调整经营者与

---

① 参见邵建东：《竞争法教程》，16 页，北京，知识产权出版社，2003。

经营者之间平等的市场竞争关系，而且调整国家作为公权力的代表对市场竞争过程的干预关系。在传统的公私法划分中，前者属于私法的范畴，后者属于公法的范畴。因此，反不正当竞争法将私法规范和公法规范融为一体，跨越了民商法和行政法两大领域，具有明显的公法与私法的交融性。

（5）反不正当竞争法具有综合性。在调整对象方面，既有竞争关系，又有竞争管理关系；在规范内容方面，既有民商法内容，又有行政法内容；在执法方面，我国设置了行政机关和司法机关共同执法的制度；在法律责任方面，我国反不正当竞争法设立了由民事责任、行政责任和刑事责任构成的责任体系。

三、我国《反不正当竞争法》规定的不正当竞争行为

现实经济生活中不正当竞争行为的形式复杂多样，我国《反不正当竞争法》以列举的方式，在第二章中列举了7种典型的、危害严重的不正当竞争行为。

（一）欺骗性交易行为

欺骗性交易行为，是指经营者采用假冒、伪造或其他虚假手段从事市场交易，引人误认为是他人商品或者与他人存在特定联系，损害竞争对手的行为。这种行为的主要特点是：经营者不正当地利用他人的商业信誉或商品声誉，造成自己的商品与他人的商品相混淆；或者虚构事实、隐瞒真相，造成消费者对其商品误认为是他人商品或者与他人存在特定联系而误购。根据《反不正当竞争法》第6条的规定，具体包括以下四类：（1）擅自使用与他人有一定影响的商品名称、包装、装潢等相同或者近似的标识；（2）擅自使用他人有一定影响的企业名称（包括简称、字号等）、社会组织名称（包括简称等）、姓名（包括笔名、艺名、译名等）；（3）擅自使用他人有一定影响的域名主体部分、网站名称、网页等；（4）其他足以引人误认为是他人商品或者与他人存在特定联系的混淆行为。

（二）商业贿赂行为

商业贿赂，是指经营者为销售或者购买商品而采用财物或者其他手段贿赂有关单位或者个人的行为。我国《反不正当竞争法》第7条第1款规定，经营者不得采用财物或者其他手段贿赂有关单位或者个人，包括交易相对方的工作人员、受交易相对方委托办理相关事务的单位或者个人、利用职权或者影响力影响交易的单位或者个人，以谋取交易机会或者竞争优势。商业贿赂的主体是从事市场交易的经营者既可以是买方，也可以是卖方；经营者在主观上出于故意，其目的是谋取交易机会或获取竞争优势；在客观方面表现为“账外暗中”秘密给付有关人员或单位财物或其他报偿；在客体上不仅侵害了国家有关财务、会计及廉政等方面的法律制度，而且侵害了公平竞争的市场秩序。市场交易过程中，商业贿赂往往是由经营者的工作人员进行的，除有证据证明该工作人员的行为与为经营者谋取交易机会或者竞争优势无关的以外，应当认定为经营者的贿赂行为。

由于实践中不法的回扣往往与合法的折扣、佣金等商业惯例难以区分，《反不正当竞争法》还专门就此作出规定：经营者在交易活动中，可以以明示方式向交易相对方支付折扣，或者向中间人支付佣金。经营者向交易相对方支付折扣、向中间人支付佣金的，应当如实入账。接受折扣、佣金的经营者也应当如实入账。这里所说的折扣，即商品购销中的让利，是指经营者在销售商品时，以明示并如实入账的方式给予对方的价格优惠。佣金，是指经营者在市场交易中

给予为其提供服务的具有合法经营资格的中间人的劳务报酬，是中间人的合法收入。二者与账外暗中发生的回扣有着本质的区别。

小试牛刀

某市某贸易公司在夏天购进了2万双皮凉鞋。由于质量较差，只销出少量，积压了1万多双皮凉鞋，占用了该公司很大一部分流动资金。为了尽快将这些皮凉鞋处理出去，该贸易公司经理宣布：不论是公司内部职工还是外部的人员，只要从本公司购买100双以上的皮凉鞋的，都可以给予20%的回扣，回扣可以一律不记账。消息传出去后，许多小摊贩都来购买，一些小商店的采购员也奔着回扣不问质量批发购走了大批皮凉鞋。一时间市场上充斥了这种劣质皮凉鞋。许多消费者买了小摊贩们花言巧语卖出的质次价高的皮凉鞋后叫苦连天，又找不到流动的小摊贩。而一些商店的经理发现本店的采购员不知何时购进了大批质量较差的皮凉鞋，根本卖不出去。该市工商管理局闻讯前来查账，但该贸易公司经理等人却称：现在搞市场经济，企业有自主权，怎么入账由公司自己决定，这是搞活经济的需要。

请问：本案中某贸易公司的行为合法吗？为什么？

本案中某贸易公司的行为不合法。经营者销售或者购买商品，可以以明示方式给对方折扣，可以给中间人佣金。经营者给对方折扣、给中间人佣金的，必须如实入账。接受折扣、佣金的经营者必须如实入账。《反不正当竞争法》承认给予折扣与佣金是合法行为，但规定必须如实入账。可见，回扣与折扣、佣金有着本质的区别。

（三）虚假宣传行为

虚假宣传是指经营者利用广告或其他方法，对商品的质量、制作成分、性能、用途、生产者、有效期限、产地等作与事实不相符合或可能使人产生错误判断的介绍、表示。该行为采用虚假或者引人误解的商业宣传，欺骗、误导消费者，实质上属于欺骗性交易行为，但因为其表现形式具有特殊性，所以将其单独作为一种不正当竞争行为。我国《反不正当竞争法》第8条规定："经营者不得对其商品的性能、功能、质量、销售状况、用户评价、曾获荣誉等作虚假或者引人误解的商业宣传，欺骗、误导消费者。经营者不得通过组织虚假交易等方式，帮助其他经营者进行虚假或者引人误解的商业宣传。"《广告法》规定，广告应当真实、合法，以健康的表现形式表达广告内容，广告不得含有虚假或者引人误解的内容，不得欺骗、误导消费者。

虚假宣传行为既包括对商品的宣传内容与实际情况不符，也包括引人误解的宣传，即那些表面上看是"真实"的，而与普通人的理解大相径庭的宣传行为。虚假宣传的手段是利用广告或者其他方式散布不实信息，引诱顾客与之交易。

（四）侵犯商业秘密行为

我国《反不正当竞争法》规定，商业秘密是指不为公众所知悉、具有商业价值并经权利人采取相应保密措施的技术信息、经营信息等商业信息。据此，商业秘密应具备秘密性、实用性、保密性三个特点。

《反不正当竞争法》第9条将侵犯商业秘密的行为分为以下四种：（1）以盗窃、贿赂、欺诈、胁迫、电子侵入或者其他不正当手段获取权利人的商业秘密；（2）披露、使用或者允许他人使用以不正当手段获取的权利人的商业秘密；（3）违反保密义务或者违反权利人有关保守商业秘密的要求，披露、使用或者允许他人使用其所掌握的商业秘密；（4）教唆、引诱、帮助他人违反保密义务或者违反权利人有关保守商业秘密的要求，获取、披露、使用或者允许他人使用权利人的商业秘密。

（五）不正当有奖销售行为

有奖销售是指经营者销售商品或者提供服务，附带性地向购买者提供物品、金钱或者其他经济上的利益的行为，包括奖励所有购买者的附赠式有奖销售和奖励部分购买者的抽奖式有奖销售。

根据我国的实际情况，《反不正当竞争法》第10条规定，经营者进行有奖销售不得存在下列情形：(1) 所设奖的种类、兑奖条件、奖金金额或者奖品等有奖销售信息不明确，影响兑奖；(2) 采用谎称有奖或者故意让内定人员中奖的欺骗方式进行有奖销售；(3) 抽奖式的有奖销售，最高奖的金额超过5万元。所谓最高奖是指有奖销售中的最高单项奖，对于附赠式的有奖销售没有金额限制。

（六）商业诽谤行为

商业诽谤行为是指经营者捏造、散布虚伪事实，损害竞争对手的商业信誉、商品声誉，诋毁、诽谤竞争对手的行为。我国《反不正当竞争法》第11条规定经营者不得编造、传播虚假信息或者误导性信息，损害竞争对手的商业信誉、商品声誉。商业信誉和商品声誉，关系着经营者在市场竞争中的成败，是经营者赖以生存和发展的保证。而诋毁、诽谤竞争对手，损害其商业信誉和商品声誉的行为是一种恶性的不正当竞争行为，为各国法律所禁止。

（七）网络不正当竞争行为

经营者不得利用技术手段，通过影响用户选择或者其他方式，实施下列妨碍、破坏其他经营者合法提供的网络产品或者服务正常运行的行为：(1) 未经其他经营者同意，在其合法提供的网络产品或者服务中，插入链接、强制进行目标跳转；(2) 误导、欺骗、强迫用户修改、关闭、卸载其他经营者合法提供的网络产品或者服务；(3) 恶意对其他经营者合法提供的网络产品或者服务实施不兼容；(4) 其他妨碍、破坏其他经营者合法提供的网络产品或者服务正常运行的行为。

四、我国《反不正当竞争法》规定的法律责任

法律责任是指由于行为人违反法律而应当承担的不利法律后果。所以，经营者只要实施了《反不正当竞争法》规定的不正当竞争行为，就应当承担相应的法律责任。由于不正当竞争行为具有侵犯经营者与消费者合法权益、危害社会公共利益和破坏市场竞争机制的多重危害性，因而我国《反不正当竞争法》同其他经济法律一样，综合地运用民事、行政和刑事的法律责任来制裁不正当竞争行为人。

（一）民事责任

民事责任是不正当竞争行为人所应当承担的基本责任形式。这是由不正当竞争的民事侵权性质所决定的。民事责任的目的在于保护诚实的经营者免受不正当竞争的侵害，并使受到实际损害的合法经营者获得补偿。民事责任的方式主要有停止侵害、恢复名誉、赔偿损失等。

我国《反不正当竞争法》在民法有关民事责任的一般规定的基础上，进一步规定：因不正当竞争行为受到损害的经营者的赔偿数额，按照其因被侵权所受到的实际损失确定；实际损失难以计算的，按照侵权人因侵权所获得的利益确定。经营者恶意实施侵犯商业秘密行为，情节

严重的，可以在按照上述方法确定数额的 1 倍以上 5 倍以下确定赔偿数额。赔偿数额还应当包括经营者为制止侵权行为所支付的合理开支。经营者实施欺骗性交易和侵犯商业秘密的，权利人因被侵权所受到的实际损失、侵权人因侵权所获得的利益难以确定的，由人民法院根据侵权行为的情节判决给予权利人 500 万元以下的赔偿。经营者的合法权益受到不正当竞争行为损害的，可以向人民法院提起诉讼。

（二）行政责任

行政责任是指违反《反不正当竞争法》的行为人承担的、由行政主管机关施行的行政制裁措施。对实施不正当竞争行为的行为人进行行政制裁，《反不正当竞争法》不仅有直接的规定，同时，还明确规定以其他相关法律作为处罚依据，如《广告法》等。行政责任的规定，体现了国家对市场经济活动的主动干预，目的在于使被破坏的市场竞争秩序得以恢复。行政责任形式主要包括责令停止违法行为、责令改正、消除影响、没收违法所得、罚款、吊销营业执照等行政处罚措施。

经营者从事不正当竞争，有主动消除或者减轻违法行为危害后果等法定情形的，依法从轻或者减轻行政处罚；违法行为轻微并及时纠正，没有造成危害后果的，不予行政处罚。经营者从事不正当竞争，受到行政处罚的，由监督检查部门记入信用记录，并依照有关法律、行政法规的规定予以公示。

此外，相关法律法规还规定了与不正当竞争行为有关的国家机关工作人员违法的行政处分。

（三）刑事责任

刑事责任是对严重的违法行为，即构成犯罪的不正当竞争行为采取的一种最为严厉的法律制裁措施。刑事责任是维护市场竞争秩序、保护社会公共利益和经营者合法权益、制止不正当竞争的必不可少的法律手段。对于刑事责任，反不正当竞争法只是作了原则规定，确定具体的刑事责任要适用我国刑法的相应规定。

第三节 反垄断法律制度

一、垄断与反垄断法概述

竞争是市场经济的内在机制，垄断是市场经济发展的必然产物，市场竞争—经济集中—垄断是难以扭转的经济规律。从经济学的角度讲，垄断是指少数企业凭借经济实力对生产和市场进行控制，并在一定的市场领域内从实质上限制竞争的一种市场状态。[①] 早期的经济学强调市场结构，即指一个企业只要在市场中占有一定份额，便被认为是垄断。这被称为结构主义的垄断概念。现代经济学较为强调市场主体的行为性质，主要指企业除了占有较高的市场份额之外，还滥用了这种市场优势，实施了反竞争的行为，才被视为垄断，亦即所谓的行为主义的垄断概念。垄断的概念，按照美国《布莱克法律大词典》的解释，是指“一个或几个私人或公司享有特权或市场优势，对某一特定的市场或贸易实施的排他性控制，或对某一特定产品的生产、销售、供应的全部控制”。同时，“垄断还表现为一个或少数几个企业支配产品或服务的销

① 参见刘瑞复主编：《中国经济法律大百科全书》，764 页，北京，中国政法大学出版社，1992。

售的市场结构状态”[①]。

由此可见，法律意义上垄断的基本含义是指各国反垄断法律中规定的，垄断主体对市场的经济运行过程进行排他性控制或对市场竞争进行实质性的限制，妨碍公平竞争秩序的行为或状态。

法律意义上的垄断行为具有以下显著的特征：（1）垄断行为的主要方式是垄断者的独占或有组织的联合行动；（2）垄断行为是垄断者凭借市场优势取得的排他性控制或对市场竞争进行实质性的限制；（3）垄断行为限制和排斥了竞争，此即其危害性；（4）垄断行为的违法性，垄断行为一定是违反各国法律的明文禁止规定的。如果有些独占企业或有些限制竞争的行为，虽然也对市场竞争构成一定的威胁，但是或者得到法律的豁免，或者尚未滥用已经享有的市场优势，则不能列入反垄断法规制的范围。

简单地说，反垄断法就是国家制定的，旨在保护自由竞争或有效竞争的市场体制，反对各种限制竞争行为的法律规范的总称。

我国法学界常常将反不正当竞争法与反垄断法合称为竞争法，而在西方国家及一些国际组织如欧盟，竞争法通常仅指反垄断法，即旨在反对限制贸易自由和反对垄断的法律。

反垄断法在各国的名称不同：如美国称为反托拉斯法（Antitrust Law）；德国称为反限制竞争法，即卡特尔法；日本称为禁止垄断法；英国称为限制商业惯例法；法国称为价格和竞争自由法；欧盟称为竞争法。各国对反垄断法之不同称谓，反映了各国独特的法律传统和政治、经济、文化观念。各国虽侧重点不同，但反垄断法调整对象和保护的利益相似，均反对垄断和限制竞争行为，保护自由竞争。

反垄断法是各国经济法律体系中极为重要的一部法律，有“经济宪法”“自由企业大宪章”等美誉。反垄断法着眼于整个社会的公平正义，维护的是社会公共利益，而不仅仅是某个竞争者的个人利益，是社会本位立法，具有典型的经济法特征。

现代反垄断法起源于美国。美国于1890年制定的《谢尔曼法》是世界上第一部反垄断法。该法与1914年通过的《克莱顿法》《联邦贸易委员会法》一起，构成了美国庞大的反托拉斯法的基础。作为最早的且比较完善的反垄断法律体系，美国反托拉斯法对其他国家和地区的反垄断立法产生了极大的影响。

作为从计划经济向社会主义市场经济转轨的国家，我国在20世纪80年代就有过制定反垄断法的计划，后来由于种种原因未能进行，但当时发布的不少法律法规中均有保护竞争、反对垄断的条款。如1993年通过的《反不正当竞争法》中，规范低价竞销行为、附条件销售行为、串通招投标行为、滥用独占地位限制竞争行为和滥用行政权力限制竞争行为的5项条款，一般被认为是典型的反垄断法内容。此后制定的《价格法》《招标投标法》等法律法规中亦包含有不少反垄断条款。2007年8月30日第十届全国人民代表大会常务委员会第二十九次会议通过《中华人民共和国反垄断法》（以下简称《反垄断法》），自2008年8月1日起施行。2022年6月24日第十三届全国人民代表大会常务委员会第三十五次会议通过《关于修改〈中华人民共和国反垄断法〉的决定》加以修正。

---

① 《布莱克法律大词典》，6版，1006页。

二、反垄断法的主要制度

各国反垄断法的立法体例及存在形式有较大差异，但其内容却基本相似，一般由以下三个方面构成，可以称之为反垄断法的三根支柱或者三块基石。我国《反垄断法》所规定的垄断行为也是这三部分：经营者达成垄断协议，经营者滥用市场支配地位，具有或者可能具有排除、限制竞争效果的经营者集中。

（一）卡特尔协议（或垄断协议）控制制度

所谓垄断协议，是指排除、限制竞争的协议、决定或者其他协同行为。卡特尔协议或者说垄断协议是一种典型的限制竞争的协议。所谓卡特尔，是指经营者（包括行业协会等社会组织）通过协议或者其他方式合谋限制竞争的行为，如统一销售价格的价格卡特尔，规定产品质量型号的质量卡特尔，限定产量、划分销售区域的区域卡特尔等。

卡特尔协议可以分为纵向的卡特尔协议和横向的卡特尔协议。一般认为横向的卡特尔协议直接在同类企业之间取消了竞争，致使竞争机制不能发挥作用，故各国均将其作为反垄断法打击的重点；纵向的卡特尔协议对市场竞争有一定的限制效果，但同时也具有提高效率的积极效果，反垄断法对其的态度就较为温和。

我国《反垄断法》规定，禁止具有竞争关系的经营者达成下列横向垄断协议：（1）固定或者变更商品价格的；（2）限制商品的生产数量或者销售数量的；（3）分割销售市场或者原材料采购市场的；（4）限制购买新技术、新设备或者限制开发新技术、新产品的；（5）联合抵制交易的；（6）反垄断执法机构认定的其他垄断协议。

另外，《反垄断法》还禁止经营者与交易相对人达成下列纵向垄断协议：（1）固定向第三人转售商品的价格；（2）限定向第三人转售商品的最低价格；（3）国务院反垄断执法机构认定的其他垄断协议。对前款第一项和第二项规定的协议，经营者能够证明其不具有排除、限制竞争效果的，不予禁止。

各国反垄断法在禁止一系列的卡特尔协议的同时，基于提高效率和社会公共利益的考虑，往往对一些特殊的卡特尔协议予以豁免，如中小企业卡特尔、萧条卡特尔、合理化卡特尔、出口卡特尔等。我国《反垄断法》也不例外，对那些有利于国民经济发展和社会公共利益的卡特尔协议依法定程序予以豁免，主要有：为改进技术、研究开发新产品的；为提高产品质量、降低成本、增进效率，统一产品规格、标准的；为提高中小经营者经营效率，增强中小经营者竞争力的；为实现节约能源、保护环境、救灾救助等社会公共利益的；为保障对外贸易和经济合作中的正当利益的；在经济不景气时期，为缓解销售量严重下降或者生产明显过剩的。

（二）滥用市场支配地位控制制度

市场支配地位，是指一个经营者或者数个经营者作为整体在相关市场内具有能够控制商品价格、数量或者其他交易条件，或者能够阻碍、影响其他经营者进入相关市场能力的市场地位。相关市场，是指经营者在一定时期内就相关商品或者服务（以下通称商品）进行竞争的范围或者区域。市场支配地位也称独占地位或垄断地位。一个企业在特定市场取得了独占地位或压倒性优势，从而能够在相当程度上左右市场价格，就可以认为该企业具有市场支配地位。通常，企业在激烈的市场竞争中发展壮大，取得市场支配地位并不违法，在某些行业这甚至是规模经济的必然要求。反垄断法关心的是垄断企业是否以不正当的手段获取了市场支配地位，以及是否凭借其超强的市场力量排除、限制竞争。

我国《反垄断法》规定，所称市场支配地位，是指经营者在相关市场内具有能够控制商品价格、数量或者其他交易条件，或者能够阻碍、影响其他经营者进入相关市场能力的市场地位。有下列情形之一的，可以推定经营者具有市场支配地位：(1) 一个经营者在相关市场的市场份额达到1/2的；(2) 两个经营者在相关市场的市场份额合计达到2/3的；(3) 三个经营者在相关市场的市场份额合计达到3/4的。但有前述第2项、第3项规定的情形，其中有的经营者市场份额不足1/10的，不应当推定该经营者具有市场支配地位。被推定具有市场支配地位的经营者，有证据证明不具有市场支配地位的，不应当认定其具有市场支配地位。经营者滥用市场支配地位的行为包括：(1) 以不公平的高价销售商品或者以不公平的低价购买商品的；(2) 没有正当理由，以低于成本的价格销售商品；(3) 没有正当理由，拒绝与交易相对人进行交易；(4) 没有正当理由，限定交易相对人只能与其进行交易或者只能与其指定的经营者进行交易；(5) 没有正当理由搭售商品，或者在交易时附带其他不合理的交易条件；(6) 没有正当理由，对条件相同的交易相对人在交易价格等交易条件上实行差别待遇；(7) 国务院反垄断执法机构认定的其他滥用市场支配地位的行为。具有市场支配地位的经营者不得利用数据和算法、技术以及平台规则等从事前款规定的滥用市场支配地位的行为。

应当禁止具有市场支配地位的企业的以下限制竞争行为：(1) 禁止垄断高价，即具有市场支配地位的经营者不得在一定时期内以高于正常价格的价格销售其产品；(2) 禁止掠夺性定价，即具有市场支配地位的经营者不得以排挤竞争对手为目的，以低于成本的价格销售商品；(3) 禁止差别待遇，即具有市场支配地位的经营者，不得对条件相同的交易对象，就所提供的商品的价格或者其他交易条件，实行价格歧视等差别待遇；(4) 禁止拒绝交易，即具有市场支配地位的经营者没有正当理由，不得拒绝向购买者销售商品；(5) 禁止强制交易，即具有市场支配地位的经营者，不得采取胁迫或者其他不正当的方法，强制交易，排挤其他经营者的公平竞争；(6) 禁止搭售或者附加不合理的交易条件；(7) 禁止独家交易，即具有市场支配地位的经营者不得要求经销商在特定的市场内只销售自己的商品，不经销其他经营者的商品；(8) 禁止限制转售价格，即具有市场支配地位的经营者不得在向批发商、零售商提供商品时，限制其转售价格。

小资料

微软公司被诉案

1997年5月20日，美国司法部和全美20个州正式向法院递交诉状，起诉美国最大的电脑软件商微软公司，指责微软公司利用视窗操作系统进行垄断销售，违反了反托拉斯法。由于微软公司的视窗操作系统控制着全球85%的个人电脑市场，为减少新科技发展带来的威胁，微软推出了“探索者”浏览器，免费供应给电脑制造商。鉴于视窗系统的广泛使用，电脑制造商们只能接受微软提出的条件，并在其产品中安装“探索者”浏览器。此举引起生产浏览器的竞争对手网景公司的不满。

对此，司法部要求微软公司在推出新产品时，要么把“探索者”从界面中移开，要么将网景公司的“导航者”浏览器置入其中。另外，政府还要求微软公司同意让电脑生产商家自由更改视窗操作系统的初始画面及微软公司设定的合同服务公司网址。

（三）经营者集中（合并）控制制度

企业集中控制制度也可以称为企业合并控制或者企业兼并控制制度。企业集中包括：经营者合并，经营者取得其他经营者足够数量的有表决权的股份或者资产，经营者通过合同等方式取得对其他经营者的控制权或者能够对其他经营者施加决定性影响。各种形式的企业集中，极易导致限制竞争的不利后果。因此，各国或地区的反垄断法均对企业集中保持警惕，规定了大企业间合并的事前申报制度，即那些达到法律规定标准的大企业之间的合并，要在合并前向有关反垄断执法机构提出申请，经反垄断执法机构的审查，认为合并后的整体经济利益的提高大于其带来的限制竞争的弊端的，就批准该合并请求；反之，该项合并计划就会被反垄断执法机构否决，不能再进行下去。反垄断法同时规定，未向反垄断执法机构申报的，经营者不得集中。

我国《反垄断法》中也规定了这项制度，经营者集中是指下列情形：（1）经营者合并；（2）经营者通过取得股权或者资产的方式取得对其他经营者的控制权；（3）经营者通过合同等方式取得对其他经营者的控制权或者能够对其他经营者施加决定性影响。经营者集中有下列情形之一的，可以不向国务院反垄断执法机构申报：（1）参与集中的一个经营者拥有其他每个经营者50%以上有表决权的股份或者资产的；（2）参与集中的每个经营者50%以上有表决权的股份或者资产被同一个未参与集中的经营者拥有的。2024年《国务院关于经营者集中申报标准的规定》第3条规定：经营者集中达到下列标准之一的，经营者应当事先向国务院商务主管部门申报，未申报的不得实施集中：（1）参与集中的所有经营者上一会计年度在全球范围内的营业额合计超过120亿元人民币，并且其中至少两个经营者上一会计年度在中国境内的营业额均超过8亿元人民币；（2）参与集中的所有经营者上一会计年度在中国境内的营业额合计超过40亿元人民币，并且其中至少两个经营者上一会计年度在中国境内的营业额均超过8亿元人民币。营业额的计算，应当考虑银行、保险、证券、期货等特殊行业、领域的实际情况，具体办法由国务院商务主管部门会同国务院有关部门制定。经营者向国务院反垄断执法机构申报集中，应当提交相应文件、资料，国务院反垄断执法机构应当自收到经营者提交的符合规定的文件、资料之日起30日内，对申报的经营者集中进行初步审查，作出是否实施进一步审查的决定，并书面通知经营者。国务院反垄断执法机构作出决定前，经营者不得实施集中。国务院反垄断执法机构作出不实施进一步审查的决定或者逾期未作出决定的，经营者可以实施集中。国务院反垄断执法机构决定实施进一步审查的，应当自决定之日起90日内审查完毕，作出是否禁止经营者集中的决定，并书面通知经营者。作出禁止经营者集中的决定，应当说明理由。审查期间，经营者不得实施集中。

除以上世界各国或地区的反垄断法所普遍规定的三大制度外，在我国《反垄断法》的立法过程中，社会各界还就当时经济生活中危害极为严重的行政性垄断即滥用行政权力排除、限制竞争行为是否应当被列入反垄断法进行了激烈的争论。① 最后颁布的《反垄断法》用专章内容规制了行政性垄断行为。

---

① 反对者的意见可以参见以下著作：史际春：《探究经济和法互动的真谛》，北京，法律出版社，2002；沈敏荣：《法律的不确定性——反垄断法规则分析》，北京，法律出版社，2001；吴宏伟：《竞争法有关问题研究》，北京，中国人民大学出版社，2000；杨仕兵、许艳艳：《对反垄断法中规范行政垄断的质疑》，载《皖西学院学报》，2002（3）；等等。而赞成者的观点可以参见：曹士兵：《反垄断法研究》，北京，法律出版社，1996；王晓晔：《入世与中国反垄断法的制定》，载《法学研究》，2003（2）；等等。

三、垄断行为的违法判断规则

垄断行为的违法判断规则也就是如何判断一种行为属于垄断行为。美国反托拉斯法在长期的司法实践中，形成了判断企业的某一竞争行为是否违法的规则或者原则，对其他国家的反垄断法的理论和实践产生了很大的影响，业已成为反垄断法理论和实践中基本的分析工具。(1) 本身违法原则，指被认为特别有害于竞争的限制行为，可以推定为违反了禁令，而且这种推定是不可推翻的，这种限制竞争的行为因此是自身禁止的。该原则最初仅适用于规制限制贸易性的协议，后来广泛适用于对整个横向限制和纵向限制的规制。1890 年《谢尔曼法》第 1 条就是这种原则的起源。由于这样的要求对贸易自由管束过严，本身违法原则的范围被窄化为那些被认为特别有害于竞争的限制行为。根据美国判例，这类行为包括价格协议、划分市场协议、联合抵制协议等。(2) 合理原则，指那些"不适当地"或"以不公平的方式"限制竞争的行为才构成垄断、成为反垄断法禁止对象的原则。该原则是 1911 年美国联邦最高法院在美孚石油公司案中提出以解释《谢尔曼法》第 1 条、第 2 条的。根据这一原则，《谢尔曼法》禁止的只是那些"不适当地"或"以不公平的方式"限制竞争的行为。这意味着限制竞争并不必然违法，其中有些应在分析限制竞争的合理与否后，再下断语。这一原则的弊端在于法官在判案时获得了很大的自由裁量权，就具体案件而言，在"合理"和"不合理"之间人们往往难以划分一个明确的界限，就会造成适用该原则的法律结果不稳定。(3) 公益原则，指违反作为公共利益的自由竞争秩序时，限制竞争行为方成为反垄断法的限制对象。反垄断法是为了企业在市场上的总体自由而干预经济生活的，通过限制和阻止滥用市场支配地位和反对不正当的市场行为，以维护和扩大经营者在市场活动中的自由权利，排除进入市场的障碍。其目的在于维护合理的竞争秩序，它所保护的对象是自由竞争。虽然垄断对居于垄断地位的企业本身而言是有利的，但反垄断法所追求的终极目的是社会整体利益的最大化。正如国内报刊评论"微软案"所言："微软财富固然值得珍惜，但美国人可能还想要更多、更大的微软，基于这种观念，忍痛牺牲一个微软也就没有什么可惜的了。"① (4) 效果原则，指发生在国外的任何非法限制竞争行为，只要对国内市场竞争产生影响，就应当受本国管辖的原则。该原则是美国联邦最高法院在 1945 年的"铝公司案"中所确立的原则。根据该原则，任何发生于美国境外而与美国反托拉斯法的精神相抵触的行为，不管行为者的国籍如何，只要行为对美国的市场竞争产生影响，美国法院就有对它的管辖权。效果原则适用于国际贸易领域，由于反垄断领域的国际合作有限，该原则在法律上和实践操作上仍存在诸多问题。我国《反垄断法》第 2 条也规定，中华人民共和国境外的垄断行为，对境内市场竞争产生排除、限制影响的，同样适用该法。

四、反垄断法的适用除外制度

反垄断法的适用除外制度是指允许特定的市场主体的特定行为不适用反垄断法的基本规定的一项制度。它反映了反垄断法对人的效力方面的特色，也体现了调节功能较强的经济法的基本特征。

为适应经济生活的复杂性，各国反垄断法普遍保留对一些垄断和限制竞争行为的除外规

---

① 载《中国经营报》，1999－11－18。

定。国家基于社会经济发展和公共利益考虑，对某些特定行业、特定行为，或在特定时期、特定情况下，赋予某些特定内容的行为以法律适用的豁免权。从本质上讲，反垄断法中的禁止性规定和豁免性规定的目的都在于实现社会整体效益和维护社会公共利益，它们是一种殊途同归的关系，反垄断法的适用除外制度是对禁止垄断的一种有益的补充。

反垄断法适用除外的范围如下。

（1）特定的经济部门，一般是国有经济占控制地位的关系国民经济命脉和国家安全的行业，这里主要涉及自然垄断行业。所谓自然垄断，是指由于技术上和经济上的原因，不是通过竞争途径而是一开始就直接建立的垄断现象。这种自然垄断一般都是由政府直接对某些产业的供给和价格以及市场准入进行管制，只授权一家企业垄断全部生产，其他企业一般不准进入，如电力、交通运输、水、煤气、银行、保险、邮电等行业。近年来，各国对于自然垄断行业进行改革，我国也一样，但是一些特定的行业和领域，如电力电网、铁路网线、长途输油管道等具有自然垄断性质的行业，以及其他关乎国家安全和国民经济命脉的行业，主要由国有企业和国有控股企业经营。[①] 另外，比较分散、容易波动的农业以及不应过多、过滥的自然资源开采业也属此列。

（2）知识产权领域。知识产权本身是由知识产权法赋予权利人享有的独占权或专有权，因此它属于合法的垄断而不属于反垄断法禁止之范围。但需要说明的是，如果知识产权的权利人滥用权利，对受让人和被许可人的权利造成限制，严重影响竞争对手的利益和损害交易对方的利益，这就造成对竞争的危害，构成限制竞争行为，也要受反垄断法制裁。

（3）国家垄断。国家垄断一般是和国家在一定时期的经济政策导向密切相关的，是国家对经济运行的一种干预和保护。[②] 国家垄断在世界各国都不同程度地存在，并受法律保护。

（4）特定时期和特定情况下的垄断行为和联合行动，指在特定情况下旨在促进整体经济和社会利益的行为，如旨在调整产业结构的合并、兼并以及发生严重灾害及战争情况下的垄断行为。另外，反垄断法对企业间为促进技术进步与经济发展而实行的协作，对为促进中小企业发展而实施的中小企业联合行为，对发展对外贸易中的国内企业之间的协调行为等，一般也予以豁免。

五、反垄断法的执法机构

世界各国或地区有一个共同的特点，即均由具有极大独立性和权威的专门机构负责执行反垄断法。这与一些国家（地区）在反不正当竞争方面没有专门执法机构形成了鲜明的对比。原因主要在于，反垄断法所要面对的是具有强大经济实力和社会影响力的垄断企业，如果没有一个强有力的执法机构，就很难将垄断企业的限制竞争行为绳之以法；而且反垄断案件往往情况复杂，处理起来需要大量技术、经济、法律方面的知识。

在机构设置的数量上，各国或地区在反垄断法专门机构的具体设置上各有不同。有的国家或地区由一个机关作为反垄断执法机构，如我国台湾地区的“公平交易委员会”、匈牙利的经济竞争局；有的国家则由两个或者两个以上的机关作为反垄断执法机构，如美国的联邦贸易委

① 参见王先林：《竞争法学》，208 页，北京，中国人民大学出版社，2018。

② 参见文海兴、王艳林：《市场秩序的守护神——公平竞争法研究》，128 页，贵阳，贵州人民出版社，1995。

员会和司法部反托拉斯局。

在专门机构的性质及隶属关系上，有的国家（地区）的反垄断执法机构具有更大的独立性，如美国的联邦贸易委员会，直接隶属于总统，独立从事反垄断法的执行活动，属委员会式的行政机关，号称“第四部门”，除享有一般的行政执法权外，还享有准司法权和准立法权，其裁决案件的程序与法院的诉讼程序近似；有的国家（地区）则以纯行政机关作为反垄断执法机构，这是欧洲多数国家所采取的体制，如德国卡特尔局、英国的公平贸易办公室，它们分别隶属于经济部长和商业部长，这些专门行政机关的上级领导也以政府决策方式参与执行反垄断法，但专门机构在具体案件的裁决上有相当的独立性，尤其是德国卡特尔局，在对卡特尔案件作出裁决时，不管是经济部长还是卡特尔局长都不得对具体案件发布指令。

法学界一般认为我国应设立一个专门的反垄断主管机关，在考虑到精简高效的同时，要注意反垄断法执法的特点和难度，保障反垄断主管机关的独立性和权威性。该专门机构应当独立于现有的其他政府部门，并应当被赋予广泛的权力。我国《反垄断法》规定，国务院设立反垄断委员会，负责组织、协调、指导反垄断工作，国务院反垄断委员会履行下列职责：研究拟订有关竞争政策；组织调查、评估市场总体竞争状况，发布评估报告；制定、发布反垄断指南；协调反垄断行政执法工作；国务院规定的其他职责。该法同时规定，国务院反垄断执法机构负责反垄断执法工作。国务院反垄断执法机构根据工作需要，可以授权省、自治区、直辖市人民政府相应的机构，依照《反垄断法》规定负责有关反垄断执法工作。我国实践中的反垄断执法机构是国家市场监督管理总局。

本章小结

本章以《反不正当竞争法》和《反垄断法》为核心，对我国竞争法律制度的概况进行说明。第一节介绍了有关竞争行为与竞争法的一些理论知识。第二节重点对我国《反不正当竞争法》规范的7种不正当竞争行为逐一进行解释，并介绍了我国反不正当竞争法的立法概况和我国法律中的不正当竞争行为及其法律责任。第三节重点讲述我国反垄断法的主要规制制度、反垄断法的实施及法律责任。

本章重点为我国7种不正当竞争行为、相应法律责任及反垄断法的主要制度，难点为竞争法律制度的体系、不正当竞争的定义及反垄断法制度。

核心法规

1.《中华人民共和国反不正当竞争法》（1993年9月2日通过，2017年11月4日修订、2019年4月23日修正）

2.《中华人民共和国反垄断法》（2007年8月30日通过，自2008年8月1日起施行，2022年6月24日修正）

3.《国务院关于经营者集中申报标准的规定》（2008年8月3日公布，2018年9月18日、2024年1月22日修订）

案例讨论

某年 7—8 月，甲旅行社以离间手段诱使乙旅行社欧美部十余名员工未办理调动手续，相继携带工作中使用、保管的客户档案投奔甲旅行社。甲旅行社以这些人员组建了本社欧美二部，并以这些员工掌握的原客户档案与国外客户联系，致使乙旅行社国外客户在一周时间内取消了当年 8—12 月原订旅游团队 151 个，占原订团队总数的 2/3，减少计划收入 2 186.4 万元，利润损失 353 万元。乙旅行社因而诉至法院，请求法院制止甲旅行社的不正当竞争行为，要求甲旅行社归还其客户档案，赔偿经济损失 300 万元。

请思考：甲旅行社的行为是否构成不正当竞争行为？为什么？

简要分析：

甲旅行社的行为属于不正当竞争行为，甲旅行社实施了侵犯乙旅行社商业秘密的不正当竞争行为。

本案的焦点问题是乙旅行社客户档案是否属于反不正当竞争法所指的商业秘密。从本案情况看，乙旅行社所掌握的客户档案是通过与美欧各家旅行社建立良好的业务关系而确立的，是乙旅行社长期努力的结果，乙旅行社为此付出了劳动。该客户档案具有保密性、价值性、独特性，符合商业秘密的特点，属于经营信息类商业秘密。

甲旅行社以非法手段诱使乙旅行社欧美部的十余名员工携带客户档案离开，并利用该档案开展业务，在主观上具有侵犯乙旅行社商业秘密、进行不正当竞争的故意，客观上因其行为造成了乙旅行社原计划接待的旅游团队数目减少 2/3，带来较大经济损失。因此，甲旅行社的行为构成了侵犯商业秘密的不正当竞争。

复习思考

1. 不正当竞争行为具有哪些特征？
2. 反不正当竞争法的调整范围包括哪些？
3. 不正当竞争行为有哪些表现形式？
4. 商业秘密应当具备哪些条件？
5. 什么是垄断？垄断行为有哪些特征？
6. 简述垄断协议规制制度。
7. 简述经营者集中事先申报制度的主要内容。
8. 什么是滥用市场支配地位？主要有哪些表现形式？

第十一章 工业产权法律制度

要点提示

- 工业产权的特征
- 商标的功能与种类
- 商标权取得的原则、条件与程序
- 商标权的内容、利用与消灭
- 商标权的保护与限制
- 专利权的客体与例外
- 专利权的内容、利用与消灭
- 专利权的主体与权利归属
- 专利权取得的原则、条件与程序
- 专利权的保护与限制

第一节 工业产权法概述

一、工业产权和工业产权法的概念

工业产权与著作权，一般被统称为知识产权（intellectual property）。工业产权（industrial property）是指当事人依法对发明创造等具有功能性或者实用性的智力活动创造的成果和商标等具有显著性的经营管理活动中的标记，在法定期限和特定地域内享有的专有权利。根据1883年《保护工业产权巴黎公约》的规定，工业产权的保护对象有发明专利、实用新型专利、工业品外观设计、商标、服务标记、厂商名称、货源标记或原产地名称，以及制止不正当竞争。①

在我国，专利权与商标权又被统称为“工业产权”。它们是需要通过申请并经行政主管部门审查批准才产生的民事权利。恩格斯认为，大多数民事权利，早在奴隶制的罗马帝国时代，就已经基本成型。而工业产权，则只是在商品经济、市场经济发展起来的近代才产生的。②

---

① 参见《保护工业产权巴黎公约》（1967年斯德哥尔摩文本）1979年10月2日修订本第1条之二。

② 参见郑成思：《中国知识产权制度的建立与知识产权保护现状》，载《中华商标》，2005（4）：5~6页。

“工业产权”是一个传统的但是不完全精确的词，首先，因为“工业产权”仅仅是通常财产的一种类推；其次，因为它包括的范围超过了工业上的对象；最后，因为制止不正当行为的规则不一定和财产有关系。[①] 确切地说，工业产权应称为“产业产权”[②] 。

工业产权法是调整确认、使用和保护工业产权过程中所发生的各种社会关系的法律规范的总称。在我国，工业产权法主要由《商标法》《专利法》《商标法实施条例》《专利法实施细则》及相关的法律法规组成，它们构成了我国比较完整的调整工业产权的法律体系。

二、工业产权的特征

关于工业产权的特征，学界分歧较大。我们认为其特征主要有以下几点。

(一) 权利客体的非物质性

工业产权与财产所有权的本质区别，不是该项权利的无形性，而是其权利客体的非物质性特征。我国台湾地区学者曾世雄先生对此作过精确论述：财产权之有形或无形，并非指权利而言，而系权利控有之生活资源，即客体究竟有无外形。[③] 具体来说，工业产权客体的无形是相对于动产、不动产之有形而言的，它具有不同的存在、利用、处分形态：首先，不发生有形控制的占有；其次，不发生有形损耗的使用；最后，不发生消灭权利客体的事实处分与有形交付的法律处分。[④]

(二) 专有性

工业产权的专有性是指权利人对其发明创造等智力成果或者商标等经营管理活动中的标记依法享有的独占使用、收益、处分的权利。他人未经权利人许可或者未依法律规定的使用构成侵权。专有性表现在两方面：第一，工业产权为权利人所独占，权利人垄断这种权利并受到严格保护，未经权利人许可或者没有法律规定，任何人不得使用；第二，对同一项发明创造或者商标，不允许有两个或者两个以上同一属性的工业产权并存。

(三) 地域性

工业产权的地域性是指一国所确认和保护的工业产权，只在该国范围内有效，在其他国家均不受法律保护，即不发生域外效力。权利人欲求得其他国家对其权利进行保护，必须重新向该国有关部门申请并得到确认。

(四) 时间性

工业产权的时间性是指法律所确认的该种权利只在法律规定的期限内有效，超过时效不再受法律的保护。工业产权超过法定期限，其权利客体便进入公有领域，成为人类社会的共同财富，任何国家或者任何人都可以自由地加以利用。作为权利客体的发明创造、商标本身不会发生毁损、灭失，但是世界各国为了促进科学文化发展，鼓励智力成果公开，普遍采用了这一原则，是为“法律不能”而非“事实不能”[⑤]。工业产权制度既要促进科学文化知识的广泛传播，

---

① 参见［奥］博登浩森：《保护工业产权巴黎公约指南》，汤宗舜、段瑞林译，9～10页，北京，中国人民大学出版社，2003。

② 吴汉东主编：《知识产权法学》，6版，5页，北京，北京大学出版社，2014。

③ 参见曾世雄：《民法总则之现在与未来》，151页，台北，三民书局，1983。

④ 参见吴汉东主编：《知识产权法学》，6版，7页，北京，北京大学出版社，2014。

⑤ 吴汉东主编：《知识产权法学》，6版，9页，北京，北京大学出版社，2014。

又要注重保护智力创造成果创造者的合法利益，协调工业产权专有性与智力创造成果社会性之间的矛盾。时间性的规定恰当地维持了二者之间的平衡。

（五）国家授予性

作为工业产权客体的同样的商标、发明创造可以由不同主体同时或者先后完成，只有经法律确认，才能赋予其中的商标、发明创造的完成人以独占性的专有权利。① 在工业产权的原始取得中，国家机关的授权行为是工业产权主体资格最终得以确认的必经程序。授权行为与创造行为一样，对权利的原始取得具有重要意义。

三、工业产权的国际保护

（一）工业产权的国际保护的含义

工业产权的地域性决定了它只能在授予该权利的国家内具有法律效力。但是，人类智力的成果却很容易超越国界。特别是在现代世界，交通和通信联络异常便利，人员、知识、技术产品交流日趋频繁。为了共同的发展和繁荣，应当鼓励这种交流。因此，各国政府经过谈判，在工业产权的不同领域订立了一系列的国际条约。工业产权的国际保护正是通过缔结这些国际条约的途径来实现的，以此促进各国科学技术的日益进步和工业生产的迅速发展，扩大各国之间的技术交流、技术合作和技术贸易。有关工业产权国际保护的世界性或者地区性的国际条约很多，最主要的有世界知识产权组织（WIPO）管理的《保护工业产权巴黎公约》《商标国际注册马德里协定》《商标注册条约》《商标法条约》《商标注册用商品与服务国际分类尼斯协定》《专利合作条约》《工业品外观设计国际注册海牙协定》《工业品外观设计国际分类洛迦诺协定》《专利国际分类斯特拉斯堡协定》和世界贸易组织管理的《与贸易有关的知识产权协定》等。

（二）《保护工业产权巴黎公约》

《保护工业产权巴黎公约》（以下简称《巴黎公约》）是保护工业产权方面签订最早、影响最大的国际公约。它于1883年3月20日在巴黎签订，并于1884年7月正式生效。《巴黎公约》签订100多年来，一共通过了6个修订本。我国于1984年11月14日决定加入《巴黎公约》，适用斯德哥尔摩文本，1985年3月19日该公约对我国正式生效。

《巴黎公约》的主要原则和制度包括以下四点。

（1）国民待遇原则。每一缔约国必须把它给予本国国民的待遇同等地给予其他缔约国国民；非缔约国国民如在缔约国国内有住所或者营业场所，也应得到同样的保护。在工业产权领域，对外国国民主要奉行的是“有条件的国民待遇原则”，而非一般财产法所采取的“有限制国民待遇原则”。前者指只要符合规定的条件，外国人即可与本国人享有同等的权利，而在权利的范围和内容上不加限制；后者则是指对外国人原则上给予与本国人同等的待遇，但有所限制。

国民待遇原则是《巴黎公约》确立的工业产权保护制度的基础之一，它不仅保证外国人的权利得到保护，而且保证外国人不会受到任何形式的歧视待遇。当然，该公约也允许成员国在国民待遇原则上作出保留，主要包括成员国法律中关于司法和行政程序、管辖权以及指定送达地址或委派代理人的规定。此外，《巴黎公约》并不禁止一国给予其他缔约国国民超国民待遇

① 参见杨明：《知识产权请求权研究——兼以反不正当竞争为考察对象》，2页，北京，北京大学出版社，2005。

（“对内歧视”）。

给予国民待遇与给予对等保护不同。对等以互惠为前提，一个国家给予对方国民的保护要视该国国民在对方所受到的保护而定。国民待遇原则是《巴黎公约》成员国无条件地给予其他成员国国民以与本国国民同等的待遇；而且，如果某个成员国的工业产权的保护期限比另一个成员国的要长，那么该成员国也无权规定后一个成员国的国民只能享有与其所属国规定的保护期限相同的期限。

（2）优先权原则。在申请专利或者商标等工业产权时，各缔约国要互相承认对方国家国民的优先权。申请人在一个缔约国第一次提出专利或者商标注册申请后，又在一定期限内（发明专利和实用新型专利为12个月，工业品外观设计和商标为6个月）就同一发明创造或者商标向该缔约国或者其他缔约国申请的，则该申请人有权要求该缔约国以申请人第一次提出专利或者商标申请的缔约国的申请日为申请日，也就是优先权日。在优先权期限内，即使有任何第三人就相同的发明创造或者商标提出过申请或者已实施该发明创造或者已使用了该商标，申请人仍可享有优先权而获得专利权或者商标专用权。优先权原则主要为国际间的专利申请提供了便利。需要注意的是，《巴黎公约》规定的优先权对商号、产地名称等其他工业产权并不适用。

小试牛刀

美国人甲于2019年3月1日在美国提出发明专利申请，然后就相同主题的该发明分别于2019年4月1日在德国、2019年5月1日在日本、2019年11月1日在法国提出发明专利申请。2020年4月1日甲又就该发明在中国向国家知识产权局提出申请并同时主张优先权，请问其优先权日应是（　　）（美国、德国、日本、法国和中国均是《巴黎公约》成员国）。（单项选择题）

A. 2019年3月1日　　B. 2019年4月1日　　C. 2019年5月1日

D. 甲就该发明在中国的专利申请已经超过优先权期，无权主张优先权

选项D正确。作为优先权基础的申请必须是在全世界范围内的首次申请。

（3）独立性原则。这是指各缔约国独立按本国的法律规定决定是否给其他缔约国申请人授予专利权或者商标专用权，而不受该专利权、商标专用权在其他缔约国决定的影响。

（4）强制许可专利原则。这是指各成员国可以采取立法措施，规定在一定条件下可以核准强制许可，以防止专利权人不实施或者不充分实施其专利，除非该专利权人有正当理由。

（三）《商标国际注册马德里协定》和《商标注册条约》

《商标国际注册马德里协定》（以下简称《协定》）是1891年4月在西班牙马德里签订的，目的是简化商标国际注册手续。我国于1989年10月4日加入该《协定》。《商标注册条约》（以下简称《条约》）是1973年6月在维也纳签订的。《协定》和《条约》均规定，其成员国必须是《巴黎公约》的成员国，《协定》《条约》的成员国商标所有人均可以向世界知识产权组织国际局申请商标国际注册，不必分别向每个国家提出申请。此外，《协定》规定，申请商标注册首先要取得本国商标主管部门的商标注册，然后通过本国商标主管部门提出申请，使用文字必须为法文。而《条约》规定，商标注册申请人可直接向世界知识产权组织国际局申请国际注册，不需先在本国注册，使用文字可以是法文，也可以是英文。

(四)《与贸易有关的知识产权协定》

1994 年 4 月 15 日，100 多个国家和地区的代表在摩洛哥的马拉喀什签署了建立世界贸易组织的协议。该协议的附件包括《与贸易有关的知识产权协定》（以下简称 TRIPS 协定）。TRIPS 协定共 73 条，分为七部分：总则和基本原则，有关知识产权的效力、范围和实施的标准，知识产权执法，知识产权的取得、维持及当事人之间的相关程序，争端的防止以及解决，过渡性安排，机构安排和最后条款。TRIPS 协定在序言中开宗明义地强调了各成员必须承认包括工业产权在内的知识产权为私权。① 我国于 2001 年 12 月 11 日正式加入世界贸易组织。

(五)《专利合作条约》

《专利合作条约》（以下简称 PCT）是在《巴黎公约》的原则指导下于 1970 年在美国华盛顿缔结的，后于 1979 年、1984 年和 2001 年分别进行了修正。PCT 是一个程序性公约，对专利申请的受理与审查程序作了统一规定。PCT 不是一个开放性条约，只有《巴黎公约》的成员国才有资格参加。截止到 2013 年 7 月，其已有 148 个成员国。我国于 1994 年加入该条约。

第二节　商标法

一、商标法概述

商标法是调整因确认、保护商标权和商标使用、管理过程中所发生的社会关系的法律规范的总称。

1904 年，清政府颁布了我国历史上第一部成文商标法，即《商标注册试办章程》。清政府灭亡后，这一法规经过修改又被北洋军阀政府和国民党政府所沿用。新中国成立后，相继颁布了一些商标法规，主要是 1950 年颁布的《商标注册暂行条例》和 1963 年颁布的《商标管理条例》。1982 年 8 月，第五届全国人民代表大会常务委员会第二十四次会议通过了《中华人民共和国商标法》（以下简称《商标法》），自 1983 年 3 月 1 日起施行。1983 年 3 月国务院公布了《中华人民共和国商标法实施细则》（现已废止）。

随着我国商品经济的发展，为了适应对内搞活、对外开放的需要，1993 年 2 月 22 日，第七届全国人民代表大会常务委员会第三十次会议通过了《关于修改〈中华人民共和国商标法〉的决定》，对 1982 年《商标法》进行了第一次修正，主要是增加了保护服务商标和对不当注册商标撤销的规定，加强了对商标侵权行为的打击力度。

随着我国社会主义市场经济的发展，为适应我国“入世”的要求，2001 年 10 月 27 日，经第九届全国人民代表大会常务委员会第二十四次会议审议，商标法的第二次修正案通过。修改后的商标法自 2001 年 12 月 1 日起施行。2002 年 8 月 3 日，国务院第 358 号令公布了《中华人民共和国商标法实施条例》（以下简称《商标法实施条例》），自 2002 年 9 月 15 日起施行。通过这两次修改，我国商标法的保护水平基本与我国参加的国际公约的保护水平达到一致。

为了更好地实施国家知识产权战略，充分发挥商标制度作用，通过增加商标审查时限的规

① 参见联合国贸易与发展会议、国际贸易和可持续发展中心编：《TRIPS 协定与发展：资料读本》，商务部条约法律司译，1 页，北京，中国商务出版社，2013。

定来解决商标确权程序烦琐、商标注册周期长的问题；通过删除商标局对商标异议进行审查作出裁定的环节以简化异议程序，将以侵犯在先权利为由提出异议的主体限定为在先权利人或者利害关系人来解决异议滥用的问题；通过禁止与商标在先使用人具有合同、业务往来关系或者其他关系而明知该他人商标存在的人抢注该商标以及增加规定将他人注册商标、未注册驰名商标作为企业名称中的字号使用并误导公众的，依照《反不正当竞争法》处理，来解决恶意抢注问题；通过增加惩罚性赔偿规定，提高法定赔偿数额以及减轻商标权人的举证负担来加强商标专用权保护；通过将声音商标纳入可注册商标范围来增加可注册商标要素；通过确立“个案认定、被动保护”的原则，以及禁止以“驰名商标”的名义进行广告宣传，避免误导消费者来厘清驰名商标保护制度；通过增加规定如商标代理机构应当遵循诚实信用原则、保守被代理人的商业秘密，违反商标法的行为由工商行政管理部门记入信用档案等来解决商标代理中的诸多乱象，规范商标代理活动。

为达到前述目的，2013 年 8 月 30 日，经第十二届全国人民代表大会常务委员会第四次会议审议，商标法的第三次修正案通过，自 2014 年 5 月 1 日起施行。2014 年 4 月 29 日，国务院第 651 号令公布了新修订的《商标法实施条例》，自 2014 年 5 月 1 日起施行。

为加强知识产权保护，进一步优化营商环境，更有效地遏制商标恶意注册，加大商标专用权保护力度，2019 年 4 月 23 日第十三届全国人民代表大会常务委员会第十次会议对《商标法》进行了第四次修正，涉及条文共 6 条，自 2019 年 11 月 1 日起施行。

首先是增加规制恶意注册的内容。一是增强注册申请人的使用义务，在第 4 条第 1 款中增加了“不以使用为目的的恶意商标注册申请，应当予以驳回”的规定；二是增加商标代理机构的义务，在第 19 条第 3 款中增加了商标代理机构知道或者应当知道委托人申请注册商标属于“不以使用为目的的恶意商标注册申请”情形的，不得接受其委托的规定；三是将规制恶意注册关口前移，在第 33 条、第 44 条第 1 款中增加规定，将不以使用为目的的恶意申请商标注册、商标代理机构违法申请或者接受委托申请商标注册一起纳入异议程序和无效宣告程序中，作为提出商标异议、宣告注册商标无效的事由；同时，在第 68 条中对商标代理机构不以使用为目的的恶意申请商标注册、明知委托人不以使用为目的的申请商标注册还接受委托行为，以及恶意申请商标注册行为规定了行政处罚。

其次是加大对侵犯商标专用权行为惩罚力度。一是对侵犯商标专用权行为，在第 63 条第 1 款、第 3 款中，将恶意侵犯商标专用权的侵权赔偿数额计算倍数由 1 倍以上 3 倍以下提高到 1 倍以上 5 倍以下，并将法定赔偿数额上限从 300 万元提高到 500 万元，以给予权利人更加充分的补偿。二是对假冒注册商标的商品以及主要用于制造假冒注册商标的商品的材料、工具加大处置力度，在第 63 条中增加两款作为第 4 款、第 5 款，规定人民法院审理商标纠纷案件，应权利人请求，对属于假冒注册商标的商品，除特殊情况外，责令销毁；对主要用于制造假冒注册商标的商品的材料、工具，责令销毁，且不予补偿；或者在特殊情况下，责令禁止前述材料、工具进入商业渠道，且不予补偿。假冒注册商标的商品不得在仅去除假冒注册商标后进入商业渠道。

二、商标权的客体

商标权的客体，即商标权的保护对象，以注册商标为主，亦包括特定情形下的未注册商标。

（一）商标的概念和功能

商标（TRADEMARK）俗称牌子，是商品的生产经营者或服务的提供者在商品或者服务上使用的，由文字、图形、字母、数字、三维标志、颜色组合和声音等，以及上述要素的组合构成的，用于区别商品或者服务来源的显著性标记。商标是商品经济的产物，它在一定程度上象征着企业精神，反映出企业文化，是一种无形财产，是商品生产者和经营者进行竞争的重要工具。商标还是联结生产经营者与消费者最直接的纽带和桥梁。

随着商业和贸易的繁荣，商标的功能也在不断扩展。商标最基本的功能就是标示来源，使消费者通过商标将相同或者类似商品或者服务的提供者区分开来。商标另外两大功能分别是品质保障和广告宣传。

（二）商标的种类

根据不同的标准，可将商标主要分为以下几类。

1. 可视性商标和非可视性商标

按商标的构成要素是否能为视觉所感知，可将商标分为可视性商标和非可视性商标。

（1）可视性商标。

可视性商标是指人们的视觉能够感知的商标，包括平面商标和立体商标。

平面商标按商标构成要素的不同，又可分为文字商标、数字商标、图形商标、字母商标、颜色组合商标和上述要素的组合商标。

立体商标也称三维标志商标，是指由长、宽、高三种度量组成的三维商标。美国可口可乐公司的饮料瓶造型是全世界第一件立体商标。其他典型代表如劳斯莱斯车头的“小飞人”、麦当劳的罗纳德·麦当劳小丑和肯德基的桑德斯上校、派克金笔所使用的专用笔托造型、麦当劳的金色拱门标记、咸亨集团的孔乙己雕像等。

（2）非可视性商标。

非可视性商标是指不能依靠视觉感知而是依靠听觉或者嗅觉感知的商标，包括声音商标和嗅觉商标。前者如美国米高梅电影公司拍摄的电影片头的狮子吼声，后者如欧共体内部市场协调局第二上诉庭在 R156/1999—2 一案中核准注册的一种新剪的草香的嗅觉商标。[①]

2. 商品商标和服务商标

这是根据商标使用的对象不同所作的分类。商品商标是指使用于各种商品上，用来区别不同生产者和经营者的商标。服务商标是指使用于服务项目上，用来区别不同服务提供者的商标。商品商标按使用者的不同，又可分为制造商标和销售商标。

3. 集体商标和证明商标、防御商标和联合商标

这是根据商标的作用和功能所作的分类。集体商标是指以团体、协会或者非法人组织名义注册，供该组织成员在商事活动中使用，以表明使用者在该组织中的成员资格的标志。例如合作社、行业协会注册的商标供合作社成员、协会成员使用。证明商标，是指由对某种商品或者服务具有监督能力的组织所控制，而由该组织以外的单位或者个人使用于其商品或者服务，用

① 参见黄晖：《驰名商标和著名商标的法律保护》，35 页，北京，法律出版社，2001。

以证明该商品或者服务的原产地、原料、制造方法、质量或者其他特定品质的标志。例如，国际上流行的纯羊毛标志、绿色食品标志等都属于证明商标。防御商标是指同一商标权人在不同类别的商品或服务上注册使用的若干个相同的商标，其中原来的商标为正商标，注册在其他类别的商品或服务上的商标为防御商标。例如，可口可乐公司不仅将“可口可乐”商标注册使用在饮料这类商品上，还在其他所有类别的商品上都注册了“可口可乐”商标，前者是正商标，后者就是防御商标。联合商标是指同一个商标权人在同一种或类似商品或服务上注册使用的若干个近似商标，其中首先注册或主要使用的商标为正商标，其余商标为该商标的联合商标。例如，杭州娃哈哈集团注册的“哈哈娃”“娃娃哈”等一系列商标就构成其注册商标“娃哈哈”的联合商标。

4. 注册商标和未注册商标

这是根据商标是否注册所作的分类。注册商标是指由一国商标主管机关按照法律规定，对申请注册的商标进行审查并予以核准注册的商标。未注册商标是指未经一国商标主管机关予以审查并核准注册的商标。

根据《商标法实施条例》第 63 条的规定，使用注册商标，可以在商品、商品包装、说明书或者其他附着物上标明“注册商标”或者注册标记。注册标记包括㊟和®。使用注册标记，应当标注在商标的右上角或者右下角。其中，R 是英文 REGISTER 的缩写。有的商标右上角加注 TM（TRADEMARK 的缩写）。我国法律对®的使用有明确的规定，但对 TM 的使用和管理没有规定，只要是经营者想告知他人某标志是其作为商标使用的标志，无论该标志是否申请商标注册，都可以加注 TM，但使用者并不因此就享有该标志的商标专用权。

5. 驰名商标和非驰名商标

这是根据商标信誉不同所作的分类。根据原国家工商行政管理总局 2014 年 7 月 3 日第 66 号令公布的《驰名商标认定和保护规定》第 2 条的规定，所谓驰名商标是在中国为相关公众所熟知的商标。相关公众包括与使用商标所标示的某类商品或者服务有关的消费者、生产前述商品或者提供服务的其他经营者以及经销渠道中所涉及的销售者和相关人员等。根据《商标法》第 13 条的规定，在我国，驰名商标既可以是注册商标也可以是未注册商标，但《商标法》对两者的保护程度不一样，前者可以有条件地享受跨类别保护，后者则不能。

三、商标权的主体

商标权的主体是指通过法定程序，在自己生产、制造、加工、拣选、经销的商品或者提供的服务上享有商标专用权的人。根据《商标法》的规定，商标权的主体范围包括自然人、法人或者非法人组织。[①] 两个以上自然人、法人或者非法人组织可以共同向商标局申请注册同一商标，共同享有和行使该商标专用权。允许自然人申请商标注册，是《商标法》第二次修正的一项重要内容。此前，我国自然人一直不能申请商标注册，而外国自然人却可以依据国际条约在我国申请商标注册，形成所谓的超国民待遇。在所有的民事权利中，只有商标权不能由自然人

① 2019 年第四次修正的《商标法》第 4 条使用的是“其他组织”，为了与 2020 年 5 月 28 日第十三届全国人民代表大会第三次会议通过的《民法典》第 2 条的表述一致，因而此处改为“非法人组织”。

享有，并且是只有我国的自然人不能享有，这是非常不合理的，也不符合有关国际条约的规定。第二次修正后的《商标法》则与有关国际条约和我国商标保护实践的要求保持一致，也使我国商标保护制度更加完善。

四、商标权的内容

商标权，是商标所有人对其商标依法享有的专有权利。虽然商标权与注册商标专用权通常都被不加区分地使用，但两者的法律意义并不完全等同。从权利内容上看，商标权包括注册商标专用权和未注册商标的正当权益。前者包括专用权、禁用权、转让权、使用许可权、标示权和续展权等，其中专用权是最重要的权利，其他权利都是由该权利派生出来的；后者是指对抗不正当注册的权利和先使用权。①

（一）注册商标专用权

1. 专用权

注册商标所有人享有对其注册商标专属自己所有和使用的权利，任何人不得未经注册商标所有人的许可在同一种商品或者类似商品上使用与其注册商标相同或者相近似的商标。注册商标的专用权以核准注册的商标和核定使用的商品为限。

小试牛刀

某刀具厂向商标局申请商标注册，商标名称是“王麻子”，拟使用在剪刀上。商标局经审查后，依法给予核准注册并公告。不久该刀具厂召开新闻发布会，宣布从今以后，任何人未经同意，不得擅自使用“王麻子”商标，否则该厂将依法追究其侵权责任。

请问：某刀具厂的声明正确否？

不正确。某刀具厂无权禁止他人在与剪刀不相同或者不相类似的商品上使用与其“王麻子”注册商标相同或近似的商标。

2. 禁用权

注册商标所有人享有禁止任何人未经其许可而使用其注册商标的权利。商标权是一种绝对权，具有较强的排他性。排他性表现为禁止他人非法使用、非法印制注册商标标识以及禁止他人非法销售侵犯注册商标的商品。禁用权和专用权是彼此联系的两个方面的权利，专用权涉及的是商标权人使用注册商标的问题，禁用权涉及的是其他人非法使用注册商标的问题。禁用权的效力范围大于专用权的效力范围，禁用权的效力范围不仅涵盖专用权的效力范围，还延及“类似商品”和“近似商标”。

3. 转让权

注册商标所有人在法律允许的范围内，依本人的意愿，按一定的条件，依照法定程序，有权将其注册商标转移给他人所有。转让注册商标的，转让人和受让人应当签订转让协议，并共同向商标局提出申请。受让人应当保证使用该注册商标的商品质量。转让注册商标的，

① 参见吴汉东主编：《知识产权法学》，6版，231页，北京，北京大学出版社，2014。

商标注册人对其在同一种商品上注册的近似的商标，或者在类似商品上注册的相同或者近似的商标，应当一并转让。对容易导致混淆或者有其他不良影响的转让，商标局不予核准，书面通知申请人并说明理由。转让注册商标经核准后，予以公告。受让人自公告之日起享有商标专用权。

4. 使用许可权

注册商标所有人可以通过签订商标使用许可合同，许可他人使用其注册商标。商标注册人可以通过签订商标使用许可合同，许可他人使用其注册商标。许可人应当监督被许可人使用其注册商标的商品质量。被许可人应当保证使用该注册商标的商品质量。经许可使用他人注册商标的，必须在使用该注册商标的商品上标明被许可人的名称和商品产地。许可他人使用其注册商标的，许可人应当将其商标使用许可报商标局备案，由商标局公告。商标使用许可未经备案不得对抗善意第三人。商标许可使用合同包括普通许可合同、独占许可合同、独家许可合同三种。

5. 标示权

商标注册人使用注册商标，有权标明“注册商标”字样或者注册标记。[①] 在商品上不便标明的，可以在商品包装或者说明书以及其他附着物上标明。

6. 续展权和宽展权

注册商标有效期满，需要继续使用的，应当在期满前 12 个月内申请续展注册；在此期间未能提出申请的，可以给予 6 个月的宽展期。宽展期满仍未提出申请的，注销其注册商标。每次续展注册的有效期为 10 年。续展注册经核准后，予以公告。

7. 出质权

出质权是指商标权人以商标权作为出质的标的，用于担保债务履行的权利。从类别上讲，商标权的出质属于权利质押。《商标法》对商标权的出质未作规定，但是《商标法实施条例》第 70 条规定：“以注册商标专用权出质的，出质人与质权人应当签订书面质权合同，并共同向商标局提出质权登记申请，由商标局公告。”依《民法典》第 444 条的规定，以注册商标专用权出质的，质权自办理出质登记时设立。

（二）未注册商标的正当权益

1. 禁止不正当注册和使用权

依照《商标法》第 13 条第 2 款，就相同或者类似商品申请注册的商标是复制、摹仿或者翻译他人未在中国注册的驰名商标，容易导致混淆的，不予注册并禁止使用。依照《商标法》第 15 条和第 32 条，未注册商标所有人有权禁止违反诚实信用原则的抢注及使用行为。

2. 先使用权

依照《商标法》第 59 条第 3 款，某个商标虽由他人取得注册，但在其申请注册前已经使用的商标，该在先使用人可在原有范围内继续使用。注册商标专用权人可以要求在先使用人附

---

① 1993 年第一次修正的《商标法》第 7 条规定为：“使用注册商标的，并应当标明‘注册商标’或者注册标记。”2019 年第四次修正的《商标法》第 9 条第 2 款则继续沿用 2013 年第三次修正的《商标法》，规定为：“商标注册人有权标明‘注册商标’或者注册标记。”

加适当区别标识。

五、商标注册的原则

（一）一申请一商标原则

此即在一份商标注册申请书中，只能申请注册一件商标，但该商标指定的商品或者服务则不限于同一类别，即商标注册申请人可以通过一份申请就多个类别的商品或者服务申请注册同一商标，简称为“一表多类”。我国从 1988 年 11 月开始使用国际上统一使用的《商标注册用商品和服务国际分类表》（尼斯分类），1994 年 8 月 9 日成为尼斯联盟成员国。尼斯联盟各成员国于 2014 年 1 月 1 日起正式使用尼斯分类第十版 2014 文本［简称 NCL（10－2014）］。经过最新调整的尼斯分类从原有的 42 类增至 45 类，包括 34 类商品和 11 类服务。商标注册申请人提出注册申请时应参照商品分类表，于商标注册申请书上填写商品的类别和名称。一个申请行为只能请求注册一件商标，在一份申请书中不得申请两件或者两件以上的商标。允许申请书以电子方式提交。

（二）自愿注册与强制注册相结合的原则

自愿注册原则是指商标使用人是否申请商标注册取决于自己的意愿。我国对绝大多数商品的商标实行自愿注册原则，注册商标享有专用权，未注册的商标不享有专用权。在实行自愿注册的同时，我国对极少数商品使用的商标采取强制注册的办法。比如烟草制品，包括卷烟、雪茄烟和有包装的烟丝等法律、行政法规规定必须使用注册商标的商品，必须申请商标注册，未经核准注册的，不得在市场上销售。

（三）申请在先与使用在先相结合的原则

两个或者两个以上的商标注册申请人，在同一种商品或者类似商品上，以相同或者近似的商标申请注册的，初步审定并公告申请在先的商标；同一天申请的，初步审定并公告使用在先的商标，驳回其他人的申请，不予公告。商标注册的申请日期以商标局收到申请文件的日期为准。

两个或者两个以上的申请人，在同一种或者类似商品上，分别以相同或者近似的商标在同一天申请注册的，各申请人应当自收到商标局通知之日起 30 日内提交其申请注册前在先使用该商标的证据。同日使用或者均未使用的，各申请人可以自收到商标局通知之日起 30 日内自行协商，并将书面协议报送商标局；不愿协商或者协商不成的，商标局通知各申请人以抽签的方式确定一个申请人，驳回其他人的注册申请。商标局已经通知但申请人未参加抽签的，视为放弃申请，商标局应当书面通知未参加抽签的申请人。

随着商标注册程序优化、注册周期缩短、注册成本降低，当事人获得商标注册更为便捷廉价，与此同时，也出现了以傍名牌为目的的恶意申请和为转让牟利而大量囤积商标等问题，严重扰乱了市场经济秩序和商标管理秩序。对于前者，《商标法》第 32 条明确规定：“申请商标注册不得损害他人现有的在先权利，也不得以不正当手段抢先注册他人已经使用并有一定影响的商标。”对于后者，《商标法》第 4 条明确规定：“不以使用为目的的恶意商标注册申请，应当予以驳回。”

(四) 优先权原则

优先权原则是《巴黎公约》的基本原则之一，是申请在先原则的例外。《商标法》第 25 条第 1 款规定："商标注册申请人自其商标在外国第一次提出商标注册申请之日起六个月内，又在中国就相同商品以同一商标提出商标注册申请的，依照该外国同中国签订的协议或者共同参加的国际条约，或者按照相互承认优先权的原则，可以享有优先权。"第 26 条第 1 款规定："商标在中国政府主办的或者承认的国际展览会展出的商品上首次使用的，自该商品展出之日起六个月内，该商标的注册申请人可以享有优先权。"

商标注册申请人要求优先权的，应当在提出商标注册申请的时候提出书面声明，并且在 3 个月内提交在其他成员国第一次提出的商标注册申请文件的副本，副本应经该成员国商标主管机关证明，并应注明申请日期和申请号，或者展出其商品的展览会名称、在展出商品上使用该商标的证据、展出日期等证明文件；未提出书面声明或者逾期未提交证明文件的，视为未要求优先权。要求优先权的声明经我国认可后，在外国第一次申请商标注册的日期，即为在我国申请的日期。

六、商标注册的条件

(一) 商标注册的积极条件

1. 构成要素的法定性

任何能够将自然人、法人或者非法人组织的商品与他人的商品区别开的标志，包括文字、图形、字母、数字、三维标志、颜色组合和声音等，以及上述要素的组合，均可以作为商标申请注册。我国目前还不允许将气味作为商标注册。

2. 标志的显著性

显著性又被称为"区别性"或者"识别性"，它是指用于特定商品或者服务的标志具有的能够将这种商品或者服务的提供者与其他同种或者类似的商品或者服务的提供者加以区分的特性。显著性包括固有显著性和获得显著性。注册商标所有人使用不当导致注册商标显著性退化，最终成为某一类商品或者服务的通用名称时，即不能再作为注册商标受到法律保护。最典型的例子如过去曾经是驰名商标的 Aspirin（阿司匹林）、Cellophane（赛璐玢）和 Thermos（瑟姆斯）现在已分别退化为乙酰水杨酸、透明玻璃纸和保温瓶的通用名称。

(二) 商标注册的消极条件

1. 非禁用和禁注标志

(1) 禁止作为商标使用的标志：同中华人民共和国的国家名称、国旗、国徽、国歌、军旗、军徽、军歌、勋章等相同或者近似的，以及同中央国家机关的名称、标志、所在地特定地点的名称或者标志性建筑物的名称、图形相同的；同外国的国家名称、国旗、国徽、军旗相同或者近似的，但经该国政府同意的除外；同政府间国际组织的名称、旗帜、徽记相同或者近似的，但经该组织同意或者不易误导公众的除外；与表明实施控制、予以保证的官方标志、检验印记相同或者近似的，但经授权的除外；同"红十字""红新月"的名称、标志相同或者近似的；带有民族歧视性的；夸大宣传并带有欺骗性的；有害于社会主义道德风尚或者有其他不良影响的。此外，县级以上行政区划的地名或者公众知晓的外国地名，不得作为商标，但是，地名具有其他含义或者作为集体商标、证明商标组成部分的除外；已经注册的使用地名的商标继续有效。

（2）禁止作为商标注册的标志：仅有本商品的通用名称、图形、型号的；仅直接表示商品的质量、主要原料、功能、用途、重量、数量及其他特点的；其他缺乏显著特征的。但前述标志通过使用获得显著特征并便于识别的，可以作为商标注册。

2. 非功能性标志

以三维标志申请注册商标的，仅由商品自身的性质产生的形状、为获得技术效果而需有的商品形状或者使商品具有实质性价值的形状，不得注册。

3. 不与他人在先权利相冲突

在先权利和在后权利根植于同一客体，它们取得的依据既可以是同一部法律，又可以是不同的法律，在先权利和在后权利是因时间或者程序的先后而产生的。[①] 他人已有的在先权利包括自然人姓名权、肖像权、在先商标权、在先著作权、在先外观设计专利权、在先商号权等。申请商标与他人在先权利相冲突的，则不得核准注册。已经注册的商标侵犯他人现有在先权利的，自商标注册之日起 5 年内，在先权利人或者利害关系人可以请求商标评审委员会宣告该注册商标无效。对恶意注册的，驰名商标所有人不受 5 年的时间限制。

七、商标注册的程序

（一）提出商标注册申请

商标注册申请人备齐商标注册申请所需的书件与费用后，可委托依法设立的商标代理机构（含网上申请）或者直接向国家知识产权局商标局办理商标注册申请事宜。我国办理国内商标事务实行代理制与当事人直接办理的双轨制，是一种任意代理。外国人或者外国企业（不包括在中国境内有经常居所或者营业所的外国人或者外国企业）在中国申请商标注册和办理其他商标事宜的，应当委托依法设立的商标代理机构代理，是一种强制代理。从 1995 年 3 月 11 日起，所有的商标代理机构都可以开展涉外商标的代理业务，即所有的商标代理机构都是国家指定的涉外商标代理组织。

（二）商标注册的审查

商标局依法对申请注册的商标进行形式审查和实质审查。形式审查是对商标注册申请的文件和手续是否齐备、是否符合法定要求进行审查并确定申请日和编定申请号。形式审查主要涉及申请人是否具备申请资格、申请书，图样是否符合要求、是否符合分类申请和单一原则，以及是否缴纳了申请费等。商标局如果发现了形式问题会通知当事人在规定的期限内加以补正。实质审查是就商标权能否确认的实质要件进行审查，即重点审查商标是否具备法定的构成要素、是否具备显著性、是否符合公序良俗的要求、是否与他人在先权利相冲突、是否与他人在同一种或者类似商品上注册的商标相混同以及是否与被撤销、宣告无效或者注销未满 1 年的注

---

① 参见邱平荣、张大成：《试论商标法中在先权的保护与限制》，载《法制与社会发展》，2002（3）：74 页。

册商标相混同，从而对该项申请作出是否初步审定公告或者驳回申请不予公告的结论。

（三）初步审定并公告

对受理的商标注册申请，商标局应当自收到商标注册申请文件之日起 9 个月内审查完毕，在审查过程中，商标局认为商标注册申请内容需要说明或者修正的，可以要求申请人作出说明或者修正。申请人未作出说明或者修正的，不影响商标局作出审查决定。

对符合规定或者在部分指定商品上使用商标的注册申请符合规定的，予以初步审定，并予以公告；对不符合规定或者在部分指定商品上使用商标的注册申请不符合规定的，予以驳回或者驳回在部分指定商品上使用商标的注册申请，书面通知申请人并说明理由。商标局对一件商标注册申请在部分指定商品上予以驳回的，申请人可以将该申请中初步审定的部分申请分割成另一件申请，分割后的申请保留原申请的申请日期。

（四）异议和复审

对初步审定的商标自公告之日起 3 个月内，在先权利人、利害关系人认为违反《商标法》第 13 条第 2 款和第 3 款、第 15 条、第 16 条第 1 款、第 30 条、第 31 条、第 32 条规定的，或者任何人认为违反《商标法》第 4 条、第 10 条、第 11 条、第 12 条、第 19 条第 4 款规定的，可以向商标局提出异议。

对初步审定公告的商标提出异议的，商标局应当听取异议人和被异议人陈述事实和理由，经调查核实后，自公告期满之日起 12 个月内作出是否准予注册的决定，并书面通知异议人和被异议人。有特殊情况需要延长的，经国务院工商行政管理部门[①]批准，可以延长 6 个月。

异议人对商标局作出准予注册决定不服的，可以向商标评审委员会请求宣告该注册商标无效。被异议人对商标局作出不予注册决定不服的，可以自收到通知之日起 15 日内向商标评审委员会申请复审。商标评审委员会应当自收到申请之日起 12 个月内作出复审决定，并书面通知异议人和被异议人。有特殊情况需要延长的，经国务院工商行政管理部门批准，可以延长 6 个月。

商标评审委员会的复审决定、裁定具有行政终局效力。异议人或者被异议人对商标评审委员会作出的复审决定、裁定不服的，可以自收到通知之日起 30 日内以商标评审委员会为被告，以对方当事人为第三人，向北京知识产权法院提起行政诉讼。

（五）核准注册

对初步审定公告的商标，自公告之日起 3 个月期满无异议的，或者经审查异议不成立的，即对该商标准予注册，发给申请人商标注册证，并予以公告，自初步审定公告 3 个月期满之日起，申请人取得注册商标专用权。

---

① 2018 年 3 月中共中央印发的《深化党和国家机构改革方案》之“三、深化国务院机构改革”之“（三十四）组建国家市场监督管理总局”规定“不再保留国家工商行政管理总局”，之“（四十三）重新组建国家知识产权局”规定，“为解决商标、专利分头管理和重复执法问题，完善知识产权管理体制，将国家知识产权局的职责、国家工商行政管理总局的商标管理职责……整合，重新组建国家知识产权局，由国家市场监督管理总局管理”；之“八、深化地方机构改革”规定，“地方机构改革要……根据各层级党委和政府的主要职责，合理调整和设置机构，理顺权责关系，改革方案按程序报批后组织实施”。鉴于 2019 年 4 月 23 日第四次修正的《商标法》中仍然普遍使用诸如“国务院工商行政管理部门”（第 2、3、34、35、44、45、49、54 条）、“工商行政管理部门”（第 7、14、47、49、51、52、53、60、61、62、68、70 条）的表述，本章仍与《商标法》用语保持一致。

商标注册流程图如图 11－1 所示：

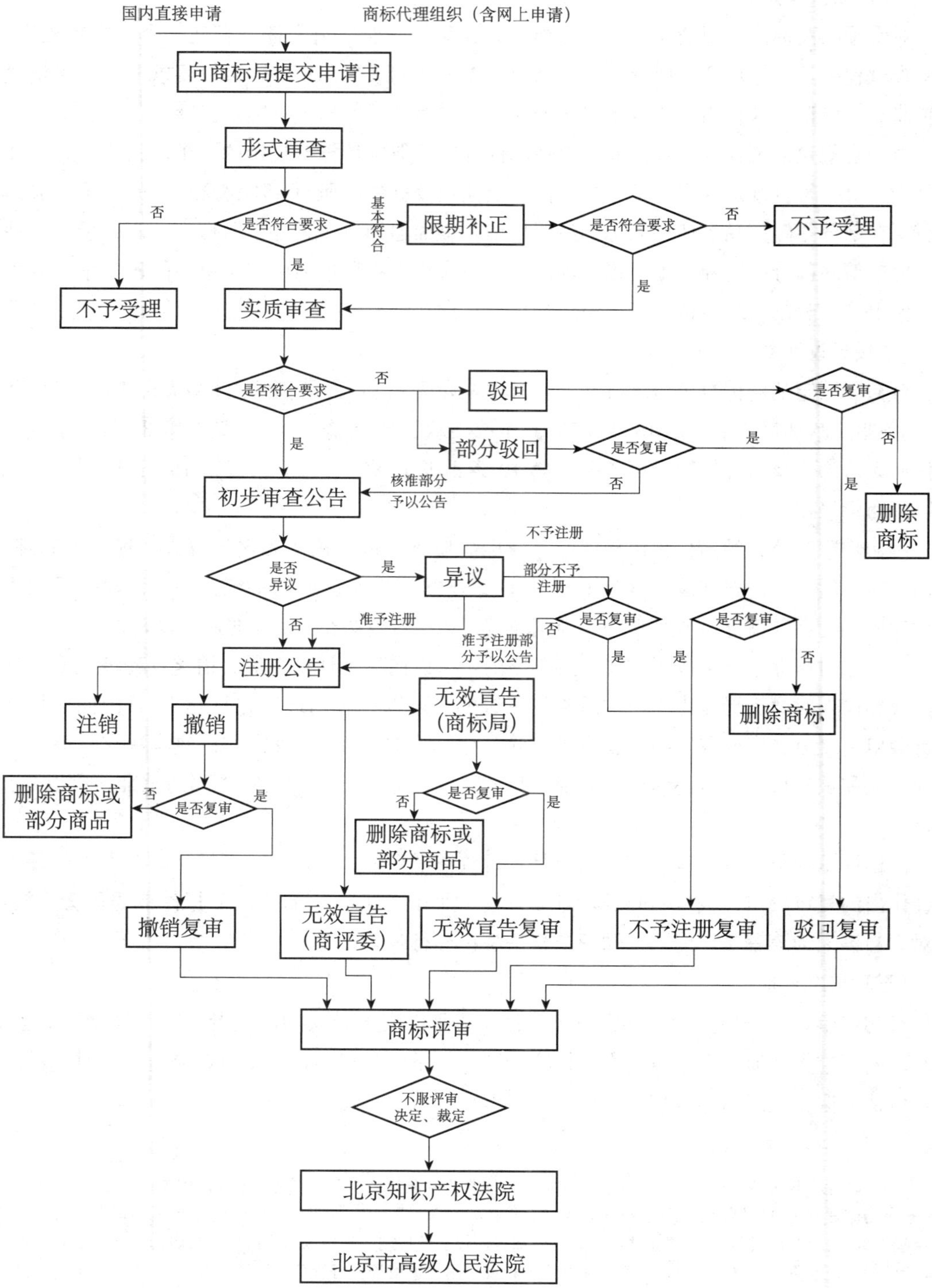

图 11－1　商标注册流程图

八、商标权的终止

商标权的终止，是指注册商标权利人所享有的商标权在一定条件下丧失，不再受法律保护。导致商标专用权终止的原因如下。

(一) 注销

注销是指因商标权人自动放弃商标权或因商标权主体消灭等原因，而由商标局采取的终止其商标权的一种形式。

1. 申请注销

商标注册人申请注销其注册商标或者注销其商标在部分指定商品上的注册的，该注册商标专用权或者该注册商标专用权在该部分指定商品上的效力自商标局收到其注销申请之日起终止。

2. 过期注销

注册商标有效期限届满，续展期和宽展期已过，商标注册人未提出宽展申请，或者提出续展申请而未获核准时，商标专用权自动终止。

3. 无主注销

商标注册人死亡或者终止，自死亡或者终止之日起 1 年期满，该注册商标没有办理移转手续的，任何人可以向商标局申请注销该注册商标。提出注销申请的，应当提交有关该商标注册人死亡或者终止的证据。注册商标因商标注册人死亡或者终止而被注销的，该注册商标专用权自商标注册人死亡或者终止之日起终止。

(二) 撤销

撤销是指注册商标所有人违反商标管理法规，被商标行政主管部门强制终止其商标权。被撤销的注册商标，由商标局予以公告，该注册商标专用权自公告之日起终止。

1. 违法撤销

商标注册人有下列行为之一的，由商标局责令限期改正或者撤销其注册商标：(1) 自行改变注册商标的；(2) 自行改变注册商标的注册人名义、地址或者其他注册事项的；(3) 注册商标成为其核定使用的商品的通用名称或者没有正当理由连续 3 年不使用的。

2. 争议撤销

注册在先的商标权人认为他人注册在后的商标与其在同一种或者类似商品（服务）上使用的商标相同或者近似，容易引起混淆、误认的，可以自注册在后商标被核准注册之日起 5 年内，向商标评审委员会申请撤销。超过 5 年的，商标评审委员会不予受理。但是对于恶意注册的，驰名商标所有人不受 5 年的时间限制。对核准注册前已经提出异议并经裁定的商标，不得再以相同的事实和理由提出争议。

(三) 无效宣告

依《商标法》的规定，凡具有下列情形之一的已注册商标，由商标局依职权或者由商标评审委员会依申请宣告该注册商标无效：第一，商标中含有《商标法》规定的禁用、禁注标志；第二，三维商标本身具有功能性或者具有实质性价值；第三，以欺骗手段或者其他不正当手段取得注册的；第四，在不相同或者不相类似的商品或者服务上注册易与在中国注册的驰名商标相混淆的商标，误导公众的或者在相同或者相类似的商品或者服务上注册易与未在中国注册的驰名商标相混淆的商标，误导公众的；第五，未经授权，代理人或者代表人以自己的名义将被代理人或者被代表人的商标进行注册的；第六，商标中有商品的地理标志，而该商品并非来源于该标志所标示的地区，误导公众的；第七，损害他人现有的在先权利或者以不正当手段抢先注册他人已经使用并有一定影响的商标；第八，商标代理机构申请注册其代理服务外的其他商标的。

宣告无效的注册商标，由商标局予以公告，该注册商标专用权视为自始即不存在。宣告注册商标无效的决定或者裁定，对宣告无效前人民法院作出并已执行的商标侵权案件的判决、裁定、调解书和工商行政管理部门作出并已执行的商标侵权案件的处理决定以及已经履行的商标转让或者使用许可合同不具有追溯力。但是，因商标注册人的恶意给他人造成的损失，应当给予赔偿。依照上述规定不返还商标侵权赔偿金、商标转让费、商标使用费，明显违反公平原则的，应当全部或者部分返还。

九、商标权的限制

（一）商标权的期限

注册商标的期限，是指申请注册商标的人自商标主管机关核准注册之日起，享有商标专用权的期限，也称为注册商标的有效期。注册商标的有效期为 10 年，自核准注册之日起计算。注册商标有效期届满，需要继续使用的，可以申请续展。每次续展后注册商标的有效期为 10 年，续展次数不受限制。

（二）不视为侵犯商标权的行为

1. 正当使用

注册商标中含有的本商品的通用名称、图形、型号，或者直接表示商品的质量、主要原料、功能、用途、重量、数量及其他特点，或者含有的地名，注册商标专用权人无权禁止他人正当使用。三维标志注册商标中含有的由商品自身的性质产生的形状、为获得技术效果而需有的商品形状或者使商品具有实质性价值的形状，注册商标专用权人无权禁止他人正当使用。

以地理标志作为集体商标注册的，其商品符合使用该地理标志条件的自然人、法人或者非法人组织，不要求参加以该地理标志作为集体商标注册的团体、协会或者非法人组织的，也可以正当使用该地理标志，该团体、协会或者非法人组织无权禁止。

对他人的正当使用行为不能作为商标侵权行为查处。正当使用包括叙述性使用、指示性使用和比较广告。

2. 商标权穷竭

商标权穷竭又称商标权用尽，是指经商标权人或者其许可的人将带有其注册商标的商品投入市场后，对于他人使用或者销售该商品的行为，商标权人无权禁止，因为其权利已经用尽了。确立该制度的目的在于保障商品的正常流通，促进贸易的自由开展。

3. 非商业性使用

正当使用和商标权穷竭属于对商标的商业性使用。商标还可以被用于与商品或者服务无关的使用，具体包括新闻报道及评论以及滑稽模仿。

4. 先使用权

先使用权既是未注册商标所有人的一种正当权益，也是一种对在后注册商标权的限制。

十、商标权的法律保护

(一) 商标侵权行为

根据《商标法》第57条，《商标法实施条例》第75条、第76条，最高人民法院《关于审理商标民事纠纷案件适用法律若干问题的解释》第1条的规定，有下列行为之一的，均属侵犯注册商标专用权：

(1) 未经商标注册人的许可，在同一种商品上使用与其注册商标相同的商标的；

(2) 未经商标注册人的许可，在同一种商品上使用与其注册商标近似的商标，或者在类似商品上使用与其注册商标相同或者近似的商标，容易导致混淆的；

(3) 销售侵犯注册商标专用权的商品的；

(4) 伪造、擅自制造他人注册商标标识或者销售伪造、擅自制造的注册商标标识的；

(5) 未经商标注册人同意，更换其注册商标并将该更换商标的商品又投入市场的（亦称“反向假冒”）；

(6) 故意为侵犯他人商标专用权行为提供便利条件，帮助他人实施侵犯商标专用权行为的；

(7) 给他人的注册商标专用权造成其他损害的。

1) 在同一种商品或者类似商品上将与他人注册商标相同或者近似的标志作为商品名称或者商品装潢使用，误导公众的，属于《商标法》第57条第2项规定的侵犯注册商标专用权的行为；2) 为侵犯他人商标专用权提供仓储、运输、邮寄、印制、隐匿、经营场所、网络商品交易平台等，属于《商标法》第57条第6项规定的提供便利条件；3) 将与他人注册商标相同或者相近似的文字作为企业的字号在相同或者类似商品上突出使用，容易使相关公众产生误认的；4) 复制、摹仿或者翻译他人注册的驰名商标或其主要部分在不相同或者不相类似商品上作为商标使用，误导公众，致使该驰名商标注册人的利益可能受到损害的；5) 将与他人注册商标相同或者相近似的文字注册为域名，并且通过该域名进行相关商品交易的电子商务，容易使相关公众产生误认的。

另外，依据《商标法》第58条的规定，将他人注册商标、未注册的驰名商标作为企业名称中的字号使用，误导公众，构成不正当竞争行为的，依照《反不正当竞争法》处理。

(二) 违反商标法的法律责任

我国对商标侵权案件的处理实行“双轨制”，即工商行政管理部门和人民法院均有权查处商标侵权行为，行政保护具有及时快捷和程序简化等特点。因侵犯商标权引起纠纷的，由当事人协商解决，不愿协商或者协商不成的，商标注册人或者利害关系人可以向侵权人住所地或者侵权行为地县级以上工商行政管理部门控告或者检举，也可以直接向有管辖权的人民法院起诉。工商行政管理部门也可依职权主动查处商标侵权行为。如果当事人先向法院起诉，工商行政管理部门不再就同一当事人提出的同一商标侵权纠纷立案受理。

1. 民事责任

人民法院对其受理的商标侵权案件，在查明事实、分清责任的基础上，依法判令侵权者承担停止侵害、赔偿损失等民事责任。侵犯商标专用权的赔偿数额为：按照权利人因被侵权所受到的实际损失确定；实际损失难以确定的，可以按照侵权人因侵权所获得的利益确定；权利人的损失或者侵权人获得的利益难以确定的，参照该商标许可使用费的倍数合理确定。对恶意侵犯商标专用权，情节严重的，可以在按照上述方法确定数额的 1 倍以上 5 倍以下确定赔偿数额。赔偿数额应当包括权利人为制止侵权行为所支付的合理开支。

人民法院为确定赔偿数额，在权利人已经尽力举证，而与侵权行为相关的账簿、资料主要由侵权人掌握的情况下，可以责令侵权人提供与侵权行为相关的账簿、资料；侵权人不提供或者提供虚假的账簿、资料的，人民法院可以参考权利人的主张和提供的证据判定赔偿数额。

权利人因被侵权所受到的实际损失、侵权人因侵权所获得的利益、注册商标许可使用费难以确定的，由人民法院根据侵权行为的情节判决给予 500 万元以下的赔偿。

人民法院审理商标纠纷案件，应权利人请求，对属于假冒注册商标的商品，除特殊情况外，责令销毁；对主要用于制造假冒注册商标的商品的材料、工具，责令销毁，且不予补偿；或者在特殊情况下，责令禁止前述材料、工具进入商业渠道，且不予补偿。假冒注册商标的商品不得在仅去除假冒注册商标后进入商业渠道。

注册商标专用权人请求赔偿，被控侵权人以注册商标专用权人未使用注册商标提出抗辩的，人民法院可以要求注册商标专用权人提供此前 3 年内实际使用该注册商标的证据。注册商标专用权人不能证明此前 3 年内实际使用过该注册商标，也不能证明因侵权行为受到其他损失的，被控侵权人不承担赔偿责任。

销售不知道是侵犯注册商标专用权的商品，能证明该商品是自己合法取得并说明提供者的，不承担赔偿责任。

商标注册人或者利害关系人有证据证明他人正在实施或者即将实施侵犯其注册商标专用权的行为，如不及时制止，将会使其合法权益受到难以弥补的损害的，可以在起诉前向人民法院申请采取责令停止有关行为和财产保全的措施。为制止侵权行为，在证据可能灭失或者以后难以取得的情况下，商标注册人或者利害关系人可以在起诉前向人民法院申请保全证据。上述制度被称为诉前临时措施。申请诉前临时措施须具备三个条件：（1）商标注册人或者利害关系人提出申请；（2）商标注册人或者利害关系人有证据证明行为人正在侵犯或者即将侵犯其注册商标专用权；（3）法院如不及时采取措施，权利人将遭受无法弥补的损失。

同时商标代理机构违反诚实信用原则，侵害委托人合法利益的，应当依法承担民事责任，并由商标代理行业组织按照章程规定予以惩戒。

2. 行政责任

工商行政管理部门处理时，认定侵权行为成立的，责令立即停止侵权行为，没收、销毁侵权商品和主要用于制造侵权商品、伪造注册商标标识的工具，违法经营额 5 万元以上的，可以处违法经营额 5 倍以下的罚款，没有违法经营额或者违法经营额不足 5 万元的，可以处 25 万元以下的罚款。对 5 年内实施两次以上商标侵权行为或者有其他严重情节的，应当从重处罚。

销售不知道是侵犯注册商标专用权的商品，能证明该商品是自己合法取得并说明提供者的，由工商行政管理部门责令停止销售。

对侵犯注册商标专用权的行为，工商行政管理部门有权依法查处；涉嫌犯罪的，应当及时移送司法机关依法处理。

商标代理机构有下列行为之一的，由工商行政管理部门责令限期改正，给予警告，处 1 万元以上 10 万元以下的罚款；对直接负责的主管人员和其他直接责任人员给予警告，处 5 000 元以上5万元以下的罚款：第一，办理商标事宜过程中，伪造、变造或者使用伪造、变造的法律文件、印章、签名的；第二，以诋毁其他商标代理机构等手段招徕商标代理业务或者以其他不正当手段扰乱商标代理市场秩序的；第三，不以使用为目的申请商标注册或者明知委托人不以使用为目的而仍代理申请商标注册的，以及申请注册或者受让其代理服务以外的其他商标的[①]；第四，代理商标注册过程中未遵循诚实信用原则，未尽到保守商业秘密和告知义务，或者侵害被代理人其他权益的。

商标代理机构有前述行为的，由行为人所在地或者违法行为发生地县级以上工商行政管理部门进行查处并将查处情况通报商标局。商标代理机构有前述情形，情节严重的，商标局、商标评审委员会可以决定停止受理其办理商标代理业务，予以公告。

3. 刑事责任

根据《商标法》第67条、第68条和第71条，人民法院对假冒他人注册商标，包括伪造、擅自制造或者销售他人注册商标标识的行为，商标代理机构的违法行为以及从事商标注册、管理和复审工作的国家机关工作人员玩忽职守、滥用职权、徇私舞弊，违法办理商标注册、管理和复审事项，收受当事人财物，牟取不正当利益的行为，情节严重，构成犯罪的，依法追究刑事责任。《刑法》第213条、第214条和第215条规定了假冒注册商标罪、销售假冒注册商标的商品罪和非法制造、销售非法制造的注册商标标识罪三种罪名及其刑事责任。

第三节　专利法

一、专利法概述

专利一词通常在多种语义下被使用，当讲到专利实施时指某种技术方案；当讲到专利检索时指专利文献；也可以代指专利证书。法律意义上的“专利”则特指专利权的简称，系国家依法授予发明创造人或者合法申请人对某项发明创造在法定期间内独占享有的一种专有权利。

专利法是指调整因发明创造的产生而确认专利权的归属、实施和保护所发生的社会关系的法律规范的总称。《中华人民共和国专利法》（以下简称《专利法》）是1984年3月12日由第六届全国人民代表大会常务委员会第四次会议通过并公布的，1992年9月4日进行了第一次修正，2000年8月25日进行了第二次修正，2008年12月27日进行了第三次修正，2020年10月17日进行了第四次修正。《中华人民共和国专利法实施细则》（以下简称《专利法实施细则》）于1985年1月19日由国务院批准实施；1992年12月12日国务院批准修订，1992年12月21日中国专利局（已变更）发布修订版；国务院又分别于2001年6月15日发布，于2002年12月28日、2010年1月9日、2023年12月11日进行三次修改。我国专利法律制度对鼓励发明创造、促进我国科技进步和经济发展以及对外科技交流和经贸往来发挥了重要作用。

二、专利权的客体

专利权的客体，也称为《专利法》保护的对象，是指依法应授予专利的发明创造。根据我

---

① 参见2019年4月23日第四次修正的《商标法》第68条第1款第（三）项以及2014年修订的《商标法实施条例》第87条。

国《专利法》第 2 条的规定，专利权的客体包括发明、实用新型和外观设计三种。

（一）发明

发明，是指对产品、方法或者其改进所提出的新的技术方案。我国《专利法》将发明分为三种类型。

（1）产品发明，即关于新产品或新物质的发明。

（2）方法发明，即为解决某特定技术问题而采用的手段和步骤的发明。能够申请专利的方法通常包括制造方法和操作使用方法两大类。

（3）改进发明，即对已有的产品发明或方法发明所作出的实质性革新的技术方案。

（二）实用新型

实用新型是指对产品的形状、构造或者其结合所提出的适于实用的新的技术方案。实用新型的独创性比发明的独创性小，俗称“小发明”“小专利”。实用新型专利只保护产品。该产品应当是经过工业方法制造的、占据一定空间的实体。

（三）外观设计

外观设计，又称工业品外观设计，是指对产品的形状、图案或者其结合以及色彩与形状、图案的结合所作出的富有美感并适于工业应用的新设计。它不涉及设计技术和制造技术，只涉及产品外表和形状的美化。气态、液态、粉末状、颗粒状的物质以及不能重复生产的手工艺品、农产品、畜产品、天然物等均不能作为外观设计的载体。

（四）专利法不保护的对象

发明创造是专利法保护的对象，但并非所有的发明创造都可以被授予专利权，成为专利权的客体。各国的专利法均规定了专利保护的范围，对专利权的客体加以限制。我国专利法根据本国具体情况和国际公约以及国际专利制度发展趋势，对不授予专利权的发明创造作了明确规定：第一，违反国家法律、社会公德或者妨害公共利益的发明创造；第二，不属于专利法所称的发明创造，具体包括科学发现、智力活动的规则和方法、疾病的诊断和治疗方法；第三，暂不授予专利权的发明创造，具体包括动物和植物品种，用原子核变换方法获得的物质，对平面印刷品的图案、色彩或者二者的结合作出的主要起标识作用的设计，以及违反法律、行政法规的规定获取或利用遗传资源，并依赖该遗传资源完成的发明创造。

三、专利权的主体

（一）发明人或设计人

发明人或设计人，是指对发明创造的实质性特点作出了创造性贡献的人。发明人是指发明或者实用新型的完成人，设计人是指外观设计的完成人。发明人和设计人统称为发明创造人。发明人或者设计人，只能是自然人，不能是单位、集体或课题组。两个或两个以上的、对同一发明创造的实质性特点共同作出了创造性贡献的人是共同发明人或者共同设计人。

（二）专利申请人

专利申请人，是指有权提出专利申请并在专利审批过程中享有权利和承担义务的人，包括自然人、法人和非法人组织。一般情况下，专利申请人与发明创造人是一致的。但现实中也确实存在发明创造人与专利申请人不是同一人的情况。造成这种发明创造人与专利申请人相分离的原因主要有三种：第一，发明创造人以外的第三人通过合同从发明创造人处受让了发明创造的专利申请权；第二，发明创造人的继承人通过继承取得发明创造的专利申请权；第三，法律直接将专利申请权赋予发明创造人以外的第三人，这种情况主要存在于职务发明创造中。

(三) 专利权的归属

(1) 非职务发明创造的申请人是发明人或者设计人。当申请被批准后，发明人或者设计人为专利权人。

对于利用本单位物质条件所完成的发明创造，单位与发明人、设计人订有合同，对专利申请权和专利权归属作出约定的，从其约定。

(2) 职务发明创造的申请人为发明人或者设计人所在单位。申请被批准后，该单位为专利权人。发明人或者设计人有在专利证书上署名、获得适当奖励和合理报酬的权利。

职务发明创造是指执行本单位任务或者主要利用本单位的物质技术条件所完成的发明创造。执行本单位的任务所完成的发明创造具体包括：第一，在本职工作中作出的发明创造；第二，履行本单位交付的本职工作之外的任务所作出的发明创造；第三，退职、退休或者调动工作后1年内作出的，与其在原单位承担的本职工作或者原单位分配的任务有关的发明创造。根据《专利法实施细则》第13条第2款的规定，这里所称的本单位，包括临时工作单位。本单位的工作人员包括临时工作人员，例如从其他单位借调、聘请来的人员。虽然这些人员的编制和工资关系在其他单位，但借调单位、聘用单位实际上是把他们纳入本单位的工作计划的，所以在完成该单位所分配工作的情况下，应当视为本单位的工作人员。本单位的物质技术条件，是指本单位的资金、设备、零部件、原材料或者不对外公开的技术资料等。

(3) 共同发明创造的申请人为共同完成发明创造的单位或者个人，申请被批准后，上述单位或者个人为专利权人。专利申请权或者专利权的共有人对权利的行使有约定的，从其约定。没有约定的，共有人可以单独实施或者以普通许可方式许可他人实施该专利；许可他人实施该专利的，收取的使用费应当在共有人之间分配。除前述情形外，行使共有的专利申请权或者专利权应当取得全体共有人的同意。

(4) 委托发明创造的申请人为完成发明创造的单位或者个人，申请被批准后，上述单位或者个人为专利权人，另有协议的除外。

(5) 外国人包括具有外国国籍的自然人、法人和非法人组织。在中国有经常居所或者营业所的外国人、外国企业或者外国非法人组织，在申请取得专利权时享有与中国自然人或单位完全相同的待遇。在中国没有经常居所或者营业所的外国人、外国企业或者外国非法人组织在中国申请专利的，依照其所属国同中国签订的协议或者共同参加的国际条约，或者依照互惠原则，可以申请专利，但应当委托依法设立的专利代理机构办理。

(6) 继受人。继受人是指通过转让、遗赠或继承而依法取得专利申请权或专利权的单位或个人。专利申请权和专利权都是具有价值的财产性权利，可以被转让、遗赠或继承。专利申请转让之后，如果获得了专利，那么受让人就是该专利权的主体；专利权转让后，受让人成为该专利权的新主体。

上述规定表明专利权作为一种私权，对其权利归属，只要不违背法律的禁止性规定或者强制性规定，法律允许“私权自治”。

四、专利权的内容

(一) 专利权人的权利

专利权的本质是禁止权而非自用权，享有专利权并不意味着专利权人可以自由地实施其专利。享有专利权，仅意味着专利权人有权阻止他人未经许可实施其专利，而且专利权人仅有权限制他人以“生产经营目的”实施其专利的行为，故仅为私人目的使用专利的行为并不构成专利侵权。需要注意的是“生产经营目的”的范围大于“以营利为目的”或“商业经营目的”①。

（1）独占实施权。专利权人有自己制造、使用、许诺销售、销售、进口其专利产品，或者使用其专利方法以及使用、许诺销售、销售、进口依照该专利方法直接获得的产品的权利。其他人未经权利人许可，不得出于生产经营目的使用其专利。

（2）许可实施权。专利权人有许可他人实施其专利，并收取专利使用费的权利。专利实施许可包括普通实施许可、独占实施许可、独家实施许可、交叉实施许可、分实施许可和专利池许可（Patent Pool License，专利联营）。

（3）转让权。专利权人有将自己的专利权转让给他人的权利。转让专利权，当事人必须订立书面合同，经国务院专利行政部门登记和公告后生效。

（4）标记权。专利权人有权在自己的专利产品或者该产品的包装上标明专利标记和专利号。有学者认为将在专利产品（或者物品）或者其包装上标注专利标记单纯地作为权利不合适，单纯作为义务也不合适。最为合适的就是权利义务模式，将专利权人在专利产品或者其包装上标注专利标记既作为权利，也作为义务。将专利权人在专利产品或者其包装上标注专利标记的行为同时作为权利和义务，既能最有效地保护专利权，又能减轻普通经营者或者竞争者的注意义务。②

（5）出质权。专利权人可以以专利权中的财产权出质。作为出质人的专利权人应当与质权人订立书面合同，并向国务院专利行政部门办理质押登记。质权自办理出质登记时设立。

（6）放弃权。专利权人可以通过停止缴纳专利年费或者书面声明的方式，放弃其专利权，并由国家知识产权局登记和公告。

（二）专利权人的义务

专利权人的义务主要是缴纳专利年费。专利权人应当自被授予专利权的当年开始缴纳年费。未按规定缴纳年费的，可能导致专利权终止。

五、专利授权的条件

（一）发明和实用新型专利的授权条件

授予专利权的发明和实用新型，应当具备新颖性、创造性和实用性。

1. 新颖性

新颖性是指该发明或者实用新型不属于现有技术；也没有任何单位或者个人就同样的发明或者实用新型在申请日以前向国务院专利行政部门提出过申请，并记载在申请日以后公布的专利申请文件或者公告的专利文件中。现有技术，是指申请日以前在国内外为公众所知的技术。

但是，申请专利的发明创造在申请日以前 6 个月内，有下列情况之一的，不丧失新颖性：第一，在国家出现紧急状态或者非常情况时，为公共利益目的首次公开的；第二，在中国政府主办或者承认的国际展览会上首次展出的；第三，在规定的学术会议或者技术会议上首次发表

---

① 王迁：《知识产权法教程》，6 版，339～340 页，北京，中国人民大学出版社，2019。

② 参见曹新明：《海峡两岸专利标识比较分析》，载《南昌大学学报（人文社会科学版）》，2013（1）：85 页。

的；第四，他人未经申请人同意而泄露其内容的。

2. 创造性

创造性是指与现有技术相比，该发明具有突出的实质性特点和显著的进步，该实用新型具有实质性特点和进步。

3. 实用性

实用性是指该发明或者实用新型能够制造或者使用，并且能够产生积极效果。

（二）外观设计专利的授权条件

1. 新颖性

授予专利权的外观设计，应当不属于现有设计；也没有任何单位或者个人就同样的外观设计在申请日以前向国务院专利行政部门提出过申请，并记载在申请日以后公告的专利文件中。

2. 实用性

授予专利权的外观设计必须适于工业应用。这要求外观设计本身以及作为载体的产品能够以工业的方法重复再现，即能够在工业上批量生产。

3. 美感性

授予专利权的外观设计必须富有美感。美感是指该外观设计视觉感知上的愉悦感受，与产品功能是否先进没有必然联系。

4. 不得与他人在先取得的合法权利相冲突

可能与外观设计相冲突的在先权利包括商标权、著作权、企业名称权、肖像权、知名商品特有包装或者装潢使用权等。“在先取得”是指在外观设计的申请日或者优先权日之前取得。

六、专利的申请与审批

（一）专利申请的原则

（1）书面申请原则。书面申请原则是指专利申请必须采用书面形式，不能用口头说明或提供样品或模型的方法来代替或省略书面申请文件。专利权从产生、存续到消灭的全过程均应坚持书面原则。随着计算机和网络技术的发展，“书面”的范围也在扩大，电子信息也开始被视作书面形式，目前我国国家知识产权局已经接受电子化的专利申请了。

（2）先申请原则。此即两个以上的申请人分别就同样的发明创造申请专利的，专利权授予最先申请的人。申请在先可能是申请时刻在先，也可能是申请日在先。我国《专利法》采用的是申请日标准。专利局确定申请日的方法是：申请人直接向专利局或者各代办处递交的专利申请，以收到日为申请日；如果申请文件是邮寄的，以申请人寄出的邮戳日为申请日；如果寄出的邮戳日不清楚，且申请人无足够证据证明的，以专利局或者各代办处收到日为申请日。

两个以上的申请人在同一日分别就同样的发明创造申请专利的，应当在收到专利局的通知后自行协商确定申请人。同样的发明创造只能被授予一项专利。如果不能协商一致的，专利局对谁都不授予专利权。

小试牛刀

A城的甲于2019年6月1日向专利局受理处邮寄名为“安全锁”的实用新型专利申请文件，邮戳日为2019年6月1日，专利局受理处收到该文件的日期为2019年6月8日。B城的乙于2019年6月2日向专利局受理处直接递交了一份与甲同样发明创造的专利申请文件，名称同为“安全锁”的实用新型专利申请。

请问：如何确定专利申请文件的申请日？专利局应当将实用新型专利权授予谁？

甲的申请日是2019年6月1日，乙的申请日是2019年6月2日。根据先申请原则，专利局只能将“安全锁”实用新型专利权授予申请人甲。

（3）优先权原则。我国《专利法》第29条规定：“申请人自发明或者实用新型在外国第一次提出专利申请之日起十二个月内，或者自外观设计在外国第一次提出专利申请之日起六个月内，又在中国就相同主题提出专利申请的，依照该外国同中国签订的协议或者共同参加的国际条约，或者依照相互承认优先权的原则，可以享有优先权。申请人自发明或者实用新型在中国第一次提出专利申请之日起十二个月内，或者自外观设计在中国第一次提出专利申请之日起六个月内，又向国务院专利行政部门就相同主题提出专利申请的，可以享有优先权。”前者为外国优先权，后者为本国优先权。发明、实用新型和外观设计均可以享有外国优先权和本国优先权。

无论是本国优先权还是外国优先权，中国人与外国人均可以享有。申请人依照规定要求享有外国优先权或者本国优先权的，应当在申请时提出书面声明，并且在3个月内提交第一次在国外或者国内提出的专利申请文件的副本；未提出书面声明或者逾期未提交专利申请文件副本的，即被视为未要求优先权。申请人享有优先权的，优先权日视为申请日。

（4）单一性原则。专利申请的单一性原则是指一件专利申请应当限于一项发明创造，即一件发明或者实用新型专利申请应当限于一项发明或者实用新型，一件外观设计专利申请应当限于一种产品所使用的一项外观设计。规定单一性原则是为了便于专利局对专利申请进行管理、检索和审查，便于日后专利权人行使权利、承担义务，也便于专利权保护范围的准确界定以及公众对专利文献的有效利用。但是，单一性原则并不是绝对的。在某些情况下，将两项或者两项以上密切相关的发明创造合案申请一项专利，更便于审查、检索和保护。故属于一个总的发明构思的两项以上的发明或者实用新型以及同一产品两项以上的相似外观设计或者用于同一类别并且成套出售或者使用的产品的两项以上的外观设计，可以作为一件申请提出。前者如锁与钥匙、插头与插座、药品与其制造方法等，后者如茶壶与茶杯、桌布与餐巾等。

（二）专利申请文件

（1）申请发明或者实用新型专利的，应当提交请求书、说明书及其摘要和权利要求书。

第一，请求书是申请人向国务院专利行政部门表明自己要求取得专利权的声明。其内容有发明或者实用新型的名称，与发明创造及专利申请有关系的人或者机构，以及其他事项。

第二，说明书是申请人对其专利内容进行具体详细的陈述的技术性文件（实用新型必须要有附图）。

第三，权利要求书是以说明书为依据，说明请求专利保护的范围的文件，是申请文件的核心。它是确定专利权范围和判断他人是否侵权的依据，具有直接的法律效力。

第四，摘要是说明书的简短提要，主要是便于情报传递。

（2）申请外观设计专利的，应提交请求书、该外观设计的图片或者照片，并且图片或者照片应当清楚地显示要求专利保护的产品的外观设计、对该外观设计的简要说明以及使用该外观设计的产品样品或者模型。

发明、实用新型、外观设计的专利申请人除应提交以上专利申请文件外，根据具体情况还应提交附加文件，主要包括代理人委托书、不丧失新颖性的证明文件、主张优先权的声明及有关证明文件等。

(三) 专利的审批

1. 发明专利的审批制度

(1) 专利审批制度的种类。

第一，形式审查制（登记制）。此即对专利申请只进行形式上的审查，即只审查申请是否履行了法定手续、申请文件是否齐全以及主题是否属于专利法的保护对象等。而对新颖性、创造性和实用性等实质条件则不进行审查，只是在发生专利无效纠纷时才由法院进行实质审查。形式审查制的优点在于专利审查批准的周期短、授权速度快，但所授予专利的质量往往不高，还可能出现大量不符合实质条件的申请获得授权的现象。因此，目前完全采用形式审查制的国家已经相当少了。

第二，实质审查制。此即国家专利行政部门不仅要对专利申请的形式条件进行审查，而且要对该项专利的新颖性、创造性和实用性等实质性条件进行审查。实质审查制的优点是能够保证专利的质量，缺点是国务院专利行政部门需要大量时间进行审查，因此授权速度较慢。实质审查制又分为保密审查制和公开审查制两种。前者是指国家专利行政部门在授予专利权之前不将申请文件予以公布，后者是指国家专利行政部门在审查过程中，在决定授权之前即将申请文件向社会公布。公开审查制又可分为即时审查制和延迟审查制。延迟审查制由荷兰于1963年率先采用，后被《专利合作条约》《欧洲专利公约》等国际公约所采用，其优点是使社会公众及时获得最新技术资料；使申请人有时间对其发明创造的商业前景进行评估；使申请人有时间对其发明创造及专利申请文件进行补充和完善；减轻国家专利行政部门实质审查的工作量负担，避免申请案的大量积压。

(2) 我国目前发明专利的审批制度。

我国对发明专利申请实行的是“早期公开、延迟审查制”。发明专利申请经初步审查认为符合形式条件的，自申请日起满18个月，即行公布，也可根据申请人的请求早日公布其申请。申请公布后，自申请日起3年内，可根据申请人提出的请求进行实质审查（国务院专利行政部门认为必要时，也可自行进行实质审查），申请人无正当理由逾期不请求实质审查，该申请即被视为撤回。

经实质审查后，国务院专利行政部门认为不符合《专利法》规定的，通知申请人修改或者予以驳回。反之，作出授予发明专利的决定，发给专利证书，并予以登记和公告，专利权自公告之日起生效。

2. 实用新型和外观设计专利的审批制度

采用形式审查制度，即经初步审查没有发现驳回理由的，作出授予专利权的决定，发给相应的证书，并予以登记和公告。专利权自公告之日起生效。

无论是发明专利的申请人，还是实用新型和外观设计专利的申请人，对专利局驳回申请的决定不服的，可以自收到通知之日起3个月内，向专利复审委员会请求复审。复审请求人对专利复审委员会关于专利的复审决定不服的，可以自收到通知之日起3个月内向人民法院提起诉讼。

关于专利申请及审批的流程，如图11-2所示。

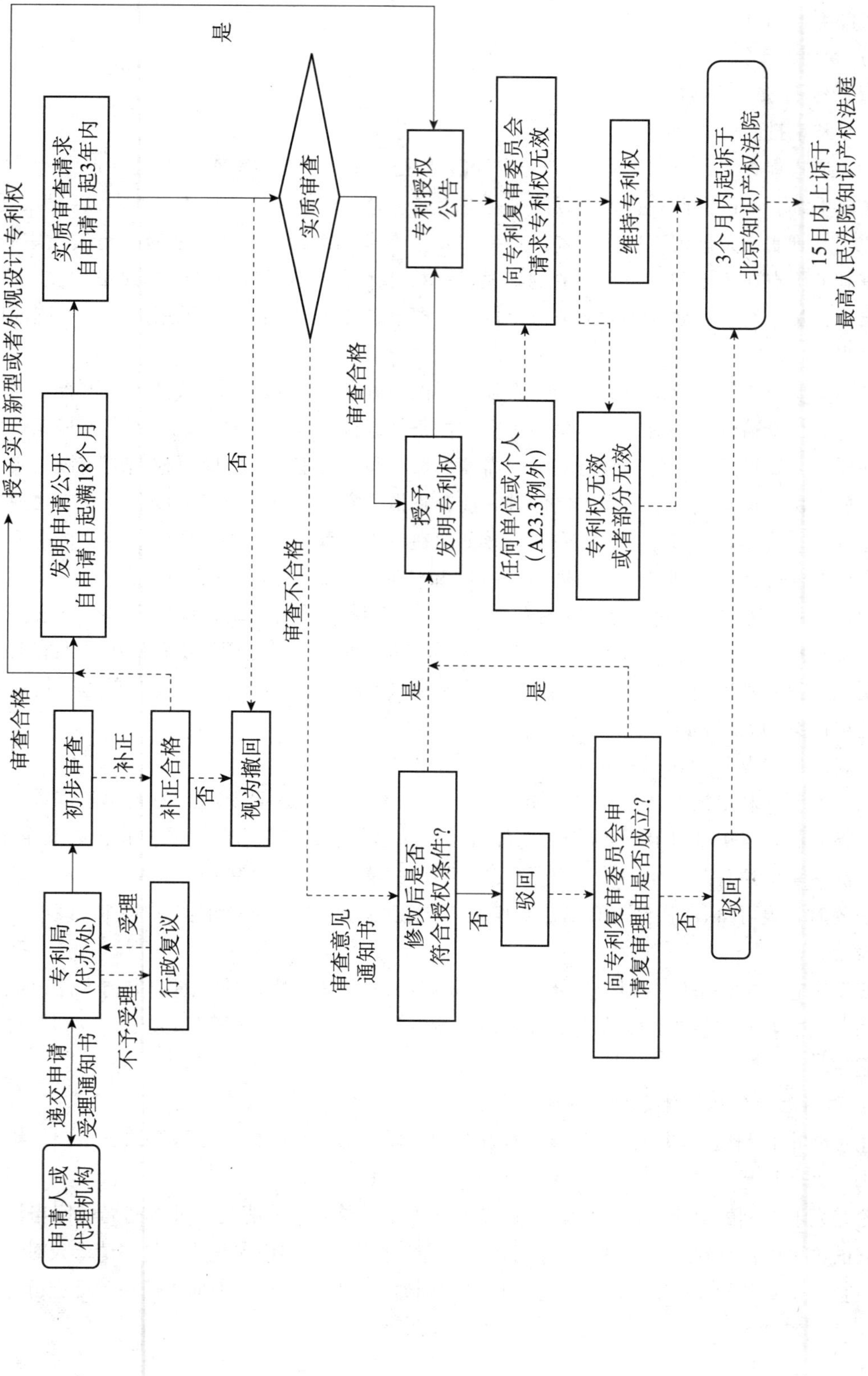

图11-2　专利申请及审批流程图

七、专利权的期限、终止和无效

（一）专利权的期限

发明专利的期限为 20 年，实用新型专利的期限为 10 年，外观设计专利的期限为 15 年，均自申请日起计算。这里的“申请日”是指专利申请在中国的实际申请日，而非优先权日。需要指出的是，“自申请日起计算”只是表明专利权期限的计算起点，它丝毫不表明专利权的效力从申请日就开始了。根据《专利法》第 39 条和第 40 条的规定，三种专利权均自授权公告之日起生效。专利权期限届满后，专利权终止，该发明创造进入公有领域成为全社会的共同财富。专利权期限届满前，专利权人可以书面声明放弃专利权。

（二）专利权的终止

专利权终止的原因是：专利权期限届满而终止，专利权人没有按期缴纳专利年费而终止，专利权人以书面形式声明放弃专利权而终止。专利权在期限届满前终止的，由国务院专利行政部门登记和公告。

（三）专利权的无效宣告

自国务院专利行政部门公告授予专利权之日起，任何单位或者个人认为该项专利的授予不符合专利法的有关规定，都可以请求专利复审委员会宣告该专利无效。专利复审委员会对请求进行审查，作出决定，并通知请求人和专利权人，对专利复审委员会宣告专利权无效或者维持专利权的决定不服的，可以自收到通知之日起 3 个月内向人民法院起诉。法院应通知无效宣告请求程序的对方当事人作为第三人参加诉讼。

被宣告无效的专利权视为自始即不存在，但对无效宣告前法院作出的并已执行的专利侵权判决、调解书，已履行或者强制执行的专利侵权纠纷处理决定，已履行的专利实施合同和专利转让合同，不具有追溯力。但对因专利权人的恶意给他人造成的损失，应给予赔偿。依照前述规定不返还专利侵权赔偿金、专利使用费、专利权转让费，明显违反公平原则的，应当全部或者部分返还。

八、专利权的限制

（一）强制许可

1. 强制许可的概念

强制许可又称非自愿许可，是指国务院专利行政部门依照法律规定，不经专利权人的同意，直接许可具备实施条件的申请者实施发明或实用新型专利的一种行政措施。其目的是促进获得专利的发明创造得以实施，防止专利权人滥用专利权，维护国家利益和社会公共利益。

2. 强制许可的申请人

具备实施条件的单位或者个人可以向国家专利行政部门申请强制许可。

3. 强制许可的种类

我国《专利法》将强制许可分为三类。

（1）滥用专利的强制许可。有下列情形之一的，国务院专利行政部门根据具备实施条件的单位或者个人的申请，可以给予实施发明专利或者实用新型专利的强制许可：1）专利权人自专利权被授予之日起满 3 年，且自提出专利申请之日起满 4 年，无正当理由未实施或者未充分实施其专利的；2）专利权人行使专利权的行为被依法认定为垄断行为，为消除或者减少该行为对竞争产生的不利影响的。

（2）根据公共利益需要的强制许可。在国家出现紧急状态或者非常情况时，或者为了公共利益的目的，国务院专利行政部门可以给予实施发明专利或者实用新型专利的强制许可。为了公共健康目的，对取得专利权的药品，国务院专利行政部门可以给予制造并将其出口到符合中华人民共和国参加的有关国际条约规定的国家或者地区的强制许可。强制许可涉及的发明创造为半导体技术的，其实施限于公共利益的目的和《专利法》第 53 条第 2 项规定的情形。

（3）从属专利的强制许可。一项取得专利权的发明或者实用新型比之前已经取得专利权的发明或者实用新型具有“显著经济意义的重大技术进步”，其实施又有赖于前一发明或者实用新型的实施的，国务院专利行政部门根据后一专利权人的申请，可以给予实施前一发明或者实用新型的强制许可。在依照此规定给予实施强制许可的情形下，国务院专利行政部门根据前一专利权人的申请，也可以给予实施后一发明或者实用新型的强制许可。

4. 强制许可的条件

申请强制许可应满足的条件如下。

（1）强制许可的对象。强制许可仅适用于发明专利和实用新型专利，不适用于外观设计专利及技术秘密。

（2）强制许可的时间和地域范围。关于时间范围，2008 年修正的《专利法》将 2000 年修正的《专利法》的“未能在合理长的时间内获得许可”，具体化为“专利权人自专利权被授予之日起满 3 年，且自提出专利申请之日起满 4 年，无正当理由未实施或者未充分实施其专利”，或“专利权人行使专利权的行为被依法认定为垄断行为，为消除或者减少该行为对竞争产生的不利影响”。调整的目的，一方面是和《反垄断法》接轨，另一方面也更接近强制许可制度促进推动发明创造的应用的立法宗旨。关于地域范围，2008 年修正的《专利法》要求强制许可的实施应当主要为了供应国内市场，但为了制止非法垄断的强制许可或者基于公共健康目的对药品专利的强制许可除外。

（3）强制许可不具有独占性。取得实施强制许可的单位或者个人不享有独占的实施权，并且无权允许他人实施。

（4）强制许可为有偿许可。取得实施强制许可的单位或者个人应当付给专利权人合理的使用费，或者依照我国参加的有关国际条约的规定处理使用费问题。付给使用费的，其数额由双方协商；双方不能达成协议的，由国务院专利行政部门裁决。

（5）对强制许可的司法最终救济。专利权人对国务院专利行政部门关于实施强制许可的决定不服的，专利权人和取得实施强制许可的单位或者个人对国务院专利行政部门关于实施强制许可的使用费的裁决不服的，可以自收到通知之日起 3 个月内向人民法院起诉。

（6）强制许可的决定应采取个案审查制。国务院专利行政部门作出的给予实施强制许可的决定，应当及时通知专利权人，并予以登记和公告。给予实施强制许可的决定，应当根据强制许可的理由规定实施的范围和时间。强制许可的理由消除并不再发生时，国务院专利行政部门应当根据专利权人的请求，经审查后作出终止实施强制许可的决定。

（二）依法不视为侵犯专利权的行为

依法不视为侵犯专利权的行为如下。

(1) 专利产品或者依照专利方法直接获得的产品，由专利权人或者经其许可的单位、个人售出后，使用、许诺销售、销售、进口该产品的；

(2) 在专利申请日前已经制造相同产品、使用相同方法或者已经做好制造、使用的必要准备，并且仅在原有范围内继续制造、使用的行为；

(3) 临时通过中国领陆、领水、领空的外国运输工具，依照其所属国同中国签订的协议或者共同参加的国际条约，或者依照互惠原则，为运输工具自身需要而在其装置和设备中使用有关专利的行为；

(4) 专为科学研究和实验而使用有关专利的行为；

(5) 为提供行政审批所需要的信息，制造、使用、进口专利药品或者专利医疗器械的，以及专门为其制造、进口专利药品或者专利医疗器械的。

九、专利权的法律保护

(一) 专利侵权行为

专利侵权行为是指在专利权有效期内，行为人未经专利权人许可又无法律依据，为生产经营目的实施他人专利的行为。根据其表现形式，专利侵权行为可为直接侵权行为和间接侵权行为两类。

1. 直接侵权行为

此即直接由行为人实施的侵犯他人专利权的行为，其表现形式包括：(1) 制造发明、实用新型、外观设计专利产品的行为；(2) 使用发明、实用新型专利产品的行为；(3) 许诺销售发明、实用新型、外观设计专利产品的行为；(4) 销售发明、实用新型、外观设计专利产品的行为；(5) 进口发明、实用新型、外观设计专利产品的行为；(6) 使用专利方法以及使用、许诺销售、销售、进口依照该专利方法直接获得的产品的行为；(7) 假冒他人专利的行为，即未经许可使用他人真实有效的专利号、专利证书或文件，使人误认为使用者是该专利的专利权人，相关的产品或者方法是他人的专利产品或者专利方法。

为生产经营目的使用、许诺销售或者销售不知道是未经专利权人许可而制造并售出的专利侵权产品，能证明该产品合法来源的，仍然属于侵犯专利权的行为，需要停止侵害但不承担赔偿责任。

2. 间接侵权行为

行为人本身的行为并不直接构成对专利权的侵害，但实施了诱导、怂恿、教唆、帮助他人侵害专利权的行为。这种侵权行为通常是为直接侵权行为制造条件，包括引诱侵权和辅助侵权两种。常见的表现形式有行为人销售专利产品的零部件或者专门用于实施专利产品的模具，或者用于实施专利方法的机器设备，或者行为人未经专利权人授权而许可或者委托他人实施专利的行为等。间接侵权人既可和直接侵权人承担连带侵权责任，又可单独承担侵权责任。

(二) 专利权侵权纠纷的解决途径

先由当事人协商解决；当事人不愿协商或者协商不成的，专利权人或者利害关系人可以请求管理专利工作的部门处理，当事人对处理决定不服的，可在收到处理通知之日起 15 日内向人民法院提起行政诉讼。对侵权赔偿数额进行行政调解不成的，当事人可向人民法院提起民事诉讼；当事人不愿协商或者协商不成的，专利权人或者利害关系人也可以直接向人民法院起诉。

（三）专利权侵权纠纷中的举证责任

涉及产品发明时，专利权人负举证责任；涉及新产品制造方法发明时，举证责任倒置；专利侵权纠纷涉及实用新型专利或者外观设计专利的，人民法院或者管理专利工作的部门可以要求专利权人或者利害关系人出具由国务院专利行政部门对相关实用新型或者外观设计进行检索、分析和评价后作出的专利权评价报告，作为审理、处理专利侵权纠纷的证据。

在专利侵权纠纷中，被控侵权人有证据证明其实施的技术或者设计属于现有技术或者现有设计的，不构成侵犯专利权。[①]

（四）侵犯专利权的诉讼时效

《专利法》第 74 条规定：侵犯专利权的诉讼时效为 3 年，自专利权人或者利害关系人知道或者应当知道侵权行为以及侵权人之日起计算。发明专利申请公布后至专利权授予前使用该发明未支付适当使用费的，专利权人要求支付使用费的诉讼时效为 3 年，自专利权人知道或者应当知道他人使用其发明之日起计算，但是，专利权人于专利权授予之日前即已知道或者应当知道的，自专利权授予之日起计算。

2020 年 12 月 29 日最高人民法院发布《关于审理专利纠纷案件适用法律问题的若干规定》，其第 17 条规定，权利人超过 3 年起诉的，如果侵权行为在起诉时仍在继续，在该项专利权有效期内，人民法院应当判决被告停止侵权行为，侵权损害赔偿数额应当自权利人向人民法院起诉之日起向前推算 3 年计算。

（五）侵权赔偿数额

侵犯专利权的赔偿数额按照权利人因被侵权所受到的实际损失确定；实际损失难以确定的，可以按照侵权人因侵权所获得的利益确定。权利人的损失或者侵权人获得的利益难以确定的，参照该专利许可使用费的倍数合理确定。赔偿数额还应当包括权利人为制止侵权行为所支付的合理开支。权利人的损失、侵权人获得的利益和专利许可使用费均难以确定的，人民法院可以根据专利权的类型、侵权行为的性质和情节等因素，确定给予 3 万元以上 500 万元以下的赔偿。

（六）诉前临时措施

1. 诉前停止侵权

专利权人或者利害关系人有证据证明他人正在实施或者即将实施侵犯专利权的行为，如不及时制止将会使其合法权益受到难以弥补的损害的，可以在起诉前向人民法院申请采取责令停止有关行为的措施。申请人提出申请时，应当提供担保；不提供担保的，驳回申请。

人民法院应当自接受申请之时起 48 小时内作出裁定；有特殊情况需要延长的，可以延长 48 小时。裁定责令停止有关行为的，应当立即执行。当事人对裁定不服的，可以申请复议一次；复议期间不停止裁定的执行。申请人自人民法院采取责令停止有关行为的措施之日起 15 日内不起诉的，人民法院应当解除该措施。申请有错误的，申请人应当赔偿被申请人因停止有关行为所遭受的损失。

---

① 这就是所谓的现有技术抗辩。法院没有判断和宣告专利无效的职权，但是根据被告举证，如果其实施的技术或者设计属于现有技术或现有设计，显然其行为不侵犯任何人的权利。至于原告专利的效力，法院不去干涉。

2. 诉前证据保全

为了制止专利侵权行为，在证据可能灭失或者以后难以取得的情况下，专利权人或者利害关系人可以在起诉前向人民法院申请保全证据。人民法院采取保全措施，可以责令申请人提供担保；申请人不提供担保的，驳回申请。人民法院应当自接受申请之时起48小时内作出裁定；裁定采取保全措施的，应当立即执行。申请人自人民法院采取保全措施之日起15日内不起诉的，人民法院应当解除该措施。

3. 诉前财产保全

依照《民事诉讼法》第104条的规定进行财产保全，即利害关系人可以在提起诉讼或者申请仲裁前向被保全财产所在地、被申请人住所地或者对案件有管辖权的人民法院申请采取保全措施。

（七）违反专利法的法律责任

1. 民事责任

当侵权行为发生后，专利权人和利害关系人可以要求侵权人承担停止侵权、消除影响、赔偿损失等民事责任。

2. 行政责任

对有上述行为，但尚不构成犯罪的，侵犯发明人或者设计人的非职务发明创造专利申请权或者《专利法》规定的其他权益的，假冒专利产品（方法）的，以及其他既可追究民事责任，又可同时追究行政责任的行为，应依法追究有关人员的行政责任。专利管理部门根据《专利法》的规定，有权作出责令停止侵权、没收违法所得或者罚款的行政处理决定。管理专利工作的部门根据已经取得的证据，对涉嫌假冒专利行为进行查处时，可以询问有关当事人，调查与涉嫌违法行为有关的情况；对当事人涉嫌违法行为的场所实施现场检查；查阅、复制与涉嫌违法行为有关的合同、发票、账簿以及其他有关资料；检查与涉嫌违法行为有关的产品，对有证据证明是假冒专利的产品，可以查封或者扣押。管理专利工作的部门依法行使上述规定的职权时，当事人应当予以协助、配合，不得拒绝、阻挠。

3. 刑事责任

根据《专利法》第68条、第78条、第80条，《刑法》第216条、第397条、第398条的规定，对以下情况依法追究责任者的刑事责任：对假冒他人专利的；从事专利管理工作的国家机关工作人员以及其他国家机关工作人员滥用职权、玩忽职守或者徇私枉法致使公共财产、国家和人民利益遭受重大损失的；国家机关工作人员违反保守国家秘密法的规定，故意或者过失泄露国家秘密，情节严重的；擅自向外国申请专利、泄露国家秘密，情节严重，构成犯罪的。

本章小结

工业产权作为一种无形财产权，是当事人依法对发明创造、商标等智力成果和经营管理活动中的标记，在法定期限和地域内享有的专有权。相对于有形财产权而言，工业产权具有权利客体的非物质性、专有性、地域性、时间性和国家授予性等法律特征。

商标权即注册商标所有人对其注册商标进行独占支配的权利。商标权的主体是注册商标所有人，客体是注册商标。商标权人除专用权外，还有禁用权、转让权和使用许可权等权利。商标权的取得、内容和保护，是商标权法律制度的主要内容。

专利权即法律赋予专利权人对其获得专利的发明创造在一定期间内依法享有的专有权利。专利权人除独占实施权外，还有许可实施权和转让权等权利。专利权的取得、内容和保护，是专利权法律制度的主要内容。

核心法规

1.《中华人民共和国商标法》（1982 年 8 月 23 日通过，1993 年 2 月 22 日第一次修正，2001 年 10 月 27 日第二次修正，2013 年 8 月 30 日第三次修正，2019 年 4 月 23 日第四次修正）

2.《中华人民共和国商标法实施条例》（2002 年 8 月 3 日发布，自 2002 年 9 月 15 日起施行，原《中华人民共和国商标法实施细则》同时废止；2014 年 4 月 29 日修订）

3.《中华人民共和国专利法》（1984 年 3 月 12 日通过，1992 年 9 月 4 日第一次修正，2000 年 8 月 25 日第二次修正，2008 年 12 月 27 日第三次修正，2020 年 10 月 17 日第四次修正）

4.《中华人民共和国专利法实施细则》（1985 年 1 月 19 日发布，自 1985 年 4 月 1 日起施行；1992 年 12 月 21 日发布修订版，自 1993 年 1 月 1 日起施行；2001 年 6 月 15 日发布，2002 年 12 月 28 日第一次修订，2010 年 1 月 9 日第二次修订，2023 年 12 月 11 日第三次修订）

案例讨论

（一）

甲是某钢铁设计院的设计人员，2018 年 11 月退休在家。2019 年 5 月根据自己多年的研究心得总结出一整套的节能炼钢法，准备向国家知识产权局申请专利。2019 年 6 月 20 日，甲应邀参加了在德国柏林举办的国际钢铁行业展览会（该展览会属于中国政府承认的国际展览会）。在展览会上，甲在新技术发布和展示中向来宾介绍了他的节能炼钢法。许多钢铁行业的专家对该方法给予了很高的评价，多个跨国钢铁企业纷纷表达了希望能和甲进行合作的愿望。甲回国后即开始着手专利申请事宜。2019 年 11 月 15 日甲将自己的专利申请材料以挂号信邮寄出去。

请思考：

1. 甲的节能炼钢法能否申请实用新型专利？为什么？

2. 甲能否以个人名义申请专利，为什么？若申请成功，专利权归谁？甲可享有哪些权利？

3. 甲的发明创造是否具有新颖性？为什么？

简要分析：

1. 甲的节能炼钢法不能申请实用新型专利。实用新型必须是一种具有确定形状或者构造的产品，而不能是方法。方法只能申请发明专利。

2. 甲不能以个人名义申请专利。甲的节能炼钢法是在他退休后 1 年内作出的，执行本单位任务完成的发明创造，属于职务发明创造，申请专利的权利属于甲退休前所在的单位享有。专利申请成功后，专利权归单位享有。甲享有在专利申请文件上表明发明人身份的权利以及获得奖励和报酬的权利。

3. 甲的发明具有新颖性。《专利法》第 24 条规定："申请专利的发明创造在申请日以前六个月内，有下列情形之一的，不丧失新颖性：……（二）在中国政府主办或者承认的国际展览会上首次展出的；（三）在规定的学术会议或者技术会议上首次发表的……"

（二）

某化工厂以在肥皂上使用的"金兔"商标向商标局提出注册申请，经商标局审查后被核准。不久，该化工厂开始生产另一种产品——超浓缩洗衣粉，并在该产品上也使用"金兔"注册商标（假设肥皂和洗衣粉在商品分类表上属类似商品）。5 年后，该化工厂因污染严重，从市区迁往郊区。迁址后，该厂的主要产品改为超浓缩洗衣粉。因此，厂家与外地一家肥皂厂谈判，把在肥皂上使用的"金兔"注册商标转让给外地这家肥皂厂，双方签订了转让合同后，化工厂即停止在肥皂上使用"金兔"注册商标，但仍在洗衣粉上使用该注册商标。

请思考：上述化工厂的哪些做法是违反法律规定的？为什么？

简要分析：

1. 在超浓缩洗衣粉上使用"金兔"商标违法。因为注册商标权是指在核定使用的商品（肥皂）上使用核准注册的商标（"金兔"），在非肥皂的商品上使用"金兔"商标，属于扩大注册商标使用商品的范围，需要另行申请。

2. 转让在肥皂上使用的"金兔"商标，需要签订合同，并依法办理转让注册手续。依《商标法》第 42 条第 1 款规定："转让注册商标的，转让人和受让人应当签订转让协议，并共同向商标局提出申请……"依《商标法实施条例》第 31 条第 1 款规定："转让注册商标的，转让人和受让人应当向商标局提交转让注册商标申请书。转让注册商标申请手续应当由转让人和受让人共同办理。商标局核准转让注册商标申请的，发给受让人相应证明，并予以公告。"在本案中，双方未办理该手续，因而不发生"金兔"商标权转让的法律效力。故某化工厂可以继续在洗衣粉上使用"金兔"商标。外地的肥皂厂未能取得"金兔"注册商标权，所以其使用"金兔"商标应视作许可使用。

依照《商标法》第 42 条第 2 款规定："转让注册商标的，商标注册人对其在同一种商品上注册的近似的商标，或者在类似商品上注册的相同或者近似的商标，应当一并转让。"鉴于某化工厂并未在洗衣粉上注册"金兔"商标，自然也无法依法进行转让。

3. 从市区迁往郊区涉及注册人地址的改变，应当提出变更申请，未申请是违法的。

（三）

滨海五金刀具厂（以下简称刀具厂）向商标局申请商标注册。商标名称是"王麻子"，拟使用在剪刀上。商标局经审查后，依法给予核准注册并公告。不久刀具厂召开新闻发布会，宣布从今以后，任何人未经本厂同意，不得擅自使用"王麻子"商标，否则本厂将依法追究其侵权责任。（已知剪刀与菜刀、刮胡刀、手术刀等系《商标注册用商品和服务国际分类表》中的类似商品）。

请问：

1. 结合商标权的内涵分析刀具厂的声明正确与否。

2. 刀具厂能否自行将"王麻子"商标使用在其生产的菜刀、刮胡刀、手术刀等系列刀具产品上？为什么？若想使用，应履行何种手续？

3. 刀具厂若想将原“王麻子”商标改换为“方麻子”“黄麻子”“汪麻子”“房麻子”等麻子系列注册商标并使用在剪刀上，应履行何种手续？

4. 刀具厂能否自行将“王麻子”商标转让给其他剪刀厂？为什么？如果能，应履行何种手续？

简要分析：

1. 不正确。禁用权的效力仅限于禁止他人在与其核定使用的商品（剪刀）相同或类似的商品上使用与其核准注册的商标（“王麻子”）相同或近似的商标。其无权禁止他人在不相同或不相类似的商品上使用与其注册商标相同或近似的商标。

2. 不能。商标权人有权禁止他人在与其核定使用的商品相同或类似的商品上使用与其注册商标相同或近似的商标，并不意味着其自己就可以在核定使用的商品范围以外使用其注册商标。刀具厂若要在同类的其他商品上使用其“王麻子”注册商标，应当向商标局另行提出注册申请。

3. 上述麻子系列商标事实上属于新商标，刀具厂应当向商标局重新提出申请。

4. 虽然商标权人有自由转让作为财产权利的商标权的权利，但是其并不能自行转让。正确的做法是商标权人（刀具厂）与受让人共同向商标局提出商标转让申请书，并由受让人办理转让注册商标的申请手续。

复习思考

1. 工业产权有哪些特征？
2. 优先权制度的主要内容有哪些？
3. 商标注册应满足哪些条件？
4. 商标权的内容有哪些？
5. 侵犯商标权的行为有哪些？
6. 发明、实用新型和外观设计有哪些区别？
7. 专利法不保护的对象有哪些？
8. 专利侵权行为与依法不视为侵犯专利权行为的表现有哪些？

第十二章
国有资产管理法律制度

要点提示

- 国有资产的概念与分类
- 国有资产管理体制
- 关系国有资产出资人权益的重大事项
- 国有资产产权界定的范围
- 国有资产产权登记的机关和程序
- 国有资产评估的管理
- 国有资产交易的类型、程序与方式
- 国有企业清产核资的范围、内容与程序

第一节　国有资产管理法概述

一、国有资产的概念与分类

国有资产有广义和狭义之分。广义的国有资产即全民所有的财产，是指国家依法取得和认定的，或者国家以各种形式对企业的投资和投资的收益以及国家向行政事业单位拨款、接受馈赠等形式形成的多种形态的资产，包括行政事业性国有资产、资源性国有资产和经营性国有资产三种类型；而狭义的国有资产仅指经营性国有资产。

行政事业性国有资产是指由行政事业单位占有、使用，在法律上确认为国家所有，能以货币计量的各种经济资源的总和。它包括国家拨给行政事业单位的资产、行政事业单位按照国家法规政策规定运用国有资产所形成的资产，以及接受捐赠和其他法律确认为国家所有的资产。资源性国有资产是指有开发价值的国家自然资源，包括土地、矿藏、水流、森林、山岭、草原、滩涂、海洋等。经营性国有资产的法律概念是企业国有资产，《中华人民共和国企业国有资产法》（以下简称《企业国有资产法》）第 2 条规定，企业国有资产是指国家对企业各种形式的出资所形成的权益。由于它是国有资产中最重要、最活跃的部分，是国有资产管理法中最重要的客体，因而在国有资产法中，对国有资产一般按狭义来理解，本章通常也作狭义理解。

二、国有资产管理与国有资产管理法

国有资产管理，是指国有资产的所有者即国家对国有资产所有权的行使、管理权限的划

分、资产的运营状况、收益的享有、处分权的归属等所进行的控制和监督。

国有资产管理法是指调整在管理国有资产过程中发生的各种经济关系的法律规范的总称。目前，我国国有资产管理的核心法律是自 2009 年 5 月 1 日施行的《企业国有资产法》。国有资产管理方面的行政法规主要包括《企业国有资产监督管理暂行条例》《企业国有资产产权登记管理办法》《国有资产评估管理办法》。除此之外，还有《国有资产产权界定和产权纠纷处理暂行办法》《国有企业清产核资办法》《企业国有资产评估管理暂行办法》《企业国有资产交易监督管理办法》等大量的部门规章和地方性法规、政府规章及其他规范性文件等。

三、国有资产管理体制

国有资产管理体制，是国家关于国有资产管理机构的设置、权责划分以及国有资产管理的方式、制度和方法等的总称。《企业国有资产法》对国有资产管理体制作了以下规定。

国务院代表国家行使国有资产所有权。国务院和地方人民政府依照法律、行政法规的规定，分别代表国家对国家出资企业履行出资人职责，享有出资人权益。关系国民经济命脉和国家安全的大型国家出资企业、重要基础设施和重要自然资源等领域的国家出资企业，由国务院代表国家履行出资人职责，其他的国家出资企业，由地方人民政府代表国家履行出资人职责。国务院和地方人民政府应当按照政企分开、社会公共管理职能与国有资产出资人职能分开、不干预企业依法自主经营的原则，依法履行出资人职责。

国务院国有资产监督管理机构和地方人民政府按照国务院的规定设立的国有资产监督管理机构，根据本级人民政府的授权，代表本级人民政府对国家出资企业履行出资人职责。国务院和地方人民政府根据需要，也可以授权其他部门、机构代表本级人民政府对国家出资企业履行出资人职责。

处于国有资产管理体制核心地位，具有关键作用的履行出资人职责的机构的基本职责主要包括：(1) 代表本级人民政府对国家出资企业依法享有资产收益、参与重大决策和选择管理者等出资人权利；(2) 依照法律、行政法规的规定，制定或者参与制定国家出资企业的章程；(3) 对法律、行政法规和本级人民政府规定须经本级人民政府批准的履行出资人职责的重大事项，应当报请本级人民政府批准；(4) 委派的股东代表参加国有资本控股公司、国有资本参股公司召开的股东会会议、股东大会会议，应当按照委派机构的指示提出提案、发表意见、行使表决权，并将其履行职责的情况和结果及时报告委派机构；(5) 依照法律、行政法规以及企业章程履行出资人职责，保障出资人权益，防止国有资产损失；(6) 维护企业作为市场主体依法享有的权利，除依法履行出资人职责外，不得干预企业经营活动；(7) 对本级人民政府负责，向本级人民政府报告履行出资人职责的情况，接受本级人民政府的监督和考核，对国有资产的保值增值负责；(8) 按照国家有关规定，定期向本级人民政府报告有关国有资产总量、结构、变动、收益等汇总分析的情况。

四、国家出资企业及其管理者的选择与考核

(一) 国家出资企业

国家出资企业，是指国家出资的国有独资企业、国有独资公司，以及国有资本控股公司、国有资本参股公司。《企业国有资产法》对其作出了如下具体规定。

（1）国家出资企业对其动产、不动产和其他财产依照法律、行政法规以及企业章程享有占有、使用、收益和处分的权利。国家出资企业依法享有的经营自主权和其他合法权益受法律保护。

（2）国家出资企业从事经营活动，应当遵守法律、行政法规，加强经营管理，提高经济效益，接受人民政府及其有关部门、机构依法实施的管理和监督，接受社会公众的监督，承担社会责任，对出资人负责。国家出资企业应当依法建立和完善法人治理结构，建立健全内部监督管理和风险控制制度。

（3）国家出资企业应当依照法律、行政法规和国务院财政部门的规定，建立健全财务、会计制度，设置会计账簿，进行会计核算，依照法律、行政法规以及企业章程的规定向出资人提供真实、完整的财务、会计信息。国家出资企业应当依照法律、行政法规以及企业章程的规定，向出资人分配利润。

（4）国有独资公司、国有资本控股公司和国有资本参股公司依照《公司法》的规定设立监事会。国有独资企业由履行出资人职责的机构按照国务院的规定委派监事组成监事会。国家出资企业的监事会依照法律、行政法规以及企业章程的规定，对董事、高级管理人员执行职务的行为进行监督，对企业财务进行监督检查。

（5）国家出资企业依照法律规定，通过职工代表大会或者其他形式，实行民主管理。

（6）国家出资企业对其所出资企业依法享有资产收益、参与重大决策和选择管理者等出资人权利。国家出资企业对其所出资企业，应当依照法律、行政法规的规定，通过制定或者参与制定所出资企业的章程，建立权责明确、有效制衡的企业内部监督管理和风险控制制度，维护其出资人权益。

（二）国家出资企业管理者的选择

（1）国家出资企业管理者的任免权限。履行出资人职责的机构依照法律、行政法规以及企业章程的规定，任免或者建议任免国家出资企业的下列人员：1）任免国有独资企业的经理、副经理、财务负责人和其他高级管理人员；2）任免国有独资公司的董事长、副董事长、董事、监事会主席和监事；3）向国有资本控股公司、国有资本参股公司的股东会、股东大会提出董事、监事人选。国家出资企业中应当由职工代表出任的董事、监事，依照有关法律、行政法规的规定由职工民主选举产生。

（2）国家出资企业管理者的任职条件。履行出资人职责的机构任命或者建议任命的董事、监事、高级管理人员，应当具备下列条件：1）有良好的品行；2）有符合职位要求的专业知识和工作能力；3）有能够正常履行职责的身体条件；4）法律、行政法规规定的其他条件。董事、监事、高级管理人员在任职期间出现不符合前述规定情形或者出现《公司法》规定的不得担任公司董事、监事、高级管理人员情形的，履行出资人职责的机构应当依法予以免职或者提出免职建议。

（3）国家出资企业管理者的任职考察。履行出资人职责的机构对拟任命或者建议任命的董事、监事、高级管理人员的人选，应当按照规定的条件和程序进行考察，考察合格的，按照规定的权限和程序任命或者建议任命。

（4）国家出资企业管理者的兼职限制。未经履行出资人职责的机构同意，国有独资企业、国有独资公司的董事、高级管理人员不得在其他企业兼职。未经股东会、股东大会同意，国有资本控股公司、国有资本参股公司的董事、高级管理人员不得在经营同类业务的其他企业兼职。未经履行出资人职责的机构同意，国有独资公司的董事长不得兼任经理。未经股东会、股东大会同意，国有资本控股公司的董事长不得兼任经理。董事、高级管理人员不得兼任监事。

（5）国家出资企业管理者的义务。国家出资企业的董事、监事、高级管理人员应当遵守法律、行政法规以及企业章程，对企业负有忠实义务和勤勉义务，不得利用职权收受贿赂或者取得其他非法收入和不当利益，不得侵占、挪用企业资产，不得超越职权或者违反程序决定企业重大事项，不得有其他侵害国有资产出资人权益的行为。

（三）国家出资企业管理者的考核

（1）经营业绩考核。履行出资人职责的机构应当对其任命的企业管理者进行年度和任期考核，并依据考核结果决定对企业管理者的奖惩。履行出资人职责的机构应当按照国家有关规定，确定其任命的国家出资企业管理者的薪酬标准。

（2）任期责任审计。国有独资企业、国有独资公司和国有资本控股公司的主要负责人，应当接受依法进行的任期经济责任审计。

五、关系国有资产出资人权益的重大事项

《企业国有资产法》第五章规定了关系国有资产出资人权益的重大事项，具体内容如下。

（一）一般规定

（1）国家出资企业合并、分立、改制、上市，增加或者减少注册资本，发行债券，进行重大投资，为他人提供大额担保，转让重大财产，进行大额捐赠，分配利润，以及解散、申请破产等重大事项，应当遵守法律、行政法规以及企业章程的规定，不得损害出资人和债权人的权益。

（2）国有独资企业、国有独资公司合并、分立，增加或者减少注册资本，发行债券，分配利润，以及解散、申请破产，由履行出资人职责的机构决定。

（3）国有独资企业、国有独资公司有上述第1项所列事项的，除依照上述第2项和有关法律、行政法规以及企业章程的规定，由履行出资人职责的机构决定的以外，国有独资企业由企业负责人集体讨论决定，国有独资公司由董事会决定。

（4）国有资本控股公司、国有资本参股公司有上述第1项所列事项的，依照法律、行政法规以及公司章程的规定，由公司股东会、股东大会或者董事会决定。由股东会、股东大会决定的，履行出资人职责的机构委派的股东代表参加国有资本控股公司、国有资本参股公司召开的股东会会议、股东大会会议，应当按照委派机构的指示提出提案、发表意见、行使表决权，并将其履行职责的情况和结果及时报告委派机构。

（5）重要的国有独资企业、国有独资公司、国有资本控股公司的合并、分立、解散、申请破产以及法律、行政法规和本级人民政府规定应当由履行出资人职责的机构报经本级人民政府批准的重大事项，履行出资人职责的机构在作出决定或者向其委派参加国有资本控股公司股东会会议、股东大会会议的股东代表作出指示前，应当报请本级人民政府批准。

（6）国家出资企业发行债券、投资等事项，有关法律、行政法规规定应当报经人民政府或者人民政府有关部门、机构批准、核准或者备案的，依照其规定。

（7）国家出资企业投资应当符合国家产业政策，并按照国家规定进行可行性研究；与他人

交易应当公平、有偿，取得合理对价。

(8) 国家出资企业的合并、分立、改制、解散、申请破产等重大事项，应当听取企业工会的意见，并通过职工代表大会或者其他形式听取职工的意见和建议。

(二) 企业改制

(1) 企业改制的概念。企业改制是指：1) 国有独资企业改为国有独资公司；2) 国有独资企业、国有独资公司改为国有资本控股公司或者非国有资本控股公司；3) 国有资本控股公司改为非国有资本控股公司。

(2) 企业改制的决定。企业改制应当依照法定程序，由履行出资人职责的机构决定或者由公司股东会、股东大会决定。重要的国有独资企业、国有独资公司、国有资本控股公司的改制，履行出资人职责的机构在作出决定或者向其委派参加国有资本控股公司股东会会议、股东大会会议的股东代表作出指示前，应当将改制方案报请本级人民政府批准。

(3) 企业改制方案。企业改制应当制订改制方案，载明改制后的企业组织形式、企业资产和债权债务处理方案、股权变动方案、改制的操作程序、资产评估和财务审计等中介机构的选聘等事项。企业改制涉及重新安置企业职工的，还应当制定职工安置方案，并经职工代表大会或者职工大会审议通过。

(4) 企业改制中的必要工作。企业改制应当按照规定进行清产核资、财务审计、资产评估，准确界定和核实资产，客观、公正地确定资产的价值。企业改制涉及以企业的实物、知识产权、土地使用权等非货币财产折算为国有资本出资或者股份的，应当按照规定对折价财产进行评估，以评估确认价格作为确定国有资本出资额或者股份数额的依据。不得将财产低价折股或者有其他损害出资人权益的行为。

(三) 与关联方的交易

关联方，是指本企业的董事、监事、高级管理人员及其近亲属，以及这些人员所有或者实际控制的企业。国家出资企业与关联方的交易应当遵守下列规定。

(1) 关联方不得利用与国家出资企业之间的交易，谋取不当利益，损害国家出资企业的利益。国有独资企业、国有独资公司、国有资本控股公司不得无偿向关联方提供资金、商品、服务或者其他资产，不得以不公平的价格与关联方进行交易。

(2) 未经履行出资人职责的机构同意，国有独资企业、国有独资公司不得有下列行为：1) 与关联方订立财产转让、借款的协议；2) 为关联方提供担保；3) 与关联方共同出资设立企业，或者向董事、监事、高级管理人员或者其近亲属所有或者实际控制的企业投资。

(3) 国有资本控股公司、国有资本参股公司与关联方的交易，依照《公司法》和有关行政法规以及公司章程的规定，由公司股东会、股东大会或者董事会决定。由公司股东会、股东大会决定的，履行出资人职责的机构委派的股东代表参加国有资本控股公司、国有资本参股公司召开的股东会会议、股东大会会议，应当按照委派机构的指示提出提案、发表意见、行使表决权，并将其履行职责的情况和结果及时报告委派机构。公司董事会对公司与关联方的交易作出决议时，该交易涉及的董事不得行使表决权，也不得代理其他董事行使表决权。

(四) 资产评估

(1) 国有独资企业、国有独资公司和国有资本控股公司合并、分立、改制，转让重大财产，以非货币财产对外投资，清算或者有法律、行政法规以及企业章程规定应当进行资产评估的其他情形的，应当按照规定对有关资产进行评估。

（2）国有独资企业、国有独资公司和国有资本控股公司应当委托依法设立的符合条件的资产评估机构进行资产评估；涉及应当报经履行出资人职责的机构决定的事项的，应当将委托资产评估机构的情况向履行出资人职责的机构报告。

（3）国有独资企业、国有独资公司、国有资本控股公司及其董事、监事、高级管理人员应当向资产评估机构如实提供有关情况和资料，不得与资产评估机构串通评估作价。

（4）资产评估机构及其工作人员受托评估有关资产，应当遵守法律、行政法规以及评估执业准则，独立、客观、公正地对受托评估的资产进行评估。资产评估机构应当对其出具的评估报告负责。

（五）国有资产转让

国有资产转让，是指依法将国家对企业的出资所形成的权益转移给其他单位或者个人的行为，不包括按照国家规定无偿划转国有资产。《企业国有资产法》对企业国有资产转让中的基本问题作了下列规定。

（1）国有资产转让应当有利于国有经济布局和结构的战略性调整，防止国有资产损失，不得损害交易各方的合法权益。

（2）国有资产转让由履行出资人职责的机构决定。履行出资人职责的机构决定转让全部国有资产的，或者转让部分国有资产致使国家对该企业不再具有控股地位的，应当报请本级人民政府批准。

（3）国有资产转让应当遵循等价有偿和公开、公平、公正的原则。除按照国家规定可以直接协议转让的以外，国有资产转让应当在依法设立的产权交易场所公开进行。转让方应当如实披露有关信息，征集受让方；征集产生的受让方为两个以上的，转让应当采用公开竞价的交易方式。转让上市交易的股份依照《证券法》的规定进行。

（4）国有资产转让应当以依法评估的、经履行出资人职责的机构认可或者由履行出资人职责的机构报经本级人民政府核准的价格为依据，合理确定最低转让价格。

（5）法律、行政法规或者国务院国有资产监督管理机构规定可以向本企业的董事、监事、高级管理人员或者其近亲属，或者这些人员所有或者实际控制的企业转让的国有资产，在转让时，上述人员或者企业参与受让的，应当与其他受让参与者平等竞买；转让方应当按照国家有关规定，如实披露有关信息；相关的董事、监事和高级管理人员不得参与转让方案的制订和组织实施的各项工作。

（6）国有资产向境外投资者转让的，应当遵守国家有关规定，不得危害国家安全和社会公共利益。

六、国有资本经营预算

（一）国有资本经营预算的概念

国有资本经营预算是指国家以所有者身份依法取得国有资本收益，并对所得收益进行分配而发生的各项收支预算，是政府预算的重要组成部分。《企业国有资产法》第58条明确要求国家建立健全国有资本经营预算制度，对取得的国有资本收入及其支出实行预算管理。

（二）国有资本经营预算的收支范围

国有资本经营预算的收支范围包括下列国有资本收入及支出：（1）从国家出资企业分得的

利润；（2）国有资产转让收入；（3）从国家出资企业取得的清算收入；（4）其他国有资本收入。

（三）国有资本经营预算的编制

国有资本经营预算按年度单独编制，纳入本级人民政府预算，报本级人民代表大会批准。国有资本经营预算支出按照当年预算收入规模安排，不列赤字。国务院和有关地方人民政府财政部门负责国有资本经营预算草案的编制工作，履行出资人职责的机构向财政部门提出由其履行出资人职责的国有资本经营预算建议草案。

七、国有资产的监督

（1）各级人民代表大会常务委员会通过听取和审议本级人民政府履行出资人职责的情况和国有资产监督管理情况的专项工作报告，组织对本法实施情况的执法检查等，依法行使监督职权。

（2）国务院和地方人民政府应当对其授权履行出资人职责的机构履行职责的情况进行监督。

（3）国务院和地方人民政府审计机关依照《审计法》的规定，对国有资本经营预算的执行情况和属于审计监督对象的国家出资企业进行审计监督。

（4）国务院和地方人民政府应当依法向社会公布国有资产状况和国有资产监督管理工作情况，接受社会公众的监督。任何单位和个人有权对造成国有资产损失的行为进行检举和控告。

（5）履行出资人职责的机构根据需要，可以委托会计师事务所对国有独资企业、国有独资公司的年度财务会计报告进行审计，或者通过国有资本控股公司的股东会、股东大会决议，由国有资本控股公司聘请会计师事务所对公司的年度财务会计报告进行审计，维护出资人的权益。

第二节　国有资产产权界定法律制度

一、国有资产产权界定的概念

国有资产产权是指对国家依法取得和认定的，或者国家以各种形式对企业投资和投资收益、国家向行政事业单位拨款等形成的资产。[①] 国有资产产权界定则是指国家依法划分国有资产财产所有权和经营权、使用权等产权归属，明确各类国有产权主体行使权利的财产范围及管理权限的一种法律行为。在产权界定过程中，应当坚持下列原则：一是谁投资、谁拥有产权的原则；二是维护国有资产所有者权益及经营使用者的合法权益，又不得侵犯其他财产所有者的合法权益的原则。

为了规范这项工作，国家先后制定了《国有资产产权界定和产权纠纷处理暂行办法》《集体企业国有资产产权界定暂行办法》等专门性规章。

二、国有资产产权界定的范围

（一）国家机关、事业单位、政党、人民团体

国家机关及其所属事业单位占有、使用的资产，以及政党、人民团体中由国家拨款等形成

① 参见《国有资产产权界定和产权纠纷处理暂行办法》第 2 条。

的资产，界定为国有资产。

（二）国有企业

国有企业即全民所有制企业。其资产不论是国家直接投入的，还是企业通过生产经营活动取得的，均属国家所有，应界定为国有资产。其产权界定具体依下列办法处理。

（1）有权代表国家投资的部门和机构以货币、实物和所有权属于国家的土地使用权、知识产权等向企业投资，形成的国家资本金，界定为国有资产。

（2）全民所有制企业运用国家资本金及在经营中借入的资金等所形成的税后利润经国家批准留给企业作为增加投资的部分以及从税后利润中提取的盈余公积金、公益金和未分配利润等，界定为国有资产。

（3）以全民所有制企业和行政事业单位（以下统称全民单位）担保，完全用国内外借入资金投资创办的或完全由其他单位借款创办的全民所有制企业，其收益积累的净资产，界定为国有资产。

（4）全民所有制企业接受馈赠形成的资产，界定为国有资产。

（5）在实行《企业财务通则》《企业会计准则》以前，全民所有制企业从留利中提取的职工福利基金、职工奖励基金和“两则”实行后用公益金购建的集体福利设施而相应增加的所有者权益，界定为国有资产。

（6）全民所有制企业中党、团、工会组织等占用企业的财产，不包括以个人缴纳党费、团费、会费以及按国家规定由企业拨付的活动经费等结余购建的资产，界定为国有资产。

（三）全民单位之间

尽管全民单位占用的国有资产从法律性质上都属于国家所有，但鉴于产权的概念除包括所有权外还包括经营权、使用权等其他权能，所以，在全民单位之间也存在国有资产产权界定的问题。为此，《国有资产产权界定和产权纠纷处理暂行办法》专章规定了全民单位之间的产权界定，具体如下。

（1）各全民单位占用的国有资产，应按分级分工管理的原则，分别明确其与中央、地方、部门之间的管理关系，非经有权管理其所有权的人民政府批准或双方约定，并办理产权划转手续，不得变更资产的管理关系。

（2）全民单位对国家授予其使用或经营的资产拥有使用权或经营权，除法律、法规另有规定者外，不得在全民单位之间无偿调拨其资产。

（3）全民所有制企业之间是平等竞争的法人实体，相互之间可以投资入股，按照“谁投资、谁拥有产权”的原则，企业法人的对外长期投资或入股，属于企业法人的权益，不受非法干预或侵占。

（4）国家机关投资创办的企业和其他经济实体，应与国家机关脱钩，其产权由国有资产管理部门会同有关部门委托有关机构管理。国家机关所属事业单位经批准以其占用的国有资产出资创办的企业和其他经济实体，其产权归该单位拥有。

（5）依据国家有关规定，企业之间可以实行联营，并享有联营合同规定范围内的财产权利。

（6）对电力、邮电、铁路和城市市政公用事业等部门，按国家规定由行业统一经营管理，可由国有资产管理部门委托行业主管部门根据历史因素及其行业管理特点，对使用单位投入资金形成的资产，按《国有资产产权界定和产权纠纷处理暂行办法》第23条规定的办法处理。

(7) 对全民单位由于历史原因或管理问题造成的有关房屋产权和土地使用权关系不清或有争议的，依《国有资产产权界定和产权纠纷处理暂行办法》第22条解决。

(四) 集体所有制企业

集体所有制企业中国有资产产权界定依下列办法处理。

(1) 全民单位以货币、实物和所有权属于国家的土地使用权、知识产权等独资创办的以集体所有制名义注册登记的企业单位，其资产所有权应界定按照全民所有制企业中的产权界定相关规定办理。但法律、法规规定或协议约定属于集体企业并经国有资产管理部门认定的属于无偿资助的除外。

(2) 全民单位用国有资产在集体企业中的投资以及按照投资份额应取得的资产收益留给集体企业发展生产的资本金及其权益，应界定为国有资产。

(3) 集体企业依据国家规定享受税前还贷形成的资产，其中属于国家税收应收未收的税款部分，界定为国有资产；集体企业依据国家规定享受减免税形成的资产，其中列为"国家扶持基金"等投资性的减免税部分界定为国有资产。

(4) 集体企业改组为股份制企业时，改组前税前还贷形成的资产中国家税收应收未收的税款部分和各种减免税形成的资产中列为"国家扶持基金"等投资性的减免税部分界定为国家股，其他减免税部分界定为企业资本公积金。

(5) 供销、手工业、信用等合作社中由国家拨入的资本金（含资金或者实物）界定为国有资产，经国有资产管理部门会同有关部门核定数额后，继续留给合作社使用，由国家收取资产占用费。

(6) 集体企业和合作社无偿占用国有土地的，应由国有资产管理部门会同土地管理部门核定其占用土地的面积和价值量，并依法收取土地占用费。集体企业和合作社改组为股份制企业时，国有土地折价部分，形成的国家股份或其他所有者权益，界定为国家资产。

(五) 中外合资 (合作) 经营企业

(1) 中方以国有资产出资投入的资本总额，包括现金、厂房建筑物、机器设备、场地使用权、无形资产等形成的资产，界定为国有资产。

(2) 企业注册资本增加，按双方协议，中方以分得利润向企业再投资或在优先购买另一方股份的投资活动中所形成的资产，界定为国有资产。

(3) 可分配利润及从税后利润中提取的各项基金中中方按投资比例所占的相应份额，不包括已提取用于职工奖励、福利等分配给个人消费的基金，界定为国有资产。

(4) 中方职工的工资差额，界定为国有资产。

(5) 企业根据中国法律和有关规定按中方工资总额一定比例提取的中方职工的住房补贴基金，界定为国有资产。

(6) 企业清算或完全解散时，馈赠或无偿留给中方继续使用的各项资产，界定为国有资产。

(六) 股份制企业、联营企业

股份制企业中国有资产产权界定依下列办法处理。

(1) 国家机关或其授权单位向股份制企业投资形成的股份，包括现有已投入企业的国有资产折成的股份，构成股份制企业中的国家股，界定为国有资产。

（2）全民所有制企业向股份制企业投资形成的股份，构成国有法人股，界定为国有资产。

（3）股份制企业公积金、公益金中，全民单位按照投资应占有的份额，界定为国有资产。

（4）股份制企业未分配利润中，全民单位按照投资比例所占的相应份额，界定为国有资产。

联营企业中国有资产产权界定参照上述规定的原则办理。

第三节　国有资产产权登记法律制度

一、国有资产产权登记的概念

国有资产产权登记，是指国有资产管理部门代表政府对占有国有资产的各类企业的资产、负债、所有者权益等产权状况进行登记，依法确认产权归属关系的行为。这就是说，通过国有资产管理部门组织的产权登记，一方面明确了国家对哪些资产具有所有权，另一方面也明确了企业、单位对哪些资产具有经营使用权。国有资产产权登记是国有资产管理的重要内容，也是国有资产产权界定的延伸和发展。产权界定是产权登记的前提，产权登记是对产权界定的法律确认。

应当指出的是，国有资产产权登记不仅有利于明晰产权关系，为深化企业改革奠定良好的制度基础，而且有利于考核和评价国有资产经营使用的效益，是国有资产管理的基础。改革开放以后，国有企业逐步有了经营自主权，产权变动、资产价格变动不断，经济行为迫切要求被纳入法制化轨道，产权的基础管理也逐步受到重视。1992 年 5 月，国家国有资产管理局、财政部、国家工商行政管理总局联合发布了《国有资产产权登记管理试行办法》（以下简称《试行办法》），经国务院批准，于 1992 年在全国范围内开展国有资产产权登记工作。此后，通过不断总结实践经验，在上述《试行办法》的基础上，国务院于 1996 年 1 月 25 日发布了《企业国有资产产权登记管理办法》。1997 年，国务院出台了一系列配套的规章制度，为产权登记创造了一个良好的法律环境，使之逐渐走上规范化管理的道路。《企业国有资产法》颁布之后，为了实施《企业国有资产法》，2012 年，国务院国有资产监督管理委员会发布了《国家出资企业产权登记管理暂行办法》。

二、国有资产产权登记的范围

下列已取得或申请取得法人资格的企业或国家授权投资的机构，应当按规定申办国有资产产权登记：（1）国有企业；（2）国有独资公司；（3）国家授权投资的机构；（4）设置国有股权的有限责任公司和股份有限公司；（5）国有企业、国有独资公司或国家授权投资机构投资设立的企业；（6）其他形式占有、使用国有资产的企业。

三、国有资产产权登记的种类

1. 占有产权登记

企业应当依照法律、法规向国有资产管理部门办理占有产权登记。有下列情形之一的，应当办理占有产权登记：（1）因投资、分立、合并而新设企业的；（2）因收购、投资入股而首次取得企业股权的；(3) 其他应当办理占有产权登记的情形。

占有产权登记的主要内容包括：(1) 出资人名称、住所、出资金额及法定代表人；(2) 企业名称、住所及法定代表人；(3) 企业的资产、负债及所有者权益；(4) 企业实收资本、国有资本；(5) 企业投资情况；(6) 国务院国有资产管理部门规定的其他事项。

2. 变动产权登记

企业发生下列情形之一的，应当办理变动产权登记：(1) 企业名称、住所或法定代表人改变的；(2) 企业组织形式发生变动的；(3) 企业国有资本额发生增减变动的；(4) 企业国有资本出资人发生变动的；(5) 产权登记机关规定的其他变动情形。

3. 注销产权登记

企业发生下列情形之一的，应当办理注销产权登记：(1) 因解散、破产进行清算，并注销企业法人资格的；(2) 因产权转让、减资、股权出资、出资人性质改变等导致企业出资人中不再存续履行出资人职责的机构和履行出资人职责的企业的；(3) 产权登记机关规定的应当办理注销产权登记的其他情形。

四、国有资产产权登记的年度检查

企业应当于每一年度终了后 90 日内，办理产权年度检查登记，向国有资产管理部门提交财务报告和国有资产经营年度报告书，报告下列主要内容：(1) 出资人的资金实际到位情况；(2) 企业国有资产的结构变化，包括企业对外投资情况；(3) 国有资产增减、变动情况；(4) 国务院国有资产管理部门规定的其他事项。

年检合格后，由产权登记机关在企业产权登记证副本和年度检查表上加盖年检合格章。

五、国有资产产权登记的机关和程序

1. 机关

国有资产产权登记应当遵循统一政策、分级管理的原则。县级以上政府负责国有资产管理的部门按产权归属关系组织实施。财政部主管全国产权登记工作，统一制定产权登记的各项政策法规，并具体负责国务院管辖的企业，中央各部门、直属机构的机关后勤、事业单位，各直属事业单位及全国性社会团体管辖的企业，中央国有企业、国有独资公司或国务院授权的投资机构投资设立的企业的产权登记工作；省级财政部门或国有资产管理部门负责省级政府管辖的企业以及其他依法归其负责的企业的产权登记工作；地（市）县负责国有资产管理的部门产权登记管辖范围由各省、自治区、直辖市及计划单列市财政（国有资产管理）部门具体规定。

2. 程序

企业发生产权登记相关经济行为时，应当在相关经济行为完成后 20 个工作日内，在办理工商登记前，申请办理产权登记。企业注销法人资格的，应当在办理工商注销登记后，及时办理注销产权登记。

企业申请办理产权登记，应当由履行出资人职责的企业按照填报要求，填写有关登记内容和相关经济行为合规性资料目录，逐级报送国家出资企业，国家出资企业负责对登记内容及相关经济行为的合规性进行审核后，向国有资产监督管理机构申请登记。同一国有资产监督管理机构及其管理的多个履行出资人职责的企业共同出资的企业，由拥有实际控制权的一方负责申请办理产权登记；任一方均不拥有实际控制权的，由持股比例最大的一方负责申请办理产权登记；各方持股比例相等的，由其共同推举一方负责申请办理产权登记。非同一国有资产监督管理机构及其管理的多个履行出资人职责的企业共同出资的企业，由各方分别申请办理产权登记。

国有资产监督管理机构在国家出资企业报送产权登记信息10个工作日内，对符合登记要求的企业予以登记；对相关经济行为操作过程中存在瑕疵的企业，国有资产监督管理机构应当向国家出资企业下发限期整改通知书，完成整改后予以登记。

已办理产权登记的国家出资企业，由国有资产监督管理机构核发产权登记证；已办理产权登记的其他企业，由国有资产监督管理机构或者由国有资产监督管理机构授权国家出资企业核发产权登记表。产权登记证、登记表是企业办结产权登记的证明，是客观记载企业产权状况基本信息的文件。产权登记证、登记表的格式和内容由国务院国有资产监督管理机构统一制发，企业在使用过程中不得擅自修改。

企业应当在办理工商登记后10个工作日内，将企业法人营业执照或者工商变更登记表报送国有资产监督管理机构；工商登记信息与产权登记信息存在不一致的，企业应当核实相关资料，涉及变更产权登记信息的，企业应当修改后重新报送，国有资产监督管理机构或者国家出资企业对相关登记信息进行确认后重新核发产权登记证、登记表。产权登记仅涉及企业名称、注册地、主营业务等基础信息改变的，可在办理工商登记后申请办理产权登记。

六、国有资产产权登记管理

（1）国家出资企业应当建立健全产权登记制度和工作体系，落实产权登记管理工作责任，并对制度执行情况进行监督检查。年度检查结果应当书面报告国有资产监督管理机构。

（2）各级国有资产监督管理机构应当对企业产权登记工作的日常登记情况、年度检查情况和限期整改事项落实情况等进行检查，并予以通报。

（3）国有资产监督管理机构、国家出资企业应当建立健全产权登记档案管理制度；国家出资企业对办理完成的产权登记事项，应当及时将合规性资料目录中所列资料整理归档，分户建立企业产权登记档案。

（4）企业有下列行为之一的，由国有资产监督管理机构责令改正或者予以通报，造成国有资产损失的，依照有关规定追究企业领导和相关人员的责任：1）未按规定及时、如实申请办理产权登记的；2）未按期进行整改的；3）伪造、涂改产权登记证、登记表的。

第四节　国有资产评估法律制度

一、国有资产评估的概念

资产评估是指对资产在价值形态上的估价。国有资产评估即对国有资产在价值形态上的估价。具体来说，国有资产评估是指由具备法定资格的资产评估机构和人员，依照公允的原则和标准，依照法定的程序，运用科学的方法，对委托人的国有资产的现时价格进行评定和估算的法律行为。国有资产评估对于防止国有资产流失、维护市场竞争主体的合法权益、促进市场经济的发展具有重要意义。为了规范企业国有资产评估行为，维护国有资产出资人合法权益，促进企业国有产权有序流转，防止国有资产流失，2005 年，国资委发布实施了《企业国有资产评估管理暂行办法》。

二、国有资产评估的范围

各级国有资产监督管理机构履行出资人职责的企业及其各级子企业有下列行为之一的，应当对相关资产进行评估：(1) 整体或者部分改建为有限责任公司或者股份有限公司；(2) 以非货币资产对外投资；(3) 合并、分立、破产、解散；(4) 非上市公司国有股东股权比例变动；(5) 产权转让；(6) 资产转让、置换；(7) 整体资产或者部分资产租赁给非国有单位；(8) 以非货币资产偿还债务；(9) 资产涉讼；(10) 收购非国有单位的资产；(11) 接受非国有单位以非货币资产出资；(12) 接受非国有单位以非货币资产抵债；(13) 法律、行政法规规定的其他需要进行资产评估的事项。

各级国有资产监督管理机构履行出资人职责的企业及其各级子企业有下列行为之一的，可以不对相关国有资产进行评估：(1) 经各级人民政府或其国有资产监督管理机构批准，对企业整体或者部分资产实施无偿划转；(2) 国有独资企业与其下属独资企业（事业单位）之间或其下属独资企业（事业单位）之间的合并、资产（产权）置换和无偿划转。

三、国有资产评估的原则

(1) 真实性原则。真实性原则要求国有资产占有单位必须全面提供评估资产及其资料，不能隐瞒被评估的资产及其所依据的资料；所提供的资产及其资料必须是真实的，不能伪造资料的内容；资产评估机构必须实事求是地对被评估资产及其所依据的资料进行分析评估，不能故意抬高或压低国有资产的价值。

(2) 公正性原则。资产评估机构及其人员在评估资产过程中必须自觉地始终保持中立，根据客观情况独立地作出判定，不受外界尤其是委托人的意图干扰，故意倾向资产交易的一方；资产交易双方及其他单位或者个人，尤其是交易双方的上级主管机关不能干预资产评估机构的评估工作，更不能强令资产评估机构接受其所拟定的价格；资产评估机构及其人员不能与被评估资产各方当事人有利害关系，否则应该回避。

(3) 科学性原则，是指要充分运用国有资产评估中的客观规律来开展评估工作。该原则要求资产评估当事人尤其是资产评估机构在资产评估过程中，应当采用科学的评估方法、评估手段、评估方案等，以保证资产评估能够顺利完成。与此同时，国家有关部门制定的评估规则也必须反映国有资产评估中的客观规律。

(4) 可行性原则，是指提出的评估结果必须是被法律所承认的，在法律上是有效的。具体而言，评估组织必须是合法的，其程序、方法、标准均是按照法定要求进行的。此外，在保证评估结果质量的前提下，还要尽可能地节约各方面资源，提高效率。

四、国有资产评估的管理

(一) 核准与备案

国有资产评估项目实行核准制和备案制。经各级人民政府批准经济行为的事项涉及的资产评估项目，分别由其国有资产监督管理机构负责核准。经国务院国有资产监督管理机构批准经济行为的事项涉及的资产评估项目，由国务院国有资产监督管理机构负责备案；经国务院国有资产监督管理机构所出资企业及其各级子企业批准经济行为的事项涉及的资产评估项目，由中央企业负责备案。地方国有资产监督管理机构及其所出资企业的资产评估项目备案管理工作的职责分工，由地方国有资产监督管理机构根据各地实际情况自行规定。

凡需经核准的资产评估项目，企业在资产评估前应当向国有资产监督管理机构报告下列有关事项：相关经济行为批准情况，评估基准日的选择情况，资产评估范围的确定情况，选择资产评估机构的条件、范围、程序及拟选定机构的资质、专业特长情况，资产评估的时间进度安排情况。

资产评估项目的核准按照下列程序进行：企业收到资产评估机构出具的评估报告后应当逐级上报初审，经初审同意后，自评估基准日起 8 个月内向国有资产监督管理机构提出核准申请；国有资产监督管理机构收到核准申请后，对符合核准要求的，及时组织有关专家审核，在 20 个工作日内完成对评估报告的核准；对不符合核准要求的，予以退回。

企业提出资产评估项目核准申请时，应当向国有资产监督管理机构报送下列文件材料：资产评估项目核准申请文件，资产评估项目核准申请表，与评估目的相对应的经济行为批准文件或有效材料，所涉及的资产重组方案或者改制方案、发起人协议等材料，资产评估机构提交的资产评估报告（包括评估报告书、评估说明、评估明细表及其电子文档），与经济行为相对应的审计报告，资产评估各当事方的相关承诺函，其他有关材料。

国有资产监督管理机构应当对下列事项进行审核：资产评估项目所涉及的经济行为是否获得批准；资产评估机构是否具备相应评估资质；评估人员是否具备相应执业资格；评估基准日的选择是否适当，评估结果的使用有效期是否明示；资产评估范围与经济行为批准文件确定的资产范围是否一致；评估依据是否适当；企业是否就所提供的资产权属证明文件、财务会计资料及生产经营管理资料的真实性、合法性和完整性作出承诺；评估过程是否符合相关评估准则的规定；参与审核的专家是否达成一致意见。

国有资产监督管理机构及所出资企业根据下列情况确定是否对资产评估项目予以备案：资产评估所涉及的经济行为是否获得批准；资产评估机构是否具备相应评估资质，评估人员是否具备相应执业资格；评估基准日的选择是否适当，评估结果的使用有效期是否明示；资产评估范围与经济行为批准文件确定的资产范围是否一致；企业是否就所提供的资产权属证明文件、财务会计资料及生产经营管理资料的真实性、合法性和完整性作出承诺；评估程序是否符合相关评估准则的规定。

资产评估项目的备案按照下列程序进行：企业收到资产评估机构出具的评估报告后，将备案材料逐级报送国有资产监督管理机构或其所出资企业，自评估基准日起 9 个月内提出备案申请；国有资产监督管理机构或者所出资企业收到备案材料后，对材料齐全的，在 20 个工作日内办理备案手续，必要时可组织有关专家参与备案评审。

资产评估项目备案需报送下列文件材料：国有资产评估项目备案表一式三份，资产评估报告（评估报告书、评估说明和评估明细表及其电子文档），与资产评估项目相对应的经济行为批准文件，其他有关材料。

国有资产监督管理机构下达的资产评估项目核准文件和经国有资产监督管理机构或所出资企业备案的资产评估项目备案表是企业办理产权登记、股权设置和产权转让等相关手续的必备文件。经核准或备案的资产评估结果使用有效期为自评估基准日起1年。企业进行与资产评估相应的经济行为时，应当以经核准或备案的资产评估结果为作价参考依据；当交易价格低于评估结果的90%时，应当暂停交易，在获得原经济行为批准机构同意后方可继续交易。

（二）监督检查

各级国有资产监督管理机构应当加强对企业国有资产评估工作的监督检查，重点检查企业内部国有资产评估管理制度的建立、执行情况和评估管理人员配备情况，定期或者不定期地对资产评估项目进行抽查。

各级国有资产监督管理机构对企业资产评估项目进行抽查的内容包括：企业经济行为的合规性；评估的资产范围与有关经济行为所涉及的资产范围是否一致；企业提供的资产权属证明文件、财务会计资料及生产经营管理资料的真实性、合法性和完整性；资产评估机构的执业资质和评估人员的执业资格；资产账面价值与评估结果的差异；经济行为的实际成交价与评估结果的差异；评估工作底稿；评估依据的合理性；评估报告对重大事项及其对评估结果影响的披露程度，以及该披露与实际情况的差异；其他有关情况。

省级国有资产监督管理机构应当于每年度终了30个工作日内将检查、抽查及处理情况报送国务院国有资产监督管理机构。国有资产监督管理机构应当将资产评估项目的抽查结果通报相关部门。

第五节　企业国有资产交易法律制度

一、企业国有资产交易的概念

根据《企业国有资产交易监督管理办法》第3条的规定，企业国有资产交易是企业产权转让、企业增资和企业资产转让这三种行为的统称。企业产权转让是指履行出资人职责的机构、国有及国有控股企业、国有实际控制企业转让其对企业各种形式出资所形成权益的行为；企业增资是指除政府以增加资本金方式对国家出资企业的投入以外的国有及国有控股企业、国有实际控制企业增加资本的行为；企业资产转让是指国有及国有控股企业、国有实际控制企业的重大资产转让行为。

除国家法律、法规另有规定的外，企业国有资产交易应当遵守国家法律、法规和政策规定，有利于国有经济布局和结构调整优化，充分发挥市场配置资源的作用，遵循等价有偿和公开、公平、公正的原则，在依法设立的产权交易机构中公开进行。

企业国有资产交易标的应当权属清晰，不存在法律、法规禁止或限制交易的情形。已设定担保物权的国有资产交易，应当符合《民法典》等有关法律、法规规定。涉及政府社会公共管理事项的，应当依法报政府有关部门审核。

二、企业产权转让

（一）企业产权转让的审批

国有资产监督管理机构负责审核国家出资企业的产权转让事项。其中，因产权转让致使国家不再拥有所出资企业控股权的，须由国有资产监督管理机构报本级人民政府批准。国家出资企业应当制定其子企业产权转让管理制度，确定审批管理权限。其中，对主业处于关系国家安全、国民经济命脉的重要行业和关键领域，主要承担重大专项任务子企业的产权转让，须由国家出资企业报同级国有资产监督管理机构批准。

转让方为多家国有股东共同持股的企业，由其中持股比例最大的国有股东负责履行相关批准程序；各国有股东持股比例相同的，由相关股东协商后确定其中一家股东负责履行相关批准程序。

产权转让导致国有股东持有上市公司股份间接转让的，应当同时遵守上市公司国有股权管理以及证券监管相关规定。

企业产权转让涉及交易主体资格审查、反垄断审查、特许经营权、国有划拨土地使用权、探矿权和采矿权等政府审批事项的，按照相关规定执行。

受让方为境外投资者的，应当符合外商投资产业指导目录和负面清单管理要求，以及外商投资安全审查有关规定。

（二）企业产权转让的程序

第一，转让方应当按照企业发展战略做好产权转让的可行性研究和方案论证。产权转让涉及职工安置事项的，安置方案应当经职工代表大会或职工大会审议通过；涉及债权债务处置事项的，应当符合国家相关法律、法规的规定。

第二，产权转让应当由转让方按照企业章程和企业内部管理制度进行决策，形成书面决议。国有控股和国有实际控制企业中国有股东委派的股东代表，应当按照本办法规定和委派单位的指示发表意见、行使表决权，并将履职情况和结果及时报告委派单位。

第三，产权转让事项经批准后，由转让方委托会计师事务所对转让标的企业进行审计。涉及参股权转让不宜单独进行专项审计的，转让方应当取得转让标的企业最近一期年度审计报告。对按照有关法律、法规要求必须进行资产评估的产权转让事项，转让方应当委托具有相应资质的评估机构对转让标的进行资产评估，产权转让价格应以经核准或备案的评估结果为基础确定。

第四，经以上程序之后，产权转让可以根据具体情形的不同选择进场公开转让或者非公开协议转让的方式具体实施。

（三）企业产权转让的方式

1. 进场公开转让

所谓进场公开转让，即产权转让通过产权市场公开进行。产权转让原则上应当通过产权市场公开进行。

转让方可以根据企业实际情况和工作进度安排，采取信息预披露和正式披露相结合的方式，通过产权交易机构网站分阶段对外披露产权转让信息，公开征集受让方。其中正式披露信息时间不得少于 20 个工作日。因产权转让导致转让标的企业的实际控制权发生转移的，转让方应当在转让行为获批后 10 个工作日内，通过产权交易机构进行信息预披露，时间不得少于 20 个工作日。

产权转让原则上不得针对受让方设置资格条件，确需设置的，不得有明确指向性或违反公平竞争原则，所设资格条件相关内容应当在信息披露前报同级国有资产监督管理机构备案，国有资产监督管理机构在 5 个工作日内未反馈意见的视为同意。

转让方披露信息包括但不限于以下内容：（1）转让标的基本情况；（2）转让标的企业的股

东结构；（3）产权转让行为的决策及批准情况；（4）转让标的企业最近一个年度审计报告和最近一期财务报表中的主要财务指标数据，包括但不限于资产总额、负债总额、所有者权益、营业收入、净利润等（转让参股权的，披露最近一个年度审计报告中的相应数据）；（5）受让方资格条件（适用于对受让方有特殊要求的情形）；（6）交易条件、转让底价；（7）企业管理层是否参与受让，有限责任公司原股东是否放弃优先受让权；（8）竞价方式，受让方选择的相关评判标准；（9）其他需要披露的事项。其中信息预披露应当包括但不限于以上（1）（2）（3）（4）（5）项内容。

转让方应当按照要求向产权交易机构提供披露信息内容的纸质文档材料，并对披露内容和所提供材料的真实性、完整性、准确性负责。产权交易机构应当对信息披露的规范性负责。

产权转让项目首次正式信息披露的转让底价，不得低于经核准或备案的转让标的评估结果。信息披露期满未征集到意向受让方的，可以延期或在降低转让底价、变更受让条件后重新进行信息披露。降低转让底价或变更受让条件后重新披露信息的，披露时间不得少于 20 个工作日。新的转让底价低于评估结果的 90%时，应当经转让行为批准单位书面同意。

转让项目自首次正式披露信息之日起超过 12 个月未征集到合格受让方的，应当重新履行审计、资产评估以及信息披露等产权转让工作程序。在正式披露信息期间，转让方不得变更产权转让公告中公布的内容，由于非转让方原因或其他不可抗力因素可能对转让标的价值判断造成影响的，转让方应当及时调整补充披露信息内容，并相应延长信息披露时间。

产权交易机构负责意向受让方的登记工作，对意向受让方是否符合受让条件提出意见并反馈转让方。产权交易机构与转让方意见不一致的，由转让行为批准单位决定意向受让方是否符合受让条件。

产权转让信息披露期满、产生符合条件的意向受让方的，按照披露的竞价方式组织竞价。竞价可以采取拍卖、招投标、网络竞价以及其他竞价方式，且不得违反国家法律法规的规定。

受让方确定后，转让方与受让方应当签订产权交易合同，交易双方不得以交易期间企业经营性损益等理由对已达成的交易条件和交易价格进行调整。交易价款应当以人民币计价，通过产权交易机构以货币进行结算。因特殊情况不能通过产权交易机构结算的，转让方应当向产权交易机构提供转让行为批准单位的书面意见以及受让方付款凭证。交易价款原则上应当自合同生效之日起 5 个工作日内一次付清。一次付清确有困难的，可以采取分期付款方式。采用分期付款方式的，首期付款不得低于总价款的 30%，并在合同生效之日起 5 个工作日内支付；其余款项应当提供转让方认可的合法有效担保，并按同期银行贷款利率支付延期付款期间的利息，付款期限不得超过 1 年。

产权交易合同生效后，产权交易机构应当将交易结果通过交易机构网站对外公告，公告内容包括交易标的名称、转让标的评估结果、转让底价、交易价格，公告期不少于 5 个工作日。产权交易合同生效，并且受让方按照合同约定支付交易价款后，产权交易机构应当及时为交易双方出具交易凭证。

2. 非公开协议转让

以下情形的产权转让可以采取非公开协议转让方式：（1）涉及主业处于关系国家安全、国民经济命脉的重要行业和关键领域企业的重组整合，对受让方有特殊要求，企业产权需要在国有及国有控股企业之间转让的，经国有资产监督管理机构批准，可以采取非公开协议转让方式；（2）同一国家出资企业及其各级控股企业或实际控制企业之间因实施内部重组整合进行产权转让的，经该国家出资企业审议决策，可以采取非公开协议转让方式。

采取非公开协议转让方式转让企业产权，转让价格不得低于经核准或备案的评估结果。以下情形按照《公司法》、企业章程履行决策程序后，转让价格可以资产评估报告或最近一期审计报告确认的净资产值为基础确定，且不得低于经评估或审计的净资产值：（1）同一国家出资企业内部实施重组整合，转让方和受让方为该国家出资企业及其直接或间接全资拥有的子企业；（2）同一国有控股企业或国有实际控制企业内部实施重组整合，转让方和受让方为该国有控股企业或国有实际控制企业及其直接、间接全资拥有的子企业。

国有资产监督管理机构批准、国家出资企业审议决策采取非公开协议方式的企业产权转让行为时，应当审核下列文件：（1）产权转让的有关决议文件；（2）产权转让方案；（3）采取非公开协议方式转让产权的必要性以及受让方情况；（4）转让标的企业审计报告、资产评估报告及其核准或备案文件；（5）产权转让协议；（6）转让方、受让方和转让标的企业的国家出资企业产权登记表（证）；（7）产权转让行为的法律意见书；（8）其他必要的文件。

三、企业增资

（一）企业增资的审批

国有资产监督管理机构负责审核国家出资企业的增资行为。其中，因增资致使国家不再拥有所出资企业控股权的，须由国有资产监督管理机构报本级人民政府批准。国家出资企业决定其子企业的增资行为。其中，对主业处于关系国家安全、国民经济命脉的重要行业和关键领域，主要承担重大专项任务的子企业的增资行为，须由国家出资企业报同级国有资产监督管理机构批准。增资企业为多家国有股东共同持股的企业，由其中持股比例最大的国有股东负责履行相关批准程序；各国有股东持股比例相同的，由相关股东协商后确定其中一家股东负责履行相关批准程序。

企业增资涉及上市公司实际控制人发生变更的，应当同时遵守上市公司国有股权管理以及证券监管相关规定。

（二）企业增资的程序

第一，企业增资应当符合国家出资企业的发展战略，做好可行性研究，制订增资方案，明确募集资金金额、用途、投资方应具备的条件、选择标准和遴选方式等。增资后企业的股东数量须符合国家相关法律法规的规定。

第二，企业增资应当由增资企业按照企业章程和内部管理制度进行决策，形成书面决议。国有控股、国有实际控制企业中国有股东委派的股东代表，应当按照本办法规定和委派单位的指示发表意见、行使表决权，并将履职情况和结果及时报告委派单位。

第三，企业增资在完成决策批准程序后，应当由增资企业委托具有相应资质的中介机构开展审计和资产评估。以下情形按照《公司法》、企业章程履行决策程序后，可以依据评估报告或最近一期审计报告确定企业资本及股权比例：（1）增资企业原股东同比例增资的；（2）履行出资人职责的机构对国家出资企业增资的；（3）国有控股或国有实际控制企业对其独资子企业增资的；（4）增资企业和投资方均为国有独资或国有全资企业的。

第四，经以上程序之后，企业增资可以根据具体情形的不同选择进场公开进行或者非公开协议的方式具体实施。

(三) 企业增资的方式

1. 进场公开方式

企业增资通过产权交易机构网站对外披露信息公开征集投资方，时间不得少于 40 个工作日。信息披露内容包括但不限于：(1) 企业的基本情况；(2) 企业目前的股权结构；(3) 企业增资行为的决策及批准情况；(4) 近三年企业审计报告中的主要财务指标；(5) 企业拟募集资金金额和增资后的企业股权结构；(6) 募集资金用途；(7) 投资方的资格条件以及投资金额和持股比例要求等；(8) 投资方的遴选方式；(9) 增资终止的条件；(10) 其他需要披露的事项。

产权交易机构接受增资企业的委托提供项目推介服务，负责意向投资方的登记工作，协助企业开展投资方资格审查。通过资格审查的意向投资方数量较多时，可以采用竞价、竞争性谈判、综合评议等方式进行多轮次遴选。产权交易机构负责统一接收意向投资方的投标和报价文件，协助企业开展投资方遴选有关工作。企业董事会或股东会以资产评估结果为基础，结合意向投资方的条件和报价等因素审议选定投资方。

投资方以非货币资产出资的，应当经增资企业董事会或股东会审议同意，并委托具有相应资质的评估机构进行评估，确认投资方的出资金额。

增资协议签订并生效后，产权交易机构应当出具交易凭证，通过交易机构网站对外公告结果，公告内容包括投资方名称、投资金额、持股比例等，公告期不少于 5 个工作日。

2. 非公开协议方式

以下情形经同级国有资产监督管理机构批准，可以采取非公开协议方式进行增资：(1) 因国有资本布局结构调整需要，由特定的国有及国有控股企业或国有实际控制企业参与增资；(2) 因国家出资企业与特定投资方建立战略合作伙伴或利益共同体需要，由该投资方参与国家出资企业或其子企业增资。

以下情形经国家出资企业审议决策，可以采取非公开协议方式进行增资：(1) 国家出资企业直接或指定其控股、实际控制的其他子企业参与增资；(2) 企业债权转为股权；(3) 企业原股东增资。

国有资产监督管理机构批准、国家出资企业审议决策采取非公开协议方式的企业增资行为时，应当审核下列文件：(1) 增资的有关决议文件；(2) 增资方案；(3) 采取非公开协议方式增资的必要性以及投资方情况；(4) 增资企业审计报告、资产评估报告及其核准或备案文件；(5) 增资协议；(6) 增资企业的国家出资企业产权登记表（证）；(7) 增资行为的法律意见书；(8) 其他必要的文件。

四、企业资产转让

企业一定金额以上的生产设备、房产、在建工程以及土地使用权、债权、知识产权等资产对外转让，应当按照企业内部管理制度履行相应决策程序后，在产权交易机构公开进行。涉及国家出资企业内部或特定行业的资产转让，确需在国有及国有控股、国有实际控制企业之间非公开转让的，由转让方逐级报国家出资企业审核批准。

国家出资企业负责制定本企业不同类型资产转让行为的内部管理制度，明确责任部门、管理权限、决策程序、工作流程，对其中应当在产权交易机构公开转让的资产种类、金额标准等作出具体规定，并报同级国有资产监督管理机构备案。

转让方应当根据转让标的情况合理确定转让底价和转让信息公告期：（1）转让底价高于100万元、低于1 000万元的资产转让项目，信息公告期应不少于10个工作日；（2）转让底价高于1 000万元的资产转让项目，信息公告期应不少于20个工作日。

企业资产转让的具体工作流程参照关于企业产权转让的规定执行。除国家法律、法规或相关规定另有要求的外，资产转让不得对受让方设置资格条件。资产转让价款原则上一次性付清。

五、企业国有资产交易的监督管理

国有资产监督管理机构负责所监管企业的国有资产交易监督管理；国家出资企业负责其各级子企业国有资产交易的管理，定期向同级国有资产监督管理机构报告本企业的国有资产交易情况。

国有资产监督管理机构及其他履行出资人职责的机构对企业国有资产交易履行以下监管职责：（1）根据国家有关法律法规，制定企业国有资产交易监管制度和办法；（2）按照规定，审核批准企业产权转让、增资等事项；（3）选择从事企业国有资产交易业务的产权交易机构，并建立对交易机构的检查评审机制；（4）对企业国有资产交易制度的贯彻落实情况进行监督检查；（5）负责企业国有资产交易信息的收集、汇总、分析和上报工作；（6）履行本级人民政府赋予的其他监管职责。

省级以上国有资产监督管理机构应当在全国范围选择开展企业国有资产交易业务的产权交易机构，并对外公布名单。选择的产权交易机构应当满足以下条件：（1）严格遵守国家法律、法规，未从事政府明令禁止开展的业务，未发生重大违法违规行为；（2）交易管理制度、业务规则、收费标准等向社会公开，交易规则符合国有资产交易制度规定；（3）拥有组织交易活动的场所、设施、信息发布渠道和专业人员，具备实施网络竞价的条件；（4）具有较强的市场影响力，服务能力和水平能够满足企业国有资产交易的需要；（5）信息化建设和管理水平满足国有资产监督管理机构对交易业务动态监测的要求；（6）相关交易业务接受国有资产监督管理机构的监督检查。

国有资产监督管理机构应当对产权交易机构开展企业国有资产交易业务的情况进行动态监督。交易机构出现以下情形的，视情节轻重对其进行提醒、警告、通报、暂停直至停止委托从事相关业务：（1）服务能力和服务水平较差，市场功能未得到充分发挥；（2）在日常监管和定期检查评审中发现问题较多，且整改不及时或整改效果不明显；（3）因违规操作、重大过失等导致企业国有资产在交易过程中出现损失；（4）违反相关规定，被政府有关部门予以行政处罚而影响业务开展；（5）拒绝接受国有资产监督管理机构对其相关业务开展监督检查；（6）不能满足国有资产监督管理机构监管要求的其他情形。

国有资产监督管理机构发现转让方或增资企业未执行或违反相关规定、侵害国有权益的，应当责成其停止交易活动。

国有资产监督管理机构及其他履行出资人职责的机构应定期对国家出资企业及其控股和实际控制企业的国有资产交易情况进行检查和抽查，重点检查国家法律、法规、政策和企业内部管理制度的贯彻执行情况。

第六节　国有企业清产核资法律制度

一、清产核资的概念

国有企业清产核资，是指国有资产监督管理机构根据国家专项工作要求或者企业特定经济行为需要，按照规定的工作程序、方法和政策，组织企业进行账务清理、财产清查，并依法认定企业的各项资产损溢，从而真实反映企业的资产价值和重新核定企业国有资本金的活动。为加强对企业的国有资产管理，规范企业清产核资工作，真实反映企业的资产和财务状况，完善企业管理，为科学评价和规范考核企业经营绩效及国有资产保值增值提供依据，2003 年 9 月，国务院国资委专门发布了《国有企业清产核资办法》。

二、清产核资的范围

符合下列情形之一的，各级国有资产监督管理机构可以要求企业进行清产核资：(1) 企业资产损失和资金挂账超过所有者权益，或者企业会计信息严重失真、账实严重不符的；(2) 企业受重大自然灾害或者其他重大、紧急情况等不可抗力因素影响，造成严重资产损失的；(3) 企业账务出现严重异常情况，或者国有资产出现重大流失的；(4) 其他应当进行清产核资的情形。

符合下列情形之一，需要进行清产核资的，由企业提出申请，报同级国有资产监督管理机构批准：(1) 企业分立、合并、重组、改制、撤销等经济行为涉及资产或产权结构重大变动情况的；(2) 企业会计政策发生重大更改，涉及资产核算方法发生重要变化情况的；(3) 国家有关法律、法规规定对企业特定经济行为必须开展清产核资工作的。

三、清产核资的内容

(一) 账务清理

账务清理是指对企业的各种银行账户、会计核算科目、各类库存现金和有价证券等基本财务情况进行全面核对和清理，以及对企业的各项内部资金往来进行全面核对和清理，以保证企业账账相符，账证相符，促进企业账务的全面、准确和真实。

(二) 资产清查

资产清查是指对企业的各项资产进行全面的清理、核对和查实。在资产清查中把实物盘点同核实账务结合起来，把清理资产同核查负债和所有者权益结合起来，重点做好各类应收及预付账款、各项对外投资、账外资产的清理，以及做好企业有关抵押、担保等事项的清理。企业对清查出的各种资产盘盈和盘亏、报废及坏账等损失按照清产核资要求进行分类排队，提出相关处理意见。

(三) 价值重估

价值重估是对企业账面价值和实际价值背离较大的主要固定资产和流动资产按照国家规定方法、标准进行重新估价。企业在以前清产核资中已经进行资产价值重估或者因特定经济行为需要已经进行资产评估的，可以不再进行价值重估。

（四）损溢认定

损溢认定是指国有资产监督管理机构依据国家清产核资政策和有关财务会计制度规定，对企业申报的各项资产损溢和资金挂账进行认证。

（五）资金核实

资金核实是指国有资产监督管理机构根据企业上报的资产盘盈和资产损失、资金挂账等清产核资工作结果，依据国家清产核资政策和有关财务会计制度规定，组织进行审核并批复准予账务处理，重新核定企业实际占用的国有资本金数额。企业占用的国有资本金数额经重新核定后，应当作为国有资产监督管理机构评价企业经营绩效及考核国有资产保值增值的基数。

四、清产核资的程序

国有企业清产核资除国家另有规定外，应当按照下列程序进行：（1）企业提出申请，提交申请报告。企业清产核资申请报告应当说明清产核资的原因、范围、组织和步骤及工作基准日。（2）国有资产监督管理机构批复同意立项。对企业提出的清产核资申请，同级国有资产监督管理机构根据本办法和国家有关规定进行审核，经同意后批复企业开展清产核资工作。（3）企业制订工作实施方案，并组织账务清理、资产清查等工作。企业清产核资实施方案以及所聘社会中介机构的名单和资质情况应当报同级国有资产监督管理机构备案。（4）聘请社会中介机构对清产核资结果进行专项财务审计和对有关损溢提出鉴证证明。（5）企业上报清产核资工作结果报告及社会中介机构专项审计报告等清产核资工作结果申报材料。（6）国有资产监督管理机构对资产损溢进行认定，对资金核实结果进行批复。国有资产监督管理机构收到企业报送的清产核资工作结果申报材料后，应当进行认真核实，在规定时限内出具清产核资资金核实的批复文件。（7）企业根据清产核资资金核实结果批复调账。企业应当按照国有资产监督管理机构的清产核资批复文件，对企业进行账务处理，并将账务处理结果报国有资产监督管理机构备案。（8）企业办理相关产权变更登记和工商变更登记。企业在接到清产核资的批复30个工作日内，应当到同级国有资产监督管理机构办理相应的产权变更登记手续，涉及企业注册资本变动的，应当在规定的时间内到市场监督管理部门办理工商变更登记手续。（9）企业完善各项规章制度。

本章小结

本章阐述了国有资产管理法律制度中最基本也是最核心的内容。我国目前已经建立中央政府和地方政府分别代表国家履行出资人职责，享有所有者权益，权利、义务和责任相统一，管资产和管人、管事相结合的国有资产管理体制。国有资产界定以谁投资、谁拥有产权为基本原则。占有国有资产的各类企业及行政事业单位均应依法进行产权登记。国有资产评估即对国有资产在价值形态上的估价，评估时应遵循真实性、公正性、科学性和可行性原则。企业国有资产交易是企业产权转让、企业增资和企业资产转让这三种行为的统称。企业国有资产交易应当遵守国家法律、法规和政策规定，有利于国有经济布局和结构调整优化，充分发挥市场配置资源的作用，遵循等价有偿和公开、公平、公正的原则，在依法设立的产权交易机构中公开进行。国有企业清产核资是国有资产监督管理机构根据国家专项工作要求或者企业特定经济行为需要，按照规定的工作程序、方法和政策，组织企业进行账务清理、财产清查，并依法认定企业的各项资产损溢，从而真实反映企业的资产价值和重新核定企业国有资本金的活动，包括账务清理、资产清查、价值重估、损溢认定、资金核实等内容。

核心法规

1.《企业国有资产法》(2008 年 10 月 28 日发布，自 2009 年 5 月 1 日起施行)

2.《企业国有资产监督管理暂行条例》(2003 年 5 月 27 日发布，2011 年 1 月 8 日第一次修订，2019 年 3 月 2 日第二次修订)

3.《国有资产产权界定和产权纠纷处理暂行办法》(1993 年 11 月 21 日发布，自同日起施行)

4.《企业国有资产产权登记管理办法》(1996 年 1 月 25 日发布，自同日起施行)

5.《国家出资企业产权登记管理暂行办法》(2012 年 4 月 12 日发布，自 2012 年 6 月 1 日起施行)

6.《企业国有资产评估管理暂行办法》(2005 年 8 月 25 日发布，自 2005 年 9 月 1 日起施行)

7.《企业国有资产交易监督管理办法》(2016 年 6 月 24 日发布，自同日起施行)

8.《国有企业清产核资办法》(2003 年 9 月 9 日发布，自同日起施行)

案例讨论

金鑫公司是某地质矿产勘查开发局出资设立的国有独资公司。某年 8 月 15 日，金鑫公司和绿点公司签订《A 金矿合作开发合同书》，约定由金鑫公司以 A 金矿探矿权出资，绿点公司以货币出资成立合作公司。该探矿权分为两部分：一部分用于入股，一部分用于转让。双方同意绿点公司支付金鑫公司一定数额的探矿权部分补偿款（探矿权部分补偿款是指转让部分的转让费），金鑫公司占合作公司 32%的股份，绿点公司占合作公司 68%的股份。合同中还约定：双方一致同意探矿权不评估作价。合同签订后，绿点公司依据合同约定向金鑫公司支付探矿权转让部分的补偿款 248 万元。

次年 3 月 16 日，经金鑫公司、绿点公司协商同意，金鑫公司与鑫发公司签订《A 金矿探矿权转让合同书》，约定金鑫公司将前述探矿权作价 1 118 万元转让给鑫发公司。合同签订后，未经评估作价及某地质矿产勘查开发局的同意，鑫发公司向金鑫公司指定账户支付了探矿权转让价款 1 118 万元，并办理了探矿权变更登记手续。次年 3 月 31 日，金鑫公司与绿点公司签订《关于转让 A 金矿探矿权的协议》，同意将探矿权转让给鑫发公司，所得价款按照股份比例（绿点公司 68%、金鑫公司 32%）予以分配。金鑫公司依约向绿点公司支付了探矿权转让价款。

次年 4 月 17 日，金鑫公司要求绿点公司返还已分配的探矿权转让价款，绿点公司于次年 4 月 20 日收到该函，但未与金鑫公司进行协商也未返还所得款项。金鑫公司遂提起诉讼，请求法院确认《关于转让 A 金矿探矿权的协议》为无效合同，绿点公司返还根据该合同取得的探矿权转让价款。

请问：

依据《企业国有资产法》等，《关于转让A金矿探矿权的协议》是否为无效合同？绿点公司是否应当返还根据该合同取得的探矿权转让价款？

简要分析：

因金鑫公司系国有独资公司，根据《企业国有资产法》中“国有独资企业、国有独资公司和国有资本控股公司合并、分立、改制，转让重大财产，以非货币财产对外投资，清算或者有法律、行政法规以及企业章程规定应当进行资产评估的其他情形的，应当按照规定对有关资产进行评估”“国有资产转让由履行出资人职责的机构决定。履行出资人职责的机构决定转让全部国有资产的，或者转让部分国有资产致使国家对该企业不再具有控股地位的，应当报请本级人民政府批准”的规定，金鑫公司将属于国有资产的A金矿探矿权出资、转让，不仅要评估，而且需要履行出资人职责的机构决定，并报请本级人民政府的批准。

本案中，金鑫公司、绿点公司明确约定“双方一致同意探矿权不评估作价”属于规避法律规定的行为，而且金鑫公司用A金矿探矿权出资和转让没有经过某地质矿产勘查开发局及政府的批准。故金鑫公司、绿点公司签订的《A金矿合作开发合同书》《关于转让A金矿探矿权的协议》，以及金鑫公司与鑫发公司签订的《A金矿探矿权转让合同书》均违反法律的强制性规定，属于无效合同。

根据《民法典》第157条“民事法律行为无效、被撤销或者确定不发生效力后，行为人因该行为取得的财产，应当予以返还；不能返还或者没有必要返还的，应当折价补偿。有过错的一方应当赔偿对方由此所受到的损失；各方都有过错的，应当各自承担相应的责任”的规定，由于《关于转让A金矿探矿权的协议》为无效合同，故绿点公司应返还已取得的探矿权转让价款。同时，金鑫公司和绿点公司应当根据各自的过错程度承担相应的责任。

复习思考

1. 简述我国的国有资产管理体制。
2. 简述关系国有资产出资人权益的重大事项。
3. 简述国有资产产权界定的范围。
4. 简述企业国有资产产权登记的机关和程序。
5. 简述国有资产产权评估的范围。
6. 简述国有资产产权评估的原则。
7. 简述国有资产产权交易的法律程序。
8. 简述企业国有资产交易的概念。
9. 简述企业产权转让的程序与方式。
10. 简述国有企业清产核资的内容。

第十三章
金融法律制度

要点提示

- 金融法的概念、渊源、体系和基本原则
- 中国人民银行的业务
- 商业银行的职能
- 证券发行、上市条件和程序
- 禁止的证券交易行为
- 保险合同法律制度
- 票据行为、票据权利和票据抗辩
- 汇票、本票和支票

第一节　金融法概述

一、金融的概念

金融是货币资金融通的简称，是商品货币经济条件下各种金融机构以货币为对象、以信用为形式所进行的货币收支、资金融通活动的总称①，具体包括货币的发行、流通和回笼，存款的吸收和提取，贷款的发放与收回，国内外汇兑的往来，保险与信托投资，国内国际货币结算，金银、外汇的买卖，有价证券的发行认购与转让买卖，等等。

按照不同标准，对金融可以作多种分类，但最基本的分类为直接金融和间接金融两种形式。直接金融是指投资者在金融市场通过购买股票、债券等各种证券，将资金直接转移给证券发行人的资金融通行为；间接金融则是指最终贷款人（存款人）通过银行、非银行金融机构等中介机构（贷款人）将资金贷给借款人的资金融通行为。

二、金融法的概念和调整对象

金融法，顾名思义是调整金融关系的法律规范的总称。详言之，金融法是指国家制定或认可的，用以确定金融机构的性质、地位和职责权限并调整在金融活动中形成的金融监管、调控和金融业务关系的法律规范的总称。概括而言，金融关系可以分为以下三类。

---

①　参见朱崇实主编：《金融法教程》，2版，2页，北京，法律出版社，2005。

（1）金融调控关系，是指国家为了稳定金融市场，引导资金流向，控制货币供应量和信用规模，运用金融政策和金融工具对有关的金融变量（如货币供应量、利率、信贷总规模等）进行调控而发生的社会关系，如货币的发行、利率的调整、信贷规模的调整等。

（2）金融监管关系，是指国家金融监管部门对金融机构、金融业务活动以及金融市场实施监管而发生的社会关系，如对商业银行市场准入和市场退出的审查批准，存贷款管理、支付结算管理、保险管理、信托管理，等等。

（3）金融业务关系，是指银行和其他非银行金融机构在法律、法规允许的范围内从事相应的业务活动而与其他金融主体之间发生的平等主体之间的经济关系，如存款关系、贷款关系、证券交易关系、证券服务关系等。

三、金融法的渊源和体系

（一）金融法的渊源

金融法的渊源是指金融法律规范的具体表现形式。我国金融法的渊源包括国内法渊源与国际法渊源两个方面。

金融法的国内法渊源是指国家有关机关制定并发布的有关金融组织及其活动的规范性法律文件，具体包括宪法、金融法律、金融行政法规、金融行政规章、金融地方性法规、金融立法解释、司法解释及自律性规范。

金融法的国际法渊源是指我国缔结或参加的有关国际条约、协定以及一些具有广泛影响，为国际社会接受并认可的国际惯例，主要表现为金融国际条约和金融国际惯例。

（二）金融法的体系

金融法的体系是指一国调整不同领域内的金融关系的法律规范所组成的有机联系的统一整体。我国金融法体系主要由以下几部分组成。

（1）银行法。银行法是有关规定银行的性质、地位、职能，调整其组织和业务活动的法律规范的总称。按法律所规定的银行类型不同，银行法可以分为中央银行法、商业银行法和政策性银行法；依银行的运作过程来划分，银行法可以分为银行组织法和银行活动法。

（2）货币法。货币法是关于货币的种类、地位、发行、流通及管理的法律规范的总称。对货币法的内容可以从不同的角度进行分类。就静态而言，依货币的种类及其流通范围和效力的不同，货币法分为通货法、外汇管理法和金银管理法；就动态来说，依货币运动的层次和顺序的不同，货币法分为货币发行法和货币流通法。

（3）证券法。证券法是调整证券发行和流通中所发生的资金融通关系的法律规范的总称。从静态看，按照证券的种类不同，证券法可分为股票法和债券法等；根据融资的运作过程来划分，证券法又可分为证券发行法和证券交易法。

（4）保险法。保险法是调整保险关系的法律规范的总称。保险法不仅规范保险合同关系，而且为保险业务活动提供行为准则。保险法通常由保险业法、保险合同法等部分组成。

（5）票据法。票据法是指专门规定票据制度、调整票据关系的法律规范的总称。票据法的主要内容包括票据基本制度及关于汇票、本票、支票的专门规定等。

（6）金融信托法。金融信托法是调整金融信托关系的法律规范的总称。金融信托，是指金融机构作为受托人，按照委托人的要求或指明的特定目的，管理、运用或处分货币资金、有价证券和其他财产等的金融业务。[①] 金融信托关系是金融信托当事人之间的社会关系，包括委托人和受托人之间的委托关系，受托人与受益人之间的利益转移关系，以及国家监督管理部门对信托机构及其信托活动进行监管所形成的监督管理关系。金融信托法包括信托基本法和信托业法。信托基本法是规定信托基本关系的法律规范，其内容包括信托财产，信托当事人的资格及其权利和义务，信托的设立、终止等；信托业法是规定金融信托机构的组织及业务监管的法律规范，其内容包括信托机构的性质、业务范围、组织形式、设立条件及程序、变更、终止、经营规则、监督管理等。[②]

本书着重介绍银行法、证券法、保险法和票据法。

四、金融法的基本原则

（一）金融法的基本原则的概念

金融法的基本原则，是指在一定金融体系中作为金融法律规则的指导思想、基础或本源的综合性、稳定性的重要准则，它贯穿于整个金融法律关系，对各项金融法律制度和全部金融法律规范起着统率作用。

金融法的基本原则是金融法的本质和立法精神的最集中体现，因此，它是金融立法、执法以及从事金融活动必须遵循的最基本的行为准则，对金融法体系中的各项制度具有普遍的意义和指导作用。正因为基本原则的作用，各类金融法律规范才成为一个有机的整体。就金融法的实施而言，金融法的基本原则构成了正确理解金融法律规范的指南，以及补充金融法律规范漏洞的基础；对金融法的学习与研究来说，只有准确把握金融法的基本原则，才能透彻理解金融法的全部内容。

（二）我国金融法的基本原则

依据我国现阶段市场经济发展和金融体制改革状况及货币政策目标，我国金融法的基本原则包括以下内容。

1. 以稳定币值为前提促进经济发展的原则

稳定币值是指货币的发行只能是满足生产和流通的正常需要，使货币的总供给与总需求保持平衡，从而保证货币币值的稳定，防止通货膨胀。在一国经济体系中，金融居于关键地位。金融在促进经济发展的同时，也受到客观经济规律的制约，其中最重要的一条就是必须保持货币币值的稳定。

2. 确保金融效率和金融安全的原则

金融效率在微观上表现为金融机构的低投入高产出，在宏观上则表现为金融体系能够有效与合理地配置稀缺的金融资源。显然，提高金融效率应当是金融法的终极目标。但是，金融业是时刻面临多种类型风险威胁的高风险行业。风险的存在严重影响着金融业的安全运营，并有可能影响整个社会的经济生活和国家安定，必须加以防范和化解。金融效率和金融安全既对立又统一，金融法应当致力于在金融效率和金融安全间谋求适当的平衡。

3. 保护投资者利益的原则

投资者是指金融交易中购入金融工具融出资金的所有个人和机构。国内外众多的立法都将

---

① 参见朱大旗：《金融法》，3版，417页，北京，中国人民大学出版社，2015。

② 参见朱大旗：《金融法》，3版，419页，北京，中国人民大学出版社，2015。

保护投资者利益明确规定为立法宗旨。原因在于：第一，投资者是一切资金融通的前提；第二，通常情况下，投资者特别是个人投资者处于弱势地位，是权益最易受到不法损害的群体；第三，法律对投资者保护不力，可能动摇市场对金融业的信心，甚至可能引发社会动荡。金融法中的许多制度都为投资者利益提供了特殊保护，如信息披露制度、保密制度、存款保险制度、投资者保护基金制度等。

4. 立足本国国情，靠拢国际标准原则

随着全球经济一体化和我国对外开放的逐步深入，我国经济、金融活动日益融合到国际经济和区域经济中。因此，我国的金融立法要大胆地借鉴市场经济国家中金融立法的通行做法，采用国际金融立法的通例，因为它们是先进金融立法技术和金融监管经验的结晶。借鉴甚至采纳国际标准，有助于我国减少金融立法失误，提升金融制度的有效性。不过，作为发展中国家，靠拢国际标准也要从我国基本国情出发，以维护国家主权和促进本国经济发展。在有关金融立法和监管的问题上应奉行对等而非歧视、趋同但非同一、协作而非对抗的原则。

第二节 银行法

一、中央银行法

（一）中央银行法概述

1. 中央银行的概念

中央银行是在一国金融体制中居于核心地位、依法制定和执行国家货币金融政策、实施金融调控和监管的特殊金融机关，其一般具有发行的银行、银行的银行、政府的银行、金融调控与监管的银行等重要职能。

中央银行的历史可以追溯到1656年在瑞典成立的里克斯银行。1694年在伦敦成立的英格兰银行被认为是现代中央银行的鼻祖。目前，世界各国基本上都设有中央银行。我国的中央银行是中国人民银行。

2. 中央银行法的概念

中央银行法是确认中央银行的地位与职责，调整中央银行组织、管理及其与各方关系的法律规范的总称。中央银行法在内容上主要包括中央银行的法律地位，中央银行的职能作用，中央银行对货币金融政策的决策与执行，中央银行的组织机构、内部组织及其分支机构的设置，中央银行的监督管理，中央银行的盈利分配等规定。我国的中央银行法是1995年3月18日通过的《中国人民银行法》，2003年12月27日第十届全国人民代表大会常务委员会第六次会议对该法进行了修正。

（二）中国人民银行的法律地位和组织机构

1. 中国人民银行的法律地位

中国人民银行是我国的中央银行，其全部资本由国家出资，属于国家所有。中国人民银行在国务院的领导下，制定和执行货币政策，防范和化解金融风险，维护金融稳定。中国人民银行在国务院领导下依法独立执行货币政策，履行职责，开展业务，不受地方政府、各级政府部门、社会团体和个人的干涉。中国人民银行应当向全国人民代表大会常务委员会提出有关货币政策情况和金融运行情况的工作报告。

2. 中国人民银行的组织机构

中国人民银行设行长 1 人、副行长若干人。中国人民银行实行行长负责制。行长领导中国人民银行的工作，副行长协助行长工作。行长人选根据国务院总理提名，由全国人民代表大会决定；全国人民代表大会闭会期间，由全国人民代表大会常务委员会决定，由国家主席任免。副行长由国务院总理任免。

为了保证有效实施货币政策，中国人民银行设立货币政策委员会。货币政策委员会的职责、组成和工作程序，由国务院规定，报全国人民代表大会常务委员会备案。货币政策委员会是中国人民银行制定货币政策的咨询议事机构；中国人民银行将决定方案报国务院批准或备案时，应附送货币政策委员会的建议书或会议纪要。货币政策委员会应当在国家宏观调控、货币政策制定和调整中发挥重要作用。

中国人民银行根据履行职责需要设立分支机构，作为中国人民银行的派出机构。中国人民银行对分支机构实行统一领导和管理。分支机构根据中国人民银行的授权，维护本辖区的金融稳定，承办有关业务。

(三) 中国人民银行的职责

根据《中国人民银行法》的规定，中国人民银行履行下列 13 项职责：(1) 发布与履行其职责有关的命令和规章；(2) 依法制定和执行货币政策；(3) 发行人民币，管理人民币流通；(4) 监督管理银行间同业拆借市场和银行间债券市场；(5) 实施外汇管理，监督管理银行间外汇市场；(6) 监督管理黄金市场；(7) 持有、管理、经营国家外汇储备、黄金储备；(8) 经理国库；(9) 维护支付、清算系统的正常运行；(10) 指导、部署金融业反洗钱工作，负责反洗钱的资金监测；(11) 负责金融业的统计、调查、分析和预测；(12) 作为国家的中央银行，从事有关的国际金融活动；(13) 国务院规定的其他职责。

(四) 中国人民银行的业务

1. 法定业务

归纳《中国人民银行法》的有关规定，中国人民银行的法定业务主要包括：统一印制、发行人民币；要求银行业金融机构按比例交存存款准备金；确定中央银行基准利率；为银行业金融机构办理再贴现；向商业银行提供贷款；开展公开市场业务操作；经理国库；代理财政部门向各金融机构组织发行、兑付国债和其他政府债券；组织或者协助组织银行业金融机构相互间清算系统，协调清算事项，提供清算服务等。

2. 禁止性业务

为确保中国人民银行金融调控职能的实现，《中国人民银行法》规定了中国人民银行不得进行的业务，主要包括：不得向商业银行发放 1 年期内的贷款；不得对政府财政透支，不得直接认购、包销国债和其他政府债券；不得向地方政府、各级政府部门提供贷款；不得向非银行金融机构以及其他单位和个人提供贷款，但国务院决定中国人民银行可以向特定的非银行机构提供贷款的除外；不得向任何单位和个人提供担保。

小试牛刀

A 公司因资金周转困难，向当地的工商银行申请 100 万元的流动资金贷款，但是该银行表示只能为其办理担保贷款。该公司欲以公司的办公用房作为抵押，但该银行经过评估后认为无足额变现价值，拒绝其贷款申请。于是A公司找到在当地中国人民银行工作的刘某，请求其为该公司出具一份担保书，刘某在其拟写的“愿担保A装修公司归还贷款”的书面函件上加盖了当地中国人民银行名称的行政公章，A公司凭此到工商银行取得了贷款。贷款到期后，A公司无力归还贷款，贷款行在多次催要未果的情况下，向当地的人民法院提起诉讼，并要求当地中国人民银行承担担保责任。

请问：当地中国人民银行是否应当承担担保责任？

当地中国人民银行不用承担担保责任，因为根据《中国人民银行法》的规定，中国人民银行不得向任何单位和个人提供担保。本案中，刘某加盖当地中国人民银行行政公章的书面函件违反了该强制性规定，因此，该担保行为无效，当地中国人民银行无须承担担保责任。

二、商业银行法

（一）商业银行的概念和职能

商业银行是以获得利润为目的，以追求利润最大化为目标，以经营工商业存、放款为主要业务的金融机构。我国《商业银行法》将商业银行定义为：依照《商业银行法》和《公司法》设立的吸收公众存款、发放贷款、办理结算等业务的企业法人。

目前我国商业银行包括国有独资商业银行、股份制商业银行、外资商业银行、中外合资商业银行、外国商业银行在华分行。需要注意的是，在我国立法中还可见“银行业金融机构”这一概念，其与商业银行不能完全等同，因为其不仅仅包括商业银行，还包括农村信用合作社、城市信用合作社等吸收公众存款的金融机构以及政策性银行。

商业银行具有以下职能。

（1）信用中介。信用中介是商业银行最本质、最基本的职能。这一职能的实质是通过银行的负债业务（主要是吸收存款）把社会上闲散的各种货币资本集中到银行里来，再通过银行的资产业务（放款和投资等），把它投向经济各部门。

（2）支付中介。商业银行通过客户在银行开立的存款账户，代理客户办理货币兑换、货币结算、货币收付等业务，成为工商企业、团体和个人的货币保管者、出纳者和收付代理人。

（3）信用创造。商业银行在信用中介职能和支付中介职能的基础上，产生了信用创造职能。商业银行是能够吸收各种存款的银行，它利用吸收的存款发放贷款，在支票流通和转账结算的基础上，贷款又转化为存款，在这种存款不提现或不完全提现的情况下，就增加了商业银行的资金来源，最后在整个银行体系，形成数倍于原始存款的派生存款。

（4）金融服务。除传统业务外，现代商业银行还利用其先进的设施、联系面广、信息灵通和丰富的专业知识等优势，为客户提供投资理财、信息、咨询服务以及代交公共费用、代发工资、代理融资和保管物品等服务。

（二）商业银行的法律地位

商业银行是依照《商业银行法》和《公司法》的规定而设立的吸收公众存款、发放贷款、办理结算等业务的企业法人，以其全部法人财产独立承担民事责任。商业银行的分支机构不具有法人资格，在总行授权范围内依法开展业务，其民事责任由总行承担。

(三) 商业银行的设立、变更与组织

1. 商业银行的设立

商业银行的设立应当经国务院银行业监督管理机构审查批准。未经其批准，任何单位和个人不得从事吸收公众存款等商业银行业务，任何单位不得在名称中使用“银行”字样。

设立商业银行，应当具备下列实质性条件：(1) 有符合《商业银行法》和《公司法》规定的章程；(2) 有符合《商业银行法》规定的注册资本最低限额；(3) 有具备任职专业知识和业务工作经验的董事、高级管理人员；(4) 有健全的组织机构和管理制度；(5) 有符合要求的营业场所、安全防范措施和与业务有关的其他设施。此外，还应当符合其他审慎性条件。

商业银行的设立程序可分为筹建申请、开业申请、申领证照三个阶段。

2. 商业银行的变更

商业银行有下列事项之一变更的，应经国务院银行业监督管理机构批准：(1) 变更名称；(2) 变更注册资本；(3) 变更总行或者分支行所在地；(4) 调整业务范围；(5) 变更持有资本总额或者股份总额5%以上的股东；(6) 修改章程；(7) 国务院银行业监督管理机构规定的其他变更事项。

3. 商业银行的组织

商业银行的组织形式与组织机构适用《公司法》的规定，即商业银行包括三种组织形式：一是有限责任公司形式的商业银行，二是股份有限公司形式的商业银行，三是国有独资商业银行。有限责任公司和股份有限公司形式的商业银行在组织机构设置上设有股东会、董事会和监事会。国有独资商业银行因股东只有一个，即国家或国家授权的投资机构，所以，不设股东会，但设有董事会和监事会。监事会由国务院银行业监督管理委员会、政府有关部门的代表、有关专家和本行工作人员的代表组成，监事会的产生办法由国务院规定，监事会的职责是对国有独资商业银行的信贷资产质量、资产负债比例、国有资产保值增值等情况，以及高级管理人员违反法律、行政法规或者章程的行为和损害银行利益的行为进行监督。

商业银行根据业务需要可以在中国境内外设立分支机构。设立分支机构必须经国务院银行业监督管理机构审查批准。在中国境内的分支机构，不按行政区划设立。

(四) 商业银行的业务范围

商业银行可以经营下列部分或全部业务：(1) 吸收公众存款；(2) 发放短期、中期和长期贷款；(3) 办理国内外结算；(4) 办理票据承兑与贴现；(5) 发行金融债券；(6) 代理发行、代理兑付、承销政府债券；(7) 买卖政府债券、金融债券；(8) 从事同业拆借；(9) 买卖、代理买卖外汇；(10) 从事银行卡业务；(11) 提供信用证服务及担保；(12) 代理收付款项及代理保险业务；(13) 提供保管箱服务；(14) 经国务院银行业监督管理机构批准的其他业务。

商业银行的经营范围由其章程规定，报国务院银行业监督管理机构批准。但是，商业银行经营结汇、售汇业务则需要经中国人民银行批准。

(五) 商业银行业务的基本规则

1. 对存款人的保护

商业银行办理个人储蓄存款业务，应遵循存款自愿、取款自由、存款有息、为存款人保密的原则。对个人储蓄存款，商业银行有权拒绝任何单位或者个人查询、冻结、扣划，但法律另有规定的除外。对单位存款，商业银行有权拒绝任何单位或者个人查询，但法律、行政法规另有规定的除外；有权拒绝任何单位或者个人冻结、扣划，但法律另有规定的除外。商业银行应当按照中国人民银行规定的存款利率的上下限，确定存款利率，并予以公告。商业银行应当按照中国人民银行的规定，向中国人民银行交存存款准备金，留足备付金；商业银行应当保证存款本金和利息的支付，不得拖延、拒绝支付存款本金和利息。

2. 贷款业务的基本规则

贷款业务基本规则的宗旨是保障信贷资产的安全性、流动性和效益性。

我国《商业银行法》关于商业银行的贷款业务规则主要有：(1) 商业银行应根据国民经济和社会发展的需要，在国家产业政策指导下开展贷款业务；(2) 实行严格审查制度；(3) 实行审贷分离、分级审批制度；(4) 借款人应当提供担保；(5) 应当与借款人订立书面合同；(6) 执行利率政策；(7) 遵守资产负债比例管理；(8) 关系人贷款的限制。

3. 其他基本规则

(1) 商业银行在我国境内不得从事信托投资和证券经营业务，不得向非自用不动产投资或者向非银行金融机构和企业投资，但国家另有规定的除外。(2) 商业银行办理票据承兑、汇兑、委托收款等结算业务，应当按规定的期限兑现，收付入账，不得压单、压票或者违反规定退票，有关兑现、收付入账期限的规定应当公布。(3) 商业银行发行金融债券或者到境外借款，应当依照法律、行政法规的规定报经批准。(4) 同业拆借，应当遵守中国人民银行规定的期限，禁止利用拆入资金发放固定资产贷款或者用于投资。(5) 商业银行的营业时间应当方便客户，并予以公告，商业银行应当在公告的营业时间内营业，不得擅自停止营业或者缩短营业时间。(6) 商业银行办理业务，提供服务，按照规定收取手续费。(7) 商业银行应按照国家有关规定保存财务会计报表、业务合同以及其他资料。(8) 商业银行的工作人员应当遵守法律、行政法规和其他各项业务管理的规定，不得利用职务之便索取、收受贿赂或者违反国家规定收受各种名义的回扣、手续费；不得利用职务上的便利贪污、挪用、侵占本行或客户的资金；不得违反规定徇私向亲属、朋友发放贷款或者提供担保；不得在其他经济组织兼职等。(9) 商业银行的工作人员不得泄露其在任职期间知悉的国家秘密、商业秘密等。

（六）商业银行的接管与终止

1. 商业银行的接管

商业银行的接管是指国务院银行业监督管理机构依法对已经或者可能发生信用危机，严重影响存款人利益的商业银行所采取的必要措施。商业银行的接管由国务院银行业监督管理机构决定，并组织实施。在接管期间，由接管组织行使商业银行的经营管理权力，但其债权债务关系并不因此而变化。接管的目的是保护存款人的利益，通过采取必要措施，恢复商业银行的正常经营能力。

2. 商业银行的终止

商业银行因解散、被撤销和被宣告破产而终止。

(1) 商业银行的解散。商业银行因分立、合并或者出现公司章程规定的解散事由需要解散的，应当向国务院银行业监督管理机构提出申请，并附解散的理由和支付存款的本金和利息等债务清偿计划，经国务院银行业监督管理机构批准后解散。商业银行解散的，应当依法成立清算组进行清算，按照清偿计划及时偿还存款本金和利息等债务。

（2）商业银行被撤销。商业银行被撤销是指因被吊销经营许可证而被国务院银行业监督管理机构撤销，是终止商业银行的一种行政行为。因此，应由决定撤销的银行业监督管理机构依法及时组织成立清算组进行清算，按照清偿计划及时偿还存款本金和利息等债务。

（3）商业银行的破产。商业银行不能支付到期债务的，经国务院银行业监督管理机构同意，由人民法院依法宣告其破产。商业银行被宣告破产的，由人民法院组织国务院银行业监督管理机构等有关部门和有关人员成立清算组，进行清算。商业银行破产清算时，在支付清算费用、所欠职工工资和劳动保险费用后，应当优先支付个人储蓄存款的本金和利息。

（七）商业银行的监督管理

商业银行的监督管理包括商业银行的内部监督管理和外部监督管理两个方面。

1. 商业银行的内部监督管理

（1）商业银行应按照有关规定，制定本行的业务规则，建立、健全本行的风险管理和内部控制制度。

（2）商业银行应当建立、健全本行对存款、贷款、结算、呆账等各项情况的稽核、检查制度，包括对分支机构的经常性的稽核和检查监督。

商业银行的内部监督管理主要是通过完善银行公司治理和内部控制制度，设立独立的审计部门、合规部门、风险管理部门来实施的。目前我国商业银行的内部监督管理主要是由其内部监管机构——稽核审计部门实施的。

2. 商业银行的外部监督管理

（1）商业银行应随时接受国务院银行业监督管理机构依法对存款、贷款、结算、呆账等情况进行检查监督，并应按照国务院银行业监督管理机构的要求，提供财务会计资料、业务合同和有关经营管理方面的其他信息。

（2）中国人民银行有权依照《中国人民银行法》的规定对商业银行进行监督检查。商业银行应当按照规定定期向国务院银行业监督管理机构、中国人民银行报送资产负债表、利润表以及其他财务会计、统计报表和资料。

（3）商业银行应当依法接受审计机关的审计监督。

小试牛刀

张某是一家股份制银行的信贷部主任，其岳父李某为一家具公司的总经理。2019 年 4 月 2 日，李某找到张某，希望从银行贷款 50 万元用来添置进口机械，因为张某对李某及李某的家具公司非常了解，且贷款数额较小，在没有查实李某的资金状况的情况下，张某决定向李某提供无担保贷款。李某顺利取得了该笔贷款，期限为 1 年。贷款的其他条件并无优惠。后李某因欠东北某木材厂货款而逃往外地，还款期限到来，李某仍未归。

请问：该笔贷款有何违法之处？

根据我国《商业银行法》的规定，商业银行贷款，应当对借款人的借款用途、偿还能力、还款方式等情况进行严格审查；借款人应当提供担保。商业银行应当对保证人的偿还能力，抵押物、质物的权属和价值以及实现抵押权、质权的可行性进行严格审查。本案中该笔贷款违背了“贷款时借款人应当提供担保”的基本业务规则。

第三节　证券法

一、证券法概述

（一）证券的概念

证券是表示一定权利的书面凭证，有广义和狭义之分。广义的证券通常指有价证券，包括资本证券、商品证券和货币证券。证券法上所讲证券专指资本证券，即狭义上的证券。所谓资本证券是指具有一定票面金额，设定或证明持券人享有一定的所有权和债权的书面凭证。证券持有人可以按照证券所记载内容行使相应的权利。

我国2019年通过的《证券法》并未对证券的概念进行明确的定义，但根据《证券法》第2条的规定，目前，我国证券的外延应当包括：股票、公司债券、存托凭证、政府债券、证券投资基金份额以及国务院依法认定的其他证券等。

（二）证券法的概念

证券法，是指调整因证券发行、交易和管理而产生的各种社会关系的法律规范的总和。证券法调整的社会关系具体包括证券发行关系、证券交易关系、证券服务关系和证券监管关系。

证券法有形式意义的证券法和实质意义的证券法之区别。前者是指以“证券法”为名称的法典，后者是指表现为各种法形式的所有证券法律规范的总和。

证券法律制度的主要内容包括：证券法的适用范围，证券发行制度，证券交易制度，上市公司收购制度，信息披露制度，证券经营机构管理制度，证券交易场所管理制度，证券业协会，证券管理机关，违反证券法的法律责任，等等。

随着我国证券市场的形成与快速发展，我国证券法制建设也取得了很大的进展，2019年我国对《证券法》进行了最新一次的修订。目前已经形成以《证券法》《公司法》《证券投资基金法》等法律为核心，以《国库券条例》《股票发行与交易管理暂行条例》等行政法规为附翼，以大量的部门规章、规范性文件、自律规则及司法解释为主体的证券法体系。

二、证券发行法律制度

（一）证券发行制度概述

1. 证券发行的概念

证券发行，是指证券发行人依照法定条件和程序销售其证券的法律行为。证券发行所形成的证券市场，称为发行市场或一级市场。证券发行一般可以分为公布募集文件、投资者认购并缴付款项、发行人核定申购人的申购数量和发行人向投资者交付或划拨证券四个阶段。

2. 证券发行的分类

按照不同的标准，可以将证券发行作多种分类。

按照发行对象的不同，可分为公开发行与不公开发行。证券向不特定人发行称为公开发行或公募，向特定人发行称为不公开发行或私募。

按照发行是否通过承销机构，可分为直接发行与间接发行。直接发行，是指证券发行人直接向投资者发售其证券的发行方式；间接发行，是指证券发行人委托证券经营机构代其向投资者发售其证券的发行方式。

以股票发行时公司是否存在为标准，可分为设立发行和增资发行。前者是为成立新的股份有限公司而发行股票，后者是为增加已有公司的资本总额或改变其股本结构而发行新股。

按照证券发行价格与证券票面金额的关系不同，证券发行可以分为平价发行、折价发行和溢价发行。按照票面记载金额发行证券为平价发行；低于票面记载金额发行证券，为折价发行；超过票面金额发行证券，为溢价发行。我国目前承认平价发行和溢价发行，但不允许折价发行。

3. 证券发行审核制度

证券发行审核制度，是指为保护投资者权益，证券监督管理机构依据证券法的规定，对政府债券以外的证券发行进行审查，决定是否同意发行的审核制度。各国的证券发行审核制度主要有核准制、注册制和审批制三种。核准制即发行者发行证券，不仅要真实公开全部的可供认购者判断的资料，并且要符合若干实质条件，方可准许发行证券。注册制即发行者发行证券时，证券主管机构只审查披露的与证券发行有关的信息资料是否真实、有效、充分，不对发行行为及所发行的证券作出价值判断，也不进行实质条件的审查。审批制即证券发行不仅要满足信息公开的各种条件，还要通过计划指标下非常严格的实质性审查。我国《证券法》第 9 条明确规定："公开发行证券，必须符合法律、行政法规规定的条件，并依法报经国务院证券监督管理机构或者国务院授权的部门注册。未经依法注册，任何单位和个人不得公开发行证券。"据此，我国 2019 年出台的《证券法》对证券公开发行审核制度进行了彻底的改革，由长期以来的核准制改为了更为市场化的注册制。

4. 证券承销制度

证券承销，是指证券经营机构受证券发行人的委托，为证券发行人包销或代销其所发行的证券的法律行为。证券承销是一种间接发行证券的方式。按承销商是否承担发行风险，承销可以分为包销和代销两种。包销是指承销商对证券的全部或部分负有购买义务的承销。包销又分为全额包销和余额包销两类。全额包销是指承销商按照承销协议全部购入证券，然后再向投资者发售。而余额包销是指承销商只负责对售后剩余的证券自行购入的承销方式。采用包销方式的承销商要承担全部或部分的发行风险。代销是指承销商代理发售证券，在发行结束后，将未能出售的证券全部退还给发行人的承销方式。代销中的承销商不承担发行风险。按证券承销人的不同，可分为单一承销商承销与承销团承销。单一承销商承销，是指由一个证券经营机构单独承销证券发行人的证券。承销团承销，是指由两个或两个以上的证券经营机构共同承销证券发行人的证券。

5. 证券保荐制度

证券保荐制度是指保荐人依照业务规则和行业规范，尽职辅导和推荐发行人证券发行、上市，并持续督导发行人履行规范运作、信守承诺、信息披露等义务的一种证券发行、上市督导制度。保荐制度的实质是在证券发行、上市中引入市场约束机制，使保荐人在获得证券发行、上市的主承销业务的同时，要依法对发行人的公开发行募集文件进行核查，向监管机构出具保荐意见，并保证所出具的文件真实、准确、完整，从而使其对发行人的发行、上市负有一定的连带担保责任。

（二）证券公开发行的条件

1. 公开发行股票的条件

设立股份有限公司公开发行股票，应当符合《公司法》规定的条件和经国务院批准的国务院证券监督管理机构规定的其他条件。

公司首次公开发行新股，应当符合下列条件：（1）具备健全且运行良好的组织机构；（2）具有持续经营能力；（3）最近 3 年财务会计报告被出具无保留意见审计报告；（4）发行人及其控股股东、实际控制人最近 3 年不存在贪污、贿赂、侵占财产、挪用财产或者破坏社会主义市场经济秩序的刑事犯罪；（5）经国务院批准的国务院证券监督管理机构规定的其他条件。

上市公司发行新股，应当符合经国务院批准的国务院证券监督管理机构规定的条件，具体管理办法由国务院证券监督管理机构规定。

2. 公开发行公司债券的条件

公开发行公司债券，应当符合下列条件：（1）具备健全且运行良好的组织机构；（2）最近 3 年平均可分配利润足以支付公司债券 1 年的利息；（3）国务院规定的其他条件。

公开发行公司债券筹集的资金，必须按照公司债券募集办法所列资金用途使用；改变资金用途，必须经债券持有人会议作出决议。公开发行公司债券筹集的资金，不得用于弥补亏损和非生产性支出。

上市公司发行可转换为股票的公司债券，还应当符合经国务院批准的国务院证券监督管理机构规定的条件。但是，按照公司债券募集办法，上市公司通过收购本公司股份的方式进行公司债券转换的除外。

3. 公开发行存托凭证的条件

公开发行存托凭证的，应当符合首次公开发行新股的条件以及国务院证券监督管理机构规定的其他条件。

（三）证券公开发行的一般程序

由于证券的种类和发行方式的不同，各类证券的发行程序也不尽一致，大体说来，证券发行有以下步骤：（1）证券发行人作出发行决议。（2）证券发行人提出发行申请，属于保荐范围依法应予保荐的应由保荐人保荐并向国务院证券监督管理机构或者国务院授权的部门申报注册。（3）国务院证券监督管理机构或者国务院授权的部门应当自受理证券发行申请文件之日起 3 个月内，依照法定条件和法定程序作出予以注册的决定。（4）公开发行信息。（5）签订承销协议进行证券销售。（6）备案。代销、包销期限届满，发行人应当在规定的期限内将证券发行情况备案。

三、证券交易与上市法律制度

（一）证券交易的一般规定

证券交易，是指证券已依法发行后，证券持有人依照交易规则将其持有的证券再转让给其他投资者的法律行为。证券交易当事人依法买卖的证券，必须是依法发行并交付的证券，非依法发行的证券，不得买卖。

公开发行的证券，应当在依法设立的证券交易所上市交易或者在国务院批准的其他全国性证券交易场所交易。非公开发行的证券，可以在证券交易所、国务院批准的其他全国性证券交易场所、按照国务院规定设立的区域性股权市场转让。

证券在证券交易所上市交易，应当采用公开的集中交易方式或者国务院证券监督管理机构批准的其他方式。证券交易当事人买卖的证券可以采用纸面形式或者国务院证券监督管理机构规定的其他形式。

通过计算机程序自动生成或者下达交易指令进行程序化交易的，应当符合国务院证券监督管理机构的规定，并向证券交易所报告，不得影响证券交易所系统安全或者正常交易秩序。

此外，《证券法》对证券交易还作出以下一些限制性和禁止性规定。

依法发行的证券，法律对其转让期限有限制性规定的，在限定的期限内不得转让。

上市公司持有5%以上股份的股东、实际控制人、董事、监事、高级管理人员，以及其他持有发行人首次公开发行前发行的股份或者上市公司向特定对象发行的股份的股东，转让其持有的本公司股份的，不得违反法律、行政法规和国务院证券监督管理机构关于持有期限、卖出时间、卖出数量、卖出方式、信息披露等规定，并应当遵守证券交易所的业务规则。

证券交易场所、证券公司和证券登记结算机构的从业人员，证券监督管理机构的工作人员以及法律、行政法规规定禁止参与股票交易的其他人员，在任期或者法定限期内，不得直接或者以化名、借他人名义持有、买卖股票或者其他具有股权性质的证券，也不得收受他人赠送的股票或者其他具有股权性质的证券。任何人在成为这些人员时，其原已持有的股票或者其他具有股权性质的证券，必须依法转让。不过，实施股权激励计划或者员工持股计划的证券公司的从业人员，可以按照国务院证券监督管理机构的规定持有、卖出本公司股票或者其他具有股权性质的证券。

为证券发行出具审计报告或者法律意见书等文件的证券服务机构和人员，在该证券承销期内和期满后6个月内，不得买卖该证券。为发行人及其控股股东、实际控制人，或者收购人、重大资产交易方出具审计报告或者法律意见书等文件的证券服务机构和人员，自接受委托之日起至上述文件公开后5日内，不得买卖该证券。实际开展上述有关工作之日早于接受委托之日的，自实际开展上述有关工作之日起至上述文件公开后5日内，不得买卖该证券。

（二）证券上市制度

1. 证券上市的概念

证券上市是指发行人发行的证券依照法定的条件和程序，在证券交易所公开挂牌交易的行为。证券上市以依法发行的证券为前提，但是它不同于证券发行，证券发行是发行人向投资者筹集资金的行为和过程；而证券上市则是已发行在外的证券取得在特定的证券交易所交易的资格的行为与过程。

证券上市是证券发行市场与证券交易市场之间的桥梁，往往也是证券交易的起始。获准上市交易的证券称为上市证券，其中，股票发行人则称为上市公司。

2. 证券上市的程序与条件

申请证券上市交易，应当向证券交易所提出申请，由证券交易所依法审核同意，并由双方签订上市协议。但是，政府债券的上市交易则由证券交易所根据国务院授权的部门的决定予以安排。

申请证券上市交易，应当符合证券交易所上市规则规定的上市条件，具体包括发行人的经营年限、财务状况、最低公开发行比例和公司治理、诚信记录等方面。

3. 证券终止上市

上市交易的证券，有证券交易所规定的终止上市情形的，由证券交易所按照业务规则终止其上市交易。证券交易所决定终止证券上市交易的，应当及时公告，并报国务院证券监督管理机构备案。

四、信息披露制度

信息披露制度，是指证券发行人以及其他证券法律、法规所规定的主体，依照证券法律、法规所规定的时间与方式，将与证券发行和交易有关的重要信息予以披露的证券法律制度。信息披露的目的是增进证券市场的效率，维护证券交易的安全与公平，维持证券市场的稳定与秩序。

信息披露制度的基本原则包括：（1）真实原则；（2）充分原则；（3）准确原则；（4）及时原则；（5）简易原则。

信息披露制度包括证券发行时的信息披露和持续信息披露。证券发行时的信息披露，是指证券发行人及其他信息披露义务人依照法定的条件、程序和方式，披露与所发行证券有关的各种信息，主要以证券发行人制定并公布招股说明书和公司债券募集办法的方式进行。持续信息披露，是指证券发行人、上市公司以及其他主体，依照法律规定的条件、程序和方式在其证券发行后的交易、上市期间，将其经营状况及其他影响其证券交易价格的重大信息予以持续的披露。持续信息披露主要采取定期报告和临时报告两种形式。定期报告是上市公司、公司债券上市交易的公司、股票在国务院批准的其他全国性证券交易场所交易的公司进行持续信息披露的主要形式之一，包括年度报告、中期报告和季度报告。临时报告是指定期报告之外临时发布的报告。

依法披露的信息，应当在证券交易场所的网站和符合国务院证券监督管理机构规定条件的媒体发布，同时将其置备于公司住所、证券交易场所，供社会公众查阅。

国务院证券监督管理机构对信息披露义务人的信息披露行为进行监督管理。证券交易场所应当对其组织交易的证券的信息披露义务人的信息披露行为进行监督，督促其依法及时、准确地披露信息。

五、禁止的证券交易行为

1. 内幕交易行为

内幕交易是指知悉证券交易内幕信息的知情人和非法获取内幕信息的人，利用内幕信息进行证券交易的活动。证券交易内幕信息的知情人包括：（1）发行人及其董事、监事、高级管理人员；（2）持有公司5%以上股份的股东及其董事、监事、高级管理人员，公司的实际控制人及其董事、监事、高级管理人员；（3）发行人控股或者实际控制的公司及其董事、监事、高级管理人员；（4）由于所任公司职务或者因与公司业务往来可以获取公司有关内幕信息的人员；（5）上市公司收购人或者重大资产交易方及其控股股东、实际控制人、董事、监事和高级管理人员；（6）因职务、工作可以获取内幕信息的证券交易场所、证券公司、证券登记结算机构、证券服务机构的有关人员；（7）因职责、工作可以获取内幕信息的证券监督管理机构工作人员；（8）因法定职责对证券的发行、交易或者对上市公司及其收购、重大资产交易进行管理可以获取内幕信息的有关主管部门、监管机构的工作人员；（9）国务院证券监督管理机构规定的可以获取内幕信息的其他人员。

内幕信息是指证券交易活动中，涉及发行人的经营、财务或者对该发行人证券的市场价格有重大影响的尚未公开的信息。

证券交易内幕信息的知情人和非法获取内幕信息的人，在内幕信息公开前，不得买卖该公司的证券，或者泄露该信息，或者建议他人买卖该证券。内幕交易行为给投资者造成损失的，应当依法承担赔偿责任。

2. 利用未公开信息交易行为

证券交易场所、证券公司、证券登记结算机构、证券服务机构和其他金融机构的从业人员，有关监管部门或者行业协会的工作人员，禁止利用因职务便利获取的内幕信息以外的其他未公开的信息，违反规定，从事与该信息相关的证券交易活动，或者明示、暗示他人从事相关交易活动。利用未公开信息进行交易给投资者造成损失的，应当依法承担赔偿责任。

3. 操纵市场行为

操纵市场行为是指以获取利益或者减少损失为目的，利用手中掌握的信息、资金等优势影响或企图影响证券市场价格或证券交易量，制造证券市场假象，诱导或者导致投资者在不了解事实真相的情况下作出证券投资决定，扰乱证券市场秩序的行为。

操纵证券市场行为主要包括：(1) 单独或者通过合谋，集中资金优势、持股优势或者利用信息优势联合或者连续买卖；(2) 与他人串通，以事先约定的时间、价格和方式相互进行证券交易；(3) 在自己实际控制的账户之间进行证券交易；(4) 不以成交为目的，频繁或者大量申报并撤销申报；(5) 利用虚假或者不确定的重大信息，诱导投资者进行证券交易；(6) 对证券、发行人公开作出评价、预测或者投资建议，并进行反向证券交易；(7) 利用在其他相关市场的活动操纵证券市场；(8) 其他。

4. 虚假陈述行为

虚假陈述行为是指证券信息披露义务人违反信息披露义务，在提交或公布的信息披露文件中作出违背事实真相或具有误导性的陈述与记载或具有重大遗漏的行为。信息披露义务人未按照规定披露信息，或者公告的证券发行文件、定期报告、临时报告及其他信息披露资料存在虚假记载、误导性陈述或者重大遗漏，致使投资者在证券交易中遭受损失的，信息披露义务人应当承担赔偿责任；发行人的控股股东、实际控制人、董事、监事、高级管理人员和其他直接责任人员以及保荐人、承销的证券公司及其直接责任人员，应当与发行人承担连带赔偿责任，但是能够证明自己没有过错的除外。

除了对证券信息披露义务人的要求之外，《证券法》还规定：禁止任何单位和个人编造、传播虚假信息或者误导性信息，扰乱证券市场。禁止证券交易场所、证券公司、证券登记结算机构、证券服务机构及其从业人员，证券业协会、证券监督管理机构及其工作人员，在证券交易活动中作出虚假陈述或者信息误导。各种传播媒介传播证券市场信息必须真实、客观，禁止误导。传播媒介及其从事证券市场信息报道的工作人员不得从事与其工作职责发生利益冲突的证券买卖。编造、传播虚假信息或者误导性信息，扰乱证券市场，给投资者造成损失的，应当依法承担赔偿责任。

5. 欺诈客户行为

欺诈客户行为是指代理人在证券交易及相关活动中，违背被代理人真实意思进行代理的行为，以及诱导客户进行不必要的证券交易的行为。《证券法》禁止证券公司及其从业人员从事下列损害客户利益的行为：(1) 违背客户的委托为其买卖证券；(2) 不在规定时间内向客户提供交易的确认文件；（3）未经客户的委托，擅自为客户买卖证券，或者假借客户的名义买卖证券；（4）为牟取佣金收入，诱使客户进行不必要的证券买卖；（5）其他违背客户真实意思表示、损害客户利益的行为。

违反以上规定，给客户造成损失的，应当承担赔偿责任。

6. 禁止的其他证券交易行为

（1）任何单位和个人不得违反规定，出借自己的证券账户或者借用他人的证券账户从事证券交易；（2）禁止资金违规流入股市，禁止投资者违规利用财政资金、银行信贷资金买卖证券。

小试牛刀

王某是某上市公司董事会办公室的打字人员。2019 年某日上午，该公司董事会召开董事会会议，全体董事讨论通过了与某非上市公司进行吸收合并的决议。会议结束后公司董事会秘书张某将手写的会议记录交给王某，要求王某尽快打印出来。王某在打印的时候，对会议的内容有了基本的了解。中午下班以后，王某在职工食堂就餐。此时，好友李某、张某某等也坐了过来，在一起聊天的时候，王某将公司决定与某非上市公司进行吸收合并的消息说了出来，并于该日在证券市场上买入了大量该公司的股票。

请问：对王某的行为应如何定性？

王某的行为属于内幕交易行为。所谓内幕交易是指知悉证券交易内幕信息的知情人员，利用内幕信息进行证券交易的活动。本案中王某属于“由于所任公司职务或者因与公司业务往来可以获取公司有关内幕信息的人员”，而该上市公司与某非上市公司进行吸收合并的决议是内幕信息，因此王某将其所知悉的内幕信息泄露出去，并利用该内幕信息买入该公司股票的行为属于证券法上所禁止的内幕交易行为。

第四节　保险法

一、保险与保险法概述

（一）保险概述

保险是指投保人根据合同约定向保险人支付保险费，保险人依据合同约定向投保人或者合同指定的其他人支付保险金的商业行为。根据保险标的的不同，保险可以分为财产保险和人身保险。财产保险是指以各种财产及与之相关的利益为标的，由保险人对保险标的可能遭受的意外损失负赔偿责任的一种保险。人身保险是指以人的生命和身体为标的，以生存、年老、疾病、伤残、死亡等为保险事故，被保险人在保险期间发生保险事故或生存到保险期满，保险人向被保险人或其受益人支付约定保险金的保险。

（二）保险法概述

保险法是指以商业保险关系为调整对象的法律规范的总称。为了规范保险活动，保护保险活动当事人的合法权益，加强对保险业的监督管理，促进保险事业的健康发展，1995 年 6 月 30 日，第八届全国人民代表大会常务委员会第十四次会议通过了《保险法》，该法于 2002 年

10月28日由第九届全国人民代表大会常务委员会第三十次会议进行了第一次修正，2009年2月28日第十一届全国人民代表大会常务委员会第七次会议进行了修订。此后，该法于2014年8月31日、2015年4月24日又分别进行了第二次和第三次修正。

二、保险合同

（一）保险合同概述

保险合同是投保人与保险人约定保险权利义务关系的协议。投保人是指与保险人订立保险合同，并按照合同约定负有支付保险费义务的人。保险人是指与投保人订立保险合同，并按照合同约定承担赔偿或者给付保险金责任的保险公司。另外，保险合同的主体还包括被保险人和受益人。被保险人是指其财产或者人身受保险合同保障，享有保险金请求权的人。投保人可以为被保险人。受益人是指人身保险合同中由被保险人或者投保人指定的享有保险金请求权的人。投保人、被保险人可以为受益人。

（二）保险合同的订立

投保人和保险人订立保险合同，应当遵循公平互利、协商一致、自愿订立的原则，不得损害社会公共利益。保险合同由投保人提出保险要求，经保险人同意承保后成立。保险合同应采用书面形式订立，包括保险单或投保单等其他保险凭证。

（三）保险合同的内容

根据《保险法》的规定，保险合同应当包括下列事项。

（1）合同主体的名称和住所。包括保险人的名称和住所；投保人、被保险人的姓名或者名称、住所，以及人身保险的受益人的姓名或者名称、住所。

（2）保险标的。保险标的是指作为保险对象的财产及其有关利益或人的寿命和身体。投保人对保险标的应具有保险利益，不具有保险利益的保险合同无效。保险利益是指投保人对保险标的具有法律上承认的利益。《保险法》规定：人身保险的投保人在保险合同订立时，对被保险人应当具有保险利益。财产保险的被保险人在保险事故发生时，对保险标的应当具有保险利益。

（3）保险责任和责任免除。保险责任是指财产保险中约定的由保险事故发生所造成的保险标的损失，人身保险中约定的事件出现或期限届满时，保险人所应当承担的给付责任。责任免除是指依照法律规定或者合同约定，保险人不承担保险责任的范围。在保险合同中应列明保险人承保的责任范围和责任免除条款，保险人以其责任范围为限对被保险人承担责任。

（4）保险期间和保险责任开始时间。保险期间是指保险人承担保险责任的起讫期限。保险责任开始时间是保险人承担保险责任的某一确定时点，即从何时起，保险人始负保险责任。只有在保险期间内发生的保险事故，保险人才承担保险责任。

（5）保险金额。保险金额是指保险人承担赔偿或者给付保险金责任的最高限额。财产保险中，保险金额不得超过保险价值，超过保险价值的，超过部分无效，保险人应当退还相应的保险费。保险金额低于保险价值的，除合同另有约定外，保险人按照保险金额与保险价值的比例承担赔偿保险金的责任。人身保险中的保险金额由保险人和投保人约定，但以死亡为给付保险金条件的人身保险合同，其保险金额须经被保险人认可，否则合同无效。

（6）保险费以及支付办法。保险费是指投保人向保险人交付的作为保险人承担保险责任的对价的金钱。保险费可一次性支付，也可分期分批支付。

（7）保险金赔偿或给付办法。保险金是指合同约定的保险事故发生或者合同约定的期限届满时，保险人所应给付的款额。人寿保险的被保险人或者受益人向保险人请求给付保险金的诉讼时效期间为5年，自其知道或者应当知道保险事故发生之日起计算。人寿保险以外的其他保险的被保险人或者受益人，向保险人请求赔偿或者给付保险金的诉讼时效期间为2年，自其知道或者应当知道保险事故发生之日起计算。

（8）违约责任和争议处理。保险合同一经成立，即具有相应的法律约束力，违约者应承担相应的法律责任。保险合同当事人就保险合同发生争议，可以通过协商、仲裁或者诉讼的方式解决。

（9）订立合同的年、月、日。

投保人和保险人可以约定与保险有关的其他事项。

三、保险公司

（一）保险公司的设立

《保险法》规定，设立保险公司应具备下列条件。（1）主要股东具有持续盈利能力，信誉良好，最近3年内无重大违法违规记录，净资产不低于人民币2亿元。（2）有符合《保险法》和《公司法》规定的章程。（3）有符合《保险法》规定的注册资本，注册资本最低限额为人民币2亿元，且必须为实缴货币资本。（4）有具备任职专业知识和业务工作经验的董事、监事和高级管理人员。（5）有健全的组织机构和管理制度。保险公司可采用股份有限公司或有限责任公司的组织形式，并按照《公司法》规定建立相应的组织机构和管理制度，如董事会、监事会等。（6）有符合要求的营业场所和与经营业务有关的其他设施。（7）法律、行政法规和国务院保险监督管理机构规定的其他条件。

设立保险公司应当经国务院保险监督管理机构批准，包括筹建申请和开业申请及审批两个阶段。经批准设立的保险公司，由批准部门颁发经营保险业务许可证，并凭该许可证向市场监督管理部门登记，领取营业执照。保险公司在中国境内外设立分支机构，须经保险监督管理机构批准，取得分支机构经营保险业务许可证。

（二）保险公司的业务范围

保险公司的业务范围包括财产保险业务、人身保险业务和国务院保险监督管理机构批准的与保险有关的其他业务。保险人不得兼营人身保险业务和财产保险业务，但是，经营财产保险业务的保险公司经国务院保险监督管理机构批准，可以经营短期健康保险业务和意外伤害保险业务。保险公司应当在国务院保险监督管理机构依法批准的业务范围内从事保险经营活动。保险公司开展业务，应遵循公平竞争原则，不得从事不正当竞争。

四、保险代理人和保险经纪人

保险代理人是根据保险人的委托，向保险人收取佣金，并在保险人授权的范围内代为办理保险业务的机构或者个人，包括专业代理人、兼业代理人和个人代理人。保险代理人的代理行为由保险人承担责任。个人保险代理人在代为办理人寿保险业务时，不得同时接受两个以上保险人的委托。

保险经纪人是基于投保人的利益，为投保人与保险人订立保险合同提供中介服务，并依法收取佣金的机构。保险经纪人因过错给投保人、被保险人造成损失的，依法承担赔偿责任。

保险代理机构、保险经纪人应当具备国务院保险监督管理机构规定的条件，取得保险监督管理机构颁发的经营保险代理业务许可证、保险经纪业务许可证。保险代理机构、保险经纪人应当有自己的经营场所，设立专门账簿记载保险代理业务、经纪业务的收支情况。保险代理机构、保险经纪人应当按照国务院保险监督管理机构的规定缴存保证金或者投保职业责任保险。

保险专业代理机构、保险经纪人的高级管理人员，应当品行良好，熟悉保险法律、行政法规，具有履行职责所需的经营管理能力，并在任职前取得保险监督管理机构核准的任职资格。个人保险代理人、保险代理机构的代理从业人员、保险经纪人的经纪从业人员，应当品行良好，具有从事保险代理业务或者保险经纪业务所需的专业能力。

保险代理人、保险经纪人及其从业人员在办理保险业务活动中不得有下列行为：(1) 欺骗保险人、投保人、被保险人或者受益人；(2) 隐瞒与保险合同有关的重要情况；(3) 阻碍投保人履行《保险法》规定的如实告知义务，或者诱导其不履行《保险法》规定的如实告知义务；(4) 给予或者承诺给予投保人、被保险人或者受益人保险合同约定以外的利益；(5) 利用行政权力、职务或者职业便利以及其他不正当手段强迫、引诱或者限制投保人订立保险合同；(6) 伪造、擅自变更保险合同，或者为保险合同当事人提供虚假证明材料；(7) 挪用、截留、侵占保险费或者保险金；(8) 利用业务便利为其他机构或者个人牟取不正当利益；(9) 串通投保人、被保险人或者受益人，骗取保险金；(10) 泄露在业务活动中知悉的保险人、投保人、被保险人的商业秘密。

五、保险业的监督管理

《保险法》第 9 条明确规定：国务院保险监督管理机构依法对保险业实施监督管理。目前，国务院保险监督管理机构即中国银行保险监督管理委员会。其监管的主要内容如下。

(一) 保险监督管理机构对保险业的监督管理

根据保险法律、法规的规定，保险监督管理机构对保险业的监督管理遵循市场行为监管和偿付能力监管并重的原则，其主要内容如下。

(1) 对保险机构的监管。重点是对保险机构的合法性进行审查、监督，主要包括：审批保险公司等保险机构及其分支机构的设立、变更和终止，审核保险代理人、保险经纪人的资格，等等。

(2) 对保险业务和市场行为的监管。重点是对保险行为进行监督管理，主要包括：核定保险公司的业务范围，制定主要险种的基本保险条款和保险费率，检查保险公司的业务状况、财务状况和资金运用状况，监督检查保险代理人、保险经纪人的业务经营及收支情况，等等。

(3) 财务状况与偿付能力的监管。重点是监督管理保险公司资本的充足性，主要内容是对保险公司各项准备金、公积金的提存，保险资金的运用进行监督，目的是要增强保险公司的偿付能力，保障被保险人的利益。

(二) 保险监督管理机构对保险公司的整顿和接管

(1) 整顿。整顿保险公司，是保险监管机构在保险公司逾期不改正应当改正的不法经营行为时采取的一种强制监管措施。通过整顿，使保险公司彻底纠正其违法行为，恢复正常的经营活动。

（2）接管。接管保险公司，是保险监管机构在保险公司违法而损害社会公共利益，可能严重危及或者已经严重危及公司的偿付能力时实施的一种强制监管措施。接管的目的是制止被接管保险公司实施危害社会公共利益的行为，以保护被保险人的利益，恢复保险公司的正常经营的行为。接管期限最长不得超过2年。

小试牛刀

2018年8月，江某将其自有的汽车向某财产保险公司投保机动车辆保险，当事人约定的保险金额为12万元，江某按照合同的约定缴纳了保险费8 000元。2018年10月，江某驾驶汽车发生交通事故，车辆全损，且不属于免赔范围。江某向保险公司提出索赔，保险公司查明事故发生时该车辆的市场价值为9万元。

请问：保险公司应如何对江某进行赔付？

保险金额是指保险人承担赔偿或者给付保险金责任的最高限额。《保险法》规定，财产保险中，保险金额不得超过保险价值。超过保险价值的，超过部分无效，保险人应当退还相应的保险费。本案中，保险公司查明事故发生时该车辆的市场价值仅为9万元，低于当事人所约定的保险金额12万元，因此，保险公司应当赔付给江某9万元的保险金，由于保险金额超过保险价值，12－9＝3（万元），3÷12＝25％。故保险公司应退还江某25％的保险费2 000元。

第五节　票据法

一、票据法概述

（一）票据的概念与性质

1. 票据的概念

票据是出票人依照法律规定签发的、约定自己或委托他人在见票时或指定日期无条件支付确定的金额给收款人或持票人的有价证券。我国《票据法》上的票据分为汇票、本票和支票三种。

2. 票据的性质

（1）票据是有价证券。票据上所表示的权利是支付一定的金额给权利人的债权。（2）票据是设权证券。票据权利因出票人签发票据而创设。（3）票据是债权证券。票据权利以请求支付金钱为内容。（4）票据是要式证券。票据的格式与必要记载事项由法律规定，不遵守有关法律规定对票据的效力有一定的影响。（5）票据是文义证券。票据权利的内容以及与票据有关的一切事项须以票据上记载的文字为准。（6）票据是无因证券。票据权利与票据原因严格分离，持票人行使票据权利时无须证明其取得票据的原因。（7）票据是流通证券。票据权利可以依票据的背书或单纯交付而转让。

（二）票据法的概念和特征

1. 票据法的概念

票据法是指调整票据关系以及与票据关系有关的其他社会关系的法律规范的总称。经济体制改革以来，票据制度在我国逐渐恢复。《上海市票据暂行规定》（1988 年 6 月 8 日颁布）是我国第一个系统规定票据制度的地方性法规，中国人民银行颁发的《银行结算办法》（1988 年 12 月 19 日颁布，现已失效）从改革我国结算制度的角度对票据制度进行了规定，1995 年 5 月 10 日第八届全国人民代表大会常务委员会第十三次会议通过了《票据法》，并自 1996 年 1 月 1 日起正式实施，2004 年 8 月 28 日第十届全国人民代表大会常务委员会第十一次会议对该法进行了修正。

2. 票据法的特征

（1）票据法是强行法，如票据的种类和应记载事项、票据行为的方式等规定均为强制性规范。

（2）票据法中有许多技术性规范，如出票、背书、承兑、保证等方式的规定。这与具有明显伦理道德色彩的刑事、民事规范不同。

（3）票据法的国际统一性最为显著。随着全球一体化的发展，各国间的经济、技术、贸易、文化交往日益密切，作为国际支付工具和信用工具的票据应用也就越加广泛。客观上这就要求各国票据立法应遵循统一的票据规范，各国票据法应广泛协调和趋同。

二、票据关系与非票据关系

（一）票据关系

票据关系，指票据当事人之间基于票据行为所发生的票据上的权利义务关系。当事人根据票据法实施票据行为，如出票、背书、承兑、付款、保证等时，在各当事人间就形成了多种多样的票据关系。只有票据行为才能产生票据关系，其他任何行为均不具有这种功能。我国票据法规定的票据行为有：出票、背书、保证和承兑等。

票据关系和其他法律关系相同，也由主体、客体和内容三方面基本要素构成。（1）票据关系的主体是票据关系的当事人。关于票据主体资格在票据法中没有明确规定，因而票据关系主体的票据能力，原则上依民法的一般规定确定。（2）票据关系的客体是指票据关系主体享有的权利、承担的义务所指向的对象，即义务人所应支付的一定的货币金额。票据关系的客体的记载应符合法律规定，票据的记载应是确定的，以中文大写和阿拉伯数字同时记载，二者不一致的票据无效。（3）票据关系的内容，是指票据关系主体因票据行为所享有的权利和承担的义务。由于具体的票据关系不同，票据当事人之间的权利和义务的性质也不同。《票据法》规定的票据权利主要有：对主债务人的付款请求权，对背书人及其前手的追索权。与付款请求权和追索权相对应，债务人则有付款的义务和偿还的义务。

（二）非票据关系

非票据关系是指与票据和票据行为有密切关系，但不是基于票据行为而产生的债权、债务关系，包括票据法上的非票据关系和民法上的非票据关系，也就是票据基础关系。

票据法上的非票据关系和票据关系的区别主要在于，前者直接依票据法规定而发生，后者由当事人的票据行为所引起；前者权利的行使不以持有票据为必要，后者权利的行使须以持有票据为前提。

票据法上的非票据关系包括：（1）票据上的正当权利人对于因恶意或重大过失而取得票据的持票人行使票据返还请求权而发生的关系；（2）因时效或手续欠缺而丧失票据上权利的持票

人对于出票人或承兑人行使利益偿还请求权而发生的关系；(3) 票据付款人付款后向持票人行使交出票据请求权而发生的关系；(4) 汇票收款人及收款人以外的持票人向出票人行使发给副本请求权而发生的关系；(5) 汇票副本持票人向副本接收人行使交还副本请求权而发生的关系；(6) 汇票誊本持票人向原本持有人行使交还原本请求权而发生的关系；等等。

民法上的非票据关系是指民法上与票据有关但非基于票据行为而产生的法律关系。这种关系不是票据关系，但是，是产生票据关系的前提与基础，故又被称为票据基础关系。它又可以分为票据原因关系、票据资金关系和票据预约关系。票据原因关系是指基于票据当事人之间授受票据的原因而产生的关系；票据资金关系是指汇票出票人与付款人之间、支票出票人与付款银行之间约定的付款人为出票人付款的关系；票据预约关系则是指票据当事人之间以授受票据为标的的合同关系。

三、票据行为

(一) 票据行为的概念和特征

广义的票据行为是指以发生、变更或消灭票据关系为目的而为的法律行为，如出票、背书、改写、涂销、承兑、保证、付款等。狭义的票据行为是指为承担票据责任而为的要式法律行为，包括出票、背书、承兑、保证、参加承兑和保付六种。一般情况下，票据行为仅指狭义的票据行为。我国票据法规定的票据行为主要有四种：出票、背书、承兑、保证。

票据行为具有以下特征：(1) 要式性。当事人为票据行为必须采取书面方式、签章并符合一定的格式。(2) 抽象性。票据行为只需具备抽象的形式即可生效，而不问其实质如何。(3) 文义性。票据行为的内容完全以票据上的文字记载为准。(4) 独立性。同一票据上如有数个票据行为，每一票据行为各自独立发生效力，不因其他票据行为的无效而受影响。

(二) 票据行为的要件

票据行为作为法律行为之一种，其要件包括实质要件和形式要件。

票据行为的实质要件适用民法中关于民事行为成立要件的规定，具体包括：票据能力和票据意思表示。

票据行为的形式要件包括：(1) 书面形式。出票、背书等各种票据行为均需以书面进行，即将行为人的意思表示记载于一定的票据用纸之上。口头的票据行为无效。(2) 记载事项。票据行为的成立，须以票据行为人的意思表示的内容为条件，这就表现为票据的记载事项。根据票据记载事项的效力的不同，又可将其分为应记载事项、得记载事项和不得记载事项。(3) 签章。(4) 交付，是指票据行为人将票据交给相对人持有的行为。但是，票据行为人如果未完成交付，仍然应对善意持票人负票据责任。

(三) 票据行为的代理

票据行为可由他人代理。关于票据代理，除了适用民法上关于代理的一般原则外，还要适用票据法的特别规定。

(1) 票据代理应具备严格的形式要件。代理人应在票据上签章，并应当在票据上表明其代理关系。

(2) 无权代理或越权代理的后果确定。没有代理权而以代理人名义在票据上签章的，应当由签章人承担票据责任；代理人超越代理权限的，应当就其超越权限的部分承担票据责任。

四、票据权利

(一) 票据权利的概念和特征

票据权利，是指持票人向票据债务人请求支付票据金额的权利，包括付款请求权和追索权。票据权利的特点包括：票据权利是证券性权利；票据权利是金钱债权；票据权利是单一性权利；票据权利是二次性权利，第一次请求权是付款请求权，第二次请求权是追索权，第一次请求权得不到满足时，权利人才能行使第二次请求权。

(二) 票据权利的取得

票据权利的取得，是指根据什么方式、依据何种法律事实而取得票据权利。作为民事财产权利取得方式的一种，票据权利的取得也分为原始取得和继受取得两种。具体来说，票据权利的取得方式包括：(1) 从出票人处取得；(2) 从持票人处取得，如被背书人从背书人处取得票据；(3) 因清偿而取得，如被追索人清偿后从追索权人处取得票据权利；(4) 其他依法取得，如因继承、公司合并而取得。

(三) 票据权利的行使

票据权利的行使是指票据权利人向票据债务人提示票据，请求实现票据权利的行为。票据权利有请求承兑、提示票据请求付款、行使追索权等行使方式。关于票据权利行使的地点和时间，《票据法》第 16 条规定："持票人对票据债务人行使票据权利，或者保全票据权利，应当在票据当事人的营业场所和营业时间内进行，票据当事人无营业场所的，应当在其住所进行。"

(四) 票据权利的消灭

票据权利的消灭是指因发生一定的法律事实而使票据权利不复存在。票据权利消灭以后，票据上的债权、债务关系也随之消灭。在一般情况下，票据权利可因时效、履行、免除、抵销等事由的发生而消灭。《票据法》专门规定了消灭时效，即票据权利在下列期限内不行使而消灭：(1) 持票人对票据的出票人和承兑人的权利，自票据到期日起 2 年。见票即付的汇票、本票，自出票日起 2 年。(2) 持票人对支票出票人的权利，自出票日起 6 个月。(3) 持票人对前手的追索权，自被拒绝承兑或者被拒绝付款之日起 6 个月。(4) 持票人对前手的再追索权，自清偿日或者被提起诉讼之日起 3 个月。

五、票据抗辩

(一) 票据抗辩的概念

票据抗辩，是指票据债务人根据票据法的规定对票据债权人拒绝履行义务的行为。票据法着重保护持票人的权利，票据债务人不得以自己与出票人或者与持票人前手之间的抗辩事由对抗持票人，但持票人明知存在抗辩事由而取得票据的除外，即在持票人抗辩时，票据债务人可以持票人恶意取得票据为由，拒绝向其履行义务。票据抗辩中的"恶意"，是指持票人在取得票据时，明知票据债务人与出票人或者与持票人的前手之间存在着抗辩事由。

(二) 票据抗辩的种类

票据抗辩包括以下内容。

(1) 物的抗辩，是指票据债务人以票据本身的内容发生的事由而向一切票据债权人行使的抗辩。因该种抗辩的抗辩事由可以向一切持票人提出，所以又称绝对抗辩，例如，以票据欠缺绝对应记载事项而提出的抗辩，以票据系伪造、变造而提出的抗辩等。

（2）人的抗辩，是指票据债务人以与特定债权人之间发生的事由而向特定债权人行使的抗辩，由于这类抗辩是基于票据当事人之间的特定关系而产生，只能对特定的票据债权人行使，所以又称相对抗辩，例如基于原因关系的抗辩等。

六、汇票、本票、支票

（一）汇票

1. 汇票的概念

汇票是出票人签发的，委托付款人在见票时或指定日期无条件支付确定的金额给收款人或持票人的票据。汇票分为银行汇票和商业汇票。与本票和支票相比，汇票有下列特点：（1）基本当事人有三人，即出票人、付款人和收款人；（2）汇票是委托证券；（3）汇票是信用证券；（4）汇票独有承兑制度。

2. 汇票的出票

汇票的出票，是指出票人签发票据并将其交付收款人的票据行为。出票人签发汇票后，即承担保证该汇票承兑和付款的责任，汇票付款人负有代出票人付款的义务，收款人则取得付款请求权和追索权。

汇票上必须记载的事项包括：表明“汇票”的字样，无条件支付的委托，确定的金额，付款人的名称，收款人的名称，出票日期，出票人签章。此外，在汇票上还应当清楚、明确地记载付款日期、付款地、出票地等相对必要记载事项。

3. 背书

背书是指在票据背面或者粘单上记载有关事项并签章的票据行为。背书由持票人作成。作成背书并将票据交付他人的原持票人称为背书人，因背书而取得票据的新持票人称为被背书人，被背书人在接受票据后，可以再次背书，称为再背书。背书是汇票、本票、支票所共有的票据行为，通常用于票据权利的转让，是票据转让的基本方式。

依据背书转让的效力不同，背书可以划分为一般转让背书和特殊转让背书。一般转让背书是具有完全的无限制效力的转让背书，特殊转让背书是转让效力受到一定限制的背书。通常背书格式应当包括背书人的签章、被背书人的名称、背书日期等事项。

背书具有以下效力：（1）票据权利移转的效力，即背书成立后，票据上的一切权利因背书而转移给被背书人；（2）票据责任担保的效力，即背书人因背书而对其后手负担保承兑和担保付款的责任；（3）票据权利证明的效力，即票据权利的有效移转，可以用背书连续的形式予以证明。所谓“背书连续”，是指在票据转让中，转让票据的背书人与受让票据的被背书人在票据上的签章依次衔接。

4. 承兑

承兑是指汇票付款人承诺在汇票到期日支付汇票金额的票据行为。付款人承兑汇票后，作为汇票承兑人，便成为汇票的主债务人，应当承担到期付款的责任。

承兑的程序包括提示承兑、付款人作出承兑或者拒绝承兑、交还汇票。提示承兑，是指持票人向付款人出示汇票，并要求付款人承诺付款的行为。提示是承兑的前提和条件，是行使和保全票据权利的手段。持票人应在规定期限内提示承兑，否则丧失对其前手的追索权。在提示承兑后，付款人应当在一定的时间内作出承兑或者拒绝承兑的决定。如果付款人拒绝承兑，持票人可以请求做成拒绝承兑证书并提示期前追索；如果付款人同意承兑，则需要在一定的时间内按照票据法的要求完成承兑行为。承兑是要式行为，付款人承兑时，应在汇票正面记载“承兑”字样和承兑日期并签章；见票后定期付款的汇票，承兑时应记载付款日期。在持票人提示承兑将汇票交给付款人以后，付款人就占有了汇票。承兑期限届满前，付款人无论承兑与否都应该将票据交还持票人，特别是作出承兑，必须进行交付才发生法律效力。

付款人承兑后称为承兑人，成为汇票的第一债务人，负有于汇票到期日无条件付款的责任。承兑应是无条件的，付款人承兑时附有条件的，视为拒绝承兑。

5. 保证

票据保证是指票据债务人以外的人为担保票据债务的履行，以负担同一内容的票据债务为目的而为的票据行为。它是适用于汇票和本票的附属票据行为。

票据保证是要式行为。保证人为票据保证时，应在票据正面、背面或者粘单上记载下列事项：表明“保证”的字样，保证人的名称和住所，被保证人的名称，保证日期，保证人签章。此外，保证不得附有条件，附有条件的，不影响保证人的保证责任。

为票据保证后，除被保证人的债务因汇票记载事项欠缺而无效的外，保证人应对持票人所享有的票据权利承担保证责任。被保证的汇票，保证人应当与被保证人一起对持票人承担连带责任。票据到期不获付款的，持票人有权向保证人请求付款，保证人应当足额付款。保证人清偿票据债务后，可以行使持票人对被保证人及其前手的追索权。

6. 付款

票据付款，是指票据上的付款人支付票据金额以消灭票据关系的行为。票据付款的程序包括提示和支付两个阶段。持票人应在规定期限向付款人，或者通过委托收款银行或票据交换系统向付款人提示付款。《票据法》规定：见票即付的汇票，自出票日起 1 个月内向付款人提示付款；定日付款、出票后定期付款或见票后定期付款的汇票，自到期日起 10 日内向承兑人提示付款。持票人未按规定期限提示付款的，在作出说明后，承兑人或付款人仍应当继续对持票人承担付款责任。对定日付款、出票后定期付款或者见票后定期付款的汇票，付款人在到期日前付款的，由付款人自行承担所产生的责任。

持票人在规定期限提示付款时，付款人必须在当日足额付款。付款人故意压票、拖延支付而致持票人遭受损失的，应依法承担赔偿责任。付款人在付款前，应对提示的汇票作形式上的审查，包括审查汇票背书的连续，审查提示付款人的合法身份证明或有效证件。付款人依法足额付款后，全体汇票债务人的责任解除。持票人获得付款时，应当在汇票上签收，并将汇票交给付款人。

7. 追索权

追索权是指当票据不获承兑、不获付款或有其他法定原因时，持票人向其前手请求偿还票据金额、利息及损失的权利。追索权是一种票据权利，是法律上为补充付款请求权而设定的第二次请求权。可以行使追索权的情形包括：汇票到期被拒绝付款，汇票被拒绝承兑，承兑人或者付款人死亡、逃匿的，承兑人或者付款人被依法宣告破产或者因违法被责令终止业务活动的。追索权的行使包括以下程序。

（1）提示。持票人应在规定期限提示承兑或提示付款。如果持票人未按规定期限提示承兑，就丧失对其前手的追索权。

（2）取得拒绝证明。持票人提示承兑或提示付款被拒绝的，应要求承兑人或付款人出具拒绝证明或退票理由书。如果持票人不能出示拒绝证明、退票理由书或未能在规定期限提供其他合法证明，丧失对其前手的追索权，但承兑人或付款人仍应当对持票人承担责任。

（3）通知拒绝事由。持票人应当自收到被拒绝承兑或拒绝付款的有关证明之日起 3 日内，将被拒绝事由书面通知其前手；其前手应当自收到通知之日起 3 日内书面通知其再前手。持票人也可以同时向各汇票债务人发出书面通知。

（4）确定追索对象。持票人可以不按照汇票债务人的先后顺序，对其中任何一人、数人或者全体行使追索权。持票人对汇票债务人中的一人或数人已经行使追索权的，对其他汇票债务人仍可以行使追索权。

（5）进行再追索。被追索人清偿债务后，与持票人享有同一权利，可以向其他汇票债务人行使再追索权，请求其他汇票债务人支付法定的金额和费用。

（二）本票

1. 本票的概念

本票是出票人签发的，承诺自己在见票时无条件支付确定的金额给收款人或持票人的票据。本票分为银行本票和商业本票。我国《票据法》仅承认银行本票，并且限于见票即付。

2. 本票的特点

与汇票和支票相比，本票具有以下特点：（1）本票的基本当事人有两人，即出票人和收款人；（2）本票是自付证券，本票的出票人即付款人。

本票的绝对必要事项包括：表明“本票”的字样，无条件支付的承诺，确定的金额，收款人名称，出票日期，出票人签章。本票上未记载上述规定事项之一的，本票无效。此外，付款地和出票地属于本票的相对必要记载事项。

本票行为包括出票、背书、保证、付款以及追索权的行使等，其法律规定基本同于汇票。

（三）支票

1. 支票的概念

支票是出票人签发的，委托办理支票存款业务的银行或其他金融机构在见票时无条件支付确定的金额给收款人或者持票人的票据。

支票具有以下特点：（1）支票的付款人是银行或者其他金融机构；（2）支票的出票人与付款银行之间必须有资金关系；（3）支票只能是即期票据，限于见票即付；（4）支票是支付证券；（5）支票不必经过承兑，不存在承兑行为。

2. 支票的种类

支票分为三类：（1）现金支票，指票据正面印有“现金”字样，持票人仅可向作为付款人的银行或其他金融机构支取现金的支票；（2）转账支票，指票据正面印有“转账”字样、只能用来转账的支票；（3）普通支票，指票据上未印有“现金”或“转账”字样的，既可用来支取现金，也可用来转账的支票。

3. 支票的出票

支票出票时，必须记载的事项包括：表明“支票”的字样，无条件支付的委托，确定的金额，付款人名称，出票日期，出票人签章。

支票的出票人所签发的支票金额不得超过其付款时在付款人处实有的存款金额。出票人签发的支票金额超过其付款时在付款人处实有的存款金额的支票，为空头支票。票据法禁止签发空头支票。

空白支票是指出票人在签发支票时，将支票上应记载事项的一部分授权他人补记的支票。票据法规定，支票的金额、收款人可以经出票人授权，由持票人补记。

4. 支票的付款

支票限于见票即付。出票人在付款人处的存款足以支付支票的金额时，付款人应在持票人提示当日足额付款。

持票人应在法律规定期限提示付款。《票据法》规定，支票的持票人应当自出票日起 10 日内提示付款；异地使用的支票提示付款的期限由中国人民银行另行规定。对于超过提示付款期限的支票，付款人可不予付款，出票人仍应对持票人承担票据责任。

付款人依法支付支票金额的，对出票人不再承担受委托付款的责任，对持票人不再承担付款的责任，但付款人以恶意或有重大过失付款的除外。

小试牛刀

B公司对C公司负有500万元债务，债务履行期限为2014年12月1日。2014年11月，A公司与B公司合谋，捏造了购销合同一份，A公司向B公司开出即期商业汇票一张，金额500万元，A公司持汇票和购销合同向某银行申请承兑。银行审查A公司账户后，发现账户资金充足，故对该汇票予以承兑。B公司于2014年12月12日将该汇票背书转让给C公司。C公司随后向银行提示付款，银行此时发现A公司账户资金不足，拒绝付款。

请问：银行是否应当付款？

A公司的出票行为违法，该行为欠缺票据成立的实质要件，因此不成立。但票据行为具有独立性，出票行为无效，并不影响其他票据行为的效力，C公司善意持有该汇票，依法应予以保护。因此，银行应当付款。

本章小结

金融即货币资金融通的简称，是商品货币经济条件下各种金融机构以货币为对象、以信用为形式所进行的货币收支、资金融通活动的总称。金融法，则是调整金融关系的法律规范的总称，主要包括银行法、证券法、保险法和票据法等。中国人民银行是在我国金融体制中居于核心地位、依法制定和执行国家货币金融政策、实施金融调控和监管的特殊金融机关。商业银行是依照《商业银行法》和《公司法》设立的吸收公众存款、发放贷款、办理结算等业务的企业法人。证券法，是指调整因证券发行、交易和管理而产生的各种社会关系的法律规范的总和，具体包括证券发行、交易、上市以及禁止的证券交易行为等法律制度。保险法是指以商业保险关系为调整对象的法律规范的总称，具体包括保险合同、保险公司、保险代理人和保险经纪人及保险业的监督管理等内容。票据法是指调整票据关系以及与票据关系有关的其他社会关系的法律规范的总称，具体包括票据关系、票据行为、票据权利、票据抗辩等内容。

核心法规

1.《中华人民共和国中国人民银行法》(1995 年 3 月 18 日通过，2003 年 12 月 27 日修正)

2.《中华人民共和国商业银行法》(1995 年 5 月 10 日通过，2003 年 12 月 27 日第一次修正，2015 年 8 月 29 日第二次修正)

3.《中华人民共和国证券法》(1998 年 12 月 29 日通过，2004 年 8 月 28 日第一次修正，2005 年 10 月 27 日第一次修订，2013 年 6 月 29 日第二次修正，2014 年 8 月 31 日第三次修正，2019 年 12 月 28 日第二次修订)

4.《中华人民共和国保险法》(1995 年 6 月 30 日通过，2002 年 10 月 28 日第一次修正，2009 年 2 月 28 日修订，2014 年 8 月 31 日第二次修正，2015 年 4 月 24 日第三次修正)

5.《中华人民共和国票据法》(1995 年 5 月 10 日通过，2004 年 8 月 28 日修正)

案例讨论

(一)

连天公司及其保荐人 W 证券公司置备相关材料申请上市。主管机构认为连天公司不符合其所制定的上市规则所规定的上市条件，故而不准予其上市。后连天公司通过保荐人的辅导，终于符合上市规则所规定的条件并获准上市。

上市期间，连天公司与 W 证券公司发布虚假财务会计报告，虚增利润。W 证券公司也提供虚假情况诱使部分客户买卖连天公司股票。连天公司董事张某明知公司造假，还是利用自己知道的真实信息交易本公司股票赚取利润。

请问：

1. 连天公司应向哪个机构申请股票上市？该机构是否有权根据自己制定的规则不准予连天公司的股票上市？

2. 对于连天公司和 W 证券公司在上市期间发布虚假财务会计报告的行为应如何定性？为什么？

3. W 证券公司对其客户的行为是否合法？为什么？

4. 对于公司董事张某的行为应如何定性？为什么？

简要分析：

1. 证券交易所。《证券法》明确规定，“申请证券上市交易，应当向证券交易所提出申请，由证券交易所依法审核同意”，“申请证券上市交易，应当符合证券交易所上市规则规定的上市条件”。据此，连天公司申请股票上市应向证券交易所提出，证券交易所有权根据其上市规则不同意连天股份有限公司上市。

2. 虚假陈述行为。虚假陈述是指证券信息披露义务人违反信息披露义务，在提交或公布的信息披露文件中作出违背事实真相的陈述与记载。本案中，连天公司和 W 证券公司在股票上市期间负有信息披露义务，而两公司在上市期间却发布了虚假的财务会计报告，此行为属于虚假陈述行为。

3. 不合法，是欺诈客户行为。所谓欺诈客户行为是指代理人在证券交易及相关活动中，违背被代理人真实意思进行代理的行为，以及诱导客户进行不必要的证券交易的行为。本案中，W证券公司提供虚假情况诱使部分客户买卖连天公司股票，属于典型的欺诈客户行为。

4. 内幕交易行为。所谓内幕交易行为是指知悉证券交易内幕信息的知情人员，利用内幕信息进行证券交易的活动。本案中公司董事张某作为内幕人员明知公司造假，还是利用自己知道的内幕信息交易本公司股票赚取利润，属于典型的内幕交易行为。

（二）

3月7日，甲公司出于缓解流动资金紧张的目的，在并无现货可供的情况下，仍与外地的乙公司签订了一份购销合同，由甲公司向乙公司供应优质纸浆50吨，货款价值65万元，乙公司开具了一张以其开户行A银行为承兑人、付款期为3个月的银行承兑汇票。甲公司收到汇票后即向其开户行B银行申请贴现，B银行在审查凭证时发现无供货发票，便向A银行查询该汇票是否真实，收到的回复是“承兑有效”。据此，B银行给甲公司办理了汇票贴现，并将65万元转入甲公司账户。1个月后，乙公司因迟迟未收到货，派人去催货时才发现甲公司根本无货可供，于是立即告知A银行。9月10日，B银行提示付款，A银行拒付。B银行以A银行、甲公司、乙公司为被告提起诉讼，请求三方支付汇票金额及利息。

请问：

1. A银行能否以该汇票所依据的购销合同是虚构的为由拒绝付款？理由何在？

2. 如果甲公司没有向B银行贴现而直接向A银行提示付款，A银行可否拒付？为什么？

3. B银行以甲、乙为被告的依据是什么？

简要分析：

1. A银行不能拒付。因为票据行为具有无因性，票据一旦成立，就与其原因关系脱离，票据债务人不得以原因关系无效为由对善意持票人主张抗辩。本案中，无论购销合同成立有效与否，都不影响该汇票的有效成立。因此，A银行不能以该汇票所依据的购销合同是虚构的为由拒绝付款。

2. 此时，A银行可以拒付。因为甲公司是以欺诈的手段取得票据的，是恶意持票人，不能享有合法的票据权利。

3. B银行依据的是追索权。当汇票到期得不到付款时，善意持票人可行使该权利，所有的票据债务人对持票人承担连带责任，且这种追索不分先后顺序。

复习思考

1. 简述金融法的概念与调整对象。
2. 简述金融法的体系。
3. 简述中国人民银行的法律地位。
4. 简述商业银行的概念及职能。

5. 股票和公司债券公开发行的条件是什么？
6. 我国证券法禁止的证券交易行为有哪些？
7. 简述我国保险合同的内容。
8. 简述票据行为的概念与特征。
9. 汇票、本票和支票的含义是什么？

第十四章 税收法律制度

要点提示

- 税收及税法的概念
- 我国税收体系
- 税法的构成要素
- 主要税种的法律规定
- 税收征收管理法的主要内容

第一节　税法概述

一、税收和税法

税收是国家为了实现其职能，凭借政治权力，依照税法规定的标准，无偿取得财政收入的一种特定分配形式。税收不仅是国家财政收入的主要来源，而且是国家宏观经济调控的一个重要杠杆。与其他财政收入相区别，税收具有以下特征。

(1) 强制性。税收的强制性是指国家以社会管理者的身份，凭借政治力量，通过颁布法律或者法规，按照一定征收标准进行强制征收。国家机器与法律的强制力构成了税收的强制性。纳税是纳税人的法定义务，不依法纳税者要受到法律的制裁。

(2) 无偿性。国家征收的税款归国家所有，不再以直接方式返还给各纳税人。

(3) 固定性。税收是国家按照法律预先规定的范围、标准和环节征收的，税法的规定具有相对稳定性。

税收活动必须以税法为依据。税法是调整在税收过程中所发生的税收分配关系和征纳程序关系的法律规范的总称。其表现形式有税收法律、行政法规等规范性文件。

二、税法的构成要素

税法的构成要素主要如下。

1. 征税主体

征税主体又称征税人，是指代表国家行使征税权力的各级税务机关和其他征税机关。

2. 纳税主体

纳税主体又称课税主体或纳税义务人，是指税法规定的直接负有纳税义务的社会组织和个人。纳税人是按税种确定的，税法对每一种税都规定了特定的纳税人。税法还有扣缴义务人的规定，即负有代扣纳税人应纳税款、代缴给征税机关义务的单位或个人。

3. 征税对象

征税对象又称征税客体或计税依据，是指征税的直接对象或国家征税的标的物。根据征税对象的性质，我国税收可分为五大类：(1) 流转税类，指对商品销售额或服务性业务的营业额征收的税，包括增值税、土地增值税、消费税、关税；(2) 所得税类，指对所得额或收益额征收的税，包括企业所得税、个人所得税；(3) 财产税类，指按财产的价值额或租价额征收的税，包括房产税、契税；(4) 行为税类，指依法对特定行为征收的税，包括车辆购置税、车船税、船舶吨税、印花税、城市维护建设税；(5) 资源税，指对资源级差收入征收的税，包括矿产资源税、城镇土地使用税、耕地占用税。

4. 税种、税目

税种即税收的种类，指征的什么税。前述五大类税又包括众多种税。税目是指各税种中具体规定的应纳税的项目，是征税对象的具体化，反映征税的范围和广度。税目之下有时设子目。

5. 税率

税率是指纳税额占征税对象数额的比例。它是计算应纳税额的主要尺度，是税法中的核心要素。税率的高低，直接关系国家财政收入的多少和纳税人的税负大小，是发挥税收这一经济杠杆作用的主要手段。我国现行税法分别采用比例税率、累进税率和定额税率（固定税额）三种税率。

6. 纳税环节

纳税环节是指在商品生产和流转过程中应缴税款的环节。这不仅关系税制结构和税负平衡问题，而且在方便纳税人交纳税款、促进纳税人加强经济核算和保证国家财政收入等方面都有重要意义。

7. 纳税期限

纳税期限是指税法规定纳税人发生纳税义务后应当缴纳税款的具体期限。纳税期限基本上分为按期纳税、按次纳税两种。税法规定，纳税人不按期纳税，应交滞纳金。

8. 减免税

减免税是指税法对同一税种特定的纳税人或征税对象给予减轻或者免除其税负的一种优惠规定。减免税有三种减免方式：(1) 起征点，指税法规定的开始征税的界限，征税对象的数额不达到起征点不征税，达到或者超过起征点的，就其全部数额征税。故提高起征点就是给予征收优惠。(2) 免征额，即按一定标准从全部征税对象中预先规定免予征税的部分，只对超过部分征税。(3) 减免规定，减税是对应纳税额少征一部分税款，免税是全部免征。这是税法具有的严肃性和灵活性的统一。减免税权集中在中央，地区和部门不得超越税收管理权限擅自减税、免税。

9. 违章处理

违章处理是指税务机关可依法对纳税人的欠税、偷税、抗税或未履行纳税登记、申报等各种违章行为作出不同的处理，这是税收的强制性在法律上的集中表现。

小资料

共和国“第一税案”

所谓“第一税案”，是指一起虚开增值税发票的犯罪案件。因其发案时间之长、波及范围之广、犯罪金额之巨、造成危害之大，全国罕见，是自新中国成立以来全国第一大税案，故当时被称为“第一税案”；同时，因其发生在浙江省金华县，故又称“金华税案”。从 1995 年 3 月至 1997 年 3 月，金华县共有 218 户企业参与虚开增值税专用发票，共开出专用发票 65 536 份，合计金额 63.1 亿元。案件涉及全国 36 个省、直辖市、自治区和计划单列市的 3 030 个县、市的 28 511 户企业。“第一税案”直接涉及虚开增值税专用发票的犯罪分子 154 人以及党政干部 11 人、税务干部 13 人，包括县委、财税局等单位的主要负责人。其中，被判处死刑 4 人，判处死缓 1 人，判处无期徒刑 1 人，判处有期徒刑 13 人。

截至 1998 年 3 月 31 日，金华县税案补税入库 6.58 亿元，罚款入库 5.09 亿元，补税罚款共计 11.9 亿元，金华县地方财政从犯罪活动中取得的 0.2 亿元非法收入已全部没收并纳入中央收入。另外，在协查过程中连带发现其他虚开发票案件补税罚款 0.2 亿元。以上为国家挽回损失共计 12.34 亿元。

请思考：从法制建设的角度来看，“金华税案”发生的原因是什么？“金华税案”暴露了哪些问题？而这些问题和财税领域的立法、执法、法律监督等方面存在的诸多缺失有何关系？如何弥补这些缺失？

第二节 我国现行税法的基本规定

一、流转税法

流转税法是调整以流转额为征税对象的税收关系的法律规范的总称。流转额是指商品销售经营收入或劳务服务收入。流转税税源大、范围广，在我国各种税收收入中占首要地位。

（一）增值税

增值税是对在中华人民共和国境内销售货物、提供加工、修理修配劳务（以下简称“应税劳务”），销售服务、无形资产或者不动产，以及进口货物的单位和个人就其实现的增值额为征税对象而征收的一种税。所谓增值额，是指企业或者其他经营者从事生产、服务，销售无形资产、不动产和提供劳务，在购入的货物、劳务、服务、无形资产和不动产的价值基础上新增加的价值额是从事生产、经营、服务过程中新创造的那部分价值。1993 年 12 月 13 日国务院颁布了《中华人民共和国增值税暂行条例》，在全国推行增值税。《中华人民共和国增值税暂行条例》（根据 2017 年 11 月 19 日《国务院关于废止〈中华人民共和国营业税暂行条例〉和修改〈中华人民共和国增值税暂行条例〉的决定》第二次修订）、《增值税暂行条例实施细则》（2008 年 12 月 18 日财政部、国家税务总局令第 50 号发布，2011 年 10 月 28 日修订）、《营业税改征增值税试点方案》（2011 年 11 月 16 日财税〔2011〕110 号）作为我国增值税法的主要法律规范文件，对增值税的内容作了具体的规定。

（1）纳税主体。根据《增值税暂行条例》、《增值税暂行条例实施细则》和“营改增”通知等税收政策的规定，凡在我国境内销售货物、劳务、服务、无形资产、不动产（以下统称“应税销售行为”）以及进口货物的单位和个人均为增值税纳税义务人。

（2）征税对象。增值税的征税对象为纳税人销售应税行为的应税销售额、进口货物的计税价格。

（3）增值税税率。1）纳税人销售或者进口除使用9%税率和零税率以外的货物，提供加工、修理修配劳务和有形动产租赁服务，税率一律为13%。2）纳税人销售或者进口下列货物，按9%的税率征收增值税：农产品（含粮食）、自来水、暖气、石油液化气、天然气、食用植物油、冷气、热水、煤气、居民用煤炭制品、食用盐、农机、饲料、农药、农膜、化肥、沼气、二甲醚、图书、报纸、杂志、音像制品、电子出版物；增值税一般纳税人提供交通运输服务、邮政业服务、建筑、不动产融资租赁服务、销售不动产、转让土地使用权，税率为9%。3）纳税人提供增值电信服务、金融服务、现代服务（租赁服务除外）、生活服务、销售无形资产（不含转让土地使用权），税率为6%。4）纳税人出口货物、跨境销售财政部和国家税务总局规定的服务、无形资产，税率为零，国务院另有规定的除外。5）增值税小规模纳税人适用征收率；对于一些特殊情况，增值税一般纳税人也适用简易计税方法按照征收率缴纳增值税。

（二）土地增值税

土地增值税是对单位和个人有偿转让国有土地使用权、地上建筑物及其附着物的增值收益进行征收的一个税种。1993年12月13日国务院发布《中华人民共和国土地增值税暂行条例》，自1994年1月1日起施行；2011年1月8日根据国务院令第588号修订。具体规定如下。

（1）纳税主体。转让国有土地使用权、地上建筑物及其附着物并取得收入的单位和个人，为土地增值税的纳税主体。

（2）征税对象。土地增值税的征税对象是转让国有土地使用权、地上建筑物及其附着物所取得的增值额，即纳税人转让房地产所取得的收入减除法定扣除项目金额后的余额。计算增值额的扣除项目包括：取得土地使用权所支付的金额，房地产成本、房地产开发费用、与转让房地产有关的税金及财政部规定的其他扣除项目。

（3）税率。土地增值税实行四级超率累进税率：增值额未超过扣除项目金额50%的部分，税率为30%；增值额超过扣除项目金额50%、未超过扣除项目金额100%的部分，税率为40%；增值额超过扣除项目金额100%、未超过扣除项目金额200%的部分，税率为50%；增值额超过扣除项目金额200%的部分，税率为60%。

（三）消费税

消费税是对特定的消费品和消费行为在特定环节征收的一种税。国务院于1993年12月发布了《中华人民共和国消费税暂行条例》（2008年11月5日国务院第34次常务会议修订通过，自2009年1月1日起施行），随后财政部发布了《消费税暂行条例实施细则》。具体规定如下。

（1）纳税主体。消费税的纳税主体为在中国境内生产、委托加工和进口应税消费品的单位和个人，以及国务院确定的《消费税暂行条例》销售规定的消费品的其他单位和个人。

（2）征税范围。征税范围包括烟、酒、化妆品、贵重首饰及珠宝玉石、鞭炮和焰火、成品油、小汽车、摩托车、高尔夫球及球具、高档手表、游艇、木制一次性筷子、实木地板、电池、涂料15类产品。

（3）税率。采用比例税率和固定税率两种形式。对黄酒、啤酒、汽油、柴油、航空煤油、石脑油、溶剂油、润滑油、燃料油等应税消费品采用从量定额的征收方法；对其余应税消费品则采用比例税率。另外，对卷烟、白酒还实行从量计征与从价定率相结合的复合计税方法征收消费税。

（四）关税

关税是海关按照国家的规定，对进出国境或关境的货物和物品所征收的一种税。关税分为进口关税和出口关税。1987 年 1 月全国人大常委会通过了《中华人民共和国海关法》（根据 2021 年 4 月 29 日第十三届全国人民代表大会常务委员会第二十八次会议第六次修正），国务院于 1985 年 3 月发布了《中华人民共和国进出口关税条例》（2003 年 11 月 23 日国务院发布了新的《进出口关税条例》，自 2004 年 1 月 1 日起施行，该条例同时废止，新条例后经 2013 年 12 月 7 日修正、2016 年 2 月 6 日修订、2017 年 3 月 1 日修订）以及《海关进出口税则》，具体规定如下。

（1）纳税主体。关税的纳税主体是进口货物的收货人、出口货物的发货人、进出境物品的所有人（持有人）和进口邮件的收件人。

（2）征税对象。关税的征税对象是海关依照关税条例审定的进出口货物和物品的完税价格。

（3）税率。关税的税率为比例税率。进出口货物的税率分为进口税率和出口税率。进口税率由低至高分为最惠国税率、协定税率、特惠税率、普通税率四种。最惠国税率适用于原产于与我国共同适用最惠国待遇条款的世界贸易组织成员的进口货物，或原产于与我国签订有相互给予最惠国待遇条款的双边贸易协定的国家或地区的进口货物，以及原产于我国境内的进口货物。协定税率适用于原产于与我国签订了贸易或关税优惠协定的有关国家或地区的进口货物。特惠税率适用于原产于与我国签订了特殊优惠关税协定的国家或地区的进口货物。普通汇率适用于原产于上述国家或地区以外的其他国家或地区的进口货物，按照普通税率征收的进口货物，经国务院关税税则委员会特别批准，可以适用最惠国税率。

为鼓励出口，只对少部分产品征收出口关税。

（4）特别关税。

为了应对个别国家对我国出口货物的歧视，任何国家或者地区如果对进口原产于我国的货物征收歧视性关税或者给予其他歧视性待遇的，海关可以对原产于该国或者地区的进口货物征收特别关税。特别关税包括反倾销税、反补贴税、报复性关税和保障性关税。

二、所得税法

我国目前采取的是以流转税和所得税并重的复税制模式。所得税的特点是：首先，征税对象是纳税人的所得额或收益额，只是不同税种间各项所得额包含的范围有所不同。其次，它遵循量能课税原则，所得多的多征，所得少的少征，无所得的不征，不像流转税，不论有无利润和负担能力都要征税。

（一）企业所得税

企业所得税是对我国境内的企业和其他取得收入的组织的生产经营所得、其他所得和清算所得征收的一种税。2007 年 3 月 16 日公布的《中华人民共和国企业所得税法》（2017 年 2 月 24 日第一次修正、2018 年 12 月 29 日第二次修正），实行内资、外资企业适用统一的企业所得税法，统一并适当降低企业所得税税率，统一和规范税前扣除办法和标准，统一税收优惠政策，为各类企业创造了公平、规范、透明的所得税制环境。

1. 纳税主体

在中华人民共和国境内，企业和其他取得收入的组织（以下统称企业）为企业所得税的纳税主体。企业分为居民企业和非居民企业。居民企业是指依法在中国境内成立，或者依照外国（地区）法律成立但实际管理机构在中国境内的企业，居民企业应当就其来源于我国境内外的所得缴纳企业所得税。非居民企业是指依照外国（地区）法律成立且实际管理机构不在中国境内，但在中国境内设立机构、场所的，或者在中国境内未设立机构、场所，但有来源于中国境内所得的企业。非居民企业一般就其来源于我国境内的所得缴纳企业所得税。

个人独资企业、合伙企业不适用《企业所得税法》。

2. 征税对象

企业每一纳税年度的收入总额，减除不征税收入、免税收入、准予扣除的项目金额以及允许弥补的以前年度亏损后的余额，为应纳税所得额。企业以货币形式和非货币形式从各种来源取得的收入为收入总额，包括销售货物收入，劳务收入，转让财产收入，股息、红利等权益性投资收益，利息收入，租金收入，特许权使用费收入，接受捐赠收入，其他收入。

收入总额中的下列收入为不征税收入：财政拨款，依法收取并纳入财政管理的行政事业性收费、政府性基金，国务院规定的其他不征税收入。免税收入包括：国债利息收入，符合规定条件的居民企业之间的股息、红利等权益性投资收益；在中国境内设立机构、场所的非居民企业从居民企业取得的与该机构、场所有实际联系的股息、红利等权益性投资收益；符合规定条件的非营利组织的收入。

企业实际发生的与取得收入有关的、合理的支出，包括成本、费用、税金、损失和其他支出，准予在计算应纳税所得额时扣除。企业发生的公益性捐赠支出，在年度利润总额 12%以内的部分，准予在计算应纳税所得额时扣除。

在计算应纳税所得额时，下列支出不得扣除：(1) 向投资者支付的股息、红利等权益性投资收益款项；(2) 企业所得税税款；(3) 税收滞纳金；(4) 罚金、罚款和被没收财物的损失；(5) 超过国家规定允许扣除的公益捐赠支出；(6) 赞助支出；(7) 未经核定的准备金支出；(8) 与取得收入无关的其他支出。企业按照规定计算的固定资产折旧，准予扣除。

3. 税率

企业所得税的税率为 25%。非居民企业在中国境内未设立机构、场所的，或者虽设立机构、场所但取得的所得与其所设机构、场所没有实际联系的，应当就其来源于中国境内的所得缴纳企业所得税，适用税率为 20%。目前，非居民企业减按 10%的税率征收企业所得税。

4. 税收抵免、抵补

企业取得的下列所得已在境外缴纳的所得税税额，可以从其当期应纳税额中抵免。抵免限额为该项所得依照企业所得税法规定计算的应纳税额；超过抵免限额的部分，可以在以后 5 个年度内，用每年度抵免限额抵免当年应抵税额后的余额进行抵补。(1) 居民企业来源于中国境外的应税所得；(2) 非居民企业在中国境内设立机构、场所，取得发生在中国境外但与该机构、场所有实际联系的应税所得。

小试牛刀

中国某公司 2022 年度取得境内的应税所得额为 1 000 万元，其在 A 国的分支机构当年取得的所得额为 240 万元，已知 A 国的公司所得税税率为 35%。该公司在 B 国进行投资，取得年应税所得额为 350 万元，已知 B 国的公司所得税税率为 30%，并给予了该项所得应纳税减半的优惠。已知 A 国未与我国缔结避免双重征税的协定，B 国与我国缔结了避免双重征税的协定。

请问：该公司年终汇算时应缴纳的企业所得税是多少（上述所得均为人民币）?

该公司在 A 国实际缴纳所得税为：

240×35%=84（万元）

该公司在 B 国应缴纳所得税为：

350×30%=105（万元）

该公司在 B 国实际缴纳所得税为：

105×50%=52.5（万元）

2022 年该公司应纳税所得额为：

1 000+240+350=1 590（万元）

2022 年该公司应纳所得税税额为：

1 590×25%=397.5（万元）

该公司在 A 国已纳所得税可扣除限额为：

397.5×(240÷1 590) =60（万元）

该公司在 B 国已纳所得税可扣除限额为：

397.5×(350÷1 590) =87.5（万元）

由于该公司在 A 国已纳所得税超过可扣除限额，所以在年终清缴汇算所得税时只能以抵免限额为限扣除 60 万元。而该公司在 B 国已纳所得税未超过可扣除限额，所以可以全额扣除。因此，该公司年终清缴汇算所得税税额为：

397.5－60－52.5=285（万元）

（二）个人所得税

个人所得税的基本规范是 1980 年 9 月 10 日第五届全国人民代表大会第三次会议制定的《个人所得税法》。其先后经 7 次修正。目前适用的是根据第十三届全国人民代表大会常务委员会第五次会议于 2018 年 8 月 31 日通过的《关于修改〈中华人民共和国个人所得税法〉的决定》而修正的《个人所得税法》，自 2019 年 1 月 1 日起施行。

1. 纳税主体

个人所得税的纳税人包括中国公民、个体工商户、个人独资企业、合伙企业投资者、在中国境内有所得的外籍人员（包括无国籍人员）和香港、澳门、台湾同胞等。依据住所和居住时间标准，个人所得税的纳税人区分为居民个人和非居民个人。在中国境内有住所，或者无住所而在一个纳税年度内在中国境内居住累计满 183 天的个人为居民个人。在中国境内无住所又不居住，或者无住所而一个纳税年度内在中国境内居住累计不满183天的个人为非居民个人。居民个人负有无限纳税义务，其取得的应纳税所得，无论来源于中国境内还是境外，均应在中国缴纳个人所得税。非居民个人承担有限纳税义务，仅就其来源于中国境内的所得向中国缴纳个人所得税。

2. 征税对象

下列各项个人所得，应当缴纳个人所得税：工资、薪金所得，劳务报酬所得，稿酬所得，特许权使用费所得，经营所得，利息、股息、红利所得，财产租赁所得，财产转让所得，偶然所得。

3. 税率

个人所得税区分不同所得项目，规定了超额累进税率和比例税率两种形式。

（1）综合所得（工资、薪金所得，劳务报酬所得，稿酬所得和特许权使用费所得）适用税率为3%～45%的七级超额累进税率，参见表14-1。

表14-1 个人所得税税率表一（综合所得适用）

级数	全年应纳税所得额	税率（%）	速算扣除数
1	不超过36 000元的	3	0
2	超过36 000元至144 000元的部分	10	2 520
3	超过144 000元至300 000元的部分	20	16 920
4	超过300 000元至420 000元的部分	25	31 920
5	超过420 000元至660 000元的部分	30	52 920
6	超过660 000元至960 000元的部分	35	85 920
7	超过960 000元的部分	45	181 920

（2）经营所得适用5%～35%的五级超额累进税率，参见表14-2。

表14-2 个人所得税税率表二（经营所得适用）

级数	全年应纳税所得额	税率（%）	速算扣除数
1	不超过30 000元的	5	0
2	超过30 000元至90 000元的部分	10	1 500
3	超过90 000元至300 000元的部分	20	10 500
4	超过300 000元至500 000元的部分	30	40 500
5	超过500 000元的部分	35	65 500

（3）其他所得（利息、股息、红利所得，财产租赁所得，财产转让所得，偶然所得）适用20%的比例税率。对个人出租房屋取得的所得暂减按10%的税率。

（4）非居民个人所得（工资、薪金所得，劳务报酬所得，稿酬所得和特许权使用费所得）适用税率为3%～45%的七级超额累进税率，参见表14-3。

表 14-3　个人所得税税率表三（非居民个人所得适用）

级数	应纳税所得额	税率（%）	速算扣除数
1	不超过 3 000 元的	3	0
2	超过 3 000 元至 12 000 元的部分	10	210
3	超过 12 000 元至 25 000 元的部分	20	1 410
4	超过 25 000 元至 35 000 元的部分	25	2 660
5	超过 35 000 元至 55 000 元的部分	30	4 410
6	超过 55 000 元至 80 000 元的部分	35	7 160
7	超过 80 000 元的部分	45	15 160

4. 减税、免税

下列各项个人所得，免征个人所得税：省级人民政府、国务院部委和中国人民解放军军以上单位，以及外国组织、国际组织颁发的科学、教育、技术、文化、卫生、体育、环境保护等方面的奖金；国债和国家发行的金融债券利息；按照国家统一规定发给的补贴、津贴；福利费、抚恤金、救济金；保险赔款；军人的转业费、复员费、退役费；按照国家统一规定发给干部和职工的安家费、退职费、基本养老金或者退休费、离休费、离休生活补助费；依照有关法律规定应予免税的各国驻华使馆、领事馆的外交代表、领事官员和其他人员的所得；中国政府参加的国际公约、签订的协议中规定免税的所得；国务院规定的其他免税的所得。

有下列情形之一的，可以减征个人所得税，具体减征幅度和期限由省、自治区、直辖市人民政府规定，报同级人民代表大会常务委员会备案：残疾、孤老人员和烈属的所得，因严重自然灾害造成重大损失的。国务院可以规定其他的减税情形，并报全国人民代表大会常务委员会备案。

5. 应纳税所得额的计算

（1）综合所得应纳税所得额的计算。居民个人的综合所得以每一纳税年度的收入额减除费用 6 万元以及专项扣除、专项附加扣除和依法规定的其他扣除后的余额，为应纳税所得额。劳务报酬所得、稿酬所得和特许权使用费所得以收入额减除 20%的费用后的余额为应纳税所得额，稿酬所得的收入额减按 70%计算。居民个人从中国境内和境外取得的综合所得、经营所得，应当分别合并计算应纳税所得额；从中国境内和境外取得的其他所得，应当分别单独计算应纳税所得额。非居民个人取得的工资、薪金所得以每月收入额减除费用 5 000 元后的余额为应纳税所得额。非居民个人取得工资、薪金所得，劳务报酬所得，稿酬所得和特许权使用费所得，有扣缴义务人的，由扣缴义务人按月或者按次代扣代缴，不办理汇算清缴。

（2）经营所得应纳税所得额的计算。经营所得，以每一纳税年度的收入总额，减除成本、费用以及损失后的余额，为应纳税所得额。

（3）财产租赁所得应纳税所得额的计算。财产租赁所得以一个月内取得的收入为一次，所得每次收入不超过 4 000 元的，减除费用 800 元；4 000 元以上的，减除 20%的费用，其余额为应纳税所得额。

（4）财产转让所得应纳税所得额的计算。财产转让以一次转让财产的收入额减除财产原值和合理费用后的余额，为应纳税所得额。

（5）利息、股息、红利所得额的计算。利息、股息、红利所得，以每次收入额为应纳税所得额，不得从收入额中扣除任何费用。

三、财产税法

财产税是以纳税人所有或属其支配的财产为课税对象的一类税收，包括房产税、契税。分别根据国务院1986年9月发布的《房产税暂行条例》（2011年1月8日修订）、2020年8月11日发布的《中华人民共和国契税法》（2021年9月1日起施行）征收。

（一）房产税

房产税是以城市、县城、建制镇和工矿区内的房产为征收对象的一种税。纳税人为房产的所有人。产权属国家所有的，由其经营管理单位纳税；产权属集体单位和个人所有的，由集体单位和个人纳税；产权出典的，由承典人纳税；产权所有人、承典人不在房屋所在地或产权未确定以及租典纠纷没有解决的，由房产代管人或使用人纳税。对个人所有的非营业用的房产免征房产税。自2009年1月1日起，外商投资企业、外国企业和组织，以及外籍个人缴纳房产税，不再缴纳房地产税。

房产税的税率采用比例税率，依照房产余值计算缴纳的，年税率为1.2%；依照房产租金收入计算缴纳的，税率为12%。

小试牛刀

某市个体工商户吴某从事餐饮业服务，其经营用房原值为10万元，依当地规定按照减征30%后余值计税。吴某另有三间瓦房用来出租，总租金为500元/月。

请问：吴某在一个纳税年度内需要缴纳的房产税是多少？

根据计税依据的不同，房产税分设两种税率：经营用房，依照房产价值计算纳税，税率为1.2%；出租房屋，依照房产租金收入计算缴纳，税率为12%。因此，案例中吴某应缴纳的房产税税额为：

$$100\ 000\times(1-30\%)\times1.2\%+500\times12\times12\%=1\ 560(\text{元})$$

（二）契税

契税是指国家在土地、房屋权属转移时，按照当事人双方签订的合同（契约），以及所确定价格的一定比例，向承受人征收的一种税。契税采用比例税率，并实行3%～5%的幅度税率（自2008年11月1日起，对个人首次购买90平方米以下普通住房的，税率暂统一下调为1%），具体税率由省、自治区、直辖市人民政府在幅度税率的范围内提出，报同级人民代表大会常务委员会决定，并报全国人民代表大会常务委员会和国务院备案。

四、特定行为税

特定行为税是指对实施某些法定行为征收的一类税，包括车辆购置税、车船税、船舶吨税、印花税、城市维护建设税等。

五、资源税

资源税是对在中华人民共和国领域和中华人民共和国管辖的其他海域开发应税资源的单位

和个人征收的一种税。根据2019年8月26日第十三届全国人民代表大会常务委员会第十二次会议通过的《中华人民共和国资源税法》(自2020年9月1日起施行)规定，资源税税目包括能源矿产、金属矿产、非金属矿产、水气矿产和盐五个大类，税目下面又设有若干子目；资源税采用从价定率或者从量定额的办法计征。

此外，在税收分类上，资源税作为一大税类，还包括城镇土地使用税、耕地占用税。

第三节 税收征收管理法律制度

税收征收管理是税务机关根据税收法规对征税活动所实施的组织、指挥、控制和监督，是对纳税人履行纳税义务采取的一种管理、征收、检查和对违法行为进行处罚的制度。它是税务管理的重要组成部分和基本环节。税收征收管理法律制度由《税收征收管理法》确立。该法于1992年9月4日由第七届全国人民代表大会常务委员会第二十七次会议通过，并根据1995年2月28日第八届全国人民代表大会常务委员会第十二次会议《关于修改〈中华人民共和国税收征收管理法〉的决定》第一次修正。2001年4月28日第九届全国人民代表大会常务委员会第二十一次会议对其作了修订，2013年6月29日第十二届全国人民代表大会常务委员会第三次会议对其作出第二次修正，2015年4月24日第十二届全国人民代表大会常务委员会第十四次会议对其作出第三次修正。

一、税务管理

税务管理是税收征收机关为了贯彻、执行国家税收法律制度，加强税收工作，协调征税机关关系而开展的一项有目的的活动，是税收征收管理中的重要内容，是税款征收管理的前提和基础性工作。

税务管理主要包括税务登记管理，账簿、凭证管理，发票管理和纳税申报管理四部分内容。

企业、单位和个人在经国家和地方各级市场监督管理局或有关部门批准设立后，需办理税务登记。纳税人办理税务登记后，因税务登记内容发生了变化，需要对原登记内容进行更改，应当向税务机关办理变更登记。纳税人发生纳税义务终止或作为纳税主体资格消亡，或因其住所、经营地点变更而涉及改变税务机关的情形时，应依法向原税务登记机关办理注销税务登记。

从事生产、经营的纳税人、扣缴义务人应按照国务院财政、税务主管部门设置账簿，根据合法、有效凭证记账，进行核算。

增值税专用发票由国务院税务主管部门指定的企业印制；其他发票，按照国务院税务主管部门的规定，分别由省、自治区、直辖市国家税务局、地方税务局指定企业印制。

纳税人必须依照法律、行政法规规定或者税务机关依照法律、行政法规的规定确定的申报期限、申报内容如实办理纳税申报，报送纳税申报表、财务会计报表以及税务机关根据实际需要要求纳税人报送的其他纳税资料。扣缴义务人必须依照法律、行政法规规定或者税务机关依照法律、行政法规的规定确定的申报期限、申报内容，如实报送代扣代缴、代收代缴税款报告表，以及税务机关根据实际需要要求扣缴义务人报送的其他有关资料。

二、税款征收

税款征收是税务机关依照税收法律、法规的规定，将纳税人应当缴纳的税款组织入库的一系列活动的总称。

税务机关依照法律、行政法规的规定征收税款，不得违反法律、行政法规的规定开征、停征、多征、少征、提前征收、延缓征收或者摊派税款。

《税收征收管理法》第32条规定，纳税人未按规定期限缴纳税款的，扣缴义务人未按照规定期限解缴税款的，税务机关除责令限期缴纳外，从滞纳税款之日起，按日加收滞纳税款万分之五的滞纳金。

纳税人依照法律、行政法规的规定办理减税、免税。地方各级人民政府、各级人民政府主管部门、单位和个人违反法律、行政法规规定，擅自作出的减税、免税决定无效，税务机关不得执行，并向上级税务机关报告。

税务机关有根据认为从事生产、经营的纳税人有逃避纳税义务行为的，可以在规定的纳税期之前，责令限期缴纳应纳税款；在限期内发现纳税人有明显的转移、隐匿其应纳税的商品、货物以及其他财产或者应纳税的收入的迹象的，税务机关可以责成纳税人提供纳税担保。如果纳税人不能提供纳税担保，经县以上税务局（分局）局长批准，税务机关可以采取下列税收保全措施：（1）书面通知纳税人开户银行或者其他金融机构暂停支付纳税人的金额相当于应纳税款的存款；（2）扣押、查封纳税人的价值相当于应纳税款的商品、货物或者其他财产。

税务机关在征收税款过程中，必要时还可以采取强制执行措施。《税收征收管理法》规定，从事生产、经营的纳税人、扣缴义务人未按照规定的期限缴纳或者解缴税款，纳税担保人未按照规定的期限缴纳所担保的税款，由税务机关责令限期缴纳，逾期仍未缴纳的，经县以上税务局（分局）局长批准，税务机关可以采取下列强制执行措施：（1）书面通知其开户银行或者其他金融机构从其存款中扣缴税款；（2）扣押、查封、依法拍卖或者变卖其价值相当于应纳税款的商品、货物或者其他财产，以拍卖或者变卖所得抵缴税款。

三、税务检查

税务机关有权进行税务检查，纳税人、扣缴义务人必须接受税务机关依法进行的税务检查，如实反映情况，提供有关资料，不得拒绝、隐瞒。税务机关派出的人员进行税务检查时，应当出示税务检查证和税务检查通知书，并有责任为被检查人保守秘密；未出示税务检查证和税务检查通知书的，被检查人有权拒绝检查。

四、违反税法的法律责任

违反税法的法律责任，是指违反税法的行为人所应承担的行政责任和刑事责任。

（一）行政责任

1. 对违反税收管理行为的处罚

《税收征收管理法》第60条规定，纳税人有下列行为之一的，由税务机关责令限期改正，可以处2 000元以下的罚款；情节严重的，处2 000元以上1万元以下的罚款：（1）未按照规定的期限申报办理税务登记、变更或者注销登记的；（2）未按照规定设置、保管账簿或者保管记账凭证和有关资料的；(3) 未按照规定将财务、会计制度或者财务、会计处理办法和会计核算软件报送税务机关备查的；(4) 未按照规定将其全部银行账号向税务机关报告的；(5) 未按照规定安装、使用税控装置，或者损毁或者擅自改动税控装置的。

纳税人不办理税务登记的，由税务机关责令限期改正；逾期不改正的，经税务机关提请，由市场监督机关吊销其营业执照。

纳税人未按照规定使用税务登记证件，或者转借、涂改、损毁、买卖、伪造税务登记证件的，处 2 000 元以上 1 万元以下的罚款；情节严重的，处 1 万元以上 5 万元以下的罚款。

2. 对偷税、抗税行为的处罚

《税收征收管理法》第 63 条规定：纳税人伪造、变造、隐匿、擅自销毁账簿、记账凭证，或者在账簿上多列支出或者不列、少列收入，或者经税务机关通知申报而拒不申报或者进行虚假的纳税申报，不缴或者少缴应纳税款的，是偷税。对纳税人偷税的，由税务机关追缴其不缴或者少缴的税款、滞纳金，并处不缴或者少缴的税款 50%以上 5 倍以下的罚款；构成犯罪的，依法追究刑事责任。扣缴义务人采取前款所列手段，不缴或者少缴已扣、已收税款，由税务机关追缴其不缴或者少缴的税款、滞纳金，并处不缴或者少缴的税款 50%以上 5 倍以下的罚款；构成犯罪的，依法追究刑事责任。

《税收征收管理法》第 66 条规定：以假报出口或者其他欺骗手段，骗取国家出口退税款的，由税务机关追缴其骗取的退税款，并处骗取税款 1 倍以上 5 倍以下的罚款；构成犯罪的，依法追究刑事责任。

《税收征收管理法》第 67 条规定：以暴力、威胁方法拒不缴纳税款的，是抗税，除由税务机关追缴其拒缴的税款、滞纳金外，依法追究刑事责任。情节轻微，未构成犯罪的，由税务机关追缴其拒缴的税款、滞纳金，并处拒缴税款 1 倍以上 5 倍以下的罚款。

(二) 刑事责任

《刑法》第 201 条规定，纳税人采取欺骗、隐瞒手段进行虚假纳税申报或者不申报，逃避缴纳税款数额较大并且占应纳的税额 10%以上的，处 3 年以下有期徒刑或者拘役，并处罚金；数额巨大并且占应纳税额 30%以上的，处 3 年以上 7 年以下有期徒刑，并处罚金。经税务机关依法下达追缴通知后，补缴应纳税款，缴纳滞纳金，已受行政处罚的，不予追究刑事责任；但是，5 年内因逃避缴纳税款受过刑事处罚或者被税务机关给予两次以上行政处罚的除外。

《刑法》第 202 条规定，以暴力、威胁方法拒不缴纳税款的，处 3 年以下有期徒刑或者拘役，并处拒缴税款 1 倍以上 5 倍以下罚金；情节严重的，处 3 年以上 7 年以下有期徒刑，并处拒缴税款 1 倍以上 5 倍以下罚金。

《刑法》第 204 条规定，以假报出口或者其他欺骗手段，骗取国家出口退税款，数额较大的，处 5 年以下有期徒刑或者拘役，并处骗取税款 1 倍以上 5 倍以下罚金；数额巨大或者有其他严重情节的，处 5 年以上 10 年以下有期徒刑，并处骗取税款 1 倍以上 5 倍以下罚金；数额特别巨大或者有其他特别严重情节的，处 10 年以上有期徒刑或者无期徒刑，并处骗取税款 1 倍以上 5 倍以下罚金或者没收财产。

五、税务争议的解决程序

纳税人、扣缴义务人、纳税担保人同税务机关在纳税上发生争议时，必须先依照税务机关的纳税决定缴纳或者解缴税款及滞纳金或者提供相应的担保，然后可以依法申请行政复议；对行政复议决定不服的，可以依法向人民法院起诉。申请人申请行政复议的，应当依照法律、行政法规规定的数额、期限先行缴纳或者解缴税款和滞纳金，或者提供相应担保，在得到作出具体行政行为的税务机关确认之日起 60 日内向复议机关申请复议。

复议机关在收到申请之日起应当在 60 日内作出复议决定。对复议决定不服的，可以在接到复议决定书之日起 15 日内向人民法院起诉。

当事人对税务机关的处罚决定、强制执行措施或者税收保全措施不服的，可以依法申请行政复议，也可以依法向人民法院起诉。

本章小结

税法是国家进行宏观调控的重要法律部门。我国税收体系由流转税、所得税、财产税、资源税及行为税五大税构成，每一税类包含若干税种，每一税种都有相应的税法。《税收征收管理法》明确了税收征管程序及税收法律责任。

本章重点在于掌握我国税收体系及我国税法的构成要素，了解我国各主要税种的法律规定、税收征收程序及税收法律责任。其中各主要税种的法律规定及税收征收程序为本章难点。

核心法规

1.《中华人民共和国个人所得税法》(1980 年 9 月 10 日通过，1993 年 10 月 31 日第一次修正，1999 年 8 月 30 日第二次修正，2005 年 10 月 27 日第三次修正，2007 年 6 月 29 日第四次修正，2007 年 12 月 29 日第五次修正，2011 年 6 月 30 日第六次修正，2018 年 8 月 31 日第七次修正)

2.《中华人民共和国增值税暂行条例》(1993 年 12 月 13 日公布，2008 年 11 月 5 日修订通过，2016 年 2 月 6 日第一次修订，2017 年 11 月 19 日第二次修订)

3.《中华人民共和国企业所得税法》(2007 年 3 月 16 日通过，2017 年 2 月 24 日第一次修正，2018 年 12 月 29 日第二次修正)

4.《中华人民共和国税收征收管理法》(1992 年 9 月 4 日通过，1995 年 2 月 28 日第一次修正，2001 年 4 月 28 日修订，2013 年 6 月 29 日第二次修正，2015 年 4 月 24 日第三次修正)

5.《中华人民共和国税收征收管理法实施细则》(2002 年 9 月 7 日公布，2012 年 11 月 9 日第一次修订，2013 年 7 月 18 日第二次修订，2016 年 2 月 6 日第三次修订)

案例讨论

A 企业长期欠 B 企业货款，无力偿还，B 企业申请法院强制执行。法院扣了 A 企业一辆小汽车后，作出裁定书把小汽车的所有权判给 B 企业。随后，B 企业将小汽车变卖，收回的价款正好等于货款的本金和利息。县国家税务局稽查局对B企业的纳税进行检查后，认定B企业出售小汽车没有按规定交纳增值税，造成偷税，要求B企业补缴税款，并给予其相应的行政处罚。B企业的经理及财务人员都想不通，认为小汽车是A企业的，是替A企业卖了收回属于自己的货款，为什么还要交纳增值税？如果直接收回货款，不就没有这些麻烦了？于是，B企业向市国税局提起了行政复议申请。市国税局的行政复议决定维持了县国家税务局的处理决定。B企业和县国税局均服从复议决定。

请思考：

1. 什么是增值税？
2. 增值税的纳税主体是什么？
3. 确定增值税的纳税主体的关键是什么？
4. 债务人以实物抵债和以现金偿债，债权人的税后结果相同吗？为什么？

简要分析：

《增值税暂行条例》第1条规定，在中华人民共和国境内销售货物或者提供加工、修理修配劳务，销售服务、无形资产、不动产以及进口货物的单位和个人，为增值税的纳税人，应当依照本条例缴纳增值税。根据财政部、国家税务总局《关于简并增值税征收率政策的通知》财税（[2014] 57号）和《增值税暂行条例》的规定，一般纳税人销售自己使用过的固定资产，按简易办法依照3%的征收率减按2%征收增值税。

据此，对于本案中的销售旧小汽车的行为，关键是要判断谁是本案的纳税义务人。

本案中，A企业欠B企业货款，如果A企业直接变卖小汽车偿还货款，那么，A企业缴纳增值税，B企业收回货款且不用交税。A企业是“在中华人民共和国境内销售货物的单位”，是纳税义务人。A企业不变卖小汽车，B企业申请法院强制执行。如果法院扣了小汽车后，卖了收回车款，裁定书直接把所得货款交给B企业，那么，该辆小汽车还是由A企业缴纳增值税，B企业没有纳税的义务。A企业仍是纳税义务人，法院是A企业的代理人。但是，本案中，法院却应B企业的要求把小汽车的所有权判给了B企业，由B企业直接出售，那么，不仅A企业要缴纳增值税，而且B企业在销售小汽车时，也产生了纳税义务，也要按出售的金额计算缴纳增值税。B企业成了“在中华人民共和国境内销售货物的单位”，是纳税义务人。

本案涉及纳税主体的确定问题，这是纳税的前提。分析本案的关键，是要看哪个主体“在中华人民共和国境内销售货物”。本案也给广大债权人一个提醒：债务人以实物抵债和以现金偿债，债权人的税后结果是不同的。债权人应慎重选择。

复习思考

1. 试述我国主要税种。
2. 税法的构成要素主要有哪些？
3. 试述我国增值税的主要法律规定。
4. 什么是偷税行为？偷税者要承担怎样的法律责任？
5. 违反税法的法律责任有哪些？

第十五章
对外贸易法律制度

要点提示

- 我国对外贸易法的概念和调整对象
- 我国对外贸易法的基本原则
- 我国对外贸易法的基本制度
- 反倾销法与反补贴法
- 我国对外贸易法的相关法律责任

第一节　对外贸易法概述

一、对外贸易的概念

一国（或地区）与他国（或地区）之间所进行的商品、技术和服务的交换活动，称为国际贸易。如果从一个国家（或地区）的角度来看，它同其他国家（或地区）之间所进行的商品、技术和服务的交换活动，被称为对外贸易。对外贸易是指一国（或地区）同其他国家（或地区）间进行货物、技术和服务交换的一种经济活动。

从各国实践出发，根据不同的标准，对于对外贸易可作如下分类。

（1）有形贸易和无形贸易。这是以贸易对象的形态为标准所作的分类。有形贸易即货物贸易，无形贸易即技术贸易和服务贸易。

（2）直接贸易和间接贸易。这是以贸易双方之间有无第三国参加为标准所作的分类。无第三国参加为直接贸易，货物生产国与货物消费国间通过第三国进行的货物买卖活动即为间接贸易。

（3）易货贸易和现汇贸易。这是以不同的支付手段为标准所作的分类。易货贸易，是指在对外贸易中不用外汇支付，而以货物作价进行清偿的贸易。现汇贸易，是指在对外贸易中，以货币作为清偿工具的贸易。

（4）双边贸易和多边贸易。这是以组成一个贸易整体的国家数量多少为标准所作的分类。双边贸易，是指两国间保持贸易收支平衡的贸易。多边贸易，是指两个以上国家作为一个贸易整体，保持相互间贸易收支平衡的一种贸易。

（5）边境贸易与过境贸易。这是以贸易活动的地域为标准进行的分类。边境贸易，是指一国边境上的贸易。过境贸易，是指境内向境外输出货物，或者境外向境内输入货物，经过第三国的贸易。

二、对外贸易法的概念

对外贸易法，是调整在对外贸易活动中所发生的对外贸易管理关系的法律规范的总称。对外贸易法律制度，一般具有广义和狭义之分。广义的对外贸易法律制度，不仅包括调整货物贸易、服务贸易和技术贸易的内容，还包括以外国直接投资为代表的各类生产要素跨国间流动方面的法律、法规和政策。狭义的对外贸易法律制度，主要限定为管理国际贸易的法律、法规。因为对外贸易法律制度是与世界贸易组织及国际惯例靠得最近、受其影响最大的法律规范，所以，它必然带有深刻的国际法烙印。《中华人民共和国对外贸易法》（以下简称《对外贸易法》）（1994 年 5 月 12 日第八届全国人民代表大会常务委员会第七次会议通过；2004 年 4 月 6 日第十届全国人民代表大会常务委员会第八次会议修订；2016 年 11 月 7 日第一次修正、2022 年 12 月 30 日第二次修正）是我国对外贸易的基本法律，为狭义的对外贸易法。为了履行中国“入世”承诺，更充分地享受世贸组织成员权利，《对外贸易法》根据中国加入世贸组织议定书等有关承诺，对指定经营、限制和禁止进出口、与外贸有关的知识产权保护、外贸秩序、外贸调查和外贸救济等作出新的规定，加强了对对外贸易的监测和服务，加大了对对外贸易违法行为的处罚力度，从而为中国产业和市场的健康和充分发展提供了强有力的支持和保障，适应了我国对外贸易发展的新情况、新变化和新要求。《对外贸易法》共有 11 章 69 条，主要规定了总则、对外贸易经营者、货物进出口与技术进出口、国际服务贸易、与对外贸易有关的知识产权保护、对外贸易秩序、对外贸易调查、对外贸易救济、对外贸易促进、法律责任以及附则。

三、对外贸易法的调整对象

法律发挥其作用的基本机制是规范人们的行为。法律的规范作用是通过规范人们在其所参加的社会关系中的权利、义务来实现的，这种为法律所规定的社会关系构成了法律关系。法律的调整对象是指法律规范所调整的各种社会关系，就某一部法律而言，其调整对象就是这部法律所规范的社会关系。

对外贸易活动主要涉及三种社会关系，即国际商品交换关系、与国际商品交换活动有关的服务关系、国家行政主管机关对本国的对外贸易活动实施管理的行政关系。就对外贸易法来说，对于它所规范的社会关系，我们在研究了其全部内容后可以得出一个结论，即对外贸易法规范的主要社会关系是国家与对外贸易活动参加者之间的管理与被管理的关系，同时对外贸易法也对一部分在对外贸易经营活动中形成的民事关系作了必要的规定。这种管理关系根据《对外贸易法》第 2 条的规定，可以分为对货物进出口的管理、对技术进出口的管理和对国际服务贸易的管理这三种形式。对外贸易法调整对象的内容，同时也决定了其在我国法律体系中所属的部门，即它是一部经济行政法律。

四、对外贸易法律关系

就对外贸易而言，通常存在着以下三种社会关系。

（1）国际商品交换关系，即不同国家或不同地区之间的进出口商之间的商品交换关系。

（2）与国际商品交换活动有关的服务关系，如运输、保险、外汇等。这是服务于国际商品交换活动，为保证国际商品交换活动的顺利进行，而在进出口商与其他有关的服务提供者之间所形成的关系。

（3）国家行政主管机关对本国的外贸活动实施管理，从而与进出口商和有关的对外贸易的服务提供者之间所形成的管理与被管理的关系。

上述三种社会关系为有关的对外贸易法律所规范，就形成了对外贸易法律关系。从法律关系的性质来说，国际商品交换关系以及与国际商品交换有关的服务关系是一种民事法律关系，对外贸易管理法律关系则是行政法律关系。

五、对外贸易经营者

对外贸易经营者，是指依法办理工商登记或者其他执业手续，依照《对外贸易法》和其他有关法律、行政法规的规定从事对外贸易经营活动的法人、其他组织或者个人。对外贸易经营者包括从事货物进出口或者技术进出口的对外贸易经营者和从事国际服务贸易者。其中，根据《对外贸易法》第 10 条的规定，国家可以对部分货物的进出口实行国营贸易管理。实行国营贸易管理货物的进出口业务只能由经授权的企业经营；但是，国家允许部分数量的国营贸易管理货物的进出口业务由非授权企业经营的除外。实行国营贸易管理的货物和经授权经营企业的目录，由国务院对外贸易主管部门会同国务院其他有关部门确定、调整并公布。违反本条第一款规定，擅自进出口实行国营贸易管理的货物的，海关不予放行。根据《对外贸易法》第 9 条的规定，从事国际服务贸易者，应当遵守《对外贸易法》和其他有关法律、行政法规的规定。从事对外劳务合作的单位，应当具备相应的资质。具体办法由国务院规定。

通过法律的形式明确对外贸易经营者的权利和义务，对于发挥对外贸易经营者在对外贸易交往过程中的积极性与主动性，保护对外贸易经营者的合法权益起到了不可低估的作用。根据《对外贸易法》的相关规定，外贸经营者的合法权利主要有：对外贸易经营自主权，对外贸易代理权，依法平等取得进出口单证的权利，公平竞争的权利，成立和参加进出口商会的权利，平等享受优惠待遇的权利，反倾销、反补贴和保障措施的请求权，自主使用外汇的权利。根据《对外贸易法》的规定，外贸经营者的义务主要有：依法经营义务；依法结汇义务；依法申报义务；公平竞争义务；其他义务，如对外贸易经营者必须信守合同、保证货物质量、完善售后服务等。

六、对外贸易法的基本原则

我国《对外贸易法》确定了下列基本原则，这些基本原则是对外贸易法主体的基本行为准则，是制定其他对外贸易法律规范的基础，反映了我国对外贸易政策和法律的基本价值取向。

（1）实行统一的对外贸易制度，依法维护公平的、自由的外贸秩序的原则。

（2）鼓励发展对外贸易，发挥地方积极性，保障对外贸易经营者的经营自主权的原则。

（3）平等互利的原则。我国根据平等互利原则，促进与发展同其他国家和地区的贸易往来。

（4）对等原则和最惠国、国民待遇原则。

第二节　对外贸易基本法律制度

一、货物与技术进出口管理法律制度

《对外贸易法》第13条规定："国家准许货物与技术的自由进出口。但是，法律、行政法规另有规定的除外。"这是《对外贸易法》总则中对外贸易自由原则的体现，亦同世界贸易组织的基本原则相一致。自改革开放至今，我国已大大放宽了对商品的进出口限制，除少数商品基于国家安全、国内市场供应短缺、保护人民生命健康和生态平衡或依据国际条约的规定等原因，对其进出口进行某种限制，采取配额或者许可证管理措施外，对绝大部分商品都允许自由进出口。《对外贸易法》将货物与技术进出口分为自由、限制和禁止三类。

《对外贸易法》第15条明确规定了我国限制或禁止进出口的货物和技术的范围。国家基于下列原因，可以限制或者禁止有关货物、技术的进口或者出口：(1) 为维护国家安全、社会公共利益或者公共道德，需要限制或者禁止进口或者出口的；(2) 为保护人的健康或者安全，保护动物、植物的生命或者健康，保护环境，需要限制或者禁止进口或者出口的；(3) 为实施与黄金或者白银进出口有关的措施，需要限制或者禁止进口或者出口的；(4) 国内供应短缺或者为有效保护可能用竭的自然资源，需要限制或者禁止出口的；(5) 输往国家或者地区的市场容量有限，需要限制出口的；(6) 出口经营秩序出现严重混乱，需要限制出口的；(7) 为建立或者加快建立国内特定产业，需要限制进口的；(8) 对任何形式的农业、牧业、渔业产品有必要限制进口的；(9) 为保障国家国际金融地位和国际收支平衡，需要限制进口的；(10) 依照法律、行政法规的规定，其他需要限制或者禁止进口或者出口的；(11) 根据我国缔结或者参加的国际条约、协定的规定，其他需要限制或者禁止进口或者出口的。

二、国际服务贸易管理法律制度

(一) 国际服务贸易概述

国际服务贸易是以服务作为标的的一种进出口贸易活动，而服务则是服务提供者以向消费者提供活劳动的方式满足消费者的某种需要以获取报酬的活动。有关国际服务贸易的概念在《对外贸易法》中并未作明确规定。根据关贸总协定乌拉圭回合达成的《服务贸易总协议》的规定，国际服务贸易包括4项内容：从一成员境内向任何其他成员境内提供服务；在一成员境内向任何其他成员的服务消费者提供服务；一成员国的服务提供者在任何其他成员境内通过商业存在提供服务；一成员的服务提供者在任何其他成员境内通过自然人的存在提供服务。我们可以把国际服务贸易划分为跨境交付、境外消费、商业存在和自然人流动四个大类。国际服务贸易是国际贸易的重要组成部分，也是近年来增长幅度较大的部分。世界贸易组织的法律框架与我国《对外贸易法》均将服务贸易纳入其调整的范围。

服务业在我国通常是指第三产业（包括建筑业）。具体来说，国际服务贸易主要包括：国际运输（包括水运、空运和陆运），国际旅游，国际金融服务，国际保险，建筑和工程承包、劳务输出，国际电信服务，视听服务，教育、卫生、文化、艺术的国际交流服务，商业批发与零售服务，广告设计、律师、会计等专业服务，等等。

据国家统计局公布的数据，2024年我国服务业增加值占国内生产总值的比重为56.7%。

进入 21 世纪以来，我国服务业占比快速提升，2013 年首度超过工业，至今已成为第一大行业部门和经济增长主动力。服务业占比提高一直以来被作为发达国家的指标，事实上，纵观全球服务业占比，我国的服务业占比还是一个相对较低的数字。数据显示，全球的平均服务业占比应该在 60%以上，美国等高收入国家达到 70%或 80%。这也说明服务业占比与一国经济结构升级和经济发展息息相关，而我国的服务行业还有巨大的发展空间。

（二）对国际服务贸易的限制或禁止

我国《对外贸易法》确立了国家促进国际服务贸易逐步发展的原则；同时规定，由国务院对外经济贸易主管部门和国务院有关部门，依法对国际服务贸易进行管理，以促进我国对外服务贸易的不断发展。

根据《对外贸易法》第 25 条的规定，国家基于下列原因，可以限制或者禁止有关的国际服务贸易：(1) 为维护国家安全、社会公共利益或者公共道德，需要限制或者禁止的；(2) 为保护人的健康或者安全，保护动物、植物的生命或者健康，保护环境，需要限制或者禁止的；(3) 为建立或者加快建立国内特定服务产业，需要限制的；(4) 为保障国家外汇收支平衡，需要限制的；(5) 依照法律、行政法规的规定，其他需要限制或者禁止的；(6) 根据我国缔结或者参加的国际条约、协定的规定，其他需要限制或者禁止的。

《对外贸易法》第 26 条规定，国家对与军事有关的国际服务贸易，以及与裂变、聚变物质或者衍生此类物质的物质有关的国际服务贸易，可以采取任何必要的措施，维护国家安全。

三、货物进出口配额管理制度

进出口商品的配额管理是指国家对部分货物的进出口规定一定的数量或金额限制，在限额之内，允许进出口；超过限额则不准进口或出口。我国加入世界贸易组织之后，为履行应承担的义务，国务院于 2001 年发布了《货物进出口管理条例》（已于 2024 年 3 月 10 日进行修订），同时，原外经贸部还发布了《工业品出口配额招标实施细则》《机电产品进口配额管理实施细则》《出口商品配额管理办法》《出口商品配额招标办法》《纺织品被动配额管理办法》，对进出口配额问题作出了相关规定。

商务部负责全国进出口商品配额管理工作。各省、自治区、直辖市及计划单列市外经贸主管部门根据商务部的授权，负责本地区的进出口商品配额管理工作。

（一）进口配额管理制度

根据有关进出口配额管理的法律和法规，我国对进口配额实行以下管理制度：一是国家规定有数量限制的限制进口货物，实行配额管理。二是配额总量依据商务部当年进口配额总量确定。根据需要，商务部可以对年度配额总量进行调整，并在实施前公布。三是配额申请人应在当年向进口配额管理部门提出下一年度进口配额申请。进口经营者凭进口配额证明向海关办理报关验放手续。四是进口配额管理部门在当年将下一年度配额分配给配额申请人。五是对机电产品实行单独的配额管理。根据《机电产品进口配额管理实施细则》，商务部会同海关总署制定、调整和公布机电产品进口配额目录。商务部当年公布下一年度全国机电产品进口配额总量，根据需要，商务部可以对年度配额总量进行调整。

（二）出口配额管理制度

出口配额是一国政府在一定时期内，事先规定本国某种商品的最大出口限额，在规定的限额内可以出口，如果超出限额则完全禁止再出口的制度。为规范出口商品配额管理，保证出口商品配额管理工作符合效益、公正、公开和透明的原则，维护配额管理商品的正常出口，我国于 2001 年制定了《出口商品配额管理办法》。实行配额管理的出口商品目录，由商务部制定、调整并公布。对于实行配额管理的出口商品，出口企业通过自主投标竞价，有偿取得和使用国家确定的出口商品配额。对外贸易主管部门统一管理出口商品配额招标工作，负责确定并公布招标商品种类及招标商品的配额总量。

四、货物进出口许可证管理制度

进出口许可证管理制度是指对外贸易经营者进口或出口国家限制进出口的货物或技术时必须取得进出口许可证方可进出口的制度。我国加入世界贸易组织之后，为履行应承担的义务，国务院于 2001 年发布了《货物进出口管理条例》（已于 2024 年 3 月 10 日修订），2004 年商务部还发布了《货物进口许可证管理办法》以及《货物出口许可证管理办法》（2008 年修订、2019 年修订），对货物进出口许可证管理制度作出详细规定。

（一）进口许可证管理制度

1. 领取进口许可证的货物

国家对限制进口的货物实行进口许可证管理。商务部、海关总署负责发布《进口许可证管理货物目录》和《进口许可证管理货物分级发证目录》。

2. 进口许可证的签发

（1）进口许可证的签发机关。商务部授权配额许可证事务局（以下简称许可证局）统一管理、指导全国各发证机构的进口许可证签发工作，许可证局对商务部负责。许可证局及商务部驻各地特派员办事处和各省、自治区、直辖市、计划单列市以及商务部授权的其他省会城市商务厅（局）、外经贸委（厅、局）（以下简称各地方发证机构）为进口许可证发证机构，在许可证局统一管理下，负责授权范围内的发证工作。

（2）进口许可证的签发。发证机构应当严格按照商务部发布的年度《进口许可证管理货物目录》和《进口许可证管理货物分级发证目录》的规定，签发相关商品的进口许可证。经营者进口《进口许可证管理货物目录》中的商品，必须到《进口许可证管理货物分级发证目录》指定的发证机构申领进口许可证。各发证机构应当凭规定的发证依据发放进口许可证，不得越权或者超过发证范围签发进口许可证。

3. “一证一关”制和“一批一证”制

我国对进口许可证管理实行“一证一关”制，一般情况下实行“一批一证”制。“一证一关”是指进口许可证只能在一个海关报关。“一批一证”是指进口许可证在有效期内一次报关使用。

（二）出口许可证管理制度

1. 领取出口许可证的货物

国家对限制出口的货物实行出口许可证管理。商务部和海关总署发布年度《出口许可证管理货物目录》，商务部发布年度《出口许可证管理货物分级发证目录》。《出口许可证管理货物目录》和《出口许可证管理货物分级发证目录》由商务部以公告形式发布。出口许可证包括出口配额许可证和出口许可证。凡实行出口配额许可证管理和出口许可证管理的货物，对外贸易经营者应当在出口前按规定向指定的发证机构申领出口许可证，海关凭出口许可证接受申报和验放。

2. 出口许可证的签发

各发证机构应当严格按照年度《出口许可证管理货物目录》和《出口许可证管理货物分级发证目录》的要求，自收到符合规定的申请之日起3个工作日内签发相关出口货物的出口许可证，不得违反规定发证。对外贸易经营者出口《出口许可证管理货物目录》中的货物，应当到《出口许可证管理货物分级发证目录》指定的发证机构申领出口许可证。

3. “一证一关”制和“一批一证”制

我国对出口许可证管理实行“一证一关”制和“一批一证”制，但有下列情况之一时不实行“一批一证”制：（1）外商投资企业出口许可证管理的商品；（2）补偿贸易项下出口许可证管理的商品；（3）其他在《出口许可证管理货物目录》中规定实行“非一批一证”的出口许可证管理货物。

五、与对外贸易有关的知识产权保护制度

2022年修正的《对外贸易法》第五章专章介绍了与对外贸易有关的知识产权保护制度，对知识产权保护作了集中规定，内容涉及知识产权的保护、知识产权权利滥用的限制和有关国民待遇方面的规定。

（1）进口货物侵犯知识产权，并危害对外贸易秩序的，国务院对外贸易主管部门可以采取在一定期限内禁止侵权人生产、销售的有关货物进口等措施。

（2）知识产权权利人有阻止被许可人对许可合同中的知识产权的有效性提出质疑、进行强制性一揽子许可、在许可合同中规定排他性返售条件等行为之一，并危害对外贸易公平竞争秩序的，国务院对外贸易主管部门可以采取必要的措施消除危害。

（3）其他国家或者地区在知识产权保护方面未给予中华人民共和国的法人、其他组织或者个人国民待遇，或者不能对来源于中华人民共和国的货物、技术或者服务提供充分有效的知识产权保护的，国务院对外贸易主管部门可以依照对外贸易法和其他有关法律、行政法规的规定，并根据中华人民共和国缔结或者参加的国际条约、协定，对与该国家或者该地区的贸易采取必要的措施。

六、进出口商品检验制度

根据我国《进出口商品检验法》的规定，进出口商品检验应当根据保护人类健康和安全、保护动物或者植物的生命和健康、保护环境、防止欺诈行为、维护国家安全的原则，由国家商检部门制定、调整必须实施检验的进出口商品目录（以下简称目录）并公布实施。

关于进口商品的检验，《进出口商品检验法》规定必须经商检机构检验的进口商品的收货人或者其代理人，应当向报关地的商检机构报检。《进出口商品检验法》规定必须经商检机构检验的进口商品的收货人或者其代理人，应当在商检机构规定的地点和期限内，接受商检机构对进口商品的检验。商检机构应当在国家商检部门统一规定的期限内检验完毕，并出具检验证单。《进出口商品检验法》规定必须经商检机构检验的进口商品以外的进口商品的收货人，发

现进口商品质量不合格或者残损短缺，需要由商检机构出证索赔的，应当向商检机构申请检验出证。对重要的进口商品和大型的成套设备，收货人应当依据对外贸易合同约定在出口国装运前进行预检验、监造或者监装，主管部门应当加强监督；商检机构根据需要可以派出检验人员参加。

关于出口商品的检验，《进出口商品检验法》规定必须经商检机构检验的出口商品的发货人或者其代理人，应当在商检机构规定的地点和期限内，向商检机构报检。商检机构应当在国家商检部门统一规定的期限内检验完毕，并出具检验证单。经商检机构检验合格发给检验证单的出口商品，应当在商检机构规定的期限内报关出口；超过期限的，应当重新报检。为出口危险货物生产包装容器的企业，必须申请商检机构进行包装容器的性能鉴定。生产出口危险货物的企业，必须申请商检机构进行包装容器的使用鉴定。使用未经鉴定合格的包装容器的危险货物，不准出口。对装运出口易腐烂变质食品的船舱和集装箱，承运人或者装箱单位必须在装货前申请检验。未经检验合格的，不准装运。

七、对外贸易调查与救济制度

为了维护经济安全，加强对对外贸易的监测和服务，增强防御能力，促进对外贸易的稳步发展，《对外贸易法》于 2004 年修订时还增设了两章，具体阐述调查事项、调查程序和贸易救济措施等内容。

1. 对外贸易调查

对外贸易调查已成为各主要贸易国家保护本国产业和市场秩序的重要法律手段。在我国加入世界贸易组织后，随着关税水平的降低，在配额、许可证等调控进出口等手段均被禁止使用的情况下，依法采取反倾销、反补贴和保障措施等对外贸易救济措施在维护正常贸易秩序、保护国内产业等方面起着重要的作用。因此，2022 年《对外贸易法》第七章就“对外贸易调查”作了相关规定。

《对外贸易法》明确规定了对外贸易调查的启动程序。按照法律规定，由国务院对外贸易主管部门发布公告；调查可以采取书面问卷、召开听证会、实地调查、委托调查等方式进行；国务院对外贸易主管部门根据调查结果，得出调查报告或者作出处理裁定，并发布公告。

《对外贸易法》规定，国务院对外贸易主管部门可以自行或者会同国务院其他有关部门，依照法律、行政法规的规定对下列事项进行调查：（1）货物进出口、技术进出口、国际服务贸易对国内产业及其竞争力的影响；（2）有关国家或者地区的贸易壁垒；（3）为确定是否应当依法采取反倾销、反补贴或者保障措施等对外贸易救济措施，需要调查的事项；（4）规避对外贸易救济措施的行为；（5）对外贸易中有关国家安全利益的事项；（6）为执行本法第 7 条、第 28 条第 2 款、第 29 条、第 30 条、第 31 条第 3 款、第 32 条第 3 款的规定，需要调查的事项；（7）其他影响对外贸易秩序，需要调查的事项。

2. 对外贸易救济

维护对外贸易秩序有两个层面：在国内主要是要求对外贸易经营者在对外贸易经营中应当依法经营、公平竞争；在国际上主要是防止外国过度进口和倾销、补贴行为损害国内的产业，防止危害公平的贸易秩序。

在我国，对外贸易经营者不得有以下行为：伪造、变造进出口货物原产地标记，伪造、变造或者买卖进出口货物原产地证书、进出口许可证、进出口配额证明或者其他进出口证明文件；骗取出口退税；走私；逃避法律、行政法规规定的认证、检验、检疫；违反法律、行政法规规定的其他行为。另外，对外贸易经营者还应依照国家有关规定结汇、用汇。

国家采取措施保障对外贸易秩序。因进口产品数量增加，使国内相同产品或与其直接竞争的产品的生产者受到严重损害或严重损害的威胁时，国家可采取必要的保障措施，消除或减轻这种损害或者损害的威胁。因进口产品数量增加，倾销、补贴产品使国内工业受损或有损害威胁时，国务院规定的有关部门或机构依法进行调查并作出处理。此外，要加强对外贸易的法制建设，完善对外贸易的行政管理、海关商检管理、外汇及税收管理，建立对外贸易公平竞争的良好秩序。

目前有关对外贸易秩序法律管制的主要依据是反倾销与反补贴等法律制度。

（1）反倾销。其他国家或者地区的产品以低于正常价值的出口价格进入我国市场，对已建立的国内产业造成实质损害或者产生实质损害威胁，或者对建立国内产业造成实质阻碍的，国家可以采取反倾销措施，消除或者减轻这种损害或者损害的威胁或者阻碍。

（2）反补贴。进口的产品直接或者间接地接受出口国家或者地区给予的任何形式的专向性补贴，对已建立的国内产业造成实质损害或者产生实质损害威胁，或者对建立国内产业造成实质阻碍的，国家可以采取反补贴措施，消除或者减轻这种损害或者损害的威胁或者阻碍。

（3）保障措施。因进口产品数量大量增加，对生产同类产品或者与其直接竞争的产品的国内产业造成严重损害或者严重损害威胁的，国家可以采取必要的保障措施，消除或者减轻这种损害或者损害的威胁，并可以对该产业提供必要的支持。

（4）关于服务贸易救济的规定。因其他国家或者地区的服务提供者向我国提供的服务增加，对提供同类服务或者与其直接竞争的服务的国内产业造成损害或者产生损害威胁的，国家可以采取必要的救济措施，消除或者减轻这种损害或者损害的威胁。

（5）关于贸易转移救济的规定。因第三国限制进口而导致某种产品进入我国市场的数量大量增加，对已建立的国内产业造成损害或者产生损害威胁，或者对建立国内产业造成阻碍的，国家可以采取必要的救济措施，限制该产品进口。

（6）预警应急机制。《对外贸易法》第 48 条规定，国务院对外贸易主管部门和国务院其他有关部门应当建立货物进出口、技术进出口和国际服务贸易的预警应急机制，应对对外贸易中的突发和异常情况，维护国家经济安全。这一规定强化了政府的预警职能，促进了我国产业损害预警机制的建设与发展。

（7）公共信息服务体系。《对外贸易法》第 53 条规定，国家建立对外贸易公共信息服务体系，向对外贸易经营者和其他社会公众提供信息服务。

长期以来，我国对外贸易公共服务体系建设比较滞后，公共信息服务意识薄弱，而能否及时向对外贸易经营者和其他社会公众提供对外贸易公共信息，关系到我国的国际形象。通过公告，一方面增强了透明度，体现了对外贸易法与世界贸易组织基本原则的一致性；另一方面也确保了国民知情权，使中国的经济环境更具稳定性和可预见性。

八、对外贸易促进

对外贸易促进是指国家为促进对外贸易发展而采取的各种促进方式和措施。我国对外贸易促进措施主要有以下几种。

（1）国家根据对外贸易发展的需要，建立和完善为对外贸易服务的金融机构，设立对外贸易发展基金、风险基金。

（2）国家通过进出口信贷、出口信用保险、出口退税及其他促进对外贸易的方式，发展对外贸易。

（3）国家建立对外贸易公共信息服务体系，向对外贸易经营者和其他社会公众提供信息服务。

（4）国家采取措施鼓励对外贸易经营者开拓国际市场，采取对外投资、对外工程承包和对外劳务合作等多种形式，发展对外贸易。

（5）对外贸易经营者可以依法成立和参加有关协会、商会。

第三节　反倾销法与反补贴法

一、反倾销法律制度

（一）我国的反倾销立法

为维护对外贸易秩序和实现在国际贸易中的公平竞争，1994 年 5 月 12 日公布的《对外贸易法》第 30 条规定："产品以低于正常价值的方式进口，并由此对国内已建立的相关产业造成实质损害或者产生实质损害的威胁，或者对国内建立相关产业造成实质阻碍时，国家可以采取必要措施，消除或者减轻这种损害或者损害的威胁或者阻碍。"2001 年 11 月 26 日，国务院依照《对外贸易法》发布了《反倾销条例》，对反倾销作出了具体规定。2004 年，该条例被进一步修订。

（二）反倾销法的基本规定

1. 倾销与损害

根据《反倾销条例》，倾销是指在正常贸易过程中进口产品以低于其正常价值的出口价格进入中华人民共和国市场。损害，是指倾销对已经建立的国内产业造成实质损害或者产生实质损害威胁，或者对建立国内产业造成实质阻碍。倾销是一种企业行为。尽管企业倾销的动机多种多样，且在经济上不论对消费者多么有利，实际上它是一种扭曲竞争条件的不公平行为，在国际贸易中更是如此。

2. 倾销的影响

（1）对进口国经济的影响。

倾销对进口国经济的影响最为直接。倾销产品进入进口国市场之后，由于其价格低廉，费者转而购买进口产品，这样就造成进口国同类产品的生产企业和销售企业失去国内市场，润下降，工人失业，甚至企业破产倒闭。而且，倾销商品的进口数量越多，倾销幅度越大进口国同类产品的生产和销售损害就越严重。倾销除对同类产品的生产业和销售业造成损外，对生产相似产品的工业以及对使用倾销产品作为原材料或零部件生产另一制成品的工业也会造成一定的损害。

虽然倾销会对进口国造成损害，但它同时也会给进口国带来某些好处，主要体现在消费者身上：消费者可低价购买商品。不过总的说来，倾销对进口国是弊多利少。一般来讲，临时性倾销给消费者带来的低价好处可以超过对进口国工业造成的实际损害，但会对有关工业造成不良影响，而掠夺性倾销对进口国工业造成的损失则远远大于给进口国消费者带来的好处。

（2）对出口国经济的影响。

虽然倾销商品的出口企业从倾销之中可得到某些利益，但对出口国的经济也会造成一定影响，主要体现在以下方面：一是倾销商品的企业往往是有一定经济实力或在国内占垄断地位的企业，它倾销之后就可以占领国外市场；而国内同类产品的其他企业因无力进行倾销，很可能失去国外市场，这样就等于排挤了国内企业。二是由于倾销商品的进口国使用低价倾销商品作为原材料或零部件生产制成品，这样出口国以及第三国的同类产品的生产和销售企业在国外无法与之抗衡，就会失去部分市场。三是倾销商品对于出口国消费者也会带来不良影响，因为倾销的损失可以用"国外损失国内补"的办法补偿。倾销企业利用其在国内市场的垄断地位，可以提高国内价格，使消费者的利益受到影响。四是出口商倾销商品的行为一旦被进口国提起反倾销调查，进口国往往采取某些措施，如进口商将停止向出口商发出订单、签订新合同等，这样，倾销商品的出口商在调查期间往往失去这一市场，从而遭受经济损失。如经调查认定构成倾销，进口国还将征收反倾销税，使出口商倾销的经济目的不能实现，而且反倾销诉讼旷日持久，少则半年，多则几年，既浪费人力又浪费财力。

（3）对第三国的影响。

对第三国的影响主要是指对那些与倾销商品在进口国市场进行竞争的第三国的影响。一旦倾销商品成功，第三国同类产品的生产和销售商则不得不退出这一市场，造成其利润下降，所以《关税与贸易总协定》（GATT）中的《反倾销守则》规定，第三国可以要求进口国对倾销产品进行调查。

3. 反倾销调查

在我国，对倾销的调查和确定，由商务部负责。有权向商务部提出反倾销调查的申请主体包括国内产业或者代表国内产业的自然人、法人或者有关组织。但在特殊情形下，商务部没有收到反倾销调查的书面申请，而有充分证据认为存在倾销和损害以及二者之间有因果关系的，可以决定立案调查。

在确定倾销对国内产业造成的损害时，应当审查下列事项：（1）倾销进口产品的数量，包括倾销进口产品的绝对数量或者相对于国内同类产品生产或者消费的数量是否大量增加，或者倾销进口产品大量增加的可能性；（2）倾销进口产品的价格，包括倾销进口产品的价格削减或者对国内同类产品的价格产生大幅度抑制、压低等影响；（3）倾销进口产品对国内产业的相关经济因素和指标的影响；（4）倾销进口产品的出口国（地区）、原产国（地区）的生产能力、出口能力，被调查产品的库存情况；（5）造成国内产业损害的其他因素。

对实质损害威胁的确定，应当依据事实，不得仅依据指控、推测或者极小的可能性。

在确定倾销对国内产业造成的损害时，应当依据肯定性证据，不得将造成损害的非倾销因素归因于倾销。

商务部根据调查结果，分别就倾销、损害作出初裁决定，并就二者之间的因果关系是否成立作出初裁决定，由商务部予以公告。初裁决定确定倾销、损害以及二者之间的因果关系成立的，商务部应当对倾销及倾销幅度、损害及损害程度继续进行调查，并根据调查结果分别作出终裁决定，由商务部予以公告。

商务部认为出口经营者作出的价格承诺能够被接受并符合公共利益的，可以决定中止或者终止反倾销调查，不采取临时反倾销措施或者征收反倾销税。中止或者终止反倾销调查的决定由商务部予以公告。依有关规定中止或者终止反倾销调查后，应出口经营者请求，商务部应当对倾销和损害继续进行调查；或者商务部认为有必要的，可以对倾销和损害继续进行调查。终裁决定确定倾销成立，并由此对国内产业造成损害的，可以征收反倾销税。征收反倾销税应当符合公共利益。

4. 反倾销措施

初裁决定确定倾销成立，并由此对国内产业造成损害的，可以采取下列临时反倾销措施：征收临时反倾销税；要求提供保证金、保函或者其他形式的担保。征收临时反倾销税，由商务部提出建议，国务院关税税则委员会根据商务部的建议作出决定，由商务部予以公告。要求提供保证金、保函或者其他形式的担保，由商务部作出决定并予以公告。海关自公告规定实施之日起执行。

终裁决定确定倾销成立，并由此对国内产业造成损害的，可以征收反倾销税。征收反倾销税应当符合公共利益。征收反倾销税，由商务部提出建议，国务院关税税则委员会根据商务部的建议作出决定，由商务部予以公告。海关自公告规定实施之日起执行。

小试牛刀

某年 11 月 10 日，代表国内新闻纸产业的吉林造纸（集团）有限公司等九大新闻纸厂，向商务部提出新闻纸反倾销调查的申请。

商务部受理申请后，在决定立案调查前通知了美、加、韩三国政府，并于当年 12 月 10 日正式公告立案，开始对原产于美、加、韩进口到中国的新闻纸进行反倾销调查，将立案调查的决定通知了申请人，已知的出口经营者和进口经营者，美、加、韩三国政府以及其他有利害关系的组织、个人。

次年 1 月 12 日，商务部向出口国政府和已知的出口商及在立案通知规定的期间内报名应诉的出口商发放了倾销部分的调查问卷。1 月 15 日商务部向国内相关生产企业发放了损害调查问卷。7 月 9 日，商务部发布初裁公告，认为美、韩、加对中国出口新闻纸存在倾销，国内相关产业存在实质损害，并且国内相关产业的实质损害与进口产品倾销之间存在因果关系，决定自 7 月 10 日起，中国海关对原产于美、加、韩的进口新闻纸开始实施临时反倾销措施。

初裁后，商务部继续调查，并发布终裁公告。在终裁公告中，商务部认定各应诉公司在调查期内向中国出口的被调查产品均存在倾销；商务部认定原产于美、加、韩的向中国大量低价倾销的新闻纸对中国新闻纸产业造成了实质损害，倾销与损害之间存在直接的因果关系，决定自裁决之日起海关将对原产于上述三国的进口新闻纸征收反倾销税。

请思考：从本案中可以看到反倾销的程序主要有哪些？需要进行哪些公告和通知？对

和损害的调查和确定，由哪一机关负责？

参见前文关于“反倾销调查”及“反倾销措施”的论述。

二、反补贴法律制度

（一）我国的反补贴立法

对于补贴，《对外贸易法》第 42 条作了原则性规定：“进口的产品直接或者间接地接受出口国家或者地区给予的任何形式的专向性补贴，对已建立的国内产业造成实质损害或者产生实质损害威胁，或者对建立国内产业造成实质阻碍的，国家可以采取反补贴措施，清除或者减轻这种损害或者损害的威胁或者阻碍。”2001 年 11 月 26 日，国务院依照《对外贸易法》发布了《反补贴条例》，2004 年该条例被进一步修订。

（二）反补贴法的基本规定

1. 补贴和损害

根据《反补贴条例》，补贴是指出口国（地区）政府或者其任何公共机构提供的并给接受者带来利益的财政资助以及任何形式的收入或者价格支持。损害，是指补贴对已经建立的国内产业造成实质损害或者产生实质损害威胁，或者对建立国内产业造成实质阻碍。

2. 反补贴调查与补贴的确定

国内产业或者代表国内产业的自然人、法人或者有关组织，可以依照《反补贴条例》的规定向商务部提出反补贴调查的书面申请。在特殊情形下，商务部没有收到反补贴调查的书面申请，但有充分证据认为存在补贴和损害以及二者之间有因果关系的，可以决定立案调查。

在确定补贴对国内产业造成的损害时，应当审查下列事项：（1）补贴可能对贸易造成的影响；（2）补贴进口产品的数量，包括补贴进口产品的绝对数量或者相对于国内同类产品生产或者消费的数量是否大量增加，或者补贴进口产品大量增加的可能性；（3）补贴进口产品的价格，包括补贴进口产品的价格削减或者对国内同类产品的价格产生大幅抑制、压低等影响；（4）补贴进口产品对国内产业的相关经济因素和指标的影响；（5）补贴进口产品出口国（地区）、原产国（地区）的生产能力、出口能力，被调查产品的库存情况；（6）造成国内产业损害的其他因素。

对实质损害威胁的确定，应当依据事实，不得仅依据指控、推测或者极小的可能性。在确定补贴对国内产业造成的损害时，应当依据肯定性证据，不得将造成损害的非补贴因素归因于补贴。

商务部根据调查结果，分别就补贴、损害作出初裁决定，并就二者之间的因果关系是否成立作出初裁决定，由商务部予以公告。初裁决定确定补贴、损害以及二者之间的因果关系成立的，商务部应当对补贴及补贴金额、损害及损害程度继续进行调查，并根据调查结果分别作出终裁决定，由商务部予以公告。

3. 反补贴措施

初裁决定确定补贴成立，并由此对国内产业造成损害的，可以采取临时反补贴措施。临时反补贴措施采取以保证金或者保函作为担保的征收临时反补贴税的形式。

在为磋商进行的努力没有取得效果的情况下，终裁决定确定补贴成立，并由此对国内产业造成损害的，可以征收反补贴税。

第四节　对外贸易法律责任

法律责任是指违法行为者所应承担的带有强制性的法律上的不利后果。由于违法行为的性质和危害程度不同，违法者承担的法律责任也不一样：刑事违法承担刑事法律责任，民事违法承担民事法律责任，行政违法承担行政法律责任。

法律责任是一部法律文件的法律效力最集中的体现和法律得以实施的有力保障。没有规定法律责任或法律责任得不到严格贯彻，法律效力就会成为空谈，法律的强制力也无从体现，法律将成为一纸空文。因此，认真贯彻执行法律规范，对违法者严格追究法律责任具有十分重要的意义。

《对外贸易法》第十章专门规定了有关的法律责任问题。主要为刑事责任和行政责任，具体如下。

1. 未经授权擅自进出口实行国营贸易管理的货物的规定

该法第 59 条规定："违反本法第十条规定，未经授权擅自进出口实行国营贸易管理的货物的，国务院对外贸易主管部门或者国务院其他有关部门可以处五万元以下罚款；情节严重的，可以自行政处罚决定生效之日起三年内，不受理违法行为人从事国营贸易管理货物进出口业务的申请，或者撤销已给予其从事其他国营贸易管理货物进出口的授权。"

2. 进出口属于禁止进出口的货物或技术的，或者未经许可擅自进出口属于限制进出口的货物或技术的规定

该法第 60 条规定：进出口属于禁止进出口的货物的，或者未经许可擅自进出口属于限制进出口的货物的，由海关依照有关法律、行政法规的规定处理、处罚；构成犯罪的，依法追究刑事责任。

进出口属于禁止进出口的技术的，或者未经许可擅自进出口属于限制进出口的技术的，依照有关法律、行政法规的规定处理、处罚；法律、行政法规没有规定的，由国务院对外贸易主管部门责令改正，没收违法所得，并处违法所得 1 倍以上 5 倍以下罚款，没有违法所得或者违法所得不足 1 万元的，处 1 万元以上 5 万元以下罚款；构成犯罪的，依法追究刑事责任。

自前述规定的行政处罚决定生效之日或者刑事处罚判决生效之日起，国务院对外贸易主管部门或者国务院其他有关部门可以在 3 年内不受理违法行为人提出的进出口配额或者许可证的申请，或者禁止违法行为人在 1 年以上 3 年以下的期限内从事有关货物或者技术的进出口经营活动。

3. 从事属于禁止的国际服务贸易的，或者未经许可擅自从事属于限制的国际服务贸易的规定

该法第 61 条规定：从事属于禁止的国际服务贸易的，或者未经许可擅自从事属于限制的国际服务贸易的，依照有关法律、行政法规的规定处罚；法律、行政法规没有规定的，由国务院对外贸易主管部门责令改正，没收违法所得，并处违法所得 1 倍以上 5 倍以下罚款，没有违法所得或者违法所得不足 1 万元的，处 1 万元以上 5 万元以下罚款；构成犯罪的，依法追究刑事责任。

国务院对外贸易主管部门可以禁止违法行为人自前述规定的行政处罚决定生效之日

事处罚判决生效之日起 1 年以上 3 年以下的期限内从事有关的国际服务贸易经营活动。

4. 对有关国家对外贸易工作人员违法行为的制裁的规定

该法第 64 条规定：依照本法负责对外贸易管理工作的部门的工作人员玩忽职守、徇私舞弊或者滥用职权，构成犯罪的，依法追究刑事责任；尚不构成犯罪的，依法给予行政处分。依照本法负责对外贸易管理工作的部门的工作人员利用职务上的便利，索取他人财物，或者非法收受他人财物为他人谋取利益，构成犯罪的，依法追究刑事责任；尚不构成犯罪的，依法给予行政处分。

总之，任何一部法律必须具有完备的法律责任体系，只有这样，它才能得到切实的贯彻实施，对外贸易法亦应如此。

本章小结

中国加入世界贸易组织之后，对外贸易法的内容更加重要。本章以对外贸易法各项主要制度为核心，介绍和分析了我国对外贸易的许可证管理制度、配额管理制度、商品检验制度等，对我国对外贸易三个领域即国际货物贸易、国际服务贸易和国际技术贸易的有关法律法规的基本规定进行了说明。

本章重点为对外贸易法的基本原则及各项主要制度，包括货物、技术进出口的限制或禁止制度、对服务贸易的限制或禁止制度、商品检验制度，以及反倾销和反补贴、保障措施等法律制度。对货物、技术进出口的限制或禁止以及对服务贸易的限制或禁止制度方面的理论和实务为本章难点。

核心法规

1.《中华人民共和国对外贸易法》（1994 年 5 月 12 日通过，2004 年 4 月 6 日修订，2016 年 11 月 7 日第一次修正，2022 年 12 月 30 日第二次修正）

2.《中华人民共和国海关法》（1987 年 1 月 22 日通过，2000 年 7 月 8 日第一次修正，2013 年 6 月 29 日第二次修正，2013 年 12 月 28 日第三次修正，2016 年 11 月 7 日第四次修正，2017 年 11 月 4 日第五次修正，2021 年 4 月 29 日第六次修正）

3.《中华人民共和国进出口关税条例》（2003 年 11 月 23 日公布，2011 年 1 月 8 日第一次修订，2013 年 12 月 7 日第二次修订，2016 年 2 月 6 日第三次修订，2017 年 3 月 1 日第四次修订）

4.《中华人民共和国反倾销条例》（2001 年 11 月 26 日公布，2004 年 3 月 31 日修订，自 2004 年 6 月 1 日起施行）

5.《中华人民共和国反补贴条例》（2001 年 11 月 26 日公布，2004 年 3 月 31 日修订，自 2004 年 6 月 1 日起施行）

6.《中华人民共和国保障措施条例》（2001 年 11 月 26 日公布，2004 年 3 月 31 日修订，自 2004 年 6 月 1 日起施行）

7.《中华人民共和国海关暂时进出境货物管理办法》（2017 年 12 月 7 日公布，自 2018 年 2

月1日起施行，2024年10月28日修正）

8.《中华人民共和国进出口商品检验法》（1989年2月21日通过，2002年4月28日第一次修正，2013年6月29日第二次修正，2018年4月27日第三次修正，2018年12月29日第四次修正，2021年4月29日第五次修正）

案例讨论

（一）

某年1月1日，汕头海洋第一聚苯树脂有限公司、北京燕山石油化工股份有限公司等4家聚苯乙烯生产企业，代表国内聚苯乙烯产业申请对原产于韩国、日本和泰国的进口聚苯乙烯进行反倾销调查。

第二年2月1日，商务部决定对原产于韩、日、泰的进口聚苯乙烯正式进行反倾销立案调查。商务部对国内相关产业损害和损害程度进行了调查，同时向国内相关生产企业、进口商以及有关国外生产商发放了调查问卷。同时，商务部在京举行了产业损害裁定听证会。

商务部在调查中发现，在调查期内，国内聚苯乙烯表现需求量增幅较大，被调查产品进口数量及占中国国内市场份额呈下降趋势。调查期内中国同类产品产量、价格、销售收入、税前利润、开工率、劳动生产率均呈增长趋势。没有充分证据表明原产于韩国、日本和泰国的聚苯乙烯对中国国内产业造成了实质损害。12月6日，商务部作出产业损害调查初步裁定，认定原产于韩国、日本和泰国的进口聚苯乙烯，未对中国聚苯乙烯产业造成损害。根据《反倾销条例》和《反补贴条例》有关规定，商务部决定终止对原产于韩、日、泰的进口聚苯乙烯反倾销产业损害调查。

请思考：

1. 采取反倾销措施需要具备哪些条件？
2. 什么是损害？在确定倾销对国内产业造成的损害时，应当审查哪些事项？
3. 该案的实际意义是什么？

简要分析：

第一，即使证明了倾销价格的存在，也不能肯定该产品的销售已经构成了法律上的倾销，不能因此就采取反倾销措施，还必须进一步确定这种倾销价格给国内产业造成了损害。根据GATT《反倾销守则》的规定，只有在这种被控倾销的产品对进口国产业造成了损害时，采取反倾销措施才是必要的和合理的。因此，损害的确定，是采取反倾销措施的第二个条件。

第二，损害，是指倾销对已经建立的国内产业造成实质损害或者产生实质损害威胁，或者对建立国内产业造成实质阻碍。根据我国《反倾销条例》的规定，在确定倾销对国内产业造成的损害时，应当审查下列事项：(1) 倾销进口产品的数量，包括倾销进口产品的绝对数量或者相对于国内同类产品生产或者消费的数量是否大量增加，或者倾销进口产品大量增加的可能性；(2) 倾销进口产品的价格，包括倾销进口产品的价格削减或者对国内同类产品的价格产生大幅度抑制、压低等影响；(3) 倾销进口产品对国内产业的相关经济因素和指标的影响；(4) 倾销进口产品的出口国（地区）、原产国（地区）的生产能力、出口能力，被调查产品的库存情况；(5) 造成国内产业损害的其他因素。

对实质损害威胁的确定，应当依据事实，不得仅依据指控、推测或者极小的可能性。在确定倾销对国内产业造成的损害时，应当依据肯定性证据，不得将造成损害的非倾销因素归因于倾销。

商务部在调查中发现，在调查期内，国内聚苯乙烯表现需求量增幅较大，被调查产品进口数量及占中国国内市场份额呈下降趋势。调查期内中国同类产品产量、价格、销售收入、税前利润、开工率、劳动生产率均呈增长趋势。没有充分证据表明原产于韩国、日本和泰国的聚苯乙烯对中国国内产业造成了实质损害。因此，商务部作出产业损害调查初步裁定，认定原产于韩国、日本和泰国的进口聚苯乙烯，未对中国聚苯乙烯产业造成损害。根据《反倾销条例》和《反补贴条例》的有关规定，商务部决定终止对原产于韩国、日本和泰国的进口聚苯乙烯反倾销产业损害调查，是正确的。

反倾销是一把“利剑”，但这把“利剑”的使用必须符合法定的条件：除了证明倾销价格的存在之外，还必须进一步确定这种倾销价格给国内产业造成了损害，本案中，商务部认为，没有充分证据表明原产于韩国、日本和泰国的聚苯乙烯对中国国内产业造成了实质损害。因此，决定终止该反倾销产业损害调查。作为公正的执法者，商务部没有因为申请人是国内企业就有所偏袒。这一决定维护了我国在国际上的形象，表明中国的法治日益健全。

(二)

某年1—4月，大量低价钢材涌入我国。对此，中国钢铁工业协会以及部分钢铁企业提出对进口钢铁实施保障措施的申请。商务部受理申请后，决定立案调查。接着，商务部开始对进口产品数量增加和产业损害进行调查。5月中旬商务部发布初裁公告，决定对进口至中国的部分钢铁产品实施临时保障措施，自次年5月24日起，对普通中厚板等9种进口钢铁产品实施关税配额。关税配额采取“全球配额”的方式。按照世界贸易组织相关程序规定，中国驻世界贸易组织代表团于5月17日（日内瓦时间）向世界贸易组织货物贸易理事会递交通知，表明中国将对超过一定配额的钢铁产品加征7%～26%的关税。

根据国务院关税税则委员会的决定，对超出关税配额部分的进口普通中厚板加征20%的特别关税。

请思考：

1. 在什么条件下，一国可以采取保障措施？
2. 在什么条件下，我国可以采取临时保障措施？
3. 保障措施的具体实施手段有哪些形式？

简要分析：

我国《保障措施条例》第2条规定：“进口产品数量增加，并对生产同类产品或者直接竞争产品的国内产业造成严重损害或者严重损害威胁（以下除特别指明外，统称损害）的，依照本条例的规定进行调查，采取保障措施。”根据《保障措施条例》，与国内产业有关的自然人、法人或者其他组织可以依照《保障措施条例》的规定，向商务部提出采取保障措施的书面申请。

对进口产品数量增加的调查和确定，由商务部负责。根据调查结果作出初裁决定，予以公告。初裁决定确定进口产品数量增加和损害成立并且二者之间有因果关系的，应当继续进行调查，根据调查结果作出终裁决定予以公告。有明确证据表明进口产品数量增加，在不采取临时保障措施将对国内产业造成难以补救的损害的紧急情况下，可以作出初裁决定，并采取临时保障措施。临时保障措施采取提高关税的形式。

终裁决定确定进口产品数量增加，并由此对国内产业造成损害的，可以采取保障措施。保障措施可以采取提高关税、数量限制等形式。

本案中，是由中国钢铁工业协会以及部分钢铁企业提出对进口钢铁实施保障措施的申请。商务部的初裁决定对进口至中国的部分钢铁产品实施临时保障措施。

这是我国颁布《保障措施条例》后第一次针对具体产品进行立案调查并采取临时保障措施。本次临时保障措施的运用是继中美贸易磋商后，中国政府运用世界贸易组织规则保护自身权益的重要举措。这一举措不仅对国内钢铁产业起到一定保护作用，还进一步体现了中国政府在遵守"入世"承诺、把握"入世"机遇方面日臻成熟。

复习思考

1. 对外贸易可以分为几种类型？
2. 试述我国对外贸易法的基本原则。
3. 简述对外贸易经营者的权利与义务。
4. 《对外贸易法》关于货物、技术和服务的限制与禁止性规定有哪些？
5. 反倾销应当审查哪些事项？

《　　　　　　》※任课教师调查问卷

为了能更好地为您提供优秀的教材及良好的服务，也为了进一步提高我社法学教材出版的质量，希望您能协助我们完成本次小问卷，完成后您可以在我社网站中选择与您教学相关的1本教材作为今后的备选教材，我们会及时为您邮寄送达！如果您不方便邮寄，也可以申请加入我社的**法学教师QQ群：436438859（申请时请注明法学教师）**，然后下载本问卷填写，并发往我们指定的邮箱（cruplaw@163.com）。

邮寄地址：北京市海淀区中关村大街甲59号文化大厦1202室收

邮　　编：100080

再次感谢您在百忙中抽出时间为我们填写这份调查问卷，您的举手之劳，将使我们获益匪浅！

基本信息及联系方式：※

姓名：__________ 性别：__________ 课程：____________________

任教学校：____________________ 院系（所）：________________

邮寄地址：____________________ 邮编：__________________

电话（办公）：__________ 手机：__________ 电子邮件：______________

调查问卷：※

1. 您认为图书的哪类特性对您使用教材最有影响力？（　　）（可多选，按重要性排序）

   A. 各级规划教材、获奖教材　　B. 知名作者教材

   C. 完善的配套资源　　D. 自编教材

   E. 行政命令

2. 在教材配套资源中，您最需要哪些？（　　）（可多选，按重要性排序）

   A. 电子教案　　B. 教学案例

   C. 教学视频　　D. 配套习题、模拟试卷

3. 您对于本书的评价如何？（　　）

   A. 该书目前仍符合教学要求，表现不错将继续采用。

   B. 该书的配套资源需要改进，才会继续使用。

   C. 该书需要在内容或实例更新再版后才能满足我的教学，才会继续使用。

   D. 该书与同类教材差距很大，不准备继续采用了。

4. 从您的教学出发，谈谈对本书的改进建议：____________________

____

____

选题征集：如果您有好的选题或出版需求，欢迎您联系我们：

联系人：黄　强　联系电话：010-62515955

索取样书：书名：______________________________

书号：__________________________________

备注：※为必填项。